铁路交通事故应急救援

（第二版）

孔庆春　主编
卢世明　主审

中国铁道出版社
2018年·北京

内 容 简 介

本书阐述了应急救援工作在确保铁路交通运输安全方面的重要性，铁路应急救援组织机构的基本任务与工作要求；介绍了铁路交通事故应急救援设备机具的基本结构及操作方法；机车车辆及动车组一般脱轨事故的起复方法；铁路隧道突发事件应急处置方法；铁路危险化学品运输过程泄漏的应急处置；火灾事故现场消防处置及伤员抢救常识；电气化铁路接触网故障抢修；高速铁路应急救援装备及 CRH 系列动车组无动力(有动力)回送作业办法和基本要求；提供了全路主型机车车辆和 CRH1、CRH2、CRH3、CRH5、CRH6、CRH380 系列动车组、铁路救援起重机、自轮运转特种设备的外形图片及与应急救援有关技术参数。附录中收录了国务院和中国铁路总公司最新发布施行的相关法律法规、规章命令以备查阅。

本书可作为铁路交通运输系统干部职工的应急救援技术培训教材，亦可供救援列车专业人员学习参考。

图书在版编目(CIP)数据

铁路交通事故应急救援/孔庆春主编．—2 版．—北京：中国铁道出版社，2017．5（2018．2重印）

ISBN 978-7-113-22983-2

Ⅰ．①铁… Ⅱ．①孔… Ⅲ．①铁路运输-交通运输事故-救援 Ⅳ．①U298．6

中国版本图书馆 CIP 数据核字(2017)第 075562 号

书　　名：**铁路交通事故应急救援**(第二版)
作　　者：孔庆春　主编

责任编辑：悦　彩　吕继函　　**电话**：010-51873206　　**电子信箱**：sxyuecai@163．com
封面设计：崔　欣
责任校对：苗　丹
责任印制：郭向伟

出版发行：中国铁道出版社(100054，北京市西城区右安门西街 8 号)
网　　址：http：//www．51eds．com
印　　刷：中国铁道出版社印刷厂
版　　次：2013 年 10 月第 1 版　2017 年 5 月第 2 版　2018 年 2 月第 3 次印刷
开　　本：787 mm×1 092 mm　1/16　印张：24　字数：614 千
印　　数：5 001～7 000册
书　　号：ISBN 978-7-113-22983-2
定　　价：59．80 元

第二版前言

铁路是国家的重要基础设施，是国民经济的大动脉，是综合交通运输体系中的骨干，在推动我国经济社会持续健康发展，适应保障国防建设等方面具有不可替代的作用。特别是在铁路基本建设再次进入快车道同时，“十二五”期间投产9 531 km铁路新线已全面投入运营，到2016年年底，我国高速铁路运营里程已突破20 000 km，增开了大量的CRH系列动车组，充分展示了铁路改革开放和技术进步取得的丰硕成果，标志着我国已进入了高速铁路时代。由于铁路新技术、新装备不断投入运用，所以，铁路新规章、新标准也对铁路交通运输和应急救援工作提出了新课题、新要求。

本书针对运输系统干部职工行车安全及应急救援基本知识培训的实际，本版除保留铁路系统应急救援组织机构与管理制度、救援装备机具结构及操作保养、机车车辆一般脱轨事故救援起复方法等基本内容外，主要增加或调整以下内容：

1. 按照《铁路技术管理规程》等规章命令规定，编入铁路总公司最新发布施行的高速铁路CRH系列动车组应急救援与回送作业办法。

2. 收录CRH6、CRH6F型动车组及HXD_{1D}、HXD_{3D}型新型客运电力机车的主要技术参数及外形图。

3. 介绍引进的德国NS1600型160 t、NS2000型200 t伸缩臂式铁路救援起重机和国产铁路救援起重机的主要技术参数、安全操作规则及故障处理方法。

4. 增加HZA150/HZA110型三角形支撑复轨器、HZDFZ-8B型便携倾摆式复轨器、HZL70型直顶横移式系列复轨器等新型液压救援起复设备。

5. 增加GP-Ⅱ型高(速)普(速)通用复轨器、PT40/15型机车车辆救援通用代用台车、TYD-Ⅰ型铁路通用救援吊索具等新型救援设备机具。

6. 将第一版第八章“铁路交通事故线路开通方法”合并到第七章。本版由第一版的十一章变为十章。

7. 增加“常用计量单位符号表”。

8. 按照《铁路技术管理规程》规定,修改动车组随车配备的行车安全应急备品定量表。

9. 对各章节内容适当进行整理,使之更便于学习操作。根据现场实际需要,本书删除了机械式横移机具、机车车辆轮轴故障救援抬轮器、TKX-Ⅱ型起重机作业声控式无线指挥系统等救援机具、通信器材内容。

将国务院、中国铁路总公司最新发布施行的铁路运输安全与应急救援相关的法律法规、规章、条例列入附录之中,便于现场干部职工贯彻学习 。

本书由哈尔滨铁路局安全监察室孔庆春主编,哈尔滨铁路局卢世明主审。李仲刚、贾新民、陈子卿、李长春、贯昌奉、王海祥、柏奎光、钟庆华、孙长鸣、袁伟全、王涛、张立群、杨佳申、贾永新、刘大军、于波、于继伟、卢世罡、于雪峤、孔繁璐、王海祎、周磊、何宁、畅建民、马林、唐珂等参加了本书的编写工作。

编写过程中,得到了中国铁道学会安全委员会、铁路总公司安全监督管理局、运输局机务部等领导和专家的帮助与支持;哈尔滨、沈阳、北京、上海、济南、郑州铁路局、广州铁路(集团)公司、青藏铁路公司,中车公司唐山、长春、四方轨道客车有限责任公司,青岛庞巴迪铁路运输设备有限公司,大连、戚墅堰、株洲、二七机车车辆有限责任公司,齐齐哈尔轨道车辆有限责任公司,上海动车段、上海机务段、兖州机务段、哈尔滨动车段等有关单位协助提供了很多宝贵的技术资料,在此一并表示衷心的感谢。

由于编者水平有限,书中难免会有错误和疏漏之处,敬请广大读者批评指正。

编　者

2017 年 1 月

第一版前言

近年来，我国铁路运输移动设备和固定设备都发生了很大变化，有了质的提高和飞跃。特别是“十一五”期间，全国铁路进入大规模建设后，在全路繁忙干线和客运专线上大量开行了时速 200 km 及以上的 CRH 系列动车组，展示了铁路改革开放和技术进步取得的丰硕成果，标志着我国进入了高速铁路时代，成为我国铁路发展的新的里程碑。同时，由于铁路新的管理规章和新技术、新装备的应用，也对铁路交通事故应急救援工作提出了新课题。

为适应当前铁路客运高速化、快速化以及货运快捷、重载化的运输安全工作需要，我们组织有关人员，在《铁路交通事故应急救援知识读本》的基础上，结合全路高速铁路布局和运输装备变化的实际，深入现场调研，参阅有关资料，完成本书的编写工作。该书针对运输系统干部职工的岗位安全知识培训的实际，突出对铁路交通事故应急救援工作的新规章、新技术、新装备的介绍；对发生铁路交通事故的报告程序与防护、机车车辆一般脱轨事故救援起复，特别是对高速铁路 CRH 系列动车组的应急救援与回送和一般脱轨事故起复及火灾事故应急处置方法等单列一章进行讲述；收录了 CRH1、CRH2、CRH3、CRH5、CRH380 系列动车组，HXD_1、HXD_2、HXD_3 型大功率电力机车，HXN_3、HXN_5、青藏线 NJ_2 等新型内燃机车和 25 型客车，70 t 及以上大轴重车辆，轨道起重机，重型轨道车以及大型养路机械车等有关技术参数以及主型机车车辆的外形图片，并将原铁道部最新发布的高速铁路相关安全规章列入附录之中，便于现场干部职工贯彻学习。

本书由哈尔滨铁路局安全监察室孔庆春主编，铁路局副总工程师卢世明主审。参加本书编写工作的有李仲刚、贾新民、马林、贾永新、贯昌奉、王海祥、于继伟、刘大军、畅建民、柏奎光、孔繁璐、王海祎、何宁、唐珂等。

编写过程中，得到了中国铁路总公司安全监督管理局、运输局机务部的帮助与支持；沈阳、北京、上海、太原、济南、郑州铁路局，广铁(集团)公司、青藏铁路公司，南车、北车集团唐山、长春、四方、青岛庞巴迪客车有限公司，大连、大同、戚墅堰、株洲、二七、齐齐哈尔等机车车辆有限责任公司，上海动车段、三棵树车辆段哈尔滨西动车运用所等有关单位协助提供了很多宝贵的技术资料，在此一并表示衷心的感谢。

由于编者水平有限，加之资料收集不全，书中难免会有错误和疏漏之处，敬请广大读者批评指正。

编者
2013 年 8 月

目　录

第一章　概　　述

铁路交通运输是国民经济的重要组成部分，是国家经济结构中的先行和基础产业，在促进社会经济持续健康发展，加强国防建设等方面发挥着极其重要的作用。因此，党和国家始终把铁路基础建设列为国家经济腾飞和国防建设的战略重点来优先发展。

铁路具有高度集中、半军事化的特点。其主要任务是安全、快速、经济、合理地运送旅客和物资。安全工作是铁路运输系统的生命线，能否保证运输生产安全与畅通是检验铁路交通运输工作的重要标准。由于铁路运输具有特殊的作业方式和技术特性，运输条件较复杂，并受到行车设备技术状态、自然灾害以及有关人员的技术业务素质等因素影响，作业中某一环节出现疏漏或行车设备突发故障都有可能导致铁路交通事故的发生。

为确保新形势下的铁路运输安全工作需要，中国铁路总公司（以下简称铁路总公司）提出：要完善铁路应急救援体系。一是要进一步健全铁路总公司、铁路局、站段三级应急救援网络。依托高速铁路和大型铁路运输枢纽建设规划，结合基础设施综合维修基地布局，加快国家铁路应急救援基础建设，组建 7 个国家级铁路救援基地和 11 个救援列车基地。配齐应急救援装备和指挥车辆，完善应急救援平台功能，满足快速救援需要。二是加强专业队伍建设。以铁路局骨干为依托，组建一支全路救援专家队伍，遇事故救援由铁路总公司集中调度指挥。在每个国家级救援基地各组建一支救援专业队伍，负责覆盖区域内的救援指挥或事故救援。各铁路局应按定员标准配备救援列车人员，科学制定救援列车人员岗位标准。三是完善铁路应急预案。及时修订完善铁路行业各级、各部门、各种情况下的应急预案，并定期进行培训演练，做到应急有备，启动有效。铁路应急预案与当地政府应急预案有效衔接，建立与当地驻军、医疗、大型企业、工程等单位的应急救援联动机制，最大限度地减少事故影响和损失。四是重点加强高速铁路安全管理，提高高速铁路应急救援能力。进一步健全高铁救援网络，加快救援基地建设，配齐应急救援装备，满足快速救援需要。进一步完善在无砟轨道、高大桥梁、长大隧道等特殊环境下的动车组起复救援技术、救援装备和作业方案。定期进行高速铁路应急救援实作演练，不断提高高速铁路应急指挥和现场作业人员的快速反应能力。

为保证在一旦发生铁路交通事故或突发事件后能做到“召之即来，来之能战，快速复旧，确保畅通”，把事故灾害造成的损失和影响降低到最小程度，根据《铁路技术管理规程》规定：在铁路总公司指定地点设置救援列车、电线路修复车和接触网抢修车等事故抢险救援专业队伍，配置救援抢险设备机具与专用车辆，并经常处于整备待发状态。在无救援列车的编组站、区段站和较大中间站设置救援队，配备必要的救援起复设备，形成一支专业救援队伍与兼职救援队伍相结合、日常训练与专业训练相结合的安全救援网络体系，并在铁路交通事故应急救援和突发事件处置，确保铁路运输安全畅通发挥着极其重要的作用。

一、铁路应急管理体制

目前，我国铁路运输企业应急预案管理根据铁路运营模式形成铁路总公司级、铁路局级、运输站段三级管理体系,每一级管理体系都设立有专门负责事故应急工作的应急指挥管理机构,一般命名为应急救援指挥中心、应急管理办公室、应急工作领导小组。

铁路总公司设有应急救援指挥中心和应急管理办公室。应急救援指挥中心与运输局调度部一个机构两块牌子,负责全国铁路应急救援工作的组织指挥工作;应急管理办公室设在总经理办公厅,负责日常应急值班管理、信息管理、应急培训管理工作。

铁路局、专业运输公司设有应急救援指挥中心、应急管理办公室、应急工作领导小组。在所管辖范围内突发事件中汇集多方的现场资料,尽快做出科学合理的应急决策,制定正确有效的应急救援方案,并负责应急救援组织指挥工作,实施应急救援。

铁路运输站段也设置有应急管理机构,一般设在行政办公室。发生铁路交通事故(事件)时,尽快启动相应应急预案,组织实施应急救援。

二、事故应急救援工作有关法律法规

为加强铁路交通事故的应急救援和调查处理工作,强化事故救援队伍的管理水平,确保铁路运输安全畅通,国家和铁路总公司相继颁布施行了相关法律法规及规章命令。

各铁路局依据国家和铁路总公司颁布的法律法规及规章命令,结合本局实际,制定实施细则、管理办法,认真组织贯彻实施。

三、铁路突发公共事件应急救援预案

为切实提高应对铁路突发公共事件的能力,依据国家《安全生产法》和国务院颁布的《铁路交通事故应急救援和调查处理条例》等法律法规,原铁道部办公厅制定了十个方面的应急预案:《国家处置铁路行车事故应急预案》《铁路防洪应急预案》《铁路破坏性地震应急预案》《铁路地质灾害应急预案》《铁路交通伤亡事故应急预案》《铁路火灾事故应急预案》《铁路危险化学品运输事故应急预案》《铁路网络与信息安全事故应急预案》《铁路突发公共卫生事件应急预案》《铁路处置群体性事件应急预案》。

四、事故应急救援工作基本原则

事故应急救援工作应遵循铁路总公司"以人为本,逐级负责,应急有备,处置高效"的原则,在处理铁路交通事故过程中应做到:

1. 救援响应。接到事故报告和出动命令,救援人员应迅速出动,启动应急预案,并立即向列车调度员和现场负责人报告。

2. 应急通信。到达事故现场后,应立即开通应急通信系统和图像传输系统设备,保证事故现场与救援指挥中心的通信联络。

3. 统一指挥。现场救援工作实行总指挥负责制,各单位和部门人员要密切配合,各尽职责。

4. 确保安全。救援人员应认真执行各项安全作业规则,正确操作救援设备机具,按程序作业。

5. 恢复畅通。必须全力开通正线,恢复运输秩序,最大限度地减少事故的损失和影响。

确定救援起复方案的原则:一是要保证首先开通正线;二是双线完全中断时,要尽快开通一线;三是干线和支线同时中断时要首先开通干线;四是多线中断时要首先开通正线。如线路破坏严重时应采取铺设临时便线开通线路,恢复行车。

五、事故应急救援设备机具

为适应铁路运输生产需要，在铁路总公司指定地点设置救援列车，配置铁路救援起重机、救援指挥车、发电车、宿营车、餐车、工具备品车等专用车辆和救援设备机具及应急通信设施。

在电气化铁路区段设置电线路修复车、接触网抢修车，并配备应急通信设备和抢修工具器材，并经常处于整装待发状态。

铁路局应在无救援列车的二等以上车站及较大中间站成立救援队，配置复轨器、液压起复机具、千斤顶、钢丝绳和转向架索具等简易救援起复设备和工具。

铁路总公司、铁路局应急救援指挥中心应建设应急平台，配备相应的应急指挥设施和通信等设备，确保事故现场的图像、话音及数据在规定的时限内传送至应急救援指挥中心。

机车、自轮运转特种设备上均应备有复轨器和铁鞋(止轮器)。

动车组应配备紧急用渡板、应急梯、过渡车钩、专用风管和铁鞋(止轮器)等随车配备的行车安全应急备品。

(一)铁路救援起重机

铁路救援起重机是铁路交通事故的主要救援设备。目前全路配置的铁路救援起重机主要有N1002型100 t固定臂式起重机；NS1003型100 t、NS125型125 t伸缩臂式起重机；NS1601B型160 t、NS1601C/E型160 t、NS1602型160 t伸缩臂式起重机；2007年我国开始引进德国Kirow Leipzig公司生产的NS1600型160 t、NS2000型200 t伸缩臂式全液压铁路救援起重机，全路救援装备已进入一个内燃化、大吨位、多功能、高科技的新阶段。

(二)牵引复轨工具

复轨器是铁路交通事故中一种主要救援起复工具，应用非常广泛。除在救援列车和车站救援队配置外，并在机车、重型轨道车及自轮运转特种设备上配备。

复轨器的型号较多，目前全路较常用的有新式人字形复轨器、海参形复轨器、S-1型双向铝合金复轨器、组合式复轨器、端面复轨器、道岔复轨器等。近年来，各局为适应线路设备的变化和新型机车车辆及高速铁路动车组救援起复需要，相继研发了液压牵车机、液压复轨器、高强度轻便式复轨器和GPF-Ⅱ型高普通用复轨器等新型救援起复设备，经现场运用效果良好，已在全路推广应用。

(三)顶移复轨工具

千斤顶是一种结构简单而又适用的救援起复工具。在事故应急救援作业中发挥着重要作用。千斤顶按其结构主要分为螺旋式、液压式、横移式等多种形式，救援作业中常用的有20 t、32 t、50 t、100 t等几种起重吨位的千斤顶。

液压起复机具(便携式液压起复机具、液压复轨器、液压侧顶扶正机具等)，是一种新型的超高压救援起复设备，具有结构紧凑，操作方便，性能可靠等优点。液压起复机具分为机动式和手动式两种操作方式。该机具适于电气化铁路区段、隧道、桥梁及特殊地段的机车车辆救援起复作业，已在各局救援列车配备应用，并在车站救援队配置了便携式液压起复机具。

(四)救援吊索具及辅助救援设备

钢丝绳是起重工作和事故应急救援作业常用的一种挠性构件。铁路救援起重机卷扬机构、救援吊索具以及机车车辆牵引复轨时都需要使用钢丝绳。

合成纤维吊带(迪尼玛吊带)作为一种新型吊装工具器材，具有重量轻、载荷量大、防止静电、使用方便等优点,已在铁路交通事故应急抢险救援工作中广泛应用。

除以上几种主要救援设备机具外,还有部分救援辅助设备机具,如:铁路救援起重机组合式支腿垫块、简易组合式台车、机车车辆抬轮器、多功能起重气袋、便携式等离子束切割机等。

为适应高速铁路动车组应急救援起复需要,铁路总公司将为救援列车基地配置大吨位的汽车起重机和挖掘机等起重、工程设备。道路交通工程设备具有机动性、灵活性,在铁路交通事故应急救援作业中配合运用,可有效地提高事故救援起复作业效率,为尽快开通线路恢复行车创造有利条件。

(五)应急通信设备

在铁路总公司和铁路局应急救援指挥中心及有关单位,配备应急救援通信设备,在处理突发事件时,以确保事故现场的图像、话音及数据在规定的时限内传送至应急救援指挥中心,实行事故现场的统一组织指挥工作。

事故应急救援需要通信保障时,铁路系统内部以列车无线调度通信设备为主通方式,各级值班电话为辅助通信方式。应急通信应充分利用既有的各种通信资源和手段,通信部门应在接到通知后立即启动铁路电话“117”人工台为应急通信电话,实施“立接制”服务,在规定的时限内组织开通应急通信系统。在站内发生事故时,应保证在30 min内开通电话,1 h内开通图像传输设备;在区间发生事故时,应在1 h内开通电话,2 h内开通图像传输设备;指定专人值守,确保事故现场音频、视频和数据信息的实时传输。

六、机车车辆救援起复基本方法

铁路交通事故应急救援工作的目的是为了及时抢救现场伤员,快速起复机车车辆,清除线路障碍,迅速恢复行车。现场应急救援领导组应根据事故严重程度及线路损坏等情况制定应急救援方案。制定救援方案时应充分考虑利用事故现场的地形地物、人力资源和设备资源等有利条件,选择既迅速又安全的救援方案并组织实施。

救援起复作业主要分为牵引复轨法(拉复)、顶移复轨法(顶复)、起重机复轨法(吊复)等三种基本的救援起复作业方法。

如遇事故发生在车站咽喉岔区或特殊地段、造成车辆颠覆叠压、线路破损严重堵塞时,为迅速开通线路,必要时可采取移车法(拉移或吊移车辆)、翻车法(拉翻或吊翻破损报废车辆)等方法,清除线路阻碍,确保尽快开通线路恢复行车。

七、线路抢修开通基本方法

由于事故发生的时间、地点不同,机车车辆脱轨及行车设备的损坏情况亦不相同,具有不确定因素。根据全路事故救援工作的经验教训进行总结分析,从中找出事故发生和救援起复工作的特点和规律,开通线路主要采取以下几种方法:

(1)便线开通法,包括借用线路拨道开通法、新铺便线开通法。

(2)清除障碍原线开通法,包括拉翻法、移车法,清除线路障碍,开通线路。

(3)原线复轨开通法,指在本线起复脱轨机车车辆,开通线路。

以上几种线路开通方法,各有其不同特点及适用场合,在事故现场应急救援中,采用哪种作业方法或几种方法平行作业,应根据现场具体情况来决定。

第二章 铁路交通事故应急救援管理

为加强铁路交通事故应急救援工作，规范铁路交通事故的调查处理，最大限度地减少人员伤亡、财产损失和对公共安全的影响，及时有效地处置铁路交通事故，保障铁路运输安全畅通，铁路总公司、铁路局和运输站段成立事故应急救援组织机构，制定施行各级铁路交通事故应急救援预案，强化对事故应急救援队伍的管理及培训演练，确保应急救援工作需要。目前已形成以铁路总公司、铁路局、运输站段三级管理的、辐射全路的铁路交通事故应急救援网络。

第一节 事故应急救援组织机构

一、成立事故应急救援领导机构

（一）铁路总公司事故应急指挥小组

为预防和最大限度地减少铁路交通事故造成的人员伤亡、财产损失和对公共安全的影响，及时处理铁路交通事故，确保铁路运输畅通，铁路总公司成立铁路交通事故应急指挥小组，组长由铁路总公司总经理担任，副组长由主管运输安全的副总经理和总调度长担任，成员由铁路总公司办公厅、安全监督管理局、运输局、铁路公安局、宣传部和其他相关司局负责人担任。

铁路交通事故应急指挥小组下设交通事故灾难应急协调办公室（设在铁路总公司办公厅），负责协助铁路总公司领导处理有关事故灾难、信息收集和协调指挥等工作。

铁路总公司负责有关铁路交通事故的应急管理及具体组织、指挥、协调铁路交通事故的应急救援工作；根据铁路交通事故应急救援工作的需要，及时向国家处置铁路交通事故应急救援领导小组提出具体支援建议等；并负责按《国家处置铁路行车事故应急预案》规定处理权限的铁路交通事故信息的收集、调查处理、统计分析、总结和报告，同时预测事故发展趋势，发布安全预警信息，制订相应的预防措施。当交通事故涉及列车重大火灾、危险化学品运输等交通事故时，在启动本预案的同时，根据需要，启动相应的应急预案。

铁路总公司负责组织建立统一的国家铁路和国家铁路控股的合资铁路交通事故灾难应急救援指挥系统，逐步整合行车设备状态信息、地理信息、沿线视频信息，并结合交通事故灾害现场动态图像信息和救援预案，建立铁路运输安全综合信息库，为抢险救援提供决策支持。

铁路交通事故应急救援组织体系如图 2-1 所示。

铁路局应按照《国家处置铁路行车事故应急预案》的要求，分别制定相应的处置铁路行车事故应急预案及铁路突发公共事件应急预案。运输单位应根据铁路总公司、铁路局制定的各种应急预案，制定本单位的专业预案以及铁路其他事故灾难应急预案。

铁路总公司编制的铁路行车事故应急响应全过程组织与行动图如图 2-2 所示。

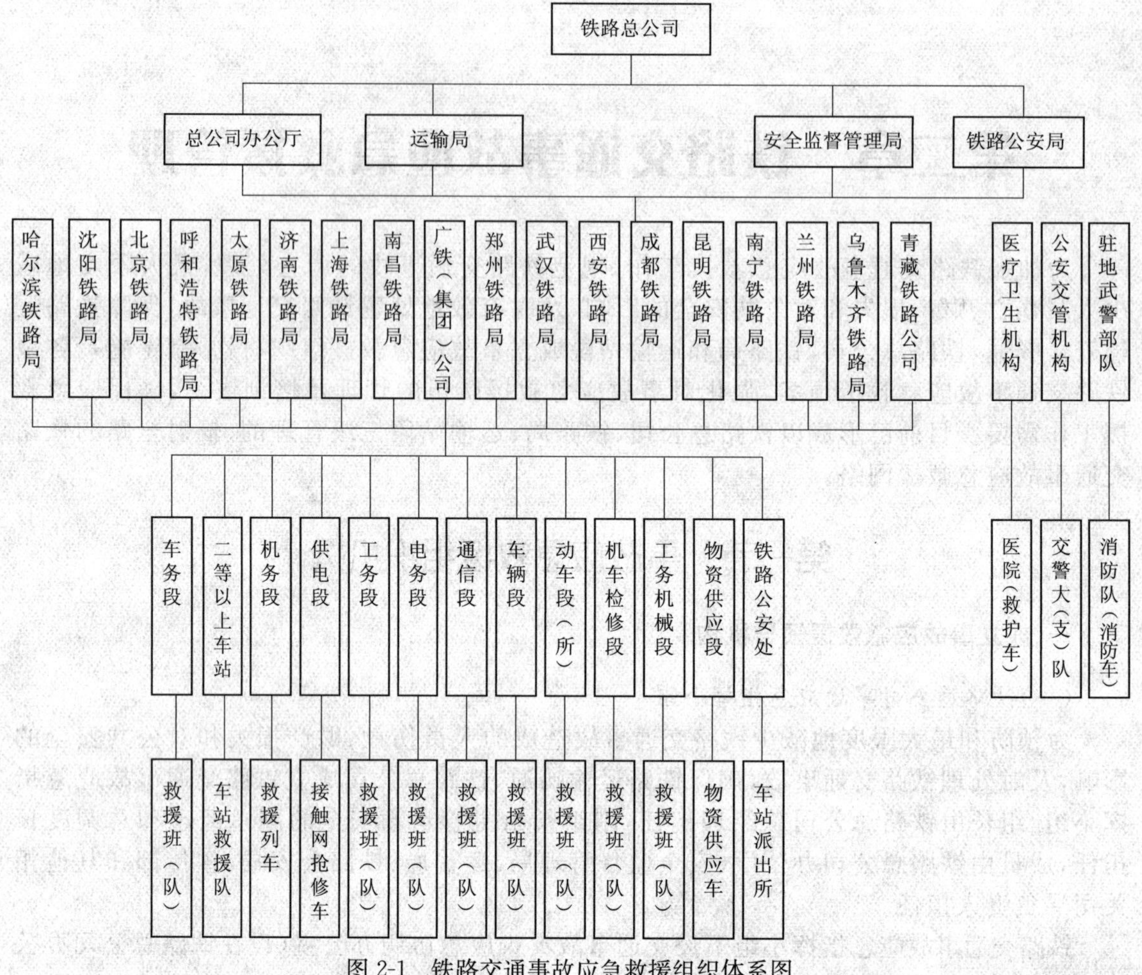

图 2-1 铁路交通事故应急救援组织体系图

(二)铁路局事故应急救援领导小组

铁路局成立事故应急救援领导小组并设工作机构,建立健全工作制度,依据铁路总公司规定,修订和完善事故应急救援预案,加强救援队伍的建设,负责应急救援的人员培训演练、救援设备配置等基础工作,组织指挥事故现场应急救援工作。

铁路局应急救援领导小组组长由铁路局局长担任,副组长由分管运输、安全的副局长担任;铁路局办公室(党委办公室)、应急救援指挥中心(铁路局调度所)、安全监察室、运输、客运、货运、机务、工务、电务、车辆、供电、建设、劳卫、社保、物资处处长和公安局局长及党委宣传部、局工会生产部部长等为成员。

应急救援领导小组办公室设在铁路局安全监察室,主任由安全监察室主任兼任。

铁路局设立事故现场救援指挥部,负责指挥现场救援起复工作。组长由主管安全工作的副局长担任,成员由局运输、客运、货运、机务、工务、电务、车辆、供电处、安全监察室、公安局负责人担任。

事故现场救援指挥部下设运输指挥组、事故救援组、事故调查组、设备抢修组、通信保障组、医疗救护组、后勤保障组、治安保卫组、宣传报道组和善后处理等小组,按照现场总指挥的要求,负责完成相应的应急救援工作。

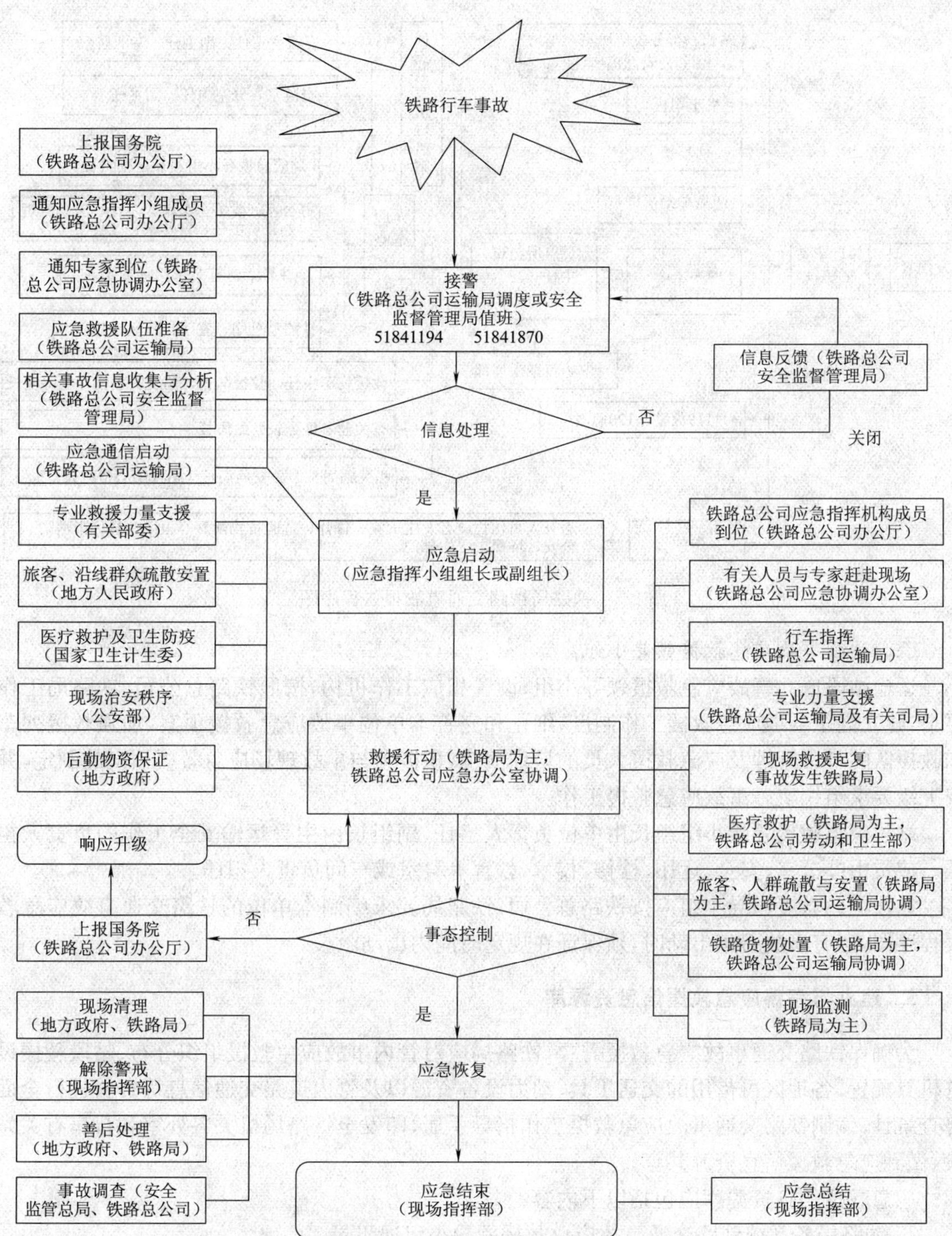

图 2-2　铁路行车事故应急响应全过程组织与行动图

各铁路安全监督管理办公室负责指导，督促铁路运输企业落实事故应急救援的各项规定，依法组织、指挥、协调本辖区内的事故应急救援工作。

铁路局铁路交通事故报告程序如图 2-3 所示。

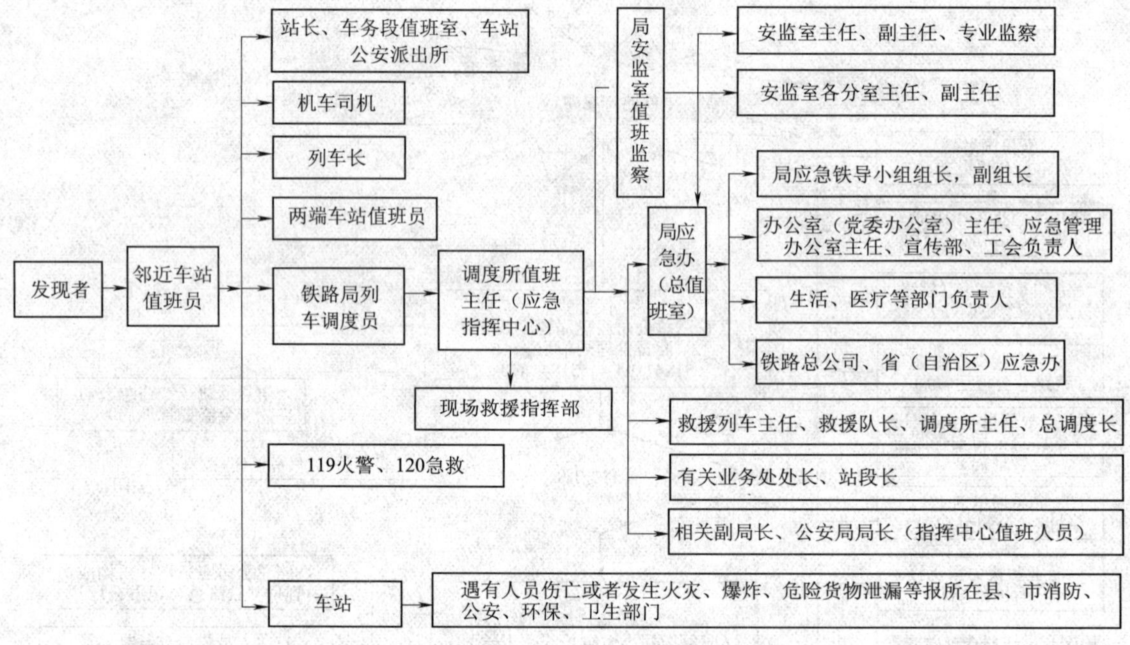

图 2-3　铁路局铁路交通事故报告程序图

(三)站段事故应急救援领导小组

运输站段成立事故应急救援领导小组,设置相应工作机构,按照铁路总公司、铁路局工作要求,建立健全各项应急救援工作制度,细化和完善本单位事故应急救援预案,加强救援列车和救援队的日常管理及应急救援人员的培训演练,积极参与事故现场应急救援预案的制定,并按上级要求组织实施事故应急救援工作。

站段应急救援领导小组组长由单位负责人担任,副组长由主管运输安全工作的负责人担任。成员由办公室、安全、运用、检修、技术、教育等科室或车间负责人担任。

站段应急救援领导小组应按铁路总公司、铁路局要求编制本单位的铁路交通事故应急救援程序图,遇有事故召集出动时,须保证在规定时间内出动救援。

二、建立与完善应急救援信息资源库

为确保铁路交通事故应急救援需要,铁路局应对管内事故应急救援组织分布、站段救援设备机具配置、各地区可借用的交通工具、动力设备资源以及管内道路交通信息等资料进行全面普查统计,编制铁路交通事故应急救援工作指导手册,印发至铁路局机关各处室和行车有关站段,做到应急救援信息资源共享。

应急救援信息资源库应包括以下内容:

1. 铁路局各系统铁路交通事故应急救援领导小组通讯录。
2. 铁路交通事故报告程序图(表)。
3. 救援列车、救援队设置地点及救援设备概况表。
4. 接触网检修(抢修)车设置地点及接触网抢修设备概况表。
5. 行车有关单位应急救援物资(工具、备品、器材)储备信息表。
6. 各地区企业可借用动力设备及交通工具(汽车起重机、挖掘机、装载机、工程铲车、牵引车等)通信联络统计表。

7. 各地区医疗单位抢救组通讯录及救护车配置地点统计表。

8. 铁路枢纽、大型编组站平面示意图。

9. 铁路局管内长大隧道、桥梁、线路纵断面示意图。

10. 易发生水害、山体滑坡、泥石流等重点监控处所示意图。

11. 铁路局管内道路交通、通信信息表及道路交通图(图中应标明铁路、道路名称、道路等级及有关交通信息;各运输站段设置地点及铁路局分界等相关内容)。

12. 其他相关信息资料。

通过建立与掌握应急救援信息库资源,将对突发铁路交通事故(事件)快速制定抢险救援方案,确保铁路交通事故应急处置,提供先决有利条件发挥重要作用。

第二节　事故应急救援组织的基本任务与要求

一、救援列车

救援列车是担当铁路交通事故应急救援工作的专业队伍,为事故抢险救援,确保运输畅通发挥着骨干和组织作用。目前已形成以铁路总公司、铁路局为中心,辐射全路的铁路交通事故专业应急救援网络。

依据《铁路机车运用管理规程》(铁总运〔2015〕314 号)文件规定:

1. 各铁路局所属的救援列车由所在机务段负责日常管理。组成救援列车的车辆状态良好,最大允许速度应与铁路救援起重机最大允许速度相适应。救援列车的设备机具和工具备品应经常保持齐全,性能、作用良好。车辆部门根据检修资质,对救援列车编组所属的专用车辆定期进行检修。

2. 救援列车通过桥梁的速度应遵守铁路局公布的各条线路的铁路救援起重机过桥允许速度。

3. 发生事故时,应根据调度命令,迅速出动救援列车,积极进行抢救和抢修。救援列车跨铁路局出动,由铁路总公司机车调度发布调度命令。

4. 铁路救援起重机不应做非救援工作,遇特殊情况必须使用时,应按出租办理,具体办法由铁路局制定,但不得影响救援任务。

5. 铁路局应建立救援基地,配备机车、客车、货车等救援演练设备设施,具备条件的配备动车组车辆。

(一)救援列车的基本任务

1. 担负本列车管辖区域内的铁路交通事故应急救援抢险任务,迅速抢救现场负伤人员,最大限度地减少人员伤亡。

2. 及时起复机车车辆,清除线路上的阻碍,确保迅速开通线路,尽快恢复行车。

3. 日常不断地研制、改进救援机具设备,研讨科学、快速的应急救援作业方案。

4. 组织专业救援人员开展技术业务培训演练和体能训练,不断提高事故应急救援能力。

5. 配合铁路局主管部门对救援队和行车有关人员进行救援基本知识的培训教育。

(二)救援列车的职责及要求

救援列车应贯彻落实铁路总公司和铁路局有关规章命令,做到组织落实、制度落实、救援装备落实。接到事故救援抢险任务后,必须保证做到及时出动,快速救援,迅速开通线路,确保运输畅通,安全迅速地完成铁路交通事故应急救援任务。

1. 救援列车应加强日常基础管理工作,建立健全各项管理工作制度及有关台账、资料。

2. 救援列车的专业人员是事故救援工作的骨干力量,应挑选身体健康、责任心强、热爱救援工作的人员担任。新调入人员,必须具备高中(中专)及以上文化程度,年龄不得超过 40 岁,对不适应救援列车工作岗位的人员应及时予以调整。

3. 救援起重机司机提职实行统一管理,必须经国家铁路局和铁路总公司授权单位培训,理论和实作考试合格后方可核发驾驶证,提升司机职务。

救援起重机司机每年应进行一次理论、实作考试及审核,考试成绩、年审结果记入驾驶证副证。

救援列车其他人员,须经专业培训,经职业技能鉴定和技术考试合格,取得相应职业资格证书和岗位资格后,持证上岗。

4. 救援列车接到出动命令后,应保证迅速出动救援。

5. 事故救援工作实行总指挥负责制,救援列车单独进行起复作业时,由救援列车负责人或指定人员统一指挥。应遵循"先开通后复旧"的原则,优先开通线路,恢复行车。

6. 救援完毕返回驻地后,应及时召开救援工作总结会,并于 3 d 内向铁路局主管部门提报"救援列车事故复旧工作报告",其格式见表 2-1。

表 2-1 救援列车事故复旧工作报告

单位: 救援列车主任: 年 月 日

<table>
<tr><td>发生事故时间</td><td>年 月 日
时 分</td><td>事故
地点</td><td></td><td>调度
命令号</td><td></td></tr>
<tr><td>事故概况及略图
(附录相及照片)</td><td colspan="5"></td></tr>
<tr><td>接出动命令时间</td><td>月 日 时 分</td><td colspan="2">准备完毕时间</td><td colspan="2">月 日 时 分</td></tr>
<tr><td>开始召集时间</td><td>月 日 时 分</td><td colspan="2">机车连挂时间</td><td colspan="2">月 日 时 分</td></tr>
<tr><td>召集到齐时间</td><td>月 日 时 分</td><td colspan="2">由驻地出发时间</td><td colspan="2">月 日 时 分</td></tr>
<tr><td>出发弛缓原因</td><td colspan="5"></td></tr>
<tr><td>到达事故地点</td><td>月 日 时 分</td><td colspan="2">驻地距事故现场</td><td colspan="2">公里 米</td></tr>
<tr><td>途中滞留原因</td><td colspan="5"></td></tr>
<tr><td>开始起复时间</td><td>月 日 时 分</td><td colspan="2">恢复线路时间</td><td colspan="2">月 日 时 分</td></tr>
<tr><td>事故复旧时间</td><td>月 日 时 分</td><td colspan="2">线路开通时间</td><td colspan="2">月 日 时 分</td></tr>
<tr><td>线路破损情况</td><td colspan="5"></td></tr>
<tr><td>作业延误原因</td><td colspan="5"></td></tr>
<tr><td>开通延误原因</td><td colspan="5"></td></tr>
<tr><td>机车车辆破损</td><td colspan="5"></td></tr>
<tr><td>作业方法及经过
(附录相及照片)</td><td colspan="5"></td></tr>
</table>

续上表

救援队到达时间	月　日　时　分	救援队总人数	
现场救援总人数		地方政府(驻军、武警部队)出动人数	
现场折返时间	月　日　时　分	到达驻地时间	月　日　时　分
表现突出人员和主要事迹			
事故救援消耗的各种材料			
救援费用合计	人工：　材料：　燃料：　生活：	合计	

注：此表一式三份，附总结报告一并上报铁路局及所属单位各一份，留存一份。

二、救 援 班

救援班是救援列车的机动力量，其任务是弥补救援列车专业人员人力和技术力量的不足，保证事故救援任务的顺利完成。

(一)救援班组织

在救援列车驻地，由车务、机务、工务、电务、车辆、供电等有关站段分别组成兼职的救援班，每班由 10～15 人组成，班长由各单位主管运输安全工作的负责人担任。遇有事故需要出动时，立即召集有关成员，携带救援工具器材随同救援列车赶赴事故现场，配合救援列车进行抢险救援。

(二)救援班长职责

1. 救援班长负责本单位应急救援组织的管理，建立健全各项救援工作制度，保证救援班经常保持充足的救援力量，若有人员变动时，应及时补充调整。

救援班长应将本单位救援班成员名单及通信联系电话报送铁路局应急办公室及所在地救援列车主任。

2. 负责制定本救援班的出动救援通告办法，遇有事故发生时，迅速召集有关人员随同救援列车赶赴事故现场，配合救援列车进行抢险救援工作。

3. 根据应急救援工作需要，各救援班应配齐应急救援工具器材，并经常保持齐全良好。

三、救 援 队

在无救援列车的编组站、区段站和较大中间站设立救援队。救援队为不脱产的兼职救援队伍，救援队长由车务段长或车站站长担任，副队长由机务或工务部门负责人担任。成员由车务、机务、工务、电务、车辆、供电、公安等单位的有关人员组成。救援队的人数应为 30～50 人(中间站应不少于 20 人)，救援队担当的救援区段一般为 50～80 km，繁忙干线和特殊区段可适当增设救援队。

救援队配置复轨器、千斤顶、液压起复机具、钢丝绳、台车卡具、短木枕等救援设备工具，确保机车车辆和动车组一般脱轨事故的救援起复需要。

(一)救援队基本任务

1. 担负不需要救援列车出动的一般脱轨事故的救援起复任务。

2. 到达事故现场后,根据工作需要,应完成以下几项工作:

(1)勘察现场,确定方案,立即向现场总指挥或列车调度员报告。

(2)全力抢救现场负伤人员,协助医护人员救护及送至附近医疗单位救治。

(3)安装电话和信息传输设备,确保事故现场的通信联络及图像传输。

(4)接通现场照明、给水设备,保证救援作业照明及人员的饮食用水。

3. 保护事故现场和铁路运输物资安全,事故现场应设置警戒区。

4. 如事故严重需出动救援列车时,应于救援列车到达前做好各项准备工作,并配合救援列车进行救援起复作业。

(二)救援队基本要求

1. 救援队长职责

(1)贯彻落实铁路总公司、铁路局有关规章命令,负责救援队的日常管理工作。

(2)健全救援组织,确保救援人数。由救援队长负责将本站区“救援队组织表”填报后分送救援队成员单位,在行车值班室及各单位值班室内揭挂,并报送铁路局主管部门、所属单位和驻地救援列车主任。“救援队组织表”的格式见表 2-2。

表 2-2 救援队组织表

站别: 救援队长: 副队长: 填报日期: 年 月 日

<table>
<tr><td rowspan="2">单位</td><td rowspan="2">负责人姓名</td><td colspan="3">通信联系方式</td><td rowspan="2">成员名单</td></tr>
<tr><td>办公</td><td>值班</td><td>手机</td></tr>
<tr><td>车务</td><td></td><td></td><td></td><td></td><td></td></tr>
<tr><td>机务</td><td></td><td></td><td></td><td></td><td></td></tr>
<tr><td>工务</td><td></td><td></td><td></td><td></td><td></td></tr>
<tr><td>电务</td><td></td><td></td><td></td><td></td><td></td></tr>
<tr><td>车辆</td><td></td><td></td><td></td><td></td><td></td></tr>
<tr><td>供电</td><td></td><td></td><td></td><td></td><td></td></tr>
<tr><td>公安</td><td></td><td></td><td></td><td></td><td></td></tr>
<tr><td>卫生</td><td></td><td></td><td></td><td></td><td>救援队合计: 人</td></tr>
<tr><td colspan="6">救援队工作制度:(略)</td></tr>
<tr><td colspan="6">出动召集通告办法:(略)</td></tr>
<tr><td colspan="6">本地区可以借用救援交通、动力设备:</td></tr>
</table>

<table>
<tr><td rowspan="2">配属单位</td><td colspan="6">设备名称、型号、台数</td><td rowspan="2">备注</td></tr>
<tr><td>汽车</td><td>重型轨道车</td><td>汽车起重机</td><td>挖掘机</td><td>装载机</td><td>牵引车</td></tr>
<tr><td></td><td></td><td></td><td></td><td></td><td></td><td></td><td></td></tr>
<tr><td></td><td></td><td></td><td></td><td></td><td></td><td></td><td></td></tr>
<tr><td></td><td></td><td></td><td></td><td></td><td></td><td></td><td></td></tr>
<tr><td></td><td></td><td></td><td></td><td></td><td></td><td></td><td></td></tr>
<tr><td></td><td></td><td></td><td></td><td></td><td></td><td></td><td></td></tr>
</table>

续上表

救援队工具备品配备明细											
序号	名称	规格	单位	数量	存放地点	序号	名称	规格	单位	数量	存放地点
1	人字形复轨器	混凝土枕、木枕通用	对	1		14	铁线	8号	kg	5	
2	S-1双向复轨器	混凝土枕、木枕通用	套	1		15	止轮器		只	2	
3	液压复轨器		套	1		16	撬棍	能起道钉	根	2	
4	液压千斤顶	30～50 t	台	2		17	尖锹		把	2	
5	横移千斤顶	30～50 t	台	2		18	尖镐		把	2	
6	台车卡具	车辆通用	套	2		19	抬杠	ϕ100 mm×3 m	根	3	
7	钢丝绳	ϕ30～40 mm	条	2		20	短木枕	长800 mm	根	10	
8	大锤	8磅	把	1		21	短木枕	长1 250 mm	根	6	
9	手锤	0.5磅	把	1		22	照明灯具	便携式	只	5	
10	木工斧		把	1		23	钳工工具		套	1	
11	管钳	300～450 mm	把	2		24	安全帽		顶	30	
12	活口扳手	250～300 mm	把	2		25	绝缘胶靴		双	30	
13	克丝钳		把	1		26	手套		副	30	

注：此表分送救援队各成员单位在值班室内揭挂，并报送铁路局、所属站段及驻地救援列车主任各一份。

(3)制定完善本地区出动救援召集办法，绘制铁路、公路交通示意图，确保接到命令后20 min内出动救援。

(4)及时组织召开救援队工作会议，总结救援工作经验，部署下一步工作。

(5)组织开展应急救援技术培训和实作演练活动。

(6)定期对救援设备工具进行检查保养，做到齐全完好，非事故救援不得动用。

(7)救援队出动时，由救援队长负责事故现场的组织指挥工作，各单位参加救援人员必须服从命令，听从指挥，各尽职责，确保快速安全地完成救援任务。

(8)救援队出动救援后，应及时召开会议，认真总结经验教训，并于3 d内向铁路局及所属单位提报“救援队复旧工作报告”，其格式见表2-3。

表2-3 救援队复旧工作报告

站别：　　救援队长：　　副队长：　　填报日期：　年　月　日

发生事故时间	年　月　日　时　分	事故地点	
事故概况及略图：			
接出动命令时间	月　日　时　分	开始召集时间	月　日　时　分
召集到齐时间	月　日　时　分	由本站出发时间	月　日　时　分
出动总人数	其中：车务、机务、工务、电务、车辆、供电等单位人数		
到达事故地点时间	月　日　时　分	车站距现场距离	公里　米
途中滞留原因			
开始清理事故时间	月　日　时　分	复旧完毕时间	月　日　时　分

续上表

起复机车车辆型号		起复数量	台　（辆）
线路开通时间			
线路损坏情况			
区间开通迟缓原因			
机车车辆破损情况			
复旧方法及作业情况：			
现场折返时间	月　日　时　分	到达本站时间	月　日　时　分
借用动力名称			台数
表现突出人员事迹			

注：此表一式三份，附总结报告于事故复旧完毕三日内上报铁路局及所属单位各一份，留存一份。

2. 救援队工作制度

(1)救援队出动召集制度。

(2)救援工作会议制度。

(3)技术培训演练制度。

(4)设备工具检查保养制度。

(5)救援工作总结与报告制度。

3. 救援队管理资料与台账

(1)上级有关应急救援工作的规章命令。

(2)救援队管理标准或检查考核办法。

(3)救援工作会议记录簿。

(4)救援队工作指导簿。

(5)救援队设备工具台账。

(6)救援技术培训演练资料。

四、接触网故障抢修组织

接触网是电气化铁路重要的行车设备，是向电力机车、动车组等移动设备安全可靠供电的特殊输电线路，一旦发生故障停电，将直接影响铁路运输秩序。

为保证电气化铁路安全运行，铁路各级管理部门应贯彻执行铁路总公司《电气化铁路接触网故障抢修规则》等文件规定，按照各自的职责和分工，组织、参与接触网故障的抢修工作。

(一)抢修组织

铁路局应成立接触网故障抢修领导小组，建立健全各项应急抢修机制。

铁路局供电调度员负责接触网故障的抢修指挥。铁路局应建立高铁供电应急指挥专家组，应急指挥专家组负责指导应急处置方案的制定和实施，为供电调度员和现场抢修工作提供技术支持，以保证安全快速地开通线路。

供电段负责现场的抢修组织及实施。指定现场抢修负责人，现场抢修负责人应由先行到达现场技术安全等级最高的人员担任；跨铁路局或两个及以上工区参加抢修时，原则上由设备管理单位人员担任现场抢修负责人。

配合铁路交通事故救援时，接触网抢修负责人应服从事故现场负责人的指挥。

承担接触网抢修工作的车间、班组和高铁车站（动车段、所）应急值守点的有关人员根据作业需要均应配置 GSM-R 手持终端，并保持经常开机，状态良好。

铁路局供电调度员应掌握各级抢修组织成员及现场抢修人员的联系通信号码。

（二）抢修工作原则

高速铁路接触网故障抢修应遵循“先行供电”“先通后复”和“先通一线”的基本原则，以最快的速度满足滞留列车的供电条件，尽快疏通线路、恢复设备的正常技术状态。为保证快速抢通线路，在确保安全的情况下，允许接触网降低技术条件临时恢复供电开通运行。

抢修方案还应遵循“先重点，后一般”的原则，首先使接触网脱离接地，尽快恢复送电，待重点列车离开故障供电单元时，再对故障地点进行恢复。

（三）抢修机具设备

为适应铁路运输安全需要，各局须强化接触网抢修基地建设，并纳入铁路应急救援体系规划。抢修基地应配备先进装备、机具和材料，以确保接触网抢修速度和质量。

供电段应设置抢修基地，配备接触网抢修列车。每组接触网抢修列车由放线车、轨道吊车各 1 辆（台），平板车、综合检修作业车各 2 辆组成。抢修列车的抢修半径一般为 200 运营公里。

接触网工区应按规定配置接触网作业车、平板车和电力抢险工程车。

接触网工区所在地及抢修车辆应配置必要的通信手段，以适应管内接触网抢修的通信需要。

供电段、供电车间、接触网工区均应配置夜间故障抢修用照明灯具。

接触网抢修用轨道车辆、汽车，必须停放在确保迅速出动的指定地点。如必须变更停放地点时，接触网工区值班员要及时报告局供电调度员和供电段生产调度员。铁路局供电调度员和供电段生产调度员必须随时掌握抢修列车和接触网工区交通机具的停放地点及整备情况。

供电段、接触网工区及抢修基地（抢修列车）应按铁路总公司文件规定配备抢修材料、工具、备品、通信和防护用具等，其品类及配备数量见表 2-4（高速铁路接触网抢修材料储备定额表）、表 2-5（高速铁路接触网抢修机具储备定额表）、表 2-6（接触网供电、检测、维修车间主要工机具配置表）、表 2-7（接触网运行、检测工区主要工机具配置表）、表 2-8（接触网作业车行车安全用品表）。

表 2-4　高速铁路接触网抢修材料储备定额表

序号	材料名称	规格	单位	数量				备注
				供电段	供电车间	工区	值守点	
一、支柱								
1	支柱		根	各 10	各 2	0	0	根据管内支柱类型确定
二、支撑定位装置								
1	常用的支撑定位结构		套	各 10	各 4	各 6	常用定位器 2 套	包括平、斜腕臂及连接、悬吊零部件，底座、定位器（含线夹）
2	非常用的腕臂固定底座	各种	套	各 10	0	各 1	0	根据管内情况确定
3	隧道内悬挂及定位埋入杆件		套	10	2	4	0	根据管内情况确定
4	吊柱		套	10	2	4	0	根据管内情况确定

续上表

序号	材料名称	规格	单位	数量				备注
				供电段	供电车间	工区	值守点	
三、接触悬挂								
1	补偿滑轮可调式整体吊弦		套	100	40	20	5	
2	弹性吊索		块	100	20	10	0	
四、下锚及补偿装置								
1	补偿滑轮		套	各2	各1	各1	0	管内各种规格
2	坠砣铁材质		块	50	20	20	0	管内各种规格
3	棘轮		套	2	2	2	2	管内各种规格
五、线索及终端、接续线夹								
1	承力索及接触线		m	各3 000	各1 500	各100	0	管内各种规格
2	供电线、正馈线		m	各1 000	各1 000	各100	0	管内各种规格
3	回流线、保护线及架空地线		m	各1 000	各1 000	各100	0	管内各种规格
4	钢绞线		m	各500	各500	各100	0	管内各种规格
5	电连接线	120 mm²	m	100	100	20	0	预制成组
6	承力索终端线夹	各种	套	各10	各2	各2	0	
7	附加导线终端线夹	各种	套	各10	各2	各2	0	
8	接触线终端线夹	各种	套	各10	各2	各2	0	
9	接触线接头线夹	各种	套	20	4	6	0	
10	承力索接头线夹	各种	套	20	4	6	0	
11	附加导线接头线夹	各种	套	各10	各2	各2	0	
六、硬(软)横跨零部件								
1	横承力索线夹	单、双	套	20	10	各4	0	
2	定位环线夹		套	20	10	6	0	
3	球头挂环		个	20	10	6	0	
4	开式螺旋扣		个	20	10	2	0	
5	悬吊滑轮		个	20	10	2	0	
6	双耳楔形线夹		个	20	10	10	0	
7	杵座楔形线夹		个	20	10	10	0	
七、其他零部件								
1	悬式绝缘子		组	30	10	5	0	
2	棒式绝缘子		支	30	10	5	0	爬距≥1 400 mm
3	复合绝缘子硅橡胶		支	30	10	5	0	
4	线岔		套	4	2	2	0	
5	分段绝缘器		台	4	1	1	0	
6	线岔电连接器		组		1	1	0	

续上表

序号	材料名称	规格	单位	数量				备注
				供电段	供电车间	工区	值守点	
7	各种电连接线夹		套	各6	0	各4	0	
8	隔离开关	各种	台	各2台	0	0	0	容量按管内最大
9	接触线中心锚结线夹		套	5	1	1	0	
10	承力索中心锚结线夹	各种	套	各4	各1	各1	0	
11	常用的肩架		套			2	0	
12	铁线		kg	50	20	10	5	

表 2-5　高速铁路接触网抢修机具储备定额表

序号	名称	规格	单位	数量			备注
				供电车间	工区	值守点	
1	接地线		根	8	4	2	
2	验电器	25 kV	个	4	2	2	
3	绝缘手套		副	4	4	2	
4	绝缘靴		双	4	4	2	
5	安全帽		个	20	10	4	
6	安全带		副	20	10	4	
7	充电电筒		个	30	20	4	
8	个人工具五件套		套	30	10	4	
9	数码照相机		个	2	1	1	
10	望远镜	⩾10倍	个	2	1	1	
11	打冰杆(绝缘杆)		套		2	1	根据需要配置
12	防护信号旗		套	2	4	4	红、黄各2套
13	防护信号灯		个	2	2	2	红、黄各2套
14	对讲机		个	10	10		
15	抢修组合箱(包)	便携式	个		6～8	2～4	根据需要组合
16	车梯	便携式	个	4	1		
17	人字梯		个	4	2	1	
18	挂梯	7～12 m	个	各1	各1	1	
19	梯子	7～12 m	个	各1	各1		
20	攀支柱的脚扣	各种型号	副	8	4	2	
21	断线钳	铜线、钢绞线	把	各2	各2	1	液压或充电式
22	棕绳		根	4	2	1	
23	滑轮组		套	3	3		
24	链条葫芦	6 t、3 t	个	各2	各1		
25	手扳葫芦	6 t、3 t	个	各2	各1		

续上表

序号	名称	规格	单位	数量			备注
				供电车间	工区	值守点	
26	紧线器		套	各4	各4		根据管内线索型号确定
27	钢丝套		个	8	4		
28	接触线紧线紧固夹具		套	2	2		
29	导线正弯器	五轮	个	1	2		
30	接触网激光测量仪		套	1	2		
31	皮尺		个	1	2	1	
32	游标卡尺			1	1		
33	水平尺及道尺		个	各1	各2		
34	兆欧表	2 500 V	块		1		
35	发电机、临时照明用灯具、电缆		套	2	2		
36	便携式充电矿灯、安全帽		套		8	4	
37	射钉枪		个	1	1		
38	螺母粉碎机		把	1	1		
39	钢锯架		把		2		
40	力矩扳手		套		5		
41	管钳		把	2	2		
42	割刀		把	2	2		
43	扁锉		把	2	2		
44	平锉		套	2	2		
45	放线滑轮		个	30	10		
46	压接钳		套	2	2		
47	大锤		把	2	2		
48	橡胶锤		把	2	2		
49	干湿温度计		个		1		
50	急救药箱		个	1	1		

表 2-6 接触网供电、检测、维修车间主要工机具配置表

(a)接触网供电车间主要工机具配置表

序号	名　称	规格	单位	数量	备　注
1	生产抢修指挥车	乘坐5人	辆	1	
2	电力工程车		辆	1	
3	汽车升降车		辆	1	
4	轨道平车		辆	1	
5	通信工具		台	8	
6	蓄电池恒流充放电机	接触网作业车专用	台	1	

续上表

序号	名　　称	规格	单位	数量	备　注
7	超声波探伤仪	接触网作业车专用	台	1	
8	紫外成像仪		套	1	
9	强光巡检灯		个	每人 1	
10	数码照像机		个	1	
11	望远镜		个	1	
12	绝缘部件小型清洗设备		台	1	
13	牵引供电维护管理信息化系统(车间级)及检测数据存储、分析客户端		套	1	

注:本表供参考,铁路局可根据具体情况制定。

(b)接触网检测车间主要工机具配置表

序号	名　　称	规格	单位	数量	备　注
1	生产抢修指挥车	乘坐 5 人	辆	1	
2	通信工具		台	5	
3	强光巡检灯		个	每人 1	
4	数码照像机		个	1	
5	望远镜		个	1	
6	牵引供电维护管理信息化系统(车间级)及检测数据存储、分析客户端		套	1	

注:本表供参考,铁路局可根据具体情况制定。

(c)接触网维修车间主要工机具配置表

序号	名　　称	规格	单位	数量	备　注
	一、车辆及交通工具				
1	生产抢修指挥车	乘坐 5 人	辆	1	
2	电力工程车		辆	1	
3	大客车		辆	1	
4	接触网检修作业车列		组	1	
5	接触网检修作业车(多平台)		台	2	
6	接触网作业车	四轴	辆	1	
7	轨道平车		辆	1	
	二、工机具				
1	牵引供电维护管理信息化系统(车间级)及检测数据存储、分析客户端		套	1	
2	接触线正弯器		个	3	
3	充电液压绞线切割工具		套	各 2	
4	充电液压接触线切割工具		套	各 2	
5	充电液压电缆切割工具		套	各 2	

续上表

序号	名　称	规格	单位	数量	备　注
6	充电液压压接工具		套	各 2	吊弦、斜拉线、附加导线等线索
7	电连接液压工具		套	各 2	含压接、破除功能
8	磁力钻		套	2	
9	紧线器		个	各 8	各型号
10	手扳(链条)葫芦		个	各 4	各型号
11	滑轮组		个	2	
12	弹性吊索安装工具		套	各 2	根据需要配备
13	充电式螺帽粉碎器		套	2	
14	数显力矩扳手	各规格套筒	套	10	
15	力矩扳手	各规格套筒	套	15	
16	游标卡尺		个	4	
17	水平尺		个	2	
18	接触线平顺度检测尺		个	5	
19	道尺		个	2	
20	定位器角度测量仪		个	5	
21	接触网几何参数测量仪		套	4	
22	接触网磨耗测量仪		套	3	
23	线索张力测试仪		套	2	
24	激光测距仪		套	2	
25	全站仪		套	1	
26	兆欧表	500 V、2 500 V	块	各 1	
27	绝缘电阻测试仪		套	3	
28	轻型车梯		套	2	
29	挂梯		套	2	
30	小型绝缘部件冲洗设备		套	5	
31	畜电池恒流充放电机	接触网作业车专用	台	1	
32	超声波探伤仪	接触网作业车专用	台	1	
33	轴温检测仪	接触网作业车专用	台	1	
34	接地线		套	8	含接地杆等
35	等电位线		套	8	含等位线杆等
36	验电器		个	8	
37	绝缘手套、绝缘靴		双	各 5	
38	安全带、安全帽		个	每人 1	
39	微型防爆头灯		个	每人 1	

续上表

序号	名　　称	规格	单位	数量	备　　注
40	强光巡检灯		个	每人 1	
41	照明工具		套	各 2	轻型升降泛光灯、防爆移动灯、轻便移动灯、轻便多功能强光灯含发电机
42	通信工具		台	20	
43	数码照像机		个	2	
44	望远镜		个	2	
45	绝缘工具干燥装置		套	1	

注：①本表包含维修工区主要工机具配置；

②本表供参考，铁路局可根据具体情况制定。

表 2-7　接触网运行、检测工区主要工机具配置表

(a)接触网运行工区主要机具配置表

序号	名　　称	规格	单位	数量	备　　注
一、车辆及交通工具					
1	接触网作业车		辆	1	优先配置 160 km/h 多功能接触网作业车
2	电力工程车		辆	1	
二、工具机					
1	牵引供电维护管理信息化系统（工区级）及检测数据存储、分析客户端		套	1	
2	接触线正弯器		个	1	
3	充电液压绞线切割工具		套	各 1	
4	充电液压接触线切割工具		套	各 1	
5	充电液压电缆切割工具		套	各 1	
6	充电液压压接工具		套	各 1	吊弦、斜拉线、附加导线等线索
7	电连接液压工具		套	各 1	含压接、破除功能
8	磁力钻		套	1	
9	紧线器		个	各 8	各型号
10	手扳(链条)葫芦		个	各 4	各型号
11	滑轮组		个	2	
12	弹性吊索安装工具		套	各 1	根据需要配备
13	充电式螺帽粉碎器		套	1	
14	数显力矩扳手	各规格套筒	套	2	
15	力矩扳手	各规格套筒	套	4	
16	游标卡尺		个	2	
17	水平尺		个	2	

续上表

序号	名　称	规格	单位	数量	备　注
18	接触线平顺度检测尺		个	2	
19	道尺		个	2	
20	定位器角度测量仪		个	2	
21	接触网几何参数测量仪		套	2	
22	接触网磨耗测量仪		套	1	
23	线索张力测试仪		套	1	
24	附盐密度检测仪		台	1	
25	绝缘子在线检测仪		台	1	
26	避雷器在线检测仪		台	1	
27	绝缘电阻测试仪		套	1	
28	激光测距仪		套	1	
29	兆欧表	500 V、2 500 V	块	各 2	
30	高斯计		台	2	有磁感应器的工区配备
31	红外热像仪		套	1	
32	轻型车梯		套	2	
33	挂梯		套	1	
34	便携式绝缘部件冲洗设备		套	1	
35	蓄电池恒流充放电机	接触网作业车专用	台	1	
36	超声波探伤仪	接触网作业车专用	台	1	
37	轴温检测仪	接触网作业车专用	台	1	
38	打杂杆	绝缘杆	把	2	含杆头
39	高枝油锯		台	2	
40	油锯		台	2	
41	接地线		套	8	含接地杆等
42	等电位线		套	4	含等位线杆等
43	验电器		个	4	
44	绝缘手套、绝缘靴		双	各 4	
45	安全带、安全帽		个	每人 1	
46	微型防爆头灯		个	每人 1	
47	强光巡检灯		个	每人 1	
48	照明工具		套	各 1	轻型升降泛光灯、防爆移动灯、轻便移动灯、轻便多功能强光灯含发电机
49	通信工具		台	8	
50	数码照像机		个	1	
51	望远镜		个	1	
52	绝缘工具干燥装置		套	1	

注:本表供参考,铁路局可根据具体情况制定。

(b)接触网检测工区主要工机具配置表

序号	名　　称	规格	单位	数量	备　注
1	工具车		辆	1	
2	通信工具		台	5	
3	微型防爆头灯		个	每人 1	
4	强光巡检灯		个	每人 1	
5	数码照像机		个	1	
6	望远镜		个	1	
7	牵引供电维护管理信息化系统(工区级)及检测数据存储、分析客户端		套	1	

注:本表供参考,铁路局可根据具体情况制定。

表 2-8　接触网作业车行车安全用品表

品　　名		单位	常备数量	附　注
通信用品	1. 无线列调手持电台	部	1	
	2. GSM-R 手持终端	部	1	GSM-R 区段配备
信号用品	3. 手信号旗	面	6	红、黄色各 3 面
	4. 手信号灯	个	3	红、黄、白三显示
	5. 防护灯	盏	2	双面红色,用于停车过夜防护
	6. 号角	个	3	
	7. 火炬	支	6	
	8. 响墩	个	12	
安全防护用品	9. 短路铜线	根	2	
	10. 铁鞋	个	4	
	11. 液压复轨器	套	1	
	12. 起复索具	套	1	根据车型配置
	13. 灭火器	个	2	≥3 kg
检查修理工具	14. 随车工具	套	1	扳手、钳子、钳工锤、油枪等
	15. 检车锤	把	1	
	16. 红外线测温仪	台	1	手持式
	17. 充电手电筒	把	2	

(四)抢修出动

电气化铁路发生弓网事故时,接触网工区和应急值守点接到抢修通知后,应根据抢修预案和现场情况,携带好材料、工具等,确保 15 min 内出动。

抢修人员应优先采取登乘列车的方式出动抢修。登乘人员应本着快速出动,就近上车的原则,立即申请要点登乘列车。铁路局列车调度员应及时安排停点上下车,车站、公安、列车乘务等相关部门应积极配合,确保抢修人员尽早到达故障现场。接触网作业车(抢修列车)出动抢修时,按救援列车办理,列车调度员应优先放行。

五、铁路交通事故应急救援安全常识

(一)应急救援作业安全

一旦发生较严重的铁路交通事故,由于现场人员繁杂、设备机具噪声大,且受地理条件限制及恶劣天气等影响,作业人员稍有不慎,极易发生人身伤害等次生事故。为此,现场各部门、各单位人员应统一服从现场总指挥的命令,明确分工,各尽职责,密切配合,实施救援方案。认真执行各项安全操作规程,确保救援抢险作业安全。

1. 作业人员应着用规定的防护服装,佩戴安全帽,无论冬、夏季,均需戴手套作业。

2. 利用复轨器起复机车车辆时,作业人员应处在安全地点,切勿蹲在复轨器旁,以防车辆倾翻或石砟迸出伤人。

3. 利用钢丝绳联挂车辆复轨时,作业人员应离开钢丝绳周围,以防绳索折断伤人。车辆复轨后应及时停车并安放止轮器,防止车辆与机车相撞。

4. 起复机车车辆时,应控制牵引复轨速度,防止脱轨车轮越过复轨器再次脱轨。

5. 禁止在地上拖拉,抛掷钢丝绳,以防伤人和损坏绳索。捆绑有棱角的物件,应加磁力护角或垫片等物,以免损坏车辆和绳索。

6. 利用千斤顶(液压起复设备)起复车辆时,应统一指挥作业。千斤顶不得超载使用,起升高度不得超越安全线。

7. 顶移车辆时,应采取止轮措施,以防车辆流逸。

8. 救援起重机作业前,必须打好支持梁(支腿),以防救援起重机脱轨或倾倒。

9. 救援起重机作业时,任何人不得在起重机吊臂下站立或通过。在悬空的吊件上不准站人,不得利用吊钩和物件带送人员。

10. 两台救援起重机同时作业,作业场地较大或天气影响看不清起重信号时,须联系确认后,方可继续作业。

11. 救援起重机吊钩应与重物的重心垂直,不得斜吊;调整吊起的物件位置,应使用安全钩或安全绳。重物落下前,应预先设置垫木或垫块。吊件卸放后摘钩抽绳时,应防止绳头弹出伤人。

12. 在电气化区段救援作业时,应认真执行有关规章命令,确保救援作业安全。

(二)应急救援工作注意事项

1. 发生铁路交通事故,救援人员应迅速赶赴事故现场,果断提出起复方案并向现场救援领导组或列车调度员报告,经现场救援领导组批准后,立即组织实施抢险救援。

2. 及时接通通信设备和现场图像传输系统,保证事故现场与列车调度员及相邻站的通信联系,并适时向铁路总公司、铁路局传输现场救援信息及图像音频资料。

3. 事故现场必须统一指挥,其他人员要密切配合,各尽职责。

4. 正确使用救援设备工具,按作业程序复旧。

5. 机车车辆复轨作业时应控制机车牵引速度,达到平稳、缓慢,确保一次复旧成功。

6. 电气化区段救援抢险需要停电作业时,必须按规定办理停电手续并可靠接地后方可作业。救援起复作业时,应派专业人员进行监视防护,确保现场作业人员及设备安全。

7. 机车车辆起复后,须认真进行检查处理,符合运行条件方可恢复运行或限速回送。

8. 全力开通正线,确保运输畅通,尽力减少事故造成的损失和影响,防止事故蔓延扩大。

第三章　铁路救援起重机运用安全

铁路救援起重机是铁路交通事故应急救援工作的专用救援起复设备。正确的操作和精心的维修保养，可使起重机经常保持良好的技术状态，充分发挥设备效能，并可延长起重机的使用寿命，快速安全地完成事故应急救援起复任务。

为此，起重机司机及有关人员应全面了解和掌握起重机的基本构造及操作保养方法，认真执行各项规章制度和作业标准，确保铁路救援起重机的运用安全。

当前，全路配属的铁路救援起重机型号较多，因篇幅所限，选择其中几种有代表性的机型予以重点介绍。

第一节　铁路救援起重机作业信号

铁路救援起重机的作业信号显示方法分为手作信号和音响信号两种。

一、手作信号显示方法

1. 吊臂升降手作信号显示方法（如图 3-1 所示）
2. 主钩升降手作信号显示方法（如图 3-2 所示）
3. 副钩升降手作信号显示方法（如图 3-3 所示）
4. 转车手作信号显示方法（如图 3-4 所示）
5. 动车进退手作信号显示方法（如图 3-5 所示）
6. 停止手作信号显示方法（如图 3-6 所示）

(a)吊臂升起
两臂高举，手心向上，上下摆动

(b)吊臂降落
两臂向前平伸，手心向下，上下摆动

图 3-1　吊臂升降手作信号显示方法

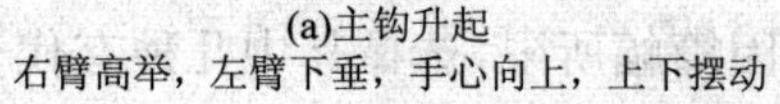

(a)主钩升起
右臂高举，左臂下垂，手心向上，上下摆动

(b)主钩降落
右臂高举，左臂下垂，手心向下，上下摆动

图 3-2　主钩升降手作信号显示方法

(a)副钩升起
左臂高举，右臂平伸，手心向上，上下摆动

(b)副钩降落
左臂高举，右臂平伸，手心向下，上下摆动

图 3-3　副钩升降手作信号显示方法

(a)转车向左
左臂向前平伸，左右摆动

(b)转车向右
右臂向前平伸，左右摆动

图 3-4　转车手作信号显示方法

(a)动车前走
双手向前，手心向里，前后摆动

(b)动车后退
双手向前，手心向外，前后摆动

图 3-5　动车进退手作信号显示方法

(a)正常停止
两臂平伸不动

(b)紧急停止
两臂上举，左右紧急摆动

图 3-6　停止手作信号显示方法

二、音响信号显示方法

音响信号显示方法见表 3-1。

表 3-1　音响信号显示方法

吊　臂	升　起	一短一长
	降　落	一长一短
主　钩	升　起	一短声
	降　落	二短声
副　钩	升　起	二短一长
	降　落	一长二短
转　车	向　左	一短一长一短
	向　右	一长一短一长
动　车	前　走	一长声
	后　退	二长声
停　止	一　般	三短声
	紧　急	连续五短声以上
司机要求信号再显示		三短声

注：①作业信号昼夜兼用，手信号为主，音响信号为辅，两种信号可同时并用，也可单独使用；
②显示信号人员应面向司机显示；
③司机确认信号后，应鸣笛复示；
④司机与副司机确认信号后，应执行呼唤应答制；
⑤长声为 3 s，短声为 1 s。

第二节 铁路救援起重机结构及起重性能

铁路救援起重机以柴油机为原动力，具有全液压传动，360°全回转、自力走行等功能。按照我国铁路起重机设计规范及相关标准，铁路起重机可分为准轨和米轨(云南昆明至河口段为1 000 mm，台湾地区为1 067 mm)两种轨距。

铁路起重机属于臂架式类型起重机，根据铁路交通事故应急救援工作需要，可分为定长式吊臂和伸缩臂式吊臂两大类。伸缩臂式起重机可适应电气化铁路和特殊地段线路的抢险救援。

铁路救援起重机的起重量应符合国际标准 ISO2374:1983《最大起重量系列》的规定。目前，我国自行开发并投入运用的铁路救援起重机型号较多，主要有 N1002 、NS 1001、NS1251、NS1252、NS1601G、NS1602G 等型，起重量分为 100 t、125 t、160 t 等几种。

为适应我国铁路运输向重载和高速方向发展，铁路总公司自 2006 年以来，已分批引进德国 Kitow Leipzig 公司生产的 NS1600(1600 A)型 160 t 和 NS2000 型 200 t 内燃液压伸缩臂式铁路救援起重机，配属在国家级铁路救援基地和繁忙干线及枢纽地区的救援列车，以提高铁路运输安全保障能力及救援装备水平。

主型铁路救援起重机的起重性能见表 3-2～表 3-7，起重性能曲线如图 3-7～图 3-12 所示。

一、N1002 型 100 t 铁路救援起重机起重性能

N1002 型 100 t 铁路救援起重机的起重性能见表 3-2，起重性能曲线如图 3-7 所示。

表 3-2 N1002 型 100 t 起重机起重性能表

支腿跨距 6 m×6 m±360°				支腿跨距 5.2 m×8.1 m			
额定起重量(t)				额定起重量(t)			
幅度(m)	主钩	副钩	副钩(不用支持梁)	幅度(m)	主钩±360°	主钩±25°	副钩±25°
5.2	100			5.2	60		
6	78			6.5	45	100	
6.5	70	32	15	7	42	80	
7	60	32	13	8	36	62	
8	50	32	9.5	9	32	50	
9	40	32	6.5	10		40	
10	32	32	4.5	11		32	32
11		30	3	12			28
12		26	2	13			25
13		22	1.5	14			22
14		18	1				

二、N1601 型 160 t 铁路救援起重机起重性能

N1601 型 160 t 起重机的起重性能见表 3-3，起重性能曲线如图 3-8 所示。

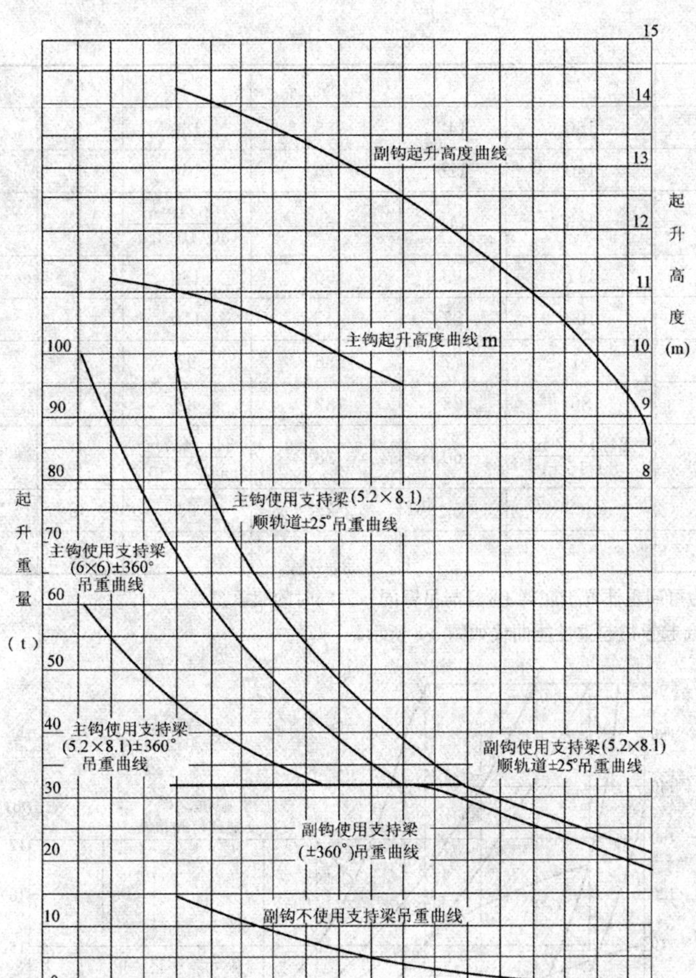

图 3-7　N1002 型 100 t 起重机起重性能曲线图

表 3-3　N1601 型 160 t 起重机起重性能表

编号	1	2	3	4	5	6	7	8
钩别								
重铁								
支腿								
旋转	360°	±30°		360°	±10°			360°
幅度(m)	起重量 t							
6	160/6 m 160/6.5 m	160	160	135	160			
7	125	160	160	105	160	32	32	

续上表

编号	1	2	3	4	5	6	7	8
8	100	160	142	85	160	↑	↑	
9	83	140	126	70	160			15
10	71	125	112	59	160/10 m 150/10.4 m			11
11	62	111	99	50	130			9
12	54	100	87	42	110			7
13	47	91	77	36	97		↓	5.5
14	40	86	68	32	88		32	4
15	35	84/14.7 m 80/15 m	60	28	84/14.7 m 80/15 m	↓	29	3
16	32	65	52	25	65	32	26	2
17.5						28	22	1

注：①编号 3 起重量为可卸重铁置于底架上，且与吊臂同一方向时的起重量；

②N1601B 型 160 t 起重机起重性能曲线如图 3-8 所示。

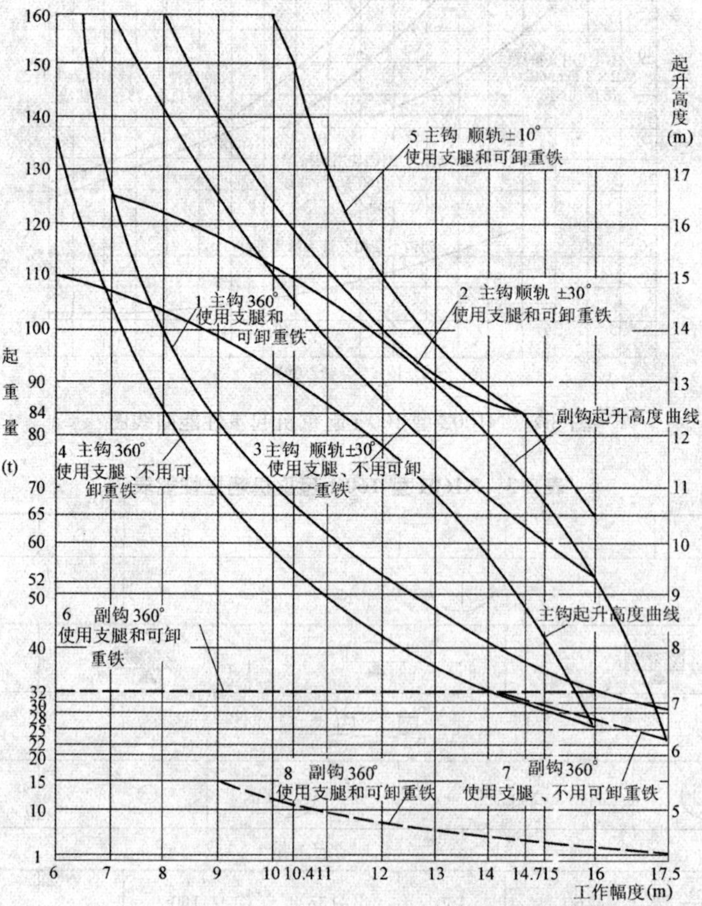

图 3-8 N1601B 型 160 t 起重机起重性能曲线图

三、NS1601B 型 160 t 伸缩臂式铁路救援起重机起重性能

NS1601B 型 160 t 伸缩臂式起重机起重性能见表 3-4，起重性能曲线如图 3-9 所示。

表 3-4 NS1601B 型 160 t 伸缩臂式起重机起重性能表

工况		回转角度	支腿跨距纵×横(m×m)	配重铁数量	最大起重量(t)×幅度(m)
1	1—1	360°	6×10.6	2	160×6.5
	1—2	±10°			160×9
	1—3	±30°			84×14.7
2	2—1	360°	6×10.6	1	140×6.5
	2—2	±10°			160×8
	2—3	±30°			88×10
3	3—1	360°	6×10.6	0	120×6.5
	3—2	±10°			130×8.2
	3—3	±30°			160×7
4	4—1	360°	4.8×11.38	2	140×6.5
	4—2	±10°			90×9.9
	4—3	±30°			160×7
5	5—1	360°	4.8×11.38	1	120×6.5
	5—2	±10°			90×9.9
	5—3	±30°			160×7
6	6—1	360°	4.8×11.38	0	92×6.5
	6—2	±10°			62×11.54
	6—3	±30°			160×7
7	7—1	360°	不支腿	0	15×6.5
	7—2	±10°			32×6.5
8		0°	不支腿	0	50×6.5
9		±10°	4.8×11.38	1	70×12.55

注：①回转角度：指吊臂纵向中心线与轨道中心线的夹角，±10°、±30°为左右摆动的角度；

②NS1601B 型 160 t 伸缩臂式起重机起重性能曲线如图 3-9 所示。

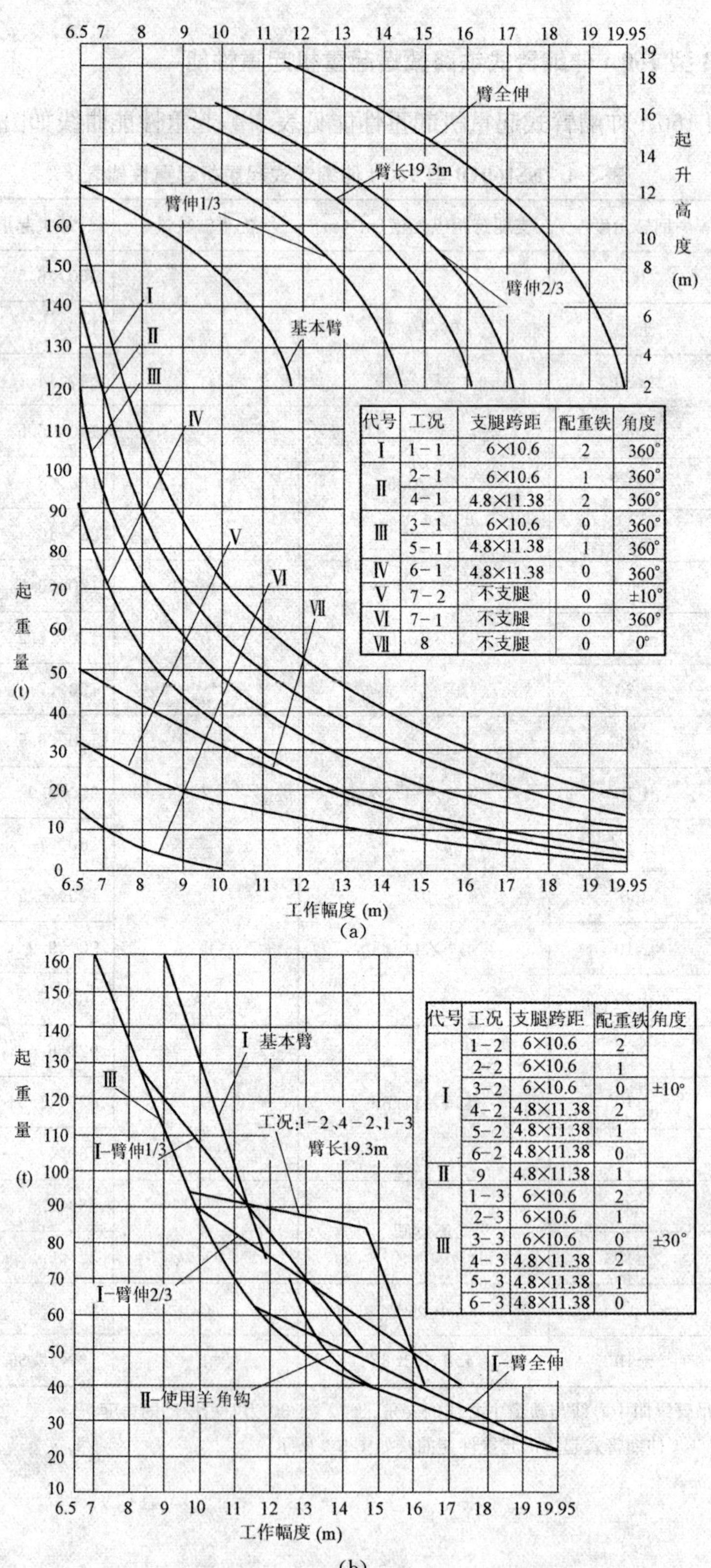

(a)

代号	工况	支腿跨距	配重铁	角度
Ⅰ	1－1	6×10.6	2	360°
Ⅱ	2－1	6×10.6	1	360°
	4－1	4.8×11.38	2	360°
Ⅲ	3－1	6×10.6	0	360°
	5－1	4.8×11.38	1	360°
Ⅳ	6－1	4.8×11.38	0	360°
Ⅴ	7－2	不支腿	0	±10°
Ⅵ	7－1	不支腿	0	360°
Ⅶ	8	不支腿	0	0°

(b)

代号	工况	支腿跨距	配重铁	角度
Ⅰ	1－2	6×10.6	2	±10°
	2－2	6×10.6	1	
	3－2	6×10.6	0	
	4－2	4.8×11.38	2	
	5－2	4.8×11.38	1	
	6－2	4.8×11.38	0	
Ⅱ	9	4.8×11.38	1	
Ⅲ	1－3	6×10.6	2	±30°
	2－3	6×10.6	1	
	3－3	6×10.6	0	
	4－3	4.8×11.38	2	
	5－3	4.8×11.38	1	
	6－3	4.8×11.38	0	

图 3-9　NS1601B 型 160 t 伸缩臂式起重机起重性能曲线图

四、NS1601C/E 型 160 t 伸缩臂式铁路救援起重机起重性能

NS1601C/E 型 160 t 伸缩臂式起重机起重性能见表 3-5，起重性能曲线如图 3-10 所示。

表 3-5　NS1601C/E 型 160 t 伸缩臂式起重机起重性能

工况		回转角度	支腿跨距(纵×横)	配重铁数量	最大起重量(t)×幅度(m)	备　注
1	1—1	360°	6 m×10.6 m	2	160×6.5	起复邻线机车
	1—2	±10°			160×9	起复横置机车
	1—3	±30°			84×14.7	起复各型重载货车
2	2—1	360°	6 m×10.6 m	1	150×6.5	
	2—2	±10°			160×7	
	2—3	±30°			80×10	
3	3—1	360°	6 m×10.6 m	0	116×6.5	
	3—2	±10°			140×6.5	
	3—3	±30°			120×6.5	
4	4—1	360°	4.8 m×11.38 m	2	120×6.4	
	4—2	±10°			84×14.7	
	4—3	±30°			150×6.5	
5	5—1	360°	4.8 m×11.38 m	1	105×6.5	
	5—2	±10°			160×7	
	5—3	±30°			130×7	
6	6—1	360°	4.8 m×11.38 m	0	80×6.5	
	6—2	±10°			140×6.5	
	6—3	±30°			120×6.5	
7	7—1	360°	不支腿	0	15×6.5	
	7—2	±10°			32×6.5	
8		0°	不支腿	0	50×6.5	
9		±10°	4.8 m×11.38 m	1	70×12.55	起复机车一端
10		±30°	6 m×10.6 m	2	55×20(臂长 25.4 m)	起复双层客车

注：①回转角度：指吊臂中心线与轨道中心线的夹角；
②工况 9 为使用羊角钩；
③支腿跨距 3.5 m×11.77 m 工况时，起重性能可参看工况 4、5、6 和 9，但只能顺轨工作，不能回转；
④工况 10 中吊臂不得伸缩；
⑤NS1601C/E 型 160 t 伸缩臂式起重机起重性能曲线如图 3-10 所示。

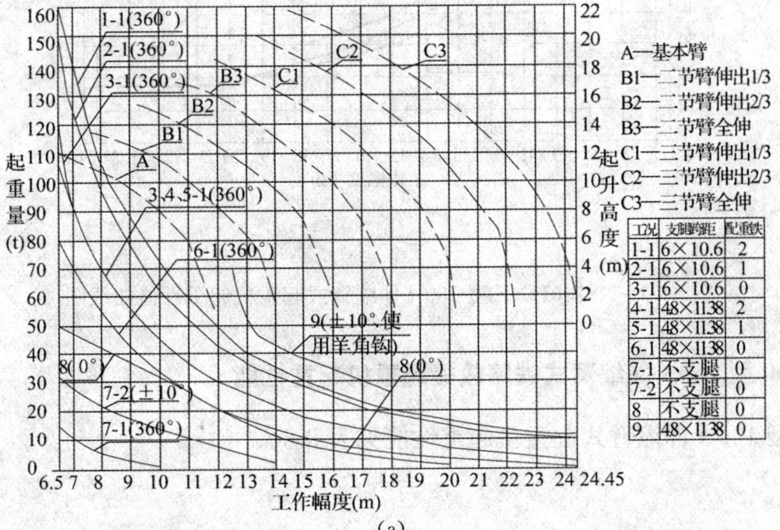

工况	支腿跨距	配重铁
1-1	6×10.6	2
2-1	6×10.6	1
3-1	6×10.6	0
4-1	48×1138	2
5-1	48×1138	1
6-1	48×1138	0
7-1	不支腿	0
7-2	不支腿	0
8	不支腿	0
9	48×1138	0

(a)

图　3-10

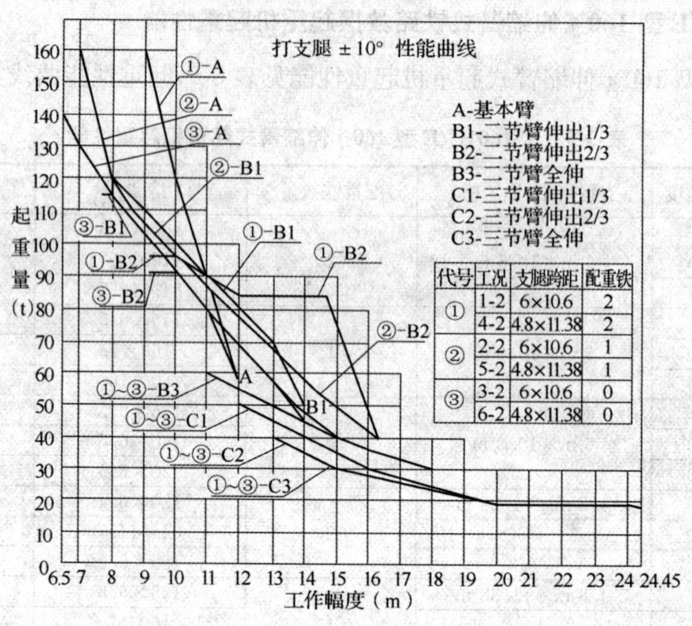

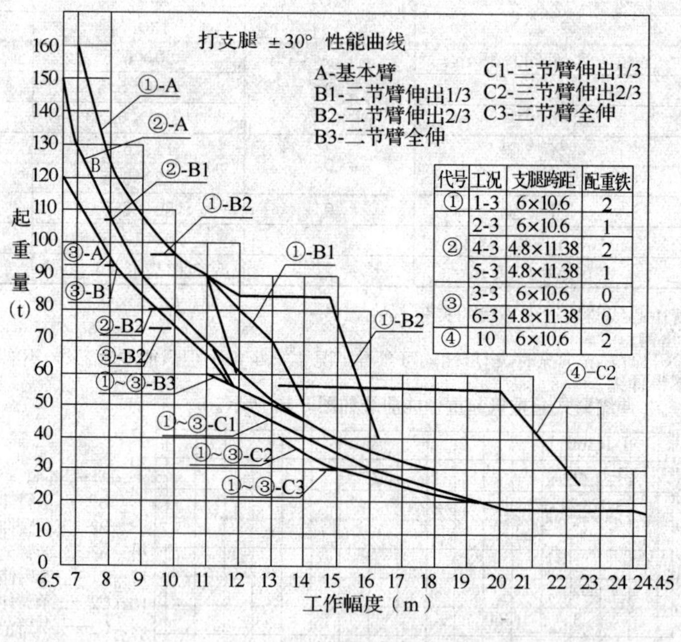

(b)

图 3-10 NS1601C/E 型 160 t 伸缩臂式起重机起重性能曲线图

五、NS1600 型 160 t 伸缩臂式铁路救援起重机起重性能

NS1600 型 160 t 伸缩臂式起重机起重性能见表 3-6。

表 3-6　NS1600 型 160 t 伸缩臂式起重机起重性能

操作模式			
1	2	2	4

主要操作模式：　1　　支承条件：　使用 1 组支腿　　支腿间距(横向)：3.0～3.9 m

平衡重：　有　　使用转向架的附加支撑　　尾部半径：12.00 m

	回转/摆动角度										
	0°	2°	5°	10°	15°	20°	25°	30°	45°	60°	90°
幅度(m) 有效幅度(m)	起重量(t) 载荷重心到轨道中心的横向水平距离(m)										
7.00 0.00	120.0 0.00	120.0 0.24	120.0 0.61	120.0 1.22	120.0 1.81						
8.00 0.50	120.0 0.00	120.0 0.28	120.0 0.70	120.0 1.39	120.0 2.07						
9.00 1.50	120.0 0.00	120.0 0.31	120.0 0.78	120.0 1.56	120.0 2.33						
10.00 2.50	118.0 0.00	118.0 0.35	118.0 0.87	118.0 1.74	118.0 2.59						
11.00 3.50	110.0 0.00	110.0 0.38	110.0 0.96	110.0 1.91	110.0 2.85						
12.00 4.50	102.0 0.00	102.0 0.42	102.0 1.05	102.0 2.08	102.0 3.11						
13.00 5.50	95.0 0.00	95.0 0.45	95.0 1.13	95.0 2.26	95.0 3.36						
14.00 6.50	90.0 0.00	90.0 0.49	90.0 1.22	90.0 2.43	90.0 3.62						
15.00 7.50	85.5 0.00	85.5 0.52	85.5 1.31	85.5 2.60	85.5 3.88						
16.00 8.50	80.5 0.00	80.5 0.56	80.5 1.39	80.5 2.78	80.5 4.14						
17.00 9.50	76.5 0.00	76.5 0.59	76.5 1.48	76.5 2.95	76.5 4.40						
18.00 10.50	73.5 0.00	73.5 0.63	73.5 1.57	73.5 3.13	73.5 4.66						
19.00 11.50	70.5 0.00	70.5 0.66	70.5 1.66	70.5 3.30	70.5 4.92						
20.00 12.50	70.0 0.00	70.0 0.70	70.0 1.74	70.0 3.47	70.0 5.18						

续上表

幅度(m) 有效幅度(m)	回转/摆动角度 0°	2°	5°	10°	15°	20°	25°	30°	45°	60°	90°
	起重量(t) 载荷重心到轨道中心的横向水平距离(m)										
21.00 13.50	66.0 0.00	66.0 0.73	66.0 1.83	66.0 3.65	66.0 5.44						
22.00 14.50	62.0 0.00	62.0 0.77	62.0 1.92	62.0 3.82	62.0 5.69						
23.00 15.50	58.0 0.00	58.0 0.80	58.0 2.00	58.0 3.99	58.0 5.95						
24.00 16.50	56.0 0.00	56.0 0.84	56.0 2.09	56.0 4.17	56.0 6.21						
24.50 17.50	55.0 0.00	55.0 0.86	55.0 2.14	55.0 4.25	55.0 6.34						
	平衡重量外端至轨道中心的横向水平距离(m)										
	1.60	1.60	1.60	1.60	1.60						

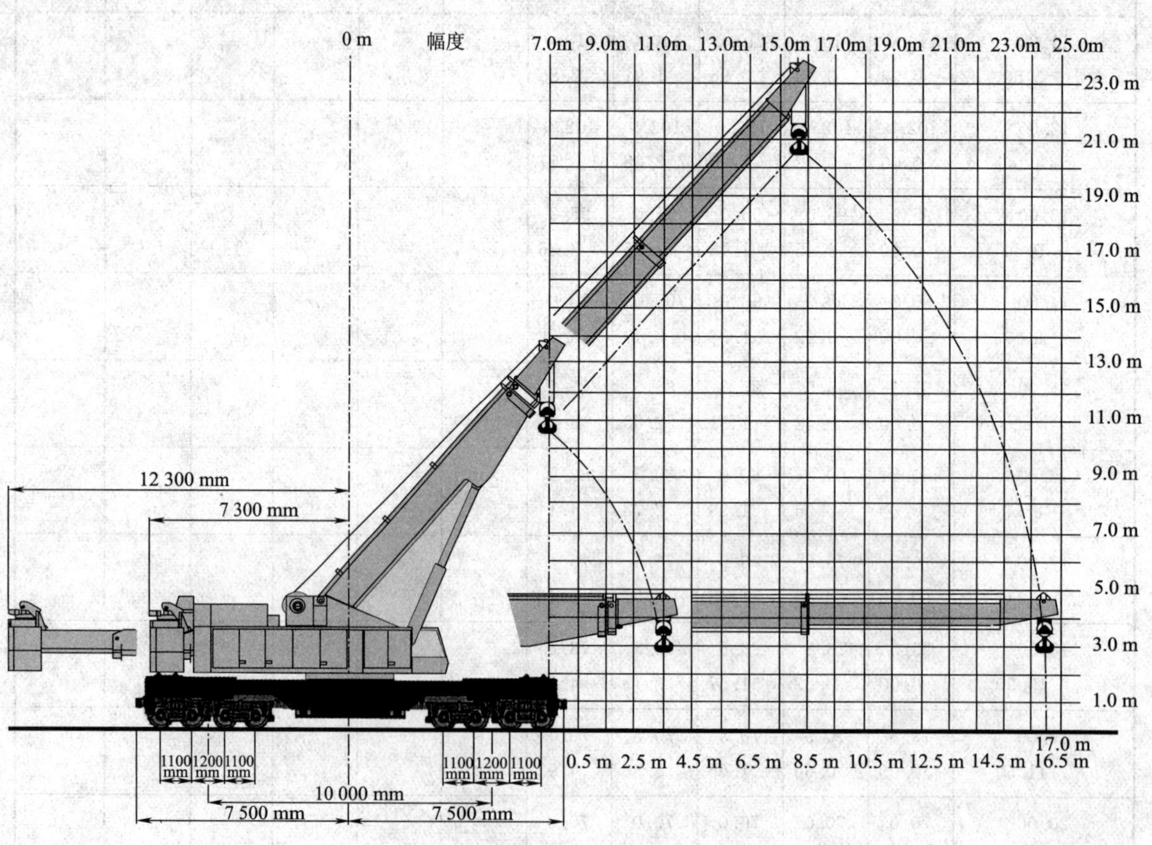

图 3-11 NS1600 型 160 t 伸缩臂式起重机吊臂回转半径曲线图

六、NS2000 型 200 t 伸缩臂式铁路救援起重机起重性能

NS2000 型 200 t 伸缩臂式起重机的起重性能见表 3-7,回转半径曲线图如图 3-12 所示。

表 3-7 NS2000 型 200 t 伸缩臂式起重机起重性能表

工况	起重量/工作幅度	回转角度	支腿工况	活动重铁	尾部回转半径	起升高度	备注
1	200 t/7 m	360°	4—6 m	使用	≤8 m	≥11 m	
2	180 t/8 m	360°	4—6 m	使用	≤8 m	≥11 m	
3	152 t/9 m	360°	4—6 m	使用	≤9 m	≥11 m	起复机车
4	152 t/15 m	±25°	4—7 m	使用	14 m	≥11 m	起复机车
5	125 t/18 m	±25°	4—7 m	使用	14 m	≥11 m	起复重载货车
6	70 t/25.5 m	±25°	4—7 m	使用	14 m	≥11 m	起复双层客车
7	152 t/16 m	±20°	4—7 m	使用	14 m	≥11 m	起复机车
8	152 t/19 m	±10°	4—6 m	使用	14 m	≥11 m	起复机车
9	200 t/14 m	±10°	4—6 m	使用	14 m	≥11 m	
10	60 t/27 m	±20°	4—6 m	使用	14 m		吊臂水平全伸
11	100 t/18 m	20°	1—3 m	使用	14 m		
12	100 t/21 m	20°	2—3 m	使用	14 m		
13	100 t/16.5 m	±3°	0	使用	14 m		
14	50 t/27 m	±3°	0	使用	14 m		吊臂水平全伸

注:①±3°、±10°、±20°、±25°为吊臂中心线与轨道中心线的夹角,平衡重在顺轨道方向;

②在使用支腿作业时,每个支腿支承力要大于零;

③支腿工况中,“4～6 m”表示使用 4 个支腿,轨道两侧支腿距轨道中心线距离均为 3 m;“4～7 m”表示使用 4 个支腿,轨道两侧支腿距轨道中心线距离均为 3.5 m;“1～3 m”表示使用 1 个支腿,支腿距轨道中心线距离为 3 m;“2～3 m”表示在一侧使用 2 个支腿,支腿距轨道中心线距离为 3 m;“0”表示不使用支腿,自力走行工况。

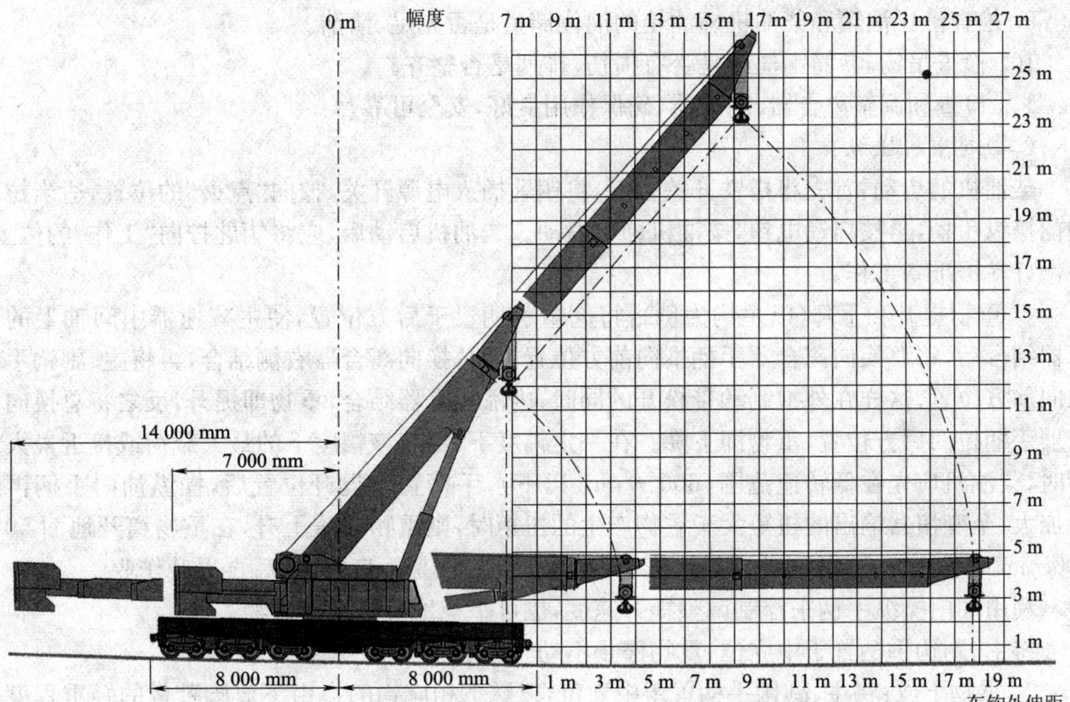

图 3-12 NS2000 型 200 t 伸缩臂式起重机吊臂回转半径曲线图

第三节 铁路救援起重机安全操作规则

铁路救援起重机救援作业是一种技术要求很高且危险性较大的特殊工作，为加强起重机的日常维护保养，确保铁路交通事故应急救援作业安全，铁路总公司、铁路局对起重机司机、副司机的任职基本条件要求很严格，须经规章、理论与实际操作考核合格，方可持证上岗。因此，铁路救援起重机在运用前，司机和副司机一定要熟练掌握其基本构造及性能，严格执行各项规章命令和操作规程，按标准化作业，确保铁路救援起重机运用安全。

一、N1002 型 100 t 铁路救援起重机安全操作方法

(一)启动前的准备工作

1. 检查启动电路的连接状态，蓄电池电量是否充足。

2. 检查进、排气管路、空压机及燃油管接头是否松动、渗漏。初次启动时，用手油泵排出燃油管路中的空气。

3. 初次启动前应手摇或撬转曲轴 15～20 圈。

4. 检查停车电磁铁无卡滞；使用风控油门的设备应检查调速风缸运动灵活，无卡滞。

5. 检查传动三角胶带的松紧度，用拇指以 30～50N 的压力向下压其中部，以 10～15 mm 距离为宜。

6. 检查传动及连接部件螺栓是否松动，按规定对润滑部位进行检查给油。

7. 检查各仪表和安全保护装置作用是否良好。

8. 各操纵手柄均应置于中立位置。

9. 检查液压油箱和柴油机燃油箱的油位储量是否充足、清洁。

10. 检查吊钩、卷筒钢丝绳是否有损伤，排列是否整齐。

11. 检查和调整离合器、制动器，确保作用良好，安全可靠。

(二)起重机操纵

柴油机的启动：首先将搭铁开关合上，将钥匙插入电源开关，拧向“点火”的位置，适当拉动油门操纵手柄，再按启动电钮，柴油机即可发动。柴油机启动后，应将钥匙拧向“工作”的位置，并做好救援准备工作。

1. 重物提升和下降(以主钩为例)：将起重手柄置于后方位置，使主减速器中间轴上的离合器结合后，将总换向离合器手柄推向前方位置，使总换向离合器右侧结合，再将主、副钩手柄推向前方位置，这样在外抱制动带松开的同时，内涨离合器结合，重物即提升，反之将总换向离合器手柄拉回后方位置，重物即下降。在一定幅度下，提起该幅度下的最大载荷或接近最大载荷时，柴油机应先在低转速范围(600 r/min 以下)，手柄置于提升位置后，操纵油门手柄再逐渐加大，至变扭器输出的扭矩大于重物产生的扭矩时，则重物缓缓上升，在重物离开地面 50～100 mm 时检查离合器，制动器是否可靠，起重机稳定性是否良好，然后再提升作业。

利用油门操纵手柄来控制调整提升速度，也可平稳地反转下放重物。

将主、副钩手柄置于中立位，重物停止不动。

2. 重物下放：将主、副钩手柄置于中立位，以踩下相应钩的自由下放脚踏板的轻重程度来控制下降速度，踩下愈多，下放愈快。

3. 重物紧急下降:主、副钩手柄快速置于中立位,迅速踩下自由下放脚踏板至最低位置,载荷即快速自由下放(只有在起重机出现险情时,方可采取此种措施)。

4. 副钩作业:将总换向离合器手柄置于后方位置,使离合器左侧结合后,主、副钩手柄置于后方位置,其他与主钩相同。

5. 回转作业:将总换向离合器手柄置于前方位置,回转制动手柄置于后方位置,使回转制动闸带处于松开状态,再将回转手柄拉回后方位置,起重机即右转,当将回转手柄推向前方位置时,起重机左转。为了延长总换向离合器使用寿命,改变回转方向时应尽量使用回转换向手柄。

利用油门操纵阀可以控制回转速度,启动和停止应平稳缓慢。

在坡道上作业,回转制动力矩不足时,可将回转制动手柄置于后方位置,增加制动力矩,以补偿回转制动力矩的不足。

6. 变幅作业:先将变幅、走行手柄置于后方位置,使变幅爪式离合器处于结合状态之后,再将总换向离合器手柄置于前方位置,右侧离合器结合,吊臂即提升,将总换向离合器手柄置于后方位置吊臂即下降。

7. 自力走行作业:将走行挂齿结合(走行中减速器爪式离合器)走行变幅手柄置于前方位置,使走行上减速器爪式离合器结合后,再把总换向离合器手柄置于后方位置,逐渐加大油门,起重机即向前行驶,总换向离合器手柄推向前方位置,起重机即反向行驶。

(三)安全操作规则

1. 工作前应进行空负荷运转,观察各机构运转是否正常,检查安全装置是否可靠。

2. 第一次起升负荷或起升的负荷大于前次负荷较多时,应先起升到离开地面 50～100 mm左右停止起升,检查试验制动器,离合器和支腿等是否安全可靠。

3. 起重机自力走行速度不得超过 30 km/h;上下转盘、出入厂房、进入安全线、尽头线及连挂车辆时不得超过 3 km/h。

4. 起重机在坡道上停放时,应打好止轮器并拧紧人力制动机,在 6‰以上的坡道上作业时应连挂机车。

5. 卷筒上钢丝绳应排列整齐,绕在卷筒上的钢丝绳不得少于 3 圈。

6. 在结合换向离合器时,柴油机油门应减少到最小限度,结合后再慢慢加大油门,避免突然增速。

7. 在爪式离合器脱开或结合时,必须先将总换向离合器脱开。

8. 在重物提升、回转时,一定要平稳,应尽量避免急停、急转。

9. 不得用起重机的回转运动牵拉货物或障碍物。

10. 起升的重物严禁从人的头上经过。

11. 夜间工作应有良好的照明条件。

12. 负荷起升在空中停留时,司机不得离开驾驶室;空悬负荷需再次提升时,须提升柴油机转数,以防重物下滑。

13. 起重机禁止在风速大于 13.8 m/s(相当于 7 级风力)及恶劣天气条件下作业。

14. 起重作业时,起重量大于 15 t 时必须使用支腿,须注意底架上平面应处于水平位置。

15. 起重机禁止同时进行两种及以上的联合作业。

16. 一般情况下严禁带负荷下放吊臂,确因工作需要时,吊臂所带负荷必须小于吊臂下放所至的幅度规定的起重量。

17. 起重机作业过程中如发现故障，必须停车后进行处理。

18. 起重机自力走行时，严禁打反车进行制动。

19. 避免利用起重机牵引车辆(起重机吊臂平车除外)。

20. 在设有接触网的线路上，严禁攀登车顶及在车辆装载的货物之上作业。如确需作业时，须将接触网停电接地，并采取安全防护措施后，方准进行。

(四)起重机回送

起重机在一般情况下，均不解体运输，应做好下列回送准备工作：

1. 安装好回转架与底架间的止摆拉杆，穿好定位销。

2. 回收支腿及支座，穿好固定销并锁闭。

3. 吊臂落放在吊臂支架上，缓冲簧压缩 20 mm 左右为宜，主钩落放在平车地板上，其钢丝绳要放松到上滑轮与吊钩滑轮间有足够相对摆动的余地。

4. 操纵手柄置于中立位，电气开关在关闭位置。

5. 司机室、机械室各门窗均应关闭好。车钩提杆、转台翻板、蓄电池箱盖板、工具箱门等关闭锁紧，防止回送途中出现意外。

6. 起重机制动软管应连结完好，折角塞门开关灵活，加入列车制动系统。

7. 人力制动机须处于缓解状态，手制动轮应加锁。

8. 走行挂齿处于脱开状态。

9. 检查走行中减速器，车轴减速器的油位，应向万向联轴节各注油点，转向架导框摩擦面注油。

10. 冬季北方地区，应将柴油机的冷却水放出(用防冻液除外)。

11. 回送起重机，应挂于列车后部，回送限速按《铁路技术管理规程》规定执行。

12. 回送途中停车时，回送人员应检查起重机车钩冲击座螺栓，轴箱前后盖螺栓，下部各减速器及万向联轴器的螺栓是否松动；轴箱、车轴减速器的油位是否正常，走行部及各制动杠杆装置是否完好，确保起重机回送安全。

二、N1601 型 160 t 铁路救援起重机安全操作方法

(一)启动前的准备工作

1. 检查启动电路的连接状态；蓄电池电量是否充足。

2. 检查柴油机进排气管路、燃油油管接头、空压机接头有否松动、渗漏。

3. 液压元件与法兰、管路接头等是否松动，高压胶管是否老化破损。

4. 检查走行减速器、各起升回转行星减速器的润滑油油位是否在规定范围内，柴油机膨胀水箱的水位是否符合规定。

5. 检查液压油和燃油箱的油位，不得低于规定油位的 3/4。

6. 各操纵手柄均应置于中立位。

7. 起重力矩限制器外观检查，并按该说明书要求进行自检。

8. 柴油机启动前的准备工作，应按使用说明书有关规定执行。

(二)起重机操纵

起重机在作业过程中，要求具有平稳性、可靠性和高效率，所以司机应掌握基本的操作要

领，不断提高操纵水平。

1. 接通通断开关。启动柴油机，怠速[水冷柴油机(700±50)r/min；风冷柴油机(800±50 r/min]运转暖机3～5 min左右。当柴油机机油压力大于或等于110 kPa时，才能进入正常工作。

2. 总风缸，风压达到630 kPa以上时，方可操纵各工作机构。

3. 起重机在作业过程中，控制油路压力应保持在2.5～3 MPa，不得随意提高。柴油机空转时，使溢流阀电磁阀处于常开状态，以保持控制油路处于卸荷状态。

4. 柴油机启动时，应操纵手控油门。当起重机作业时，可以利用脚控油门来调节柴油机转速。

5. 主钩和副钩及变幅起升机构在单泵作业时，只需操纵各自先导阀手柄即可。需要双泵供油时，操纵合流先导阀手柄，将多路阀中合流阀开通。

6. 支腿和重铁油路共用的控制先导阀，手柄是可以在任意位置锁定的。当可卸重铁挂起和打好支腿后，应及时将先导阀手柄置于中立位(长时间停留在工作位，会使液压油和柴油机冷却水过热)。

7. 吊臂起升前，先将吊臂前端支座的穿销拔出；吊臂离开支座后，将吊臂尾部支座销轴插入。

8. 吊臂起升时，将先导阀手柄移至起升位，如限位开关已起作用，吊臂停止上升，再将先导阀移至下降位，吊臂下降。

9. 自力运行需停车时，应将先导阀手柄置于中立位，再将空气制动操纵阀手柄移到制动位施行制动。

10. 使用或收回支腿时，将支腿(重铁)先导阀手柄置于供油位，再分别操纵各支腿伸缩油缸和支撑油缸的手动式换向阀，使支腿伸出(收回)和架起(缩回)。操作时应平稳缓慢。

打支腿时应按水平仪指示校平，支腿打出后须安装好定位杆。

11. 挂起或卸下可卸重铁时，按“对中”信号灯显示将吊臂对准起重机中心。当柴油机转速为800 r/min以上时，将重铁(支腿)的先导阀手柄置于供油位，再操纵回转架尾部手动式换向阀使油缸活塞杆头部横轴落到可卸重铁的挂钩里，再将手动式换向阀换向，将可卸重铁挂起与固定重铁靠上，并将可卸重铁上的保险装置搭扣套在固定重铁的弯钩上，然后把搭扣手柄按压到底。

卸下可卸重铁时，将可卸重铁下直口对准底架上，并拉活塞杆的链子使油缸外摆，同时手动式换向阀换向，将油缸活塞杆收回。在挂起或卸下可卸重铁时，不得先将先导阀推到工作位，再启动柴油机。

12. 使用主钩和副钩作业时，一般只需用单泵供油即可。空载时为提高工作速度，可以用双泵供油作业，柴油机最高转速为2 000 r/min。一般情况下不要长时间双泵供油使用，以免液压油过热。

13. 起重机在空载和重载下，无论进行升降、变幅、回转和走行作业中的任何动作时，均须平稳操作，切勿突然加速或制动。

14. 先导阀的手柄如向45°方向推移时，即可做相邻动作的联合动作。如右侧阀手柄移向前右方45°时，可实现吊臂起升与副钩下降的联合动作。

15. 各机构的动作，均为变量泵供油，故在一定柴油机转速下，可自动按载荷大小改变排量(即改变速度)。载荷大，排量小，速度低；载荷小，排量大，速度高。不需要全部靠柴油机油门调速,司机可在运用中积累操作经验。

16. 液压油箱油温低于 10 ℃时,可在待命期间,接通油箱电加热器使油箱升温。但应经常观察,不要使油温超过 40 ℃。

17. 当需要停止柴油机工作时,应使柴油机在怠速下运转 3～5 min 后方可停机。

18. 起重机作业时,必须按规定鸣笛。作业时应根据地面指挥信号进行,但对任何人发出的紧急停止信号,司机均应立即执行。

(三)安全操作规则

起重机在救援作业时,司机应严格遵守安全操作规则,执行标准化作业。

1. 起重机自力运行时,先将走行齿轮啮合,最高运行速度为 12 km/h。在通过道岔、出入厂房、接近连挂车辆、安全线、尽头线及上、下转盘时,速度不得超过 3 km/h。

2. 起重机在坡道上作业时,空气制动操纵阀手柄必须置于制动位,并使用止轮器,在 6‰以上的坡道上作业时应连挂机车。

3. 每次作业时,若第一次吊起的载荷达到该幅度规定的额定起重量,应在载荷离开地面 50～100 mm 处停止,检查主、副钩和变幅机构的制动器是否可靠,支腿是否稳固。

4. 不得起吊重量不清的重物和吊拔埋置在地面以下的重物。

5. 在使用力矩限制器作业时,当实际起重力矩达到额定起重力矩的 90%时,发出亮黄灯的预警信号,司机应予以注意。当实际起重力矩达到额定起重力矩的 100%～105%时发出亮红灯和音响的超载信号,应停止向危险方向继续作业,防止起重机脱轨、颠覆。

6. 起重机必须使用支腿后进行回转和起重作业。

7. 起重机在作业过程中,不得进行检查维修及调整液压系统的元件。发现异常状况,应停机检查,及时排除故障。

8. 起重机不得进入未经验收的新线路和长期不使用的专用线及曲线半径小于 145 m 的线路。

9. 当吊钩处于最低位置时,钢丝绳在卷筒上的缠绕圈数不得少于 3 圈。

10. 两台起重机在同一线路上同时起吊重物时,每台起重机只能承担相应幅度的额定起重量,两台起重机间距应保持正常作业要求,并统一指挥,以保证两台起重机升降、回转等动作协调进行。

11. 起重机禁止在风速大于 13.8 m/s(相当于 7 级风力)或恶劣气候条件下作业。

12. 起重机在作业时,禁止同时进行两种或以上的联合动作。

13. 当起重机吊起重物悬空停留时,司机不得离开驾驶室,且不得停机。重物和吊臂下方禁止站人。

14. 起重机不挂平车自力运行时,吊臂应顺向轨道方向。当固定重铁和可卸重铁同处于起重机一端或吊重运行时,转向架均载油缸应处于工作状态。

15. 起重机作业时,吊臂、吊具、钢丝绳及重物等与输电线路最小距离应不小于表 3-8 规定数值:

表 3-8　吊臂、吊具、钢丝绳及重物等与输电线路最小距离表

输电线路电压(kV)	35 及以下	66～110	154	220
最小距离(m)	3	4	5	6

与电气化铁路接触网的距离按《铁路技术管理规程》有关规定执行。

16. 当起重机需在±10°或±30°范围内作业时，应注意观察，如超过限位应立即停止作业，及时调整限位开关。

17. 起重机在夜间或雾天作业时，工作场地须有良好的照明条件。

18. 起重机在正常运用情况下，液压元件不允许拆卸。确需拆卸时，应将元件清洗后放在干净处所，禁止使用棉纱和棉布擦拭(应使用白绸布)，装配时防止金属屑、棉纱等杂质落入元件中。

19. 液压油最佳工作温度为 20 ℃～60 ℃。起重机连续作业时，液压油温升应不超过 40 ℃或油箱油温应不超过 80 ℃。

20. 起重机在使用可卸重铁、不使用支腿时，吊臂应顺向轨道方向，不得做回转动作。

21. 不使用支腿进行空载回转和使用副钩作业时，必须严格遵守铁路救援起重机安全操作规定，以防起重机脱轨、颠覆。

22. 起重机除连挂吊臂平车自力运行外，禁止担当调车工作。起重机禁止溜放。

23. 起重机在完成作业任务后，应拆下可卸重铁，吊臂转至放置可卸重铁端并做好回送准备工作。

(四)起重机回送

为确保起重机安全及时地回送到目的地，起重机在编挂于列车前应做好如下准备工作：

1. 救援用工具备品等在吊臂平车上定置存放，检查前后转向架弹簧的压缩量应基本保持一致，不允许有超、偏载现象。

2. 检查支腿、转向架均载油缸活塞杆全部收回并穿好安全销；回转架与底架间的止摆装置连接可靠。

3. 各操纵手柄置于中立位，通断开关在切断位。

4. 吊臂落到平车后，前端支点轴滑到吊臂支架的斜槽终点，插好穿销；主钩和副钩均落在固定位置上，钢丝绳应处于松弛状态。

5. 两侧门窗、蓄电池盖板、工具箱门和回转架翻板均应关闭锁紧。

6. 走行挂齿装置处于完全脱开状态。

7. 空气制动操纵阀手柄置于运转位。

8. 起重机在编组时禁止溜放。

9. 冬季北方地区应将柴油机冷却水放掉。

10. 起重机最高回送速度为 85 km/h；可通过最小曲线半径 145 m。

11. 编组回送时，2 台 N1601 型 160 t 起重机编组在同一列车中，起重机尾部不能相互连挂。

12. 起重机在回送途中停车时，回送人员应认真检查车钩冲击座螺栓，车辆轴温、走行部、底架上的可卸重铁及基础制动装置等各部是否良好，发现问题及时处理。

三、NS1601B 型 160 t 伸缩臂式起重机安全操作方法

(一)启动前的准备工作

1. 将起重机回转架的止摆定位销拔出，放在回转架上的定位销孔内。

2. 检查各操纵手柄应置于中立位，控制油路电磁阀开关应在断开位，这样才可使柴油机

无载荷启动。

3. 打开电源总开关,检查蓄电池电压。

4. 启动柴油机怠速运转。

5. 观察各仪表是否在正常指示范围内。

6. 总风缸风压达到 630 kPa 时,方可操纵各工作机构动作。

7. 起重机各个机构动作前要鸣笛,提示其他人员注意安全。根据现场作业场地、起重量等状况,选择起重机的作业工况(即起重曲线),进行打支腿、挂活动配重铁、打均载油缸等工作。

(二)起重机操纵

1. 起重机在进行各项动作前,应首先拔下回转架与底架间的止摆销。

2. 起重机在作业过程中要求动作平稳,柴油机的转速要适中。

3. 在打支腿、使用均载油缸、挂配重铁工作中,油压不宜超过 15 MPa,且柴油机转速不要太高,一般在 800~1 000 r/min,否则会使油温升高过快。

4. 每项动作前,均应先鸣笛,提示其他人员注意,避免发生危险。

5. 力矩限制器电源接通后,司机可与机下人员配合,检查起重机各安全保护装置是否工作正常,如吊钩起升限位、回转限位等。

6. 根据工作需要,打开作业警示灯或照明灯,提醒现场人员注意安全。

7. 如需自力走行时,先接通挂齿开关,确认挂齿到位后,方可进行走行作业。

8. 起重机工作过程中,司机应经常监视发动机运行状态和各种仪表、报警信号显示情况,如有异常应停车处理。

9. 液压系统的操纵:

操作时,应严格按照《NS1601B 型 160 t 伸缩臂式起重机使用说明书》有关规定执行。在左右操纵台前端设置的两个操纵手柄可向前后左右四个方位摆动,当向 45°方向扳动手柄时,可产生相应的联合动作(两个动作同时进行),使用此项功能时应特别小心,否则会发生误动作造成事故。

本机的液压系统为泵控系统,司机室内操纵阀手柄摆动角度的大小,可以直接控制系统各机构的工作速度。具体操作方法可参照该型起重机液压系统使用维护手册。

起升作业,系统工作压力小于 14 MPa 时,如果同时使用双柴油机,转速不得超过 1 400 r/min,否则会使起升装置超速,降低设备使用寿命,具体操作方法可按《NS1601B 型 160 t 伸缩臂式起重机液压系统使用维护手册》执行。

合流的操作应注意:为提高空载动作速度,本机设置了合流机构,操作时首先应将手柄推到合流位并锁定,然后再操纵相应的机构实现快速动作。重载时不得使用双柴油机合流。

10. 走行挂齿操纵如下:

需要自力走行时,应先将走行小齿轮和大齿轮相啮合,此时闭合走行挂齿开关,使走行挂齿装置中的电磁阀接通,压缩空气通过电磁阀进入风缸推动走行小齿轮移动,使之与动轴上的大齿轮啮合,若两齿轮没能顺利啮合,可轻微左右扳动走行操纵手柄,齿轮即可顺利啮合。

11. 走行制动操纵:

(1)回送状态的制动。

回送时,起重机与列车连挂后,须将制动软管与相邻车辆的制动软管连接后打开折角塞门，并将司机室内的制动阀手柄置于运转位。

(2)自力走行制动。

自力走行时，应将起重机两端列车管的折角塞门关闭。施行制动时，将制动阀手柄移至制动位，即可进行制动或调速。当移至运转位时，起重机即可缓解。为保证自力走行时行车安全，总风缸的风压不得低于 600 kPa。

(3)人力制动机。

起重机停在坡道上或在大风天气中，为防止起重机溜逸，可使用人力制动机。实施制动时将手制动轮顺时针旋转进行制动，若缓解时，将闸轮与闸轮卡脱开，将手制动轮反向旋转即可。

(三)安全操作规则

1. 每次作业中，当起重量达到该幅度规定的额定起重量的 80%以上时，在重物离开地面 50～100 mm 处应停止，检查起升制动器是否可靠，支腿是否稳固。支腿油缸活塞杆的伸出长度应不超过 200 mm，保证机体倾斜不大于 1°。

2. 吊钩与重物间应垂直起吊，不得起吊重量不清或埋置在地面以下的重物。

3. 起重机在曲线上必须使用支腿进行作业。

4. 不得超载作业。在带载变幅或伸缩吊臂时，一定要使起吊重量在允许的幅度内进行。带载伸缩的起重量约为该幅度起重量的 1/3。变幅能力为全额起重量变幅。吊臂伸出长度位于 1/3、2/3、全伸臂段的中间时，起重量为相邻较大臂段的额定起重量。

5. 不得擅自调整液压系统中多路换向阀上溢流阀的工作压力，以避免液压元件及机构的损坏。

6. 起重机自力走行时，最高自力走行速度为 15 km/h。在通过道岔、出入厂房、接近连挂车辆、安全线、尽头线及上、下转盘时，速度不得超过 3 km/h。

7. 在坡道上停放起重机时，应打好止轮器并拧紧人力制动机。在 6‰以上坡道上作业时应连挂机车。

8. 吊重作业时，吊臂下严禁站人；回转作业时操纵应安全平稳，切忌猛转、猛停。

9. 卷筒上钢丝绳排列应整齐，当吊钩处于最低位置时，应注意缠绕在卷筒上的钢丝绳应不少于 3 圈。

10. 禁止起重机在风速大于 13.8 m/s(相当于 7 级风力)或其他恶劣的气候条件下作业。

11. 起重机在吊重作业时，禁止同时进行两种及以上的联合动作。当起重机吊起重物悬空停留时，司机不得离开驾驶室。

12. 当起重机在±30°或±10°范围内作业时，应注意观察旋转角度及力矩限制器工况显示参数。

13. 起重机作业时，吊臂、吊具、钢丝绳及重物等与输电线路的最小距离应按《铁路技术管理规程》规定执行。

14. 起重机连挂吊臂平车自力走行时，吊臂应顺向轨道方向。需吊重自力运行时，应首先使用均载油缸，然后再进行吊重作业。

15. 起重机在夜间或雾天作业时，工作场地必须有良好的照明。

16. 起重机在作业过程中，如发生异常音响或液压系统出现泄漏时，应停止作业，迅速查明原因，排除故障后方可继续作业。

当起重机连续作业时，液压油箱中的温度不得超过 75 ℃。如超过时，应停止作业，待温度降低后再工作。

17. 起重机在运用过程中,必须使液压油保持清洁,加油时应过滤,及时清洗滤清器滤芯。禁止将不同种类和牌号的液压油混合使用。

当气温低于 0 ℃时,柴油机启动后应低速运转 5～10 min,同时使控制油路电磁溢流阀处于常开位置(即控制油路不建立 3 MPa 压力),使液压油温度升高后再进行作业。

18. 不得用起重机来担任调车工作,起重机禁止溜放。

19. 起重机不打支腿回转作业时,必须严格遵守有关安全规定,以防倾翻。

20. 两台起重机在同一线路上同时吊一重物时,每台起重机只能承担相应幅度下的额定起重量,且动作应协调。

21. 起重机在作业时,必须保证力矩限制器所选择工况与实际工况相符。

22. 起重机完成作业任务后,应做好以下回送准备工作:

(1)将前后可卸重铁放在底架相应位置上。

(2)起重机与吊臂平车连挂,吊臂转至吊臂平车的方向并缩回。吊钩提升到距限位重铁下平面(500±50)mm 为宜。将回转架与下车对正,在对中指示灯亮后,才能落下吊臂至水平位置,支好吊臂支杆,将吊钩落放在吊钩滑板上,吊钩处钢丝绳应处于松弛状态,但钢丝绳不应接触钩滑板。当吊钩放置在吊钩滑板后,不允许放钢丝绳。

(3)收回支腿及支座并穿好保险销,插好回转架止摆定位销;将均载油缸及配重铁挂放油缸全部收回到位。

(4)操纵挂齿装置,使走行小齿轮脱开到位,并认真检查确认。

(5)关闭柴油机和总电源开关,各操纵手柄均置于中立位,制动操纵阀手柄必须置于运转位。

(6)关好司机室、机械室门及百叶窗。

(7)人力制动机置于缓解状态。制动软管与列车制动软管连接后,将折角塞门打开。

(8)将工具备品、机具收回,定置存放。吊臂平车所放的重物不应超过 5 t(放置在吊臂平车上的吊钩除外)。检查吊臂平车前后转向架弹簧的压缩量应基本保持一致,不得超、偏载。

(四)起重机回送

为保证起重机回送安全,在编组于列车前应做好以下检查、准备工作:

1. 起重机采用客车转向架的吊臂平车时,最高回送速度为 120 km/h。

2. 回送时可通过线路最小曲线半径 145 m,此时回送速度应按《铁路技术管理规程》规定执行。

3. 在环境温度接近 5 ℃时,应放掉柴油机中的冷却水。

4. 起重机在回送途中停车时,回送人员应检查车钩连接,轴箱温度,回转架止摆定位销,各油缸回收及制动装置等状态是否作用良好。并应将起重机与吊臂平车连接的车钩提杆,人力制动机手制动轮,机械室门,回转架翻板,蓄电池箱盖用铁线捆扎牢固,防止回送途中出现意外事故。

四、NS1601C/E 型 160 t 伸缩臂式铁路救援起重机安全操作方法

(一)启动前的准备工作

1. 检查柴油机机油、燃油和液压油箱的油位及冷却水的水位是否充足。

2. 检查启动电路的连接是否良好，有否松动、脱落，蓄电池电量是否充足。

3. 检查进排气管路，空气压缩机接头，燃油管接头不得有渗漏。初次启动时，需用手油泵排除燃油管路中的空气。

4. 检查传动三角胶带不得有损伤、裂纹及松弛。

5. 柴油机启动方法按该型起重机使用说明书的规定执行。

（二）起重机操纵

1. 关闭列车管的折角塞门，将起重机回转架上的止摆定位销拔出，放在回转架上的定位销孔内。

2. 各操纵手柄均置于中立位，各电器开关在断开位。

3. 打开电源总开关，检查蓄电池电压。

4. 启动柴油机怠速运转 10～15 min，观察液压、电气、空气制动系统的仪表及各元件工作状态是否正常，发现异常，应立即停机处理。

5. 总风缸压力达到 630 kPa 后，方可操纵各工作机构动作。为缩短充风时间，在柴油机正常运转后，加大油门，待达到规定风压后，柴油机转速恢复到 1 000 r/min 左右。

6. 起重机作业前，闭合控制油路电磁阀开关，使液压控制油路建立起 3 MPa 控制压力，同时也打开了力矩限制器的开关，力矩限制器自检完成后，检查起重机各安全保护装置是否作用良好，在力矩限制器上选择正常工况后，即可操纵起重机进行作业。

7. 打支腿、挂放重铁及打均载油缸由司机将手柄置于相应位置并锁定，由车下人员完成其他工作。动作中油压不超过 18 MPa，且柴油机转速不要太高，单机一般在 1 200～1 400 r/min，双机在 1 000～1 200 r/min。检查车底架的水平仪，调整支腿使车体不平度不大于 1°。

8. 起重机不使用支腿作业要求：

（1）必须使用均载油缸，均载油缸须在起重机处于平直线路上的回送状态时支好，且吊臂幅度在规定的范围内。

（2）工作场地的路基须坚实、平整，钢轨须保持水平，高度差不应大于 6 mm。

（3）不能在曲线上工作。

（4）只允许低速回转（约 3～5 min/r），操作时应平稳，不得猛起、猛停。

（5）空载回转时，不挂重铁，吊臂全缩，幅度在 6.5～10 m 间。

（6）空载回转时，只挂后重铁，吊臂水平，二节臂应伸出 1 m。

9. 操纵作业应平稳，合流时应先将手柄推到合流位并锁定，实现快速动作。

（1）空载起升作业，如双机合流，转速不得超过 1 400 r/min。

（2）吊重作业时不得使用合流。

（3）在回转前，应先将支腿打好，或打好均载油缸并使吊臂处于安全幅度，以免倾翻。

10. 自力走行时，闭合走行挂齿开关，微动走行手柄使走行齿轮啮合后，操纵走行手柄即可。停车制动时，将制动阀手柄移至制动位，缓解时移至运转位。

11. 使用人力制动机制动时，将手制动轮顺时针旋转拧紧，缓解时反向旋转即可。

（三）安全操作规则

1. 作业中，当起重量达到该工况幅度下额定起重量的 80%以上时，在重物离开地面 50～100 mm 处应停止起升，检查起升制动器是否可靠，支腿是否稳固，无异常时方可继续作业。

2. 吊重作业时,支腿的支撑地面应坚实,调整支腿油缸活塞杆的伸出长度,保证车体倾斜不大于1°。支腿油缸的伸出量以不大于全行程的2/3为宜,即伸出量约200 mm。车轮必须离开轨面25 mm左右。

3. 吊钩与重物须垂直起吊。不得起吊重量不清或埋置在地面以下的重物。

4. 禁止起重机在曲线上不使用支腿进行作业。

5. 不允许超载作业,在带载变幅或伸缩吊臂时,起吊重量须在允许的范围内进行;起重机作业时,必须保证力矩限制器所选择工况与实际工况相符。

6. 不得擅自调整液压系统中多路阀上溢流阀的工作压力,以免液压元件及机构损坏。

7. 起重机自力走行时,通过道岔、出入厂房、接近连挂车辆、安全线、尽头线及上、下转盘时,速度不得超过3 km/h。

8. 起重机在坡道上不打支腿作业时,起重机应在制动状态并与机车连挂,并且只允许顺轨±10°范围内回转。起重机停放在坡道上时,应用人力制动机实施制动,并打紧止轮器。

9. 吊重回转作业时应安全平稳,切忌急停、急转。

10. 吊重作业时,吊臂下严禁站人;吊起重物悬空停留时,司机不得离开司机室。

11. 当吊臂全伸,幅度最小而吊钩下降接近轨面时,尽管有3圈保护装置,仍应注意缠绕在卷筒上的钢丝绳圈数。

12. 起重机不得进入未经验收的新线路和不合格的线路。

13. 禁止起重机在风速大于13.8 m/s(相当7级风力)或其他恶劣的气候条件下作业。

14. 起重机作业时,禁止进行两种以上的联合动作;当起重机在±30°或±10°范围内作业时,应注意观察旋转角度范围及力矩限制器工况显示参数。

15. 起重机作业时,吊臂、吊具、钢丝绳及重物等与输电线路的最小距离应按《铁路技术管理规程》有关规定执行。

16. 起重机连挂吊臂平车自力走行时,吊臂应顺轨道方向。吊重自力运行时,应首先使用均载油缸,然后再进行吊重作业。使用均载油缸时,起重机应处于回送状态,并在平直线路上以使两转向架承载尽可能均匀,然后操纵均载油缸活塞杆伸出,顶在轴箱上。

17. 起重机作业中,如有异音或液压系统出现泄漏时,应停止作业,及时排除故障隐患。

18. 液压油最佳工作温度在40 ℃~60 ℃。当起重机连续作业时,液压油箱中的温度不得超过70 ℃,如超过时应立即查明原因,排除故障后方可工作。

19. 起重机禁止溜放;不得用起重机担当调车作业(连挂吊臂平车除外)。

20. 卷筒上钢丝绳排列应整齐,如钢丝绳排列紊乱时,应重新排列,以免损伤钢丝绳。

21. 起重机每次动作前须鸣笛;夜间工作时应打开作业警示灯和照明灯。

22. 合理调整支腿安全支杆的长度,确保起重机稳固安全。

23. 两台起重机起吊同一重物时,每台起重机只能承担相应幅度下的额定重量,且动作应协调。

24. 当气温低于0 ℃时,启动柴油机后不应立即建立控制压力,使主泵处于最大流量状态运转5~10 min,待液压油温度升高后再进行作业。

25. 当起重机由机车推进时,不得超过起重机设计文件允许速度。并且要将吊钩收至最高位置以减少摆动。

(四)起重机回送

为确保起重机回送安全,在编组前应做好以下准备工作:

1. 救援工具备品,应按规定存放。吊臂平车所放重物不应超过 5 t(不包括吊钩重量)。检查吊臂平车前后转向架弹簧的压缩量应基本一致,不得超载、偏载。

2. 起重机与吊臂平车车钩应可靠连接,平车上的过渡梯应放倒在平车上。

3. 检查起重机与吊臂平车制动软管连接牢固,折角塞门处于开放状态。

4. 起重机禁止溜放;回送时可通过线路最小曲线半径 145 m,回送速度应按《铁路技术管理规程》规定执行。

5. 起重机回送途中停车时,回送人员应检查车钩连接,轴箱温度,起重机支腿、回转架止摆定位销,走行部及制动装置等各部状态是否完好。

五、NS1600 型 160 t 伸缩臂式铁路救援起重机安全操作方法

(一)作业前的准备工作

1. 起重机启动前,所有的控制装置均应置于零位或空挡位置。

2. 检查发动机机油油位是否充足;急停开关、各管线是否松动;安装梯子、预热系统是否齐全完好。

3. 打开箱盖,关闭液压支撑系统的回路主阀门,注意压力表变化。

4. 取出吊臂与支撑油缸的锁定销,将销子放在平车上。

5. 解锁支腿横梁,确认解锁并挂好。

6. 打开电瓶主开关,等待显示屏亮起;选择发动机开关,启动钥匙拧到通电位置,不要点火,等待发动机预热自检。

7. 等待预热自检指示灯灭后相继启动发动机,避免蓄电池电压不足。观察显示屏 F6、F3,总风缸风压达到 550 kPa,同时观察是否有急停开关触动。

(二)开始解锁各项锁定装置

1. 锁闭弹簧锁定油缸。

2. 解除运输锁定销。

3. 解锁自平衡锁定销。

4. 开启自平衡系统。

5. 解锁上车与下车的锁定销。

6. 放下吊钩,起升吊臂,解除接触网限位。

7. 根据作业要求选择自力走行功能。

8. 支腿操作,按照需要打好地面基础,支平起重机,必须使用白色垫板。

(三)配重操作

1. 副司机插好配重控制手柄,注意正确连接。

2. 司机选择配重功能键,进入配重操作界面。

3. 选择 A 下方按钮。

4. 按配重控制手柄支持按钮。

5. 副司机安装配重至规定位置,应观察顶部定位销,当配重挂好后,要锁回到最里侧位置;放下配重在下车锁定销上后,应保持油缸的垂直,操作配重缩回至最里侧位置。

6. 司机关闭手柄支持按钮,并选择“1”下方按键,将配重定位在 7 m 工况。

7. 取下控制手柄,放好电缆。

(四)进入主操作界面,进行起重作业程序

1. 司机确认工况,查阅工况表。

2. 选择支腿,地基要处理平整牢固。

3. 解除工作限位。

4. 选择安装活动配重,使用活动配重必须打好支腿后方可回转。

5. 进入正常起重作业状态。

6. 自力走行,注意观察显示的行走符号。

(五)起重机操纵

1. 检查线路的质量状态必须符合有关规定,否则起重机不得进入。

2. 所使用的吊索具必须与起重机的类型相配。

3. 作业中,应严格遵守安全操作规则和有关规章命令,按程序作业。

4. 工作前需认真检查力矩限制器、制动系统和紧急停车按钮的性能,如发现故障应立即停机检查,待故障排除后方可继续作业。

5. 司机与指挥人员应加强瞭望与联系,确认作业信号后方可进行操作。

6. 起升的物体下方及吊臂下严禁站人。

7. 起重机的起重量不得超出允许值。

8. 操作人员不得将限位开关作为正常操作使用范围。

9. 两台及以上起重机在同一区域内作业时,应指定人员统一指挥。

10. 起重机在工作中,未经司机允许,其他人员不得进出司机室或站在起重机的站板上。

11. 严禁利用起重物体或吊具带送人员。

12. 过载保护装置是一个紧急开关,当起重机过载时,可切断所有可能增加负荷力矩的功能,但仍可进行下降,升起吊臂和回转等作用,以便将重物放下,防止起重机损坏或发生倾倒事故。

13. 过载保护装置不能当作日常操作中停止起升或变幅机构的开关,虽然有过载保护装置,但司机应确保起重物不超过允许值,过载保护装置不能用以称量重物。

过载保护装置应定期进行维护保养,每次作业前,应认真检查设备状态必须良好。

(六)安全操作规则

1. 工作前,发动机应进行空负荷运转,具体要求按本机使用保养说明书执行。

2. 第一次起升载荷或载荷大于前次载荷较多时,应先起升离开地面 50～100 mm 左右时试验制动器,检查吊索具及支腿是否安全可靠。

3. 根据指挥信号,司机每一动作前需按规定鸣笛。

4. 严格执行各项安全操作规则,按起重机的起重性能及操作要求进行作业。

5. 起落重物或回转作业时应平稳操纵,避免冲动。

6. 应经常检查空气制动系统的压力及各部作用,自力走行带载时,司机应用制动踏板来减速,避免突然制动引起重物的摇摆。

7. 不得在司机室内脚踏板附近放置任何物品,以防影响脚踏板作用而发生危险。

(七)使用注意事项

1. 双回转功能须解除 6 m 自动支腿模式。

2. 支腿压力调整应在整车顺轨时,车轮不离开轨面为好(50 t/个支点)。

3. 有些锁定销解除时较困难,可使用强制钥匙,同时微动可解除。

4. 挂活动配重时,吊臂必须处于全部回收状态。

5. 落下活动配重时,要注意观察顶部油缸销轴,稍有活动即停止操作。

6. 作业后,应及时恢复起重机至回送状态,否则时间过长后再启机,下车底部排气阀门会打开,造成风压不足而不能操作起重机。

7. 注意经常检查中央润滑系统的油管连接处有否泄漏,吊臂底部等是否良好。

8. 落下基本配重时,注意油缸上部的 2 个位置传感器是否工作,否则不能锁定自平衡系统。

9. 当下车的急停开关被按动后,主油箱停止向副油箱供油,会造成发动机缺油停机,应注意观察显示屏的信息报警,一旦有急停报警应立即停机检查。

10. 当收车到回送状态时,使用强制钥匙将吊钩升到顶,副司机要观察指挥,防止过卷,将吊臂落到底后,再打开液压支撑开关。

11. 观察界面的图示自平衡装置和主界面显示锁定状态。

12. 注意小钥匙的使用方法,顺时针和逆时针的区别。

(八)起重机回送

1. 起重机作业完毕回送前,应完成以下准备工作:

(1)上车保持在纵向位置。

(2)收回伸缩臂至水平位置,卸下伸缩臂上的吊具及所有负荷。

(3)收回液压支腿系统。

(4)取下发动机启动钥匙,关闭并锁紧司机室门窗。

(5)使用人力制动机或放置铁鞋制动。

2. 满足以下条件时,可以回送起重机。

(1)上车部分完全锁定;下车和回转台之间完全锁定;下车的自动调平机构锁定。

(2)液压支腿和垂直油缸复位并锁定,支撑座拆除并放置好。

(3)起重机与吊臂平车连挂编组;配重处于运输状态。

(4)解除弹簧锁闭。

(5)车下观察显示器的显示状态,脱开走行传动机构(显示红色禁止牵引,显示绿色允许牵引),回送前必须解除自力走行功能。

(6)缓解人力制动机,撤出铁鞋。

(7)机车连挂,起重机回送人员随车待命出发。

六、NS2000 型 200 t 伸缩臂式铁路救援起重机安全操作方法

(一)作业前的准备工作

1. 目视检查和解除手动锁定;检查发动机系统,液压系统及相关油位,蓄电池电压,解除支腿锁定销、配重臂锁定链条,起重臂在支撑油缸上的锁定,关闭蓄能器上的阀门。

2. 启动发动机,观察机油压力,发动机、液压系统各项参数达到规定要求,总风缸风压达

到 500 kPa 以上。

3. 分别操作闭锁弹簧和走行机构,倾斜自动调平、上下车锁定按钮。

4. 选择支腿及所需位置。

5. 落钩、抬臂、解除高度限位。

6. 上车旋转 180°。

7. 打开折叠台架,移动起重臂支撑油缸。

8. 连接现场控制装置;取下配重平车上的电缆连接到起重机上,取出并连接现场控制器;启动平车的配重动力箱。

9. 配重运行到举升位置,举升配重支撑油缸,伸出配重臂,挂上配重。

10. 选择作业所需要的配重位置。

11. 每次作业前,须认真检查过载保护装置的状态必须良好。

(二)解锁各项锁定装置

1. 锁闭弹簧锁定油缸。

2. 解锁运输锁定销,自平衡锁定销、上车与下车的锁定销。

3. 起重机根据作业需要啮合走行机构,实施自力走行功能。

4. 按作业需要,平整地面基础,支平起重机。

5. 起重机与臂架平车分解后,须对平车施加人力制动机制动,并在两个转向架外侧车轮下方安装止轮器,以防车辆溜逸。

(三)配重操作

1. 司机选择配重功能键,进入配重操作界面。

2. 选择 A 下方按钮,按配重控制手柄支持按钮。

3. 副司机操作安装配重至规定位置并锁定。

4. 司机关闭手柄支持按钮,将配重定在所需工况。

5. 取下控制手柄,放好电缆。

(四)起重机安全保护装置操作

1. 过载保护装置的紧急操作:

(1)起重机禁止同时进行两项动作。

(2)发动机处于运转状态,司机操作尽快卸下负载。

(3)避免增加负载力矩。

(4)卸下负载后,起重机方可恢复自力走行功能。

2. 紧急停止按钮操作:

(1)司机按下驾驶室里的按钮时,起重机所有动作会立即停止。

(2)如果按下起重机下车的按钮,走行机构电机和稳定动作立即停止,并启动行车制动器。

3. 高度限位开关操作:

(1)在菜单 17“高度限位”中,选择功能键 6~9 来调节高度限制。

(2)使用功能键 i 可以打开信息页 20,以了解功能键的用途。

(3)保存高度限位值:

①将起重臂起升到所需的高度,该高度值会显示在显示屏 12 上。

②转动开关 S325 并保持不动。

③按下功能键 6。

④让开关 S325 返回到原始位置。

⑤保存的高度限位值会显示在区域 13,一旦输入新的数据,原来保存的限位值会自动删除。

注意:高度限位值必须在起重臂无负载时进行编程设定。

4. 中央监控系统基本操作:

(1)选择菜单:使用显示器下方的白色功能键,选择某个菜单,按下相应的显示符号之下的按键。

(2)在每个菜单画面中,选择"i"按键,即可调用相应的信息界面。信息界面会详细解释各种操作状况在画面上的表示方式以及菜单画面上的各项功能。

(五)进入主操作界面

1. 司机确认工况,查阅工况表。

2. 选择支腿,地基须处理平整、坚实。

3. 解除工作限位。

4. 选择安装活动配重,使用活动配重必须先打好支腿方可操作。

5. 进入正常起重作业状态,自力走行时,注意观察显示的行走符号。

(六)起重机操作

1. 检查线路的质量状态必须符合有关规定,否则起重机不得进入。

2. 所使用的吊索具必须与起重机作业条件相适应。

3. 作业中应严格执行各项安全操作规则,按程序作业。

4. 起升的物体下方及起重臂下严禁站人。

5. 司机与地面指挥人员应加强瞭望,确认作业信号后方可进行作业。

6. 起重机的起重量不得超出允许值。

7. 操作人员不得将限位开关作为正常操作使用范围,避免损坏设备。

8. 两台及以上起重机在同一区域内作业时,应指定人员统一指挥。

9. 过载保护装置是一个紧急开关,当起重机过载时,可以切断所有可能增加负载力矩的功能,但仍可进行下降、抬升起重臂及回转等操作功能,以便将负载放下,防止起重机发生脱轨颠覆事故。

10. 操作失误将可能造成过载保护装置失灵,同时要随时注意过载保护装置的瞬间启动可能会发生事故。

(七)安全操作规则

1. 作业前,发动机应进行空负荷运转,具体要求按本机使用保养说明书执行。

2. 根据指挥信号,司机每一动作前均须按规定鸣笛。

3. 起重机作业期间不得关闭中央监控系统的声音警告。

4. 第一次起升负载或负载大于前次较多时,应先起升离开地面 50～100 mm 时试验制动器,检查吊索具及支腿是否安全可靠。

5. 起落负载或回转作业及自力走行时,司机应平稳操纵,避免冲动。

6. 吊装各种类型的危险品(易燃易爆或腐蚀性物质)必须采取必要的安全措施。

7. 严格执行各项安全操作规则,按标准化作业要求进行操作,确保人身及设备安全。

(八)起重机回送

1. 起重机作业完毕回送前,应做好以下准备工作。

(1)上车须保持在纵向位置。

(2)收回伸缩臂至水平位置,卸下伸缩臂上的吊具及所有负载。

(3)将起重臂放到支撑油缸上部,打开通往液压单元的旋塞阀,安装支撑油缸与起重臂间的穿销和锁定销。

(4)收回支腿系统并锁闭各销。

(5)取下发动机启动钥匙,关闭并锁紧司机室门窗。

(6)使用人力制动机对起重机施行制动并安设止轮器,防止发生溜逸。

2. 满足以下条件时,可以办理起重机回送。

(1)上车部分完全锁定;下车与回转台之间完全锁定;下车的自动调平机构锁定。

(2)起重机与臂架平车连挂编组;配重处于运输状态。

(3)解除弹簧锁闭。

(4)车下观察显示器的显示状态,脱开走行传动机构(显示红色:禁止牵引,显示绿色:允许索引),回送前必须解除自力走行功能。

(5)缓解人力制动机,撤除止轮器。

(6)机车连挂,起重机回送人员随车待命出发。

七、铁路救援起重机故障处理

铁路救援起重机司机应熟知起重机各机构和结构的基本构造及作用,各系统工作原理及技术性能,熟练掌握起重机常见故障的现象和应急处理方法(见表 3-9～表 3-13),一旦发生设备故障,司机应正确判断、果断处置,及时排除故障,使起重机经常处于良好技术状态。

表 3-9　动力与传动机构常见故障及排除方法

顺号	故障现象	原　因	排除方法
1	柴油机不启动	1. 柴油机油箱燃油不足 2. 供油管路有气体 3. 启动电路故障	1. 加油 2. 排除供油管中的气体 3. 检查修理启动电路
2	扳动手柄,起重机无动作	1. 控制油路开关没打开 2. 控制油路压力低 3. 起重量超载限动	1. 打开控制油路开关 2. 检查调整控制油路压力达 3 MPa 3. 向反方向运动
3	溜钩	1. 起升减速机制动器作用不良 2. 减速机制动器摩擦片磨耗超限	1. 检修起升控制油路,清洗组合梭阀,排出连接管路的气体及异物 2. 更换摩擦片
4	起升超高不限位	1. 高度限位开关作用不良 2. 起升限位电磁阀出现卡滞或电磁铁损坏	1. 检修或更换 2. 检修或更换
5	吊钩下降时出现振动和噪声	1. 平衡阀阀芯损坏 2. 两平衡阀的控制口开启压力不一致	1. 更换平衡阀 2. 更换平衡阀

续上表

顺号	故障现象	原　因	排除方法
6	走行小齿轮不复位	1. 花键轴上有污垢 2. 复位弹簧复位力不够	1. 清洗和润滑 2. 调整弹簧复位力或更换弹簧
7	溜臂	1. 变幅油路液控单向阀和平衡阀有内漏 2. 变幅液压缸内漏,密封圈损坏	1. 检修液控单向阀和平衡阀 2. 更换液压缸密封圈
8	吊臂伸缩出现异常响声、抖动	1. 吊臂滑块润滑不良 2. 超载带载伸缩	1. 润滑吊臂滑块 2. 降低带载伸缩的载荷

表 3-10　液压系统的常见故障及排除方法

顺号	故障现象	原　　因	排除方法
1	油路漏油	1. 接头松动 2. 密封件损坏或老化 3. 油管破裂	1. 紧固接头 2. 更换密封件 3. 更换油管
2	控制压力低	1. 油箱油位过低,吸油管堵塞或吸油管漏气 2. 溢流阀阀芯有卡滞现象 3. 齿轮泵损坏或内漏过大	1. 检查油位,及时补油或检查吸油管 2. 清洗或更换 3. 检修或更换
3	液压油温过高	1. 油箱油位低 2. 液压油牌号不对 3. 气温过高,工作时间较长	1. 检查油位,补油 2. 更换液压油 3. 停机或者采取降温措施,待油温降低后,再继续工作
4	压力表不显示	1. 压力表开关堵塞或损坏 2. 控制电磁阀未得电 3. 压力表损坏	1. 检修或更换压力表开关 2. 闭合电磁阀开关 3. 更换
5	吊重时支腿液压缸缩回	1. 液压锁内漏 2. 液压缸密封圈损坏造成内漏 3. 液压缸内有空气	1. 检修 2. 检修更换密封圈 3. 空载下多做几次动作
6	管路有异常噪声	1. 油箱油位过低 2. 管路内有空气 3. 管夹松动	1. 检查油位,加油 2. 空载下多做几次动作 3. 检修
7	未操纵而机构有动作	1. 操纵阀柱塞卡住,没有回中位 2. 多路阀阀芯卡住,没有回中位	1. 检修 2. 检修
8	自力运行时转速不稳定	1. 液压油箱油位过低,造成管内进入空气 2. 柴油机有故障	1. 补油 2. 检修柴油机
9	自力走行无动作或走行速度低	1. 走行马达内漏大 2. 制动未缓解 3. 柴油机功率不足 4. 车轮打滑	1. 检修或更换 2. 检查制动操纵阀手柄应在缓解位,手制动轮缓解 3. 检查柴油机 4. 采取措施,防止打滑

续上表

顺号	故障现象	原　因	排除方法
10	吊重不回转	1. 限位电磁阀阀芯卡住或损坏 2. 回转马达损坏	1. 检修或更换 2. 检修或更换
11	回转制动失灵	1. 组合梭阀卡住或损坏 2. 制动器摩擦片失效	1. 检修或更换 2. 检修或更换
12	平衡重液压缸下降时有异音	1. 油路中有空气 2. 操纵阀操作时用力过猛,产生压力冲击	1. 空载动作数次 2. 操纵阀操作时应缓慢
13	伸支腿液压缸或平衡重液压缸单向有动作	手动换向阀故障	检查或更换
14	平衡重液压缸不同步	1. 液压缸内有空气 2. 液控单向阀故障 3. 分流集流阀故障 4. 积累误差	1. 空载动作几次进行排气 2. 检修或更换 3. 检修或更换 4. 消除积累误差
15	吊臂伸缩空载爬行	1. 液压缸内有空气 2. 吊臂摩擦面无油,阻力大	1. 空载动作几次进行排气 2. 摩擦面涂油
16	变幅液压缸回缩	1. 液控单向阀或平衡阀内漏 2. 密封件损坏造成内漏 3. 缸内有空气	1. 检修或更换 2. 检修或更换密封圈 3. 运行数次排气
17	二节臂伸出后不能缩回	1. 缩臂行程开关损坏 2. 电路故障 3. 电磁阀或者平衡阀故障	1. 检修或更换 2. 检修 3. 检修或更换
18	三节臂伸出后不能缩回	1. 电路故障 2. 电磁阀、电液阀、平衡阀故障	1. 检修 2. 检修或更换
19	均载液压缸伸缩无动作	液压锁故障	检修或更换
20	均载液压缸下落	1. 液压锁故障 2. 均载液压缸内漏	1. 检修或更换 2. 更换密封
21	吸油管瘪或吸油困难	1. 空滤器通气滤清板堵塞 2. 吸油滤清器的滤芯堵塞	1. 清洗或更换 2. 清洗或更换
22	三圈保护失灵	1. 行程开关损坏 2. 电磁阀阀芯卡住或电磁铁故障	1. 检修或更换 2. 检修或更换
23	各机构空载速度低	1. 手动操纵阀操纵未到位 2. 多路阀阀芯换向未到位 3. 控制油路压力低 4. 未合流	1. 操纵阀手柄推到位 2. 检修清洗 3. 检修或更换 4. 合流手柄推至合流位

表 3-11　HC4900 型安全监控系统常见故障代码表

故障代码	故障说明	原　因	解决方法
E01	工作幅度过小	幅度超出性能表的最小幅度	向下变幅至性能表允许的幅度
E02	工作幅度过大	幅度超出性能表的最大幅度	向上变幅至性能表允许的幅度

续上表

故障代码	故障说明	原　因	解决方法
E04	工况不存在或回转区域不允许	1. 工况代码选择不对 2. 主臂在不允许的回转区域	1. 设定一个正确的工况 2. 回转到允许的工作区域
E05	吊臂长度显示错误	长度传感器出现故障	更换传感器
E11	吊臂长度传感器的电压值低于下限	1. 长度传感器损坏 2. 测量通道的电子元件损坏	更换传感器
E12	无杆腔油压传感器的电压值低于下限	传感器损坏	更换传感器
E13	有杆腔油压传感器的电压值低于下限	传感器损坏	更换传感器
E15	主臂角度传感器的电压值低于下限	传感器损坏	更换传感器
E21	主臂长度传感器测的电压值高于上限	传感器损坏	更换传感器
E22	有杆腔油压传感器的电压值高于上限	传感器损坏	更换传感器
E23	无杆腔油压传感器的电压值高于上限	传感器损坏	更换传感器
E24	拉力传感器的电压值高于上限	传感器损坏	更换传感器
E25	主臂角度传感器的电压值高于上限	传感器损坏	更换传感器
E32	供电电源有误	1. ＋UB 系统不出现在启动系统或关机系统 2. ＋UB 接通/断开接触错误	1. ＋UB 系统和＋UB 电源须分别用电缆连接，＋UB 系统与起重机电池相连，＋UB 电源用于接通/断开 2. 再次接通/断开＋UB
E37	逻辑程序信息流错误	1. 系统程序文件损坏 2. Flash-EPROM 损坏	1. 上传有效系统软件 2. 更换主机
E38	系统程序和起重机数据文件不匹配	LMI 中的系统程序与起重机数据文件中的程序不匹配	上传有效的系统程序文件或有效的起重机数据文件
E39	系统程序和性能表不相符	LMI 中的系统程序与起重机性能表文件中的程序不匹配	上传有效的系统程序文件或有效的承载曲线图文件
E43	写/读存储器(RAM)错误	写/读存储器(RAM)或主机损坏	更换主机
E47	监控写/读存储器错误监控写/读存储器的 CRC 检测出不相符的结果	1. 监控写/读存储器的 CRC 信号错误 2. 缓冲电池无电荷(在 1 kΩ，电压＜2 V) 3. 主机损坏	1. 重启 LMI 2. 更换主机上的缓冲电池 3. 更换主机
E51	现有数据文件错误	1. 数据文件出现无效数据 2. Flash-EPROM 损坏	1. 上传有效的起重机数据文件 2. 更换主机
E52	承载曲线图文件错误	1. 性能表文件里出现无效数据 2. Flash-EPROM 损坏	1. 上传有效的起重机数据文件 2. 更换主机

续上表

故障代码	故障说明	原　因	解决方法
E56	数据文件错误	1. 数据文件出现无效数据 2. Flash-EPROM 损坏	1. 恢复或上传有效的起重机数据文件 2. 更换主机
E57	串行数据文件错误	1. 调试数据文件不包括有效的数据 2. Flash-EPROM 损坏	1. 通过改变和保存数据(OM,limits)上传调试数据文件 2. 更换主机
E61	CAN bus 数据向所有 CAN 单元传输时出现错误	1. 主机与传感器之间的 CAN bus 电缆损坏或断路 2. 主机上的 CAN bus 端口损坏 3. CAN bus 电缆短路	1. 检查主机与传感器之间的连接 2. 更换主机 3. 更换 CAN bus 电缆
E62	压式传感器的 CAN bus 数据传输错误	1. 主机与传感器间的电缆损坏 2. 主机上的 CAN bus 端口损坏 3. 传感器损坏	1. 检查与传感器相连的电缆 2. 更换主机 3. 更换传感器
E63	CAN bus 压式传感器出现错误	传感器单元的模拟值无效	更换传感器
E64	长度角度传感器的 CAN bus 数据传输错误	1. 主机与传感器间的电缆损坏 2. 主机上的 CAN bus 端口损坏 3. 传感器损坏	1. 检查与传感器相连的电缆 2. 更换主机 3. 更换传感器
E84	工况错误	所选的工况不包含在数据文件中	选择另一个工况,检查数据文件中程序
E85	幅度判断错误	计算出来的幅度太小	检查数据文件中程序
E89	工况代码错误	控制器上的工况代码随承载物变换	在主臂无承载物的情况下选择工况代码
E98	激活 LMI 看门狗动作	LMI 处理看门狗超时	系统重置,连接 PC 终端并观察错误信息
EAB	A2B 开关电路短路(不带无线电通信 A2B)	1. A2B 开关里的电线短路 2. 与 A2B 开关相连的电线短路	1. 更换 A2B 开关 2. 更换与 A2B 开关相连的电线
EAC	A2B 开关电路断路(不带无线电通信 A2B)	1. A2B 开关里的电线断开 2. 与 A2B 开关相连的电线断开	1. 连接或更换 A2B 开关里的电线 2. 连接或更换与 A2B 开关相连的电线
EAD	无效的 A2B 开关状况	1. 传感器错误功能 2. CAN bus 延迟 3. 无线电报延迟程序块(无线 A2B) 4. 无效的无线电报 ID	1. 更换 A2B 开关 2. 更换与 A2B 开关相连的电线 3. 更换无线程序块的电池(无线 A2B) 4. 在 DGA12.9 中设置 ID
EDB	数据记录仪设置错误	数据记录仪的设置被清空(ser. 数据文件或缓冲电池 RAM)	再次传输数据并设置数据记录仪
EDC	激活数据记录仪看门狗软件	LMI 处理数据记录仪超时	系统重置,连接 PC 终端并观察错误信息
EDD	电池失效	电池电压低	更换电池然后设置 RTC

表 3-12　电气与通信系统常见故障及排除方法

顺号	故障现象	原　因	排除方法
1	蓄电池经常严重亏电	1. 蓄电池表面太脏 2. 蓄电池内部故障	1. 清洗蓄电池 2. 修理、更换
2	发电机不发电	1. 电极或磁场绕组损坏 2. 二极管或调节器损坏 3. 皮带过松	1. 修理 2. 更换 3. 调整
3	充电系统不充电	1. 发电机不发电 2. 连线松动、脱落 3. 线路断路	1. 参见上条 2. 紧固 3. 修理
4	启动困难或不启动	1. 蓄电池亏电 2. 启动继电器触点接触不良 3. 启动机电磁开关接触不良 4. 启动机电刷过度磨损 5. 熔断器熔断	1. 充电 2. 修理 3. 修理 4. 更换 5. 查明原因更换
5	保护环节不起作用	1. 限位开关触点接触不良或损坏 2. 连接导线松动或脱落 3. 电磁阀作用不良或损坏 4. 熔断器熔断	1. 修理、更换 2. 紧固 3. 修理、更换 4. 查明原因、更换
6	系统显示器黑屏	1. 系统显示器故障 2. 熔断器熔断	1. 请专业人员处理 2. 查明原因更换
7	系统显示器显示无反应	1. 系统控制器死机 2. 显示器故障 3. 系统控制器损坏 4. 线路松动、脱落	1. 断电重新启动 2. 请专业人员处理 3. 请专业人员处理 4. 修理
8	系统显示器显示参数异常	1. 系统控制器死机 2. 传感器故障 3. 限位开关故障 4. 线路松动脱落	1. 断电重新启动 2. 请专业人员处理 3. 修理、更换 4. 修理
9	系统显示器花屏	系统显示器故障	重新启动，如无效则请专业人员处理
10	照明灯具不亮	1. 灯具坏、开关坏、熔丝断 2. 线路松动、脱落	1. 更换 2. 修理
11	空调不制冷	1. 空调旋钮未旋至冷风位置 2. 右柴油机未运行 3. 冷却液泄漏	1. 旋至冷风位置 2. 启动右柴油机 3. 请专业人员检修
12	空调不制暖	1. 空调旋钮未旋至暖风位置 2. 左柴油机未运行 3. 暖风管路阀门关闭或管路堵塞	1. 旋至暖风位置 2. 启动左柴油机 3. 打开阀门或疏通管路
13	MP4 播放机无声音	1. 音量过小 2. 保险损坏 3. 扬声器连线断路或短路	1. 加大音量 2. 更换保险 3. 修理

续上表

顺号	故障现象	原　因	排除方法
14	保险丝经常烧断	1. 负载过大 2. 线路或电器短路 3. 控制按钮损坏	1. 检查负载 2. 修理、更换 3. 修理、更换
15	柴油机启动钥匙开关经常损坏	1. 启动时间过长 2. 启动马达故障	1. 减少启动时间 2. 检查、修理
16	无线对讲系统保险熔断	1. 线路短路或搭铁 2. 内部故障	1. 检查线路 2. 请专业人员处理
17	无线对讲系统手持对讲机工作不正常	1. 手持对讲机内部故障 2. 手持对讲机电池耗尽 3. 手持对讲机频道选择错误	1. 请专业人员处理 2. 电池充电 3. 选择正确的频道
18	无线对讲系统有电源指示,但工作不正常	1. 车载台内部故障 2. 手持对讲机故障	1. 请专业人员处理 2. 请专业人员处理

表 3-13　空气系统常见故障及排除方法

顺号	故障现象	原　因	排除方法
1	空气系统无压力或不保压	1. 单柴油机风泵不工作 2. 多功能卸荷阀、单向阀及安全阀故障 3. 风缸、散热油水分离器及管路泄漏	1. 启动另一台柴油机对比确定 2. 检修 3. 检修
2	制动距离长	1. 制动缸压力低 2. 制动缸活塞杆行程短,活塞杆全伸出时间长 3. 检查制动扭杆、推杆、基础制动杆有变形及损坏 4. 检查闸瓦磨损到限 5. 检查各销子断裂或磨损到限 6. 检查 120 或 JZ-7 制动阀作用状态	1. 首先检查总风缸压力应大于 500 kPa,然后检查制动缸压力应大于 350 kPa 2. 调整制动缸活塞杆行程为(80±15)mm活塞杆全伸出时间不大于 2 s 3. 修复 4. 更换 5. 更换 6. 检修
3	制动管不保压	1. 检查制动操纵阀不在运转位 2. 检查管路和制动机泄漏 3. 检查中心回转接头泄漏	1. 调整 2. 检修 3. 检修

八、铁路救援起重机技术参数

当前,全路投入运用的铁路救援起重机型号较多,因受本书篇幅所限,仅将 NS2000 型 200 t、NS1600 型 160 t、NS1601 型 160 t、NS1602 型 160 t 等几种主型铁路救援起重机的主要技术参数(见表 3-14、表 3-15)和《铁路技术管理规程》中的铁路救援起重机回送限制速度表(见表 3-16),铁路救援起重机重量及长度表(见表 3-17)列入本书,供救援列车专业人员及管理人员学习施行。回送铁路救援起重机,应挂于列车后部。

表 3-14　铁路救援起重机技术参数(一)

型　　号				N1602	N1601	NS1601B/C	NS1601D/E
曾用型号				QTJ 160/50(32)	—	—	—
制造起始年代				1990	1990	2000	2000
制造厂				武桥重工	齐轨道装备公司	齐轨道装备公司	齐轨道装备公司
传动方式				全液压	全液压	全液压	全液压
吊臂形式				主副钩定长臂	主副钩定长臂	2/3 节伸缩臂	2/3 节伸缩臂
工作环境	环境温度(℃)			−25～40	−20～40	−35～45	−35～45
工作环境	海拔高度(m)			1 500	1 500	2 500	2 500
工作环境	最大相对湿度(%)			90	90	90	90
工作环境	风速(m/s)			13.8	13.8	13.8	13.8
起重量/幅度(t/m)	使用支腿	360°回转	工况 1	主钩 160/6.5	主钩 160/6～6.5	160/6.5	160/6.5
起重量/幅度(t/m)	使用支腿	360°回转	工况 2	副钩 50/13.5	副钩 50/7～13.5	—	—
起重量/幅度(t/m)	使用支腿	顺轨	摆动(±)	10°,160/10	10°,160/10	10°,160/9	10°,160/9
起重量/幅度(t/m)	使用支腿	顺轨	摆动(±)	30°,160/8	30°,160/8	30°,84/14.7	30°,84/14.7
起重量/幅度(t/m)	使用支腿	顺轨	摆动(±)	10°,84/14.7	30°,84/14.7	30°,55/20	30°,55/20
起重量/幅度(t/m)	使用支腿	羊角钩		—	—	70/12.5	70/12.5
起重量/幅度(t/m)	不用支腿	360°回转		9/11.5 副钩	副钩 14/9.5	15/6.5	15/6.5
起重量/幅度(t/m)	不用支腿	顺轨	摆动(±)	10°,32/10 副钩	—	0°,50/6.5	0°,50/6.5
起重量/幅度(t/m)	不用支腿	顺轨	摆动(±)	—	—	10°,32/6.5	10°,32/6.5
最大起重力矩(t·m)				1 600	1 600	1 440	1 440
工作速度	起升(m/min)		空载	主钩 4,副钩 14	—	12	12
工作速度	起升(m/min)		重载	主钩 2,副钩 7	主钩 3,副钩 12	3.5	3.5
工作速度	回转(r/min)			1	1	1	1
工作速度	上车前部顺轨摆动(°/s)			—	—	—	—
工作速度	变幅时间(s)			150	150	120	120
工作速度	吊臂全伸时间(s)			—	—	78	78
工作速度	自力走行(km/h)			12	12	15	15
工作速度	回送(km/h)			85	85	120	120
线路指标	轨距(mm)			1 435	1 435	1 435	1 435
线路指标	轴重(kN)			230	230	230	230
线路指标	通过最小曲线半径(m)			145	145	145	145
线路指标	自力走行最大坡度(平直线)(‰)		带吊臂平车	12	12	13	13
线路指标	自力走行最大坡度(平直线)(‰)		无吊臂平车	—	—	16	16
线路指标	限界标准			GB 146.1—1983			

续上表

型号			N1602	N1601	NS1601B/C	NS1601D/E
主要尺寸数据	车钩高(mm)		880	880	880	880
	尾部回转半径(m)		5.8	5.8	5.8	5.8
	吊臂长度(m)	全缩位	17	17	14.95	14.95
		二节臂全伸	—	—	23.5	23.5
		三节臂全伸	—	—	27.5	27.5
	车钩连接线水平距离(m)		12.6	12.6	12.6	12.6
	幅度范围(m)		5.5～17.5	6～17.5	6.5～20/24.5	6.5～20/24.5
	最大起升高度(m)		主15,副16.5	主15,副16.5	17.5/21.5	17.5/21.5
	支腿间距(横×纵)(m)	1	6×10.54	6×10.6	6×10.6	6×10.6
		2	4.8×11.51	—	4.8×11.38	4.8×11.38
		3	—	—	3.5×11.77	3.5×11.77
	下车定距(m)		6.2	6	6	6
	起重机最大宽×高(m)		3.3×4.55	3.3×4.76	3.3×4.76	3.3×4.76
动力装置	配置型式		一主一辅	一主一辅	等功率双发	等功率双发
	主柴油机	型号	BF8L413FC	NT-855-C250	WD61564	BF6L913C
		额定功率(kW)	183	180	2×165	2×100
		额定转速(r/min)	2 150	1 950	1 800	2 100
		冷却方式	风冷	水冷	水冷	风冷
		吸气型式	增压	自然	涡轮增压	中冷
		燃油消耗率[g/(kW·h)]	220	204	225	230
		制造厂	华北柴油机厂	重庆康明斯	潍坊柴油机厂	进口道依茨
	备用柴油机	型号	F3L912	F2L511	—	—
		额定功率(kW)	37	25.7	—	—
		额定转速(r/min)	1 800	3 000	—	—
		冷却方式	风冷	风冷	—	—
		燃油消耗率[g/(kW·h)]	—	217	—	—
		制造厂	石家庄建机厂	石家庄建机厂	—	—
	柴油箱容量(L)		500	340	340	340
液压系统	型式		开式	开式	开式	开式
	额定工作压力(MPa)	主油路	32	主25,辅16	28	28
		控制油路	3	3	3	3
	液压泵 主泵	型号	A7VO160HD1D	A7V200LR/61L	A8VO107	A8VO80
		数量	2	2	2	2
	液压泵 辅助泵	型号	CBY2040/2016	A2F12R6-1Z6	—	—
		数量	1	1	—	—
	液压泵 控制油路泵	型号	CBY2040/2016	CB-C18C-FC	1PF2G2	1PF2G2
		数量	1	2	1	1

续上表

型号				N1602	N1601	NS1601B/C	NS1601D/E
液压系统	液压马达型号×数量	主起升机构		A2FM250×1	A2FM200×1	A2FM160×2	A2FM160×2
		副起升机构		A2FM250×1	A2F160×1	—	—
		回转机构		A2F160×1	A2F107×1	A2FM107×1	A2FM107×1
		顺轨摆动机构		—	—	—	—
		走行机构		A2F160×2	A2F160×2	A2FM160×2	A2FM160×2
		变幅机构		A2FM250×1	A2FM250×1	—	—
	主要液压缸	变幅	缸径/杆径×行程（mm）	—	—	360/280	360/280
			数量	—	—	2	2
		吊臂伸缩	缸径/杆径×行程（mm）	—	—	二节 250/200×6 250	二节 250/200×6 250
			缸径/杆径×行程（mm）	—	—	三节 200/180×6 300	三节 200/180×6 300
		平衡重挂放/伸缩	缸径/杆径×行程（mm）	150×760	150/80×480	挂放 160/80×480	挂放 160/80×480
			数量	2	2	2	2
		支腿 支撑	缸径/杆径×行程（mm）	250×350	260/200×400	260/200×400	260/200×400
			数量	4	4	4	4
		支腿 伸腿	缸径/杆径×行程（mm）	80×585	80/50×830	80/50×830	80/50×830
			数量	4	4	4	4
	主要阀类	多路阀	型号×数量	WYZ-8L3×1	WYZ-8BG×1	MO-32×2	MO-32×2
			型号×数量	WYZ-8L4×1	WYZ-8CG×1	—	—
		平衡阀	型号×数量	FD32FA10×3	FD32FA10/B60×3	FD32FA10/B60×3	FD32FA10/B60×3
			型号×数量	FD12FA10×1	—	—	—
		先导阀	型号×数量	WYX-3	WYX-5×1	PCL402-04×3	PCL402-04×3
			型号×数量	WYX-8	WYX-1A×2	—	—
			型号×数量	WYX-11A	WYX-8X×1	—	—
	液压油箱公称容量（L）			3 000	1 600	2 300	2 300
减速机	主起升	型号×数量		GJW110E×1	GFW102E×1	4 级行星减速器×2	4 级行星减速器×2
		降速比		49.4	62	76	76
	副起升	型号×数量		GJW110E×1	GFT40WZ×1	—	—
		降速比		49.4	35.46	—	—

续上表

型号			N1602	N1601	NS1601B/C	NS1601D/E
减速机	回转	型号×数量	GFB105K8×1	GFB100K×1	4级行星减速器×2	4级行星减速器×2
		降速比	159.43	198.9	204.5	204.5
	顺轨摆动	型号×数量	—	—	—	—
		降速比	—	—	—	—
	走行	型号×数量	专用×2	专用×2	专用×2	专用×2
		降速比	19.03	16	16	16
	变幅	型号×数量	GJW110E×1	GFW102E×1	—	—
		降速比	49.4	62	—	—
计算机辅助控制系统			—	—	—	—
卷筒直径(mm)		主起升	552	550	620	620
		副起升	552	520	—	—
		变幅	552	580	—	—
回转支承	型号或形式		三排滚柱式	三排滚柱式	三排滚柱内啮合	三排滚柱内啮合
	滚道中心圆直径(mm)		2 900	2 900	2 900	2 900
转向架	轴距(mm)		1 400+1 500+1 400	1 300	1 300	1 300
	车轮直径(mm)		840	840	840	840
	车轴类别		E	E	E	E
	承载方式		心盘	旁承	旁承	旁承
	组数×轴数/主动轴数		2×4/1	2×4/1	2×4/1	2×4/1
	轴承型号		552732QT、752732QT	552732QT、652732QT、752732QT	NUHJ2232WB、NU2232WB、NJ2232WB	
	减振方式		圆柱螺旋弹簧	圆柱螺旋弹簧	圆柱螺旋弹簧	圆柱螺旋弹簧
	静挠度(mm)		—	48	48	48
	制动倍率		—	10	9	9
	闭锁液压缸型式、缸径(mm)×数量		110×8	双向、80×8	双向、80×8	双向、80×8
	每组转向架自重(t)		15.9	11.95	12	12
吊臂	结构/截面形式		箱形	板梁式	八边形	八边形
	钢结构钢材强度(MPa)		$\sigma_b \geqslant 345$	$\sigma_b \geqslant 685$	$\sigma_b \geqslant 800$	$\sigma_b \geqslant 800$
	钢丝绳规格型号	主起升	6×37-30	34×7-29.5-170-1-光	30NAT34×7+FC1670ZS	30NAT34×7+FC1670ZS
		副起升	6×37-30	18×7-23-170-1-光	—	—
		变幅	6×37-30	34×7-29.5-170-1-光	—	—

续上表

型号				N1602	N1601	NS1601B/C	NS1601D/E
取物装置	吊钩	主钩	型式	直柄双钩	直柄双钩	直柄双钩	直柄双钩
			滑轮组倍率	18	16	16	16
		副钩	型式	直柄单钩	直柄单钩	—	—
			滑轮组倍率	5	8	—	—
上车尾部平衡重		型式		挂放式	挂放式	挂放式	挂放式
		平衡重数量		1	2	2	2
		伸缩行程(m)		—	—	—	—
车钩型号				货车13号	专用13号	专用13号/货车13A型	
缓冲器型号				二号缓冲器	圆柱螺旋弹簧	圆柱螺旋弹簧	圆柱螺旋弹簧
空气制动系统		制动机型号		GK/JZ-7	GK	JZ-7/120	JZ-7/120
		制动缸直径(mm)		355.6	254	254	254
		制动倍率		—	—	—	—
		闸瓦种类		—	高摩	高摩	高摩
电气系统		电压(V)		DC 24	DC 24	DC 24	DC 24
		蓄电池	型号	200Ah	6-QA-192D	200Ah	200Ah
			数量	2	2	2	2
司机室		温度范围(℃)		10～25	10～25	5～25	5～25
		室内噪声 dB(A)		80	80	80	80
安全装置	力矩限制器型号			BML-2C	DS150	DS380	DS380
	起升高度极限保护			√	√	√	√
	顺轨±α°回转限位			√	√	√	√
	倾翻报警装置			√	√	√	√
	吊臂仰起极限保护			√	√	√	√
	钢丝绳3圈保护			√	—	√	√
	柴油机冷却水高温报警			√	√	√	√
	柴油机机油低压力报警			√	√	√	√
	液压油滤清器堵塞报警			√	√	√	√
	牵引状态走行齿轮脱开保护			√	√	√	√
	水平仪			√	√	√	√
	外轨超高自动调平装置			—	—	—	—
起重机自重		回送状态(t)		184	176	184	184
		整备状态(t)		190	187	186	186
起重机回送状态重心高(mm)				2 000	1 925	1 978	1 970

注:本表所列机型仅限于国内新造或进口的内燃液压铁路起重机,不包括大修+液压伸缩臂改造的机型,也不包括内燃液力、内燃电力与蒸汽铁路起重机。

表 3-15 铁路救援起重机技术参数(二)

项目				NS1600	NS1600A	NS2000
型号				NS1600	NS1600A	NS2000
曾用型号				德国 KRC1600	德国 KRC1680	德国 KRC2880
制造起始年代				2006～2007	2007～2010	2011～
制造厂				德国 Kirow	德国 Kirow	德国 Kirow
传动方式				全液压	全液压	全液压
吊臂形式				三节伸缩臂	三节伸缩臂	三节伸缩臂
工作环境	环境温度(℃)			−25～45/−45～35	−40～45	−40～45
	海拔高度(m)			2 000/5 100	3 000	3 000
	最大相对湿度(%)			90/50	95	95
	风速(m/s)			13.8	13.8	13.8
起重量/幅度(t/m)	使用支腿	360°回转	工况 1	160/7	160/7	200/7
			工况 2	—	152/8	152/9
		顺轨	摆动(±)	30°,160/9 单侧	30°,160/10.5 单侧	25°,152/15 四支腿
			摆动(±)	15°,160/10 单侧	20°,55/24.5 单侧	25°,125/18 四支腿
			摆动(±)	—	—	10°,200/14 四支腿
		羊角钩		100/12	100/12	100/12
	不用支腿	360°回转		15/9	15/9	—
		顺轨	摆动(±)	2°,125/8	2°,45/24.5	3°,100/16.5
			摆动(±)	10°,125/7	10°,100/10	3°,50/27
最大起重力矩(t·m)				1 600	1 680	2 880
工作速度	起升(m/min)	空载		12	12	12
		重载		3	3	3
	回转(r/min)			1	1	1
	上车前部顺轨摆动(°/s)			2	2	2
	变幅时间(s)			120(0°～ 50°)	120(0°～ 50°)	120(0°～ 50°)
	吊臂全伸时间(s)			6 m/min	6 m/min	6 m/min
	自力走行(km/h)			25	25	25
	回送(km/h)			120	120	120
线路指标	轨距(mm)			1 435	1 435	1 435
	轴重(kN)			230	247	230
	通过最小曲线半径(m)			100	100	100
	自力走行最大坡度(平直线)(‰)	带吊臂平车		15	15	20
		无吊臂平车		18	18	—
	限界标准				GB 146.1	

续上表

型号			NS1600	NS1600A	NS2000
主要尺寸数据	车钩高(mm)		880	880	880
	尾部回转半径(m)		7～12	7.3～13	7～14
	吊臂长度(m)	全缩位	12	12	12
		二节臂全伸	18.5	18.5	19
		三节臂全伸	25.5	25.5	27
	车钩连接线水平距离(m)		15	15	16
	幅度范围(m)		7～24.5	7～24.5	7～27
	最大起升高度(m)		20.7	20.7	23
	支腿间距(横×纵)(m)	1	6×13	6×13	6×14.16
		2	7.8×10.5	7.8×10.5	7×13.21
		3	4×14	4×14	—
	下车定距(m)		10	10	11
	起重机最大宽×高(m)		3.2×4.7	3.2×4.7	3.2×4.7
动力装置	配置型式		等功率双发	等功率双发	等功率双发
	主柴油机	型号	QSB5.9×C240	QSB5.9×C240	QSB6.7×C280
		额定功率(kW)	179	179	194
		额定转速(r/min)	2 100	2 100	2 200
		冷却方式	水冷	水冷	水冷
		吸气型式	涡轮增压、中冷	涡轮增压、中冷	涡轮增压、中冷
		燃油消耗率[g/(kW·h)]	—	—	198
		制造厂	康明斯	康明斯	康明斯
	备用柴油机	型号	—	—	—
		额定功率(kW)	—	—	—
		额定转速(r/min)	—	—	—
		冷却方式	—	—	—
		燃油消耗率[g/(kW·h)]	—	—	—
		制造厂	—	—	—
	柴油箱容量(L)		900	900	900
液压系统	形式		开式	开式	开式
	液压泵 主泵	型号	A11075LGIDH6/10L-XZD12K 等4种	A11075LGIDH6/10L-XZD12K 等4种	—
		数量	—	—	—
	液压泵 辅助泵	型号	A4VG56HD3D1/32L-XZC02FD15K-S	A4VG56HD3D1/32L-XZC02FD15K-S	—
		数量	—	—	—

续上表

型号				NS1600	NS1600A	NS2000
液压系统	液压泵	控制油路泵	型号	SNP2/19SSC 46+SNP2/19S等2种	SNP2/19SSC 46+SNP2/19S等2种	—
			数量	—	—	—
	液压马达型号×数量		主起升机构	A6VM160HD ID/63W-PAB 020B-S×1	A6VM160HD ID/63W-PAB 020B-S×1	—
			副起升机构	—	—	—
			回转机构	A2FM80/ 61WXAB020-S×1	A2FM80/ 61WXAB020-S×1	—
			顺轨摆动机构	A2FM80/ 61WXAB020-S×2	A2FM80/ 61WXAB020-S×2	—
			走行机构	A6VM160H A2/63W×4	A6VM160H A2/63W×4	—
			变幅机构	—	—	—
	主要液压缸	变幅	缸径/杆径×行程(mm)	400/310×3 080	400/310×3 080	480/400×3 600
			数量	2	2	2
		吊臂伸缩	缸径/杆径×行程(mm)	二节 310/220×6 550	二节 310/220×6 550	二节 360/260×7 050
			缸径/杆径×行程(mm)	三节 135/100×6 050	三节 135/100×6 050	三节 250/180×8 050
		平衡重挂放/伸缩 Ⅰ	缸径/杆径×行程(mm)	伸缩 270/160×2 825	伸缩 270/160×2 825	一伸缩 290/170×4 930
			数量	2	2	1
		平衡重挂放/伸缩 Ⅱ	缸径/杆径×行程(mm)	挂放 140/80×900	挂放 140/80×900	二伸缩 200/140×2 090
			数量	2	2	2
		支腿 支撑	缸径/杆径×行程(mm)	260/200×800	260/200×800	—
			数量	4	4	4
		支腿 伸腿	缸径/杆径×行程(mm)	125/90×830	125/80×830	—
			数量	4	4	4
		平衡重摆动	缸径/杆径×行程(mm)	—	—	160/110×900
			数量	—	—	2
	主要阀类	多路阀	型号×数量	2MO-32PH×2	2MO-32PH×2	—
			型号×数量	MO-32PH×1	1MO-32PH×1	—
			型号×数量	3MO-32PH×1	3MO-32PH×1	—
		平衡阀	型号×数量	SBS-30BA×1	SBS-30BA×1	—
			型号×数量	SBS25×3	SBS25×3	—
		先导阀	型号×数量	—	PVG32-2F	—
	液压油箱公称容量(L)			3 000	3 000	3 700

续上表

型号			NS1600	NS1600A	NS2000
减速机	主起升	型号×数量	多级行星减速器×1	多级行星减速器×1	多级行星减速器×1
		降速比	—	—	—
	副起升	型号×数量	—	—	—
		降速比	—	—	—
	回转	型号×数量	ZHP3.26×1	ZHP3.26×1	—
		降速比	—	—	—
	顺轨摆动	型号×数量	ZHP3.22×2	ZHP3.22×2	—
		降速比	—	—	—
	走行	型号×数量	专用×4	专用×4	专用×4
		降速比	—	—	—
	变幅	型号×数量	—	—	—
		降速比	—	—	—
计算机辅助控制系统			√	√	√
卷筒直径(mm)		主起升	ZHP4.31 EG-TT	ZHP4.31 EG-TT	—
		副起升	—	—	—
		变幅	—	—	—
回转支承	型号或型式(1)		回转,滚柱外啮合	回转,滚柱外啮合	滚柱内啮合
	滚道中心圆直径(mm)		—	—	—
	型号或型式(2)		摆动,滚柱内啮合	摆动,滚柱内啮合	—
	滚道中心圆直径(mm)		—	—	—
转向架	轴距(mm)		1 100+1 200+1 100	1 100+1 200+1 100	1 100+1 200+1 100+1 200+1 100
	车轮直径(mm)		840	840	840
	车轴类别		—	—	—
	承载方式		心盘	心盘	心盘+支点
	组数×轴数/主动轴数		2×4/2	2×4/2	2×(4+2/2)
	轴承型号		Timken AP型F级	Timken AP型F级	Timken AP型F级
	减振方式		板弹簧	板弹簧	板弹簧
	静挠度(mm)		—	—	—
	制动倍率		8.54	8.54	—
	闭锁液压缸型式、缸径(mm)×数量		165(行程70)×4	165(行程70)×4	—
	每组转向架自重(t)		10.25	10.25	—
吊臂	结构/截面形式		箱形	箱形	箱形
	钢结构钢材强度(MPa)		$\sigma_b \geqslant 900$	$\sigma_b \geqslant 900$	$\sigma_b \geqslant 1\ 100$
	钢丝绳规格型号	主起升	CASAR EURO LIFT24/1960	CASAR EURO LIFT24/1960	—
		副起升	—	—	—
		变幅	—	—	—

续上表

型号				NS1600	NS1600A	NS2000
取物装置	吊钩	主钩	形式	直柄双钩	直柄双钩	直柄双钩
			滑轮组倍率	2×6	2×6	2×6
		副钩	形式	—	—	—
			滑轮组倍率	—	—	—
上车尾部平衡重			形式	伸缩式+挂放式	伸缩式+挂放式	伸缩式+(回送拆下)
			平衡重数量	2(～34 t)	2(～40 t)	2(～62 t)
			伸缩行程(m)	5	5	5
车钩型号				货车 13 号	货车 13 号	货车 13 号
缓冲器型号				MT-2	MT-2	MT-2
空气制动系统			制动机型号	JZ-7	JZ-7	JZ-7
			制动缸直径(mm)	—	—	—
			制动倍率	—	—	—
			闸瓦种类	轮幅盘形制动	轮幅盘形制动	轮幅盘形制动
电气系统			电压(V)	DC 24	DC 24	DC 24
		蓄电池	型号	12V,210Ah	12V,210Ah	12V,210Ah
			数量	4	4	4
司机室			温度范围(℃)	10～25	10～25	10～25
			室内噪声 dB(A)	72	72	72
安全装置	力矩限制器型号			—	—	—
	起升高度极限保护			√	√	√
	顺轨±α°回转限位			√	√	√
	倾翻报警装置			√	—	—
	吊臂仰起极限保护			√	√	√
	钢丝绳 3 圈保护			—	√	√
	柴油机冷却水高温报警			—	√	√
	柴油机机油低压力报警			—	√	√
	液压油滤清器堵塞报警			—	√	√
	牵引状态走行齿轮脱开保护			—	—	—
	水平仪			√	—	—
	外轨超高自动调平装置			√	—	—
起重机自重			回送状态(t)	184	197	270
			整备状态(t)	192	206	270
起重机回送状态重心高(mm)				1 977	1 977	1 977

表 3-16　铁路救援起重机回送限制速度表

型　号	名　称	回送速度(km/h)
NS2000	200 t 伸缩臂式铁路救援起重机	120
	吊臂平车	120
NS1600	160 t 伸缩臂式铁路救援起重机(1 680 t・m)	120
	吊臂平车	120
NS1600	160 t 伸缩臂式铁路救援起重机(1 600 t・m)	120
	吊臂平车	120
NS1601	160 t 伸缩臂式铁路救援起重机	120
	吊臂平车	120
NS1602	160 t 伸缩臂式铁路救援起重机	120
	吊臂平车	120
N1601	160 t 固定臂式铁路救援起重机	85
	吊臂平车	85
N1602	160 t 固定臂式铁路救援起重机	85
	吊臂平车	85
NS1601G	160 t 伸缩臂式铁路救援起重机	120
	吊臂平车	120
NS1602G	160 t 伸缩臂式铁路救援起重机	120
	吊臂平车	120
NS1251	125 t 伸缩臂式铁路救援起重机	120
	吊臂平车	120
NS1252	125 t 伸缩臂式铁路救援起重机	120
	吊臂平车	120
NS1001	100 t 伸缩臂式铁路救援起重机	80
	吊臂平车	80
N1002	100 t 固定臂式铁路救援起重机	80
	吊臂平车	80
NS100G	100 t 伸缩臂式铁路救援起重机	80
	吊臂平车	80

表 3-17　铁路救援起重机重量及长度表

型　号	名　称	自重(t)	换算长度
NS2000	200 t 伸缩臂式铁路救援起重机	208	1.5
	吊臂平车	45	2.2
NS1600	160 t 伸缩臂式铁路救援起重机(1 600 t・m)	192	1.4
	160 t 伸缩臂式铁路救援起重机 (1 680 t・m)	205	1.4
	吊臂平车	45	2.2

续上表

型　　号	名　　称	自重(t)	换算长度
NS1601	160 t 伸缩臂式铁路救援起重机	186.4	1.1
	吊臂平车	42	2.2
NS1602	160 t 伸缩臂式铁路救援起重机	184	1.1
	吊臂平车	38	1.8
N1601	160 t 固定臂式铁路救援起重机	187	1.1
	吊臂平车	38	1.9
N1602	160 t 固定臂式铁路救援起重机	190	1.1
	吊臂平车	40	2.2
NS1601G	160 t 伸缩臂式铁路救援起重机	186.4	1.1
	吊臂平车	38	1.9
NS1602G	160 t 伸缩臂式铁路救援起重机	186.4	1.1
	吊臂平车	40	2.2
NS1251	125 t 伸缩臂式铁路救援起重机	139	1.0
	吊臂平车	40	1.9
NS1252	125 t 伸缩臂式铁路救援起重机	138	1.1
	吊臂平车	40	1.9
NS1001	100 t 伸缩臂式铁路救援起重机	138	1.0
	吊臂平车	32	1.8
N1002	100 t 固定臂式铁路救援起重机	132	1.0
	吊臂平车	31.4	1.8
NS100G	100 t 伸缩臂式铁路救援起重机	140	1.0
	吊臂平车	32	1.8

第四章　铁路交通事故应急救援设备机具

铁路交通事故应急救援设备机具主要包括铁路救援起重机、大型汽车起重机；各型复轨器、千斤顶、新型液压起复机具等；同时，还应包括机车车辆救援吊装用迪尼玛吊带，钢丝绳，合金钢链条及各种吊环等救援吊索具；便携式等离子束切割机、铁路救援起重机支腿垫块、客货车通用救援台车、抢险救援移动式照明器具、应急通信设备和无线通信指挥系统以及挖掘机、工程铲车、牵引车等辅助救援动力设备。

随着铁路交通运输事业的快速发展，电气化铁路、高速铁路通车里程逐年增加，铁路干线大轴重机车车辆和动车组不断投入运用，给事故应急救援工作提出新的更高的要求。因此，需要不断研发配置新型救援设备机具，以适应当前铁路交通事故应急救援工作的需要。

第一节　复轨器的构造及作用

复轨器是铁路交通事故应急救援中一种常用的机车车辆复轨工具，在运用机车、自轮运转特种设备上均应配备复轨器。按其结构形式主要分为人字形、海参形、组合型、双向型、轻便型、单片式、引导式、高（铁）普（速）通用型复轨器及便携式液压复轨器等多种，按其使用地点及适用功能又可分为道岔复轨器、桥梁复轨器、隧道专用复轨器、引导式复轨器、尽头线端面复轨器等。

复轨器的作用原理是利用内燃、电力机车（动车组）为牵引动力，脱轨车轮经过复轨器主体上的引导棱来逼引调整脱轨车轮的起复角度，迫使“车轮抬高，逼近钢轨”，达到复轨的目的。

一、新式人字形复轨器

新式人字形复轨器是由呼和浩特铁路局科研所研制的一种结构合理、性能可靠的新型复轨器，采用优质合金铸钢制造。具有体积较小、重量较轻、适用性强、稳固性好等优点。适用于内燃、电力机车及各种车辆的一般性脱轨起复，可在43、50、60 kg/m钢轨（混凝土枕、木枕）的线路上安装使用，已在各铁路局、合资铁路和地方铁路推广应用，其结构如图4-1所示。

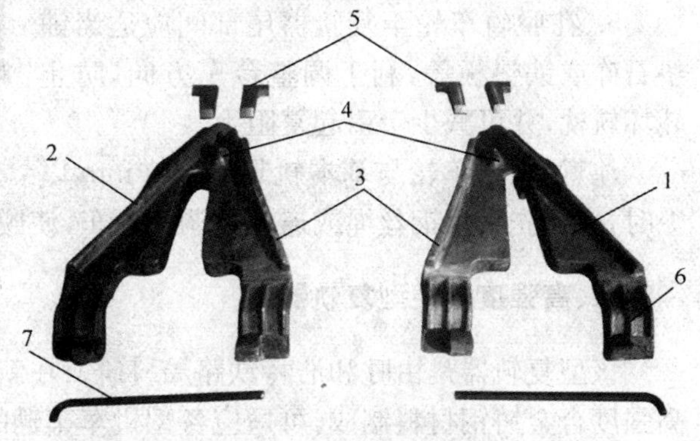

图4-1　新式人字形复轨器结构

1—复轨器体；2—长引导棱；3—短引导棱；4—护轮棱；5—L形楔铁；6—尾部钩铁；7—尾部穿销

（一）结构特点

该型复轨器总体结构与原人字形复轨器基本相同，其特点是：

1. 复轨器主体表面曲率半径尺寸能使脱轨车轮轧上复轨器踏面后，机车下部装置迅速抬高，可避免复轨器与内燃、电力机车的齿轮箱、制动装置等部件相碰。

2. 复轨器主体腰部两侧设有楔铁座。使用时在楔铁座与轨腰间打入楔铁，使复轨器与钢轨紧固成为一体，可防止起复过程中复轨器窜动、翘头、压翻等现象。

3. 复轨器尾部设有两块轨枕钩铁，钩铁外侧设有穿销座。使用时，复轨器钩铁钩挂在轨枕的侧面，并将尾部穿销从轨底穿过，起到二次加固复轨器的作用。

(二)主要技术参数

复轨器主体：长×宽×高＝900 mm×580 mm×200 mm；

有效复轨距离：240 mm；

适应线路条件：43、50、60 kg/m 钢轨，混凝土枕、木枕地段；

主体材质：合金铸钢；

附件材质：L 形楔铁 Q235 碳素结构钢，尾部圆穿销 45 号钢；

机械性能：抗拉强度 $\delta_B \geqslant 600$ MPa；

表面硬度：HB≥190；

主体重量：85 kg/只。

(三)使用方法

1. 该型复轨器与原人字形复轨器安装方式基本相同，仍沿用“左人右入”的原则。安装前，先将复轨器尾部钩铁处轨枕盒的石砟清除一些，以保证复轨器尾部平落在轨枕上并钩住轨枕，且便于安装尾部穿销。

2. 安装时，复轨器承轨槽搭在钢轨上，复轨器与钢轨间应加防滑物。尾部钩铁的上端平落在轨枕上，下端钩挂在轨枕侧面。复轨器安放平稳后，将两块 L 形楔铁分别穿入左右楔铁座与轨腰间，凸台朝外，安放平整，不得歪斜，然后用大锤左右交替地将两块楔铁打紧(严禁将一侧楔铁打紧后再打另一侧，以免受力不均造成楔铁座裂损)。

3. 将尾部穿销经穿销孔沿轨底穿过。至此复轨器安装完毕，如图 4-2 所示。

图 4-2 新式人字形复轨器安装

4. 用大锤轻击复轨器主体表面各部，检查安装是否牢固，并在复轨器引导棱上适当涂润滑油，以减少复轨器引导棱的磨损。

5. 在脱轨车轮至复轨器尾部间应适当铺垫石砟或铁垫板等，利于调整台车方向，防止轧坏轨枕，并可减少牵引起复阻力。

注意：脱轨车轮与基本轨超过 240 mm 以上时，应首先采用钢丝绳或逼轨器调正台车，使脱轨车轮靠近基本轨后再安装复轨器起复。

二、高强度轻便型复轨器

该型复轨器是由呼和浩特铁路局科研所在新式人字形复轨器的基础上研发的产品，采用高强度合金铸钢材料制成，可适应各型机车车辆的起复需要。

(一)结构特点

由于采用了新材料和新工艺，复轨器主体设计更加轻巧，其铸造工艺性能更好。主体采用薄壳体结构，在保证强度要求的前提下，合理设置减重孔及加强筋，使复轨器的重量减至最低，从而大幅度减轻了操作人员的劳动强度，其外形如图 4-3 所示。

（二）主要技术参数

复轨器主体：长×宽×高＝800 mm×550 mm×180 mm；

有效复轨距离：240 mm；

适应线路条件：43、50、60 kg/m 钢轨，混凝土枕、木枕地段；

主体材质：高强度合金铸钢；

附件材质：L 形楔铁 Q235 碳素结构钢，尾部圆穿销 45 号钢；

机械性能：抗拉强度 $\delta_B \geqslant 700$ MPa；

表面硬度：HB≥200；

复轨器主体重量：62 kg/只。

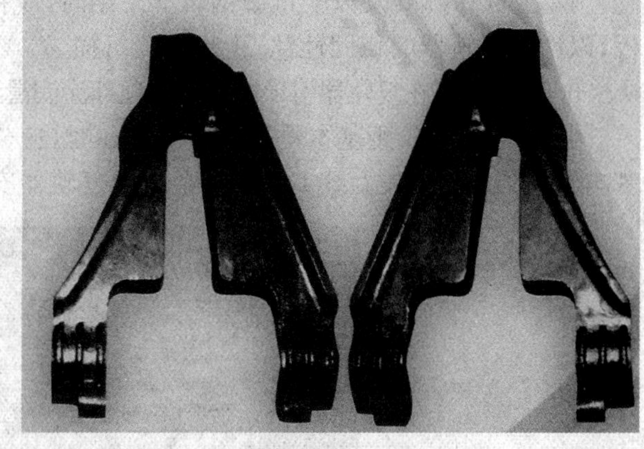

图 4-3　高强度轻便型复轨器

（三）使用方法

该型复轨器的主体结构及安装使用方法与新式人字形复轨器基本相同，在此不再重述。

三、S-1 型铝合金双向复轨器

S-1 型铝合金双向复轨器是由兰州铁路局研发的新型复轨器，适用于各型机车车辆一般脱轨事故的救援起复，已在内燃、电力机车上配备使用。

（一）结构特点

1. 该型复轨器采用优质铝合金材料经特殊铸造工艺处理成型，具有重量轻、强度高、使用方便等优点。

2. 复轨器采用拱形弧面中空竖板结构，设有双向引导棱、踏铁、复轨器垫铁。设计结构合理，承压能力好，其结构如图 4-4 所示。

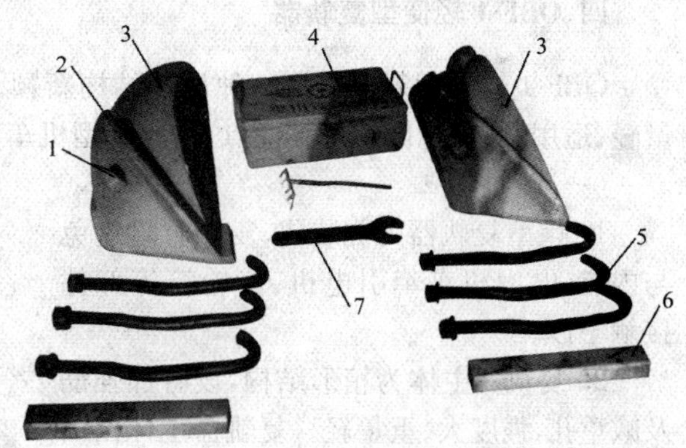

图 4-4　S-1 型铝合金双向复轨器结构

1—踏铁；2—双向引导棱；3—复轨器体；4—工具箱；5—钩螺栓（各 3 根）；6—垫铁（2 块）；7—专用扳手

（二）主要技术参数

外形尺寸：长×宽×高＝900 mm×310 mm×290 mm；

有效复轨距离：240 mm；

适应线路条件：43、50、60 kg/m 钢轨，混凝土枕、木枕地段；

抗拉强度：350～380 MPa；

延伸率：5.5%～7.5%；

表面硬度：HB97～112；

单件重量：45.5 kg/只。

（三）使用方法

1. 该型复轨器由两只完全相同的主体组成，起复作业时须同时使用。

2. 在牵引复轨方向的前方钢轨内、外侧相同位置安装复轨器，适当清除石砟，使之与钢轨密贴。复轨器安放平稳后，将 3 根钩螺栓由钢轨底部穿进复轨器主体安装孔内并紧固。

3. 脱轨车轮至复轨器间用石砟或铁垫板等垫好，以减少牵引阻力，防止轧坏轨枕。

4. 在 60 kg/m 及以上重型钢轨上使用时，应在轨底座上和复轨器小端下部安放专用铝垫板，以增加复轨器的稳固性，防止复轨器折损。

5. 起复前应在复轨器引导棱及主体顶部涂润滑油，以利于车轮复轨并可减少引导棱的磨损。

6. 当脱轨车轮距基本轨超过 240 mm 时，应先采用“抬高逼近”的方法，使脱轨车轮靠近基本轨后再进行起复。S-1 型铝合金双向复轨器安装如图 4-5 所示。

图 4-5　S-1 型铝合金双向复轨器安装

四、QBF-1 轻便型复轨器

QBF-1 轻便型复轨器是一种设计结构新颖、性能可靠的新型复轨器。它具有体积小、重量轻、适用性强、稳固性好等优点，适于各型机车车辆及各型轨枕上安装使用。

(一)结构特点

1. 该型复轨器为侧装式，复轨时可避免与内燃、电力机车牵引电机、齿轮箱等部件接触干涉。

2. 复轨器主体为箱形结构，设有加强筋及减重孔，强度大、重量轻。复轨器主体由内侧和外侧 2 件组成，左右通用。附件有钩铁、楔铁及前后垫板等，其结构如图 4-6 所示。

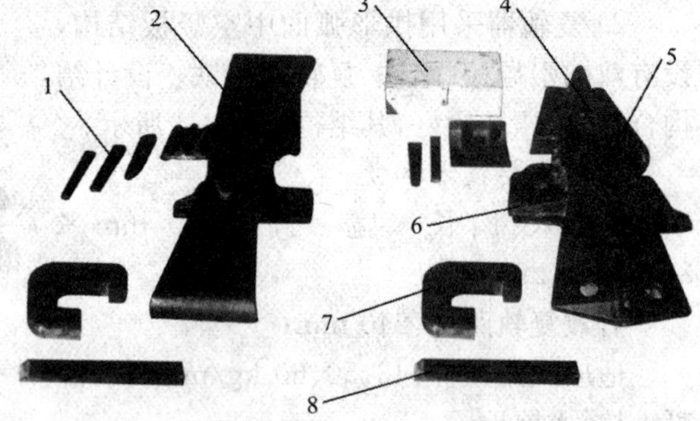

图 4-6　QBF-1 轻便型复轨器结构

1—垫铁；2—外侧复轨器；3—工具箱；4—引导棱；5—内侧复轨器；6—挂钩槽铁；7—钩铁；8—楔铁

(二)主要技术参数

内侧复轨器：长×宽×高＝850 mm×240 mm×165 mm(包括挂钩槽铁宽 433 mm、高 250 mm)；

外侧复轨器：长×宽×高＝850 mm×240 mm×175 mm(包括挂钩槽铁宽 334 mm、高 267 mm)；

有效复轨距离：260 mm；

适应线路条件：43、50、60 kg/m 钢轨，混凝土枕、木枕地段；

材质：主体及前后垫板用 45 号铸钢，安装钩铁、楔铁用 Q275 碳素结构钢；

机械性能：抗拉强度 594 MPa；

表面硬度：HB207；

重量：内外侧复轨器均为 60 kg/只。

（三）使用方法

1. 该型复轨器为侧装式，内侧复轨器安装在钢轨内侧，外侧复轨器安装在钢轨外侧；具体靠左或靠右，复轨器头部向前或向后，应根据现场机车车辆脱轨的情况而定。

2. 安装复轨器前，应先将钢轨底部石砟清除一些，以便于复轨器槽铁插入轨底和加挂钩铁。安装复轨器时，将复轨器前、后端放在两根相邻轨枕上，下部垫好垫板。复轨器槽铁插入轨底，头部及腰部支撑铁与轨腰侧面贴靠。

3. 复轨器钩铁由轨底将挂钩槽铁钩住，钩铁另一端与轨腰间打入楔铁固定（楔铁须由复轨器前端向后端打入）。

4. 外侧复轨器头部搭在钢轨顶部，由于钢轨型号不同，故配有一块可调整三种不同厚度的垫铁（43、50、60 kg/m），安放时应注意轨型与垫铁的厚度相符。复轨器固定后，挂钩槽铁与轨底的间隙用楔铁塞紧，QBF-1 轻便型复轨器安装如图 4-7 所示。

图 4-7　QBF-1 轻便型复轨器安装

五、LF-Ⅰ海参形复轨器

LF-Ⅰ海参形复轨器因其结构外形酷似海参而得名，适用于起复脱轨距离较近的机车车辆。

（一）结构特点

LF-Ⅰ海参形复轨器由铝合金制造，每对复轨器由内侧和外侧各 1 只组合使用。内侧的稍矮小（在复轨器体中部铸有凸出的轮缘槽间隔铁），外侧的略高大。每只复轨器配有 2 根紧固螺栓，用于安装紧固复轨器。

LF-Ⅰ海参形复轨器结构如图 4-8 所示。

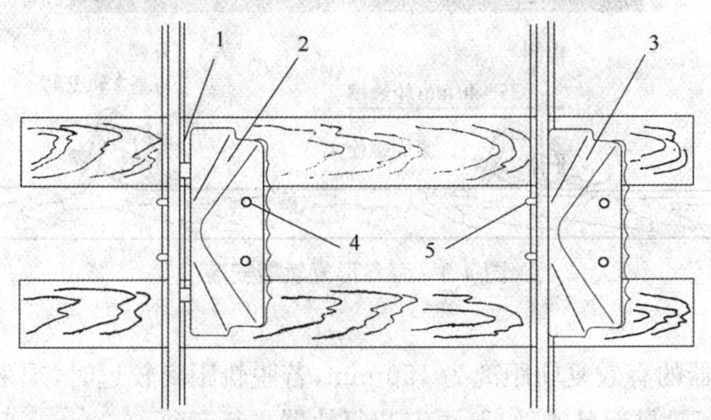

图 4-8　LF-Ⅰ海参形复轨器结构

1—轮缘槽；2—内侧复轨器；3—外侧复轨器；4—安装螺栓孔；5—安装螺栓

（二）主要技术参数

内侧复轨器：长×宽×高＝815 mm×265 mm×310 mm；

外侧复轨器:长×宽×高=815 mm×240 mm×320 mm;

适应线路条件:43、50、60 kg/m 钢轨,混凝土枕、木枕地段;

有效复轨距离:150 mm;

材质:ZL201 铝合金;

紧固螺栓:ϕ28 mm,长 475 mm,4 根;

复轨器重量:内侧 37 kg,外侧 39 kg。

(三)复轨作用

脱轨车轮被牵引至复轨器主体上,行至顶部斜坡面处,利用该斜坡将脱轨车轮滑落于轨面使其复轨。

(四)使用方法

1. 内侧复轨器安装于钢轨内方,与基本轨保持 35~40 mm 的间隙,以便轮缘通过;外侧复轨器安装于钢轨外方,与基本轨密贴。

2. 内、外侧复轨器必须左右对称安装,要躲开鱼尾板(钢轨连接板)及腐朽枕木。

3. 用紧固螺栓或安装楔铁将复轨器固定,不得窜动移位。在复轨器顶部斜面上适量涂润滑油,利于车轮滑落复轨。

4. 在脱轨车轮至复轨器间的车轮径路上铺垫石砟,防止轧坏轨枕,并可减少牵引阻力,海参形复轨器安装如图 4-9 所示。

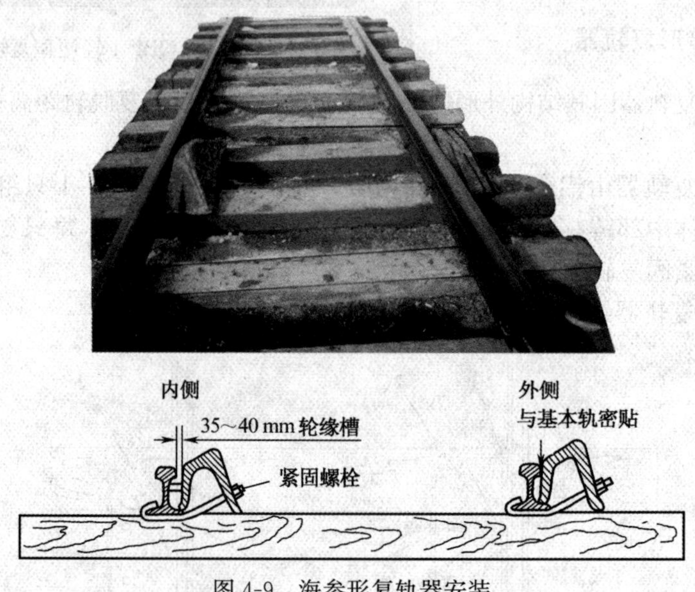

图 4-9 海参形复轨器安装

(五)注意事项

1. 海参形复轨器的有效复轨距离为 150 mm,若脱轨距离较远时,须采用逼轨器或钢丝绳将脱轨转向架调正车轮靠近基本轨后,再安装复轨器进行起复。

2. 海参形复轨器由内侧、外侧两件组成,安装时应注意区分正确使用。

3. 安装复轨器时,应避开钢轨接头、轨距杆、轨撑等障碍物。

4. 根据车辆牵引复轨的方向,安装在钢轨内侧的复轨器必须留出 35~40 mm 的轮缘槽。

5. 起复事故车辆时,要平稳操纵,控制牵引速度,防止脱轨车轮越过复轨器再次脱轨。

六、引导式复轨器

引导式复轨器由洛阳思弗特救援设备开发有限公司(洛阳铁安救援设备开发中心)在人字形复轨器的基础上进行研制改进，采用特种铬钼钢铸造成型。在左右侧复轨器两主体内侧引导棱尾部各加铸一根弧形的逼轨，通过逼轨引导脱轨车轮靠向钢轨后经过复轨器起复。该型复轨器经现场救援应用，效果很好，已在各铁路局和合资铁路及地方铁路推广应用。

(一)结构特点

1. 该型复轨器在保持人字形复轨器基本结构及几何尺寸的前提下，将逼引轨与复轨器铸为一体，起到良好的机具组合复轨效果。

2. 设计结构紧凑、合理、复轨有效距离宽，承载能力大。

3. 适应性强。可在 43、50、60、75 kg/m 钢轨(混凝土枕、木枕)上安装使用，并能适应内燃、电力机车、车辆一般脱轨事故的起复需要。

(二)主要技术参数

复轨器主体：长×宽×高＝770 mm×580 mm×170 mm；

逼引轨：长×宽×高＝1 550 mm×18 mm×100 mm；

有效复轨距离：车辆 500 mm，机车 380 mm；

最大起复轴重：≥40 t；

适应线路条件：43、50、60 kg/m 钢轨，混凝土枕、木枕地段；

距轨面高度：50 mm；

主体材质：铬钼合金钢调质处理；

强度极限：σ_b＝980 MPa；

屈服强度：σ_s＝785 MPa；

主体重量：100 kg/只。

(三)使用方法

1. 该型复轨器与人字形复轨器的安装方法基本相同，复轨器头部与轨面间应加防滑物，尾部钩铁应钩挂在轨枕侧边，增加复轨器的稳固性，再从钢轨底部穿入复轨器尾部穿销。

2. 逼轨尾部应落放在轨枕上并垫实，然后装上逼轨拉杆，以增加复轨器的稳固性。

3. 在复轨器引导棱与逼轨上部适当涂润滑油，脱轨车轮至复轨器间应铺垫石砟或铁垫板，防止轧伤轨枕，并可减少牵引阻力。

4. 若脱轨车辆车钩不能连挂时，可利用 13 号或 17 号锁闭套钩及钢丝绳连挂脱轨车辆，机车缓慢牵引复轨，引导式复轨器安装如图 4-10 所示。

图 4-10　引导式复轨器安装

七、桥梁专用复轨器

机车车辆在桥梁上脱轨后,因受桥梁护栏或接触网限制,给起复工作带来一定难度。在有牵引动力的情况下,应尽量选择桥梁专用复轨器进行起复。洛阳思弗特救援设备开发有限公司根据桥梁处的线路轨枕特点,在保留人字形复轨器主体要素的基础上设计开发了桥梁专用复轨器。该型复轨器可适应各型机车、车辆及动车组在桥梁上脱轨后的起复需要。

(一)结构特点

桥梁专用复轨器将人字形复轨器主体内侧作用面的尾部宽度适当缩短取齐,以适应在桥面钢轨与护轮轨间安装使用。该型复轨器采用特种铬钼钢铸造成型,具有体积小、重量轻、安装方便等特点。

(二)主要技术参数

复轨器主体:长×宽×高=770 mm×380 mm×170 mm;

有效复轨距离:200 mm;

起复重量:180 t;

适应桥梁钢轨型号:43、50、60 kg/m 钢轨;

适应车型:机车、车辆、动车组;

主体材质:铬钼合金钢调质处理;

强度极限:σ_b=980 MPa;

屈服强度:σ_s=785 MPa;

主体重量:40 kg/只。

(三)使用方法

1. 该型复轨器与人字形复轨器的安装方法基本相同,复轨器头部与轨面间应垫防滑物,以防复轨器滑动。尾部钩铁应钩挂在轨枕侧边,从钢轨底部穿入尾部穿销。

2. 在复轨器引导棱上适当涂润滑油,脱轨车轮至复轨器间应铺垫石砟或铁垫板等,防止轧伤轨枕,并可减少牵引阻力。

3. 用钢丝绳连挂机车与脱轨车辆,缓慢牵引复轨,复轨器安装如图 4-11 所示。

图 4-11 桥梁专用复轨器安装

八、端面复轨器

端面复轨器是机车车辆在尽头线处脱轨后进行牵引复轨的专用救援工具，通常采用优质铸钢制造或高强度钢板焊接结构。

DF 型端面复轨器主体采用特高强度钢板焊接而成，其结构与人字形复轨器基本相同，由"左人右入"形两只复轨器和连接板等部件组成，是一种新型高效的救援设备，其结构如图 4-12 所示。

图 4-12　DF 型端面复轨器结构

1—左侧复轨器；2—右侧复轨器；3—提手；4—连接板；5—圆销；6—长螺栓

（一）结构特点

DF 型端面复轨器尾部加宽，有效复轨距离增大，可提高救援作业效率，具有部件少，强度高，安装使用方便等特点。

（二）主要技术参数

结构形式：特高强度钢板焊接；

适应线路条件：43、50、60 kg/m 钢轨，混凝土轨枕及木枕地段；

有效复轨距离：400 mm；

单件重量：130 kg/只。

（三）使用方法

1. 将端面复轨器按"左人右入"形状安装在尽头线钢轨末端，用鱼尾板将复轨器与钢轨连接并紧固，然后用连接板及穿销将两只复轨器连接为一体，以增加复轨器的稳固性。

2. 在车轮经过的复轨器引导棱上适当涂润滑油，以利车轮复轨。

3. 用钢丝绳连挂事故车辆，缓慢牵引复轨。

九、宽轨枕复轨器

宽轨枕复轨器是一种适用于隧道内或宽轨枕等特殊地段应急救援的牵引复轨设备，已在各铁路局救援列车配备应用。

（一）基本结构

该设备主要由宽轨枕复轨器（左右侧各 1 只）、逼轨器及附件（1 组）、牵引绳索等组成，其结构如图 4-13 所示。

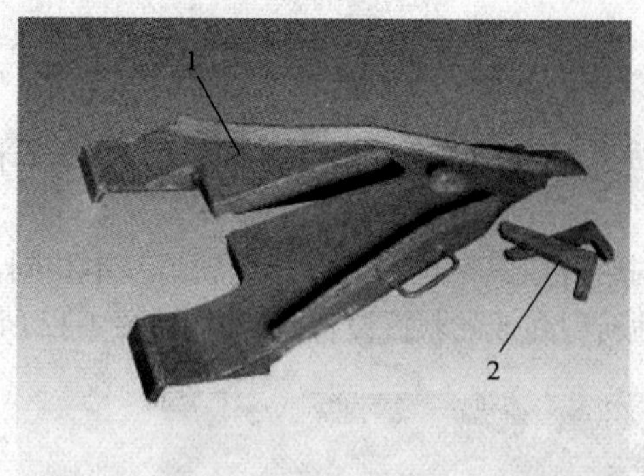

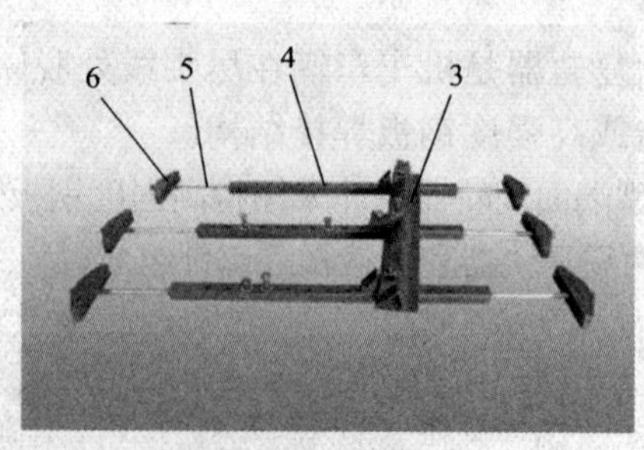

图 4-13　宽轨枕复轨器及逼轨器

1—复轨器主体(2 只);2—安装楔铁(4 只);3—逼轨器主体(1 根);4—梯形连接梁(3 根);
5—长螺杆(6 根);6—坡形固定铁(6 件)

(二)技术参数

1. 宽轨枕复轨器

规格:长×宽×高=1 070 mm×600 mm×290 mm;
适用轨型:50 kg/m 及以上钢轨;
适用车型:主型机车车辆;
有效复轨距离:340 mm;
固定方式:楔铁及轨枕;
数量:2 件;
单件重量:≤65 kg。

2. 宽轨枕逼轨器

规格:长×宽×高=1 500 mm×200 mm×200 mm;
适用枕型:宽轨枕线路;
适用车型:主型机车车辆;
逼轨形式:单向逼轨;
逼轨距离:400 mm;
固定方式:螺栓联结紧固。

3. 牵引钢丝绳

规格:ϕ40 mm,长 15 m;
破断拉力:1 220 kN;
单件重量:150 kg。

4. 牵引用迪尼玛吊带

吊带长度:10 m;
破断拉力:3 000 kN;
单件重量:≤80 kg。

5. 搬运小车

规格:长×宽×高=1 600 mm×1 600 mm×400 mm;
重量:100 kg。

(三)组合使用方法

1. 复轨器安装

(1)将复轨器按“左人右人”形状,安装在脱轨车轮复轨方向的左右侧钢轨上,尾部平放在两根相邻的轨枕上,尾部钩铁钩住轨枕,两只复轨器应保持同一水平位置。

(2)根据不同轨型,须用铁垫板将复轨器各部调平垫实。

(3)将楔铁平行放入复轨器楔铁座内,两侧应一致,左右交替打紧。

若车轮脱轨较远超过复轨器有效复轨距离时,应将宽轨枕复轨器与宽轨枕逼轨器组合使用,进行起复作业。

2. 逼轨器安装

(1)把梯形连接梁放入宽轨枕间 V 形槽内,应使连接梁基本居中。

(2)把带坡形固定铁的长螺杆从线路两侧旋入梯形连接梁两端的螺纹槽内,坡形固定铁的平面与宽轨枕端部固定,用同样方法依次安装相邻的枕间固定装置。

(3)根据牵引复轨方向确定逼轨器的安装位置。逼轨器头部距钢轨的距离应位于复轨器的有效复轨距离内,以保证脱轨车轮经复轨器顺利复轨。逼轨器与钢轨的角度应小于 20°,以防横向力过大损坏逼轨器。

(4)用长螺杆从逼轨器顶部旋入枕间的梯形连接梁螺纹孔内,再用短螺杆紧固顶块,顶住逼轨器使其固定。

(5)在安装逼轨器的过程中需要调整三条枕间梯形连接梁的左右位置,待所有螺栓全部拧入后,再使用专用工具拧紧。宽轨枕复轨器及逼轨器部件安装如图 4-14 所示。

图 4-14　宽轨枕复轨器及逼轨器部件安装

(四)注意事项

1. 安装楔铁前,务必垫好轨底垫铁,保证楔铁与轨腰之间形成可靠的接触面。

2. 打入楔铁时,应先较轻用力,待楔铁正常导入后再适当用力将其打紧。

3. 安装完毕后,应观察复轨器是否平稳,楔铁作用面是否密贴,并用大锤轻击复轨器表面各处,检查复轨器安装是否牢固,如有异常应即重新安装。

4. 设备使用后,应认真检查各部件是否齐全完好,存放于救援备品库内干燥整洁处所,定期进行检查及涂油,防止锈蚀。

十、KZ 型客运专线复轨器

为适应我国高速铁路和客运专线动车组应急救援需要,太原铁路局科研所根据客运专线轨枕结构特点,研制了 KZ 型客运专线复轨器。

(一)结构特点

该型复轨器是在人字形复轨器的基础上,根据客运专线轨枕设备特点,对现有复轨器基本结构进行改进而成。

1. 增设左、右侧复轨器扩距护板各 2 块,增加了复轨器有效复轨距离。

2. 增设博格板端护板、博格板中护板、复轨器连接杆等部件,有效地保护了线路轨枕扣件。

3. 配备工具箱,将所需工具及复轨器配件放入铁箱中,便于安装使用。KZ 型客运专线复轨器结构如图 4-15 所示。

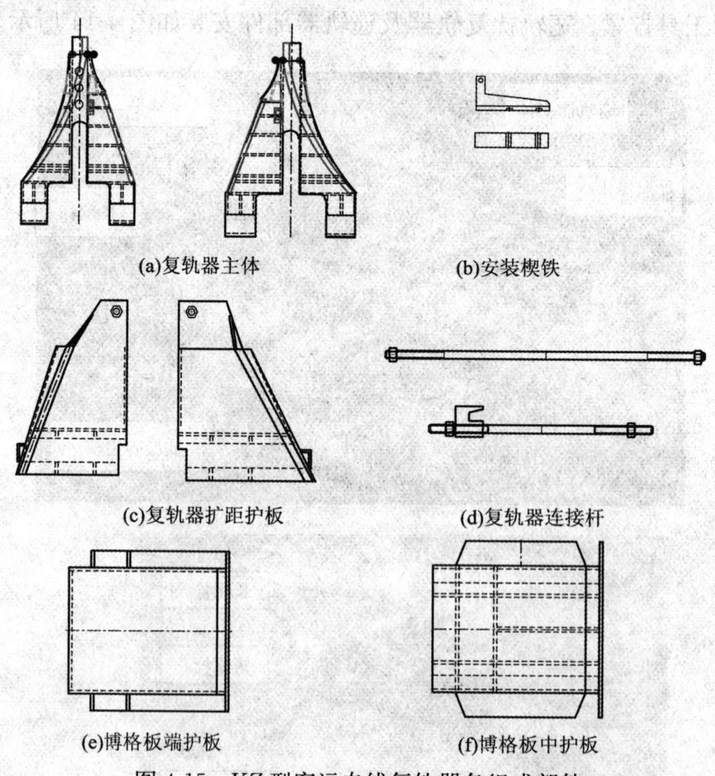

图 4-15　KZ 型客运专线复轨器各组成部件

(二)主要技术参数

复轨器主体:长×宽×高=1 072 mm×600 mm×291 mm;

有效复轨距离:340 mm;

主体重量:55 kg/只;

安装楔铁:长×宽×高=150 mm×120 mm×20 mm;

楔铁数量:每对复轨器 4 件;

内侧复轨器扩距护板:长×宽×高=700 mm×530 mm×270 mm;
单件重量:35 kg;
数量:2 件;
扩大复轨距离:270 mm;

外侧复轨器扩距护板:长×宽×高=700 mm×440 mm×270 mm;
单件重量:35 kg;
数量:2 件;
扩大复轨距离:190 mm;

博格板端护板:长×宽×高=400 mm×400 mm×150 mm;
单件重量:23 kg;
数量:4 件;

博格板中护板:长×宽×高=400 mm×435 mm×150 mm;
单件重量:30 kg;
数量:2 件;

复轨器连接杆:ϕ20 mm,长 1 200(800) mm;
单件重量:长杆 5 kg,短杆 4 kg;
数量:长杆 6 根,短杆 6 根。

(三)使用方法

1. 复轨器与端护板安装

(1)将复轨器按"左人右入"的形状,分别安装在脱轨车轮起复方向的左、右侧钢轨对称位置上。

(2)复轨器尾部平落在轨枕上,尾部钩住轨枕凸起部分,以增加复轨器的稳固性。

(3)将安装楔铁穿入复轨器楔铁座内,应保持基本平行一致,左右交替用力打紧。

(4)在复轨器尾部下方穿入短连接杆并将端护板紧固。复轨器安装后,应检查各部件安放是否正确,并用大锤轻击复轨器表面各处,检查是否牢固。

(5)复轨器安装后,应在引导棱处适当涂润滑油,以减少引导棱的磨损,利于车轮复轨。复轨器与端护板安装如图 4-16 所示。

2. 内、外侧复轨器护板固定方法

将内、外侧护板分别安装在钢轨内、外侧,复轨器护板前部用螺栓与复轨器紧固,后部由钢轨底部穿入长连接杆并紧固螺母。

注意:复轨器护板凸起部分要保护线路博格板凸起部位,在安装前要试装,正确对位后再打紧复轨器并固定复轨器护板。

3. 博格板端(中)护板固定方法

博格板端(中)护板安装在脱轨车轮与复轨器间,以保护博格板线路。其安装位置根据车轮脱轨情况而定,当转向架轮对脱轨在线路同一侧时采用如图 4-16 所示安装方法,博格板中护板与端护板间用短连接杆加钢轨钩固定;当转向架轮对发生骑马式脱轨时应采用图 4-17 所示安装方法,博格板端护板要保护线路博格板凸起的部位,端护板间用长连接杆固定。

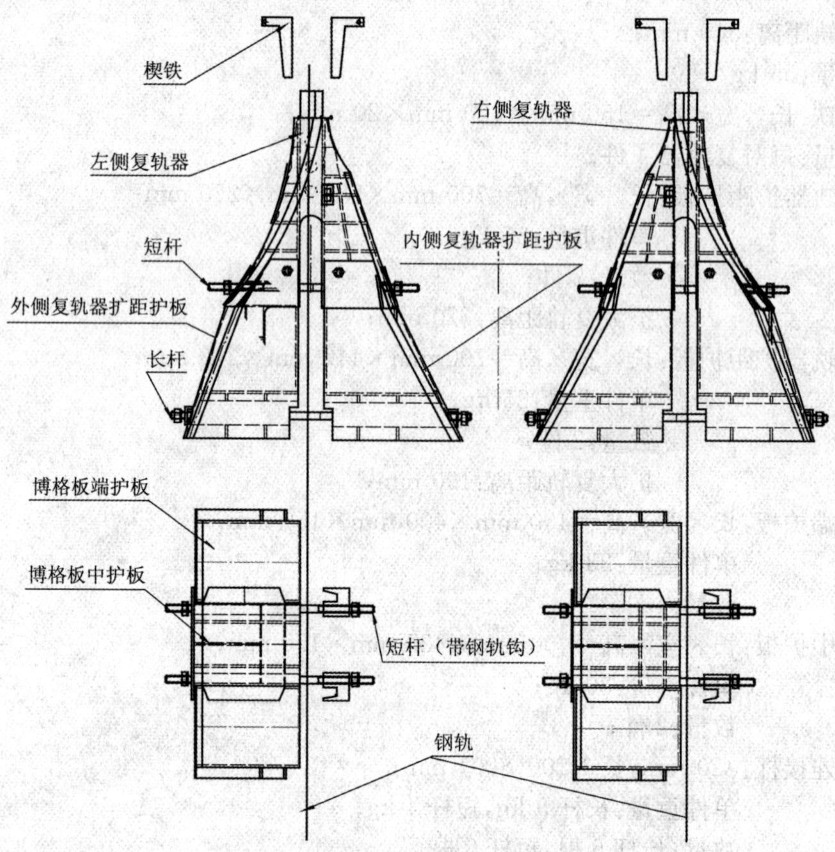

图 4-16　复轨器与端护板安装示意图(车轮脱轨在线路同一侧)

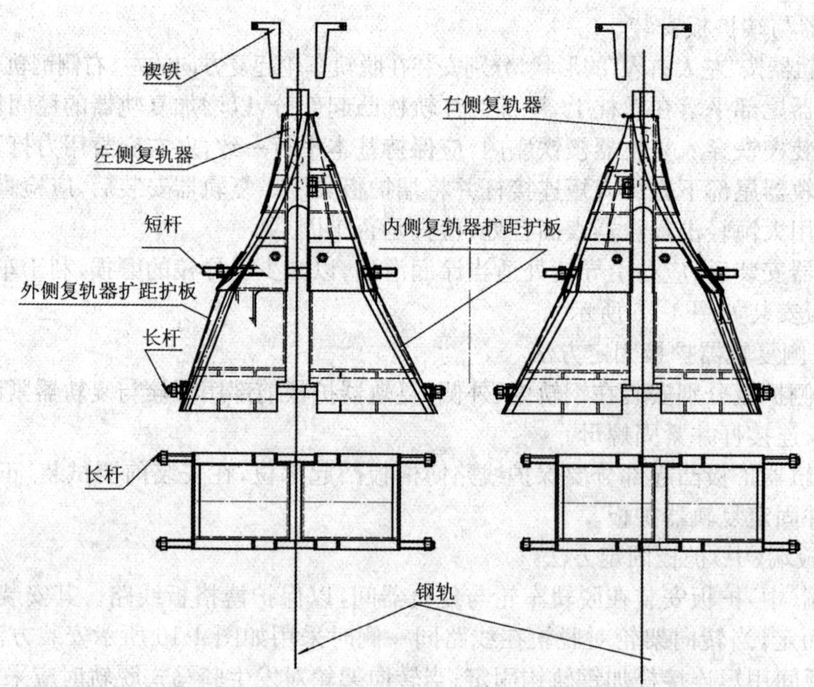

图 4-17　端护板间用长连接杆安装示意图(车轮脱轨在线路两侧)

(四)注意事项

1. 在不同轨型上使用复轨器时,须用铁垫板将复轨器前、后部调平垫实。

2. 打入楔铁前,务必垫好轨底垫铁,以使复轨器保持稳固,确保楔铁打入后与轨腰之间形成可靠的接触面。

3. 每次使用后,应进行检查清扫,确保部件齐全,作用良好。复轨器及配件应集中存放在备品车内干燥整洁处所。

4. 应定期对复轨器及部件进行检查保养,所有部件应进行涂油处理,以防锈蚀。

十一、GPF-Ⅱ型高普通用复轨器

由郑州铁路局郑州力德瑞思科技有限公司研发的"GPF-Ⅱ型高普通用复轨器",以其独创的薄壁壳型整体结构,采用特殊材质(ADI)精密铸造而成。该型复轨器设计独特,结构合理,主体轻便,可靠性好,应用广泛,已通过国家金属制品质量监督检验中心和铁路总公司科技成果技术鉴定,并获得了多项国家专利。目前,该型复轨器已在郑州、西安、成都、南宁、昆明、太原、兰州、乌鲁木齐、呼和浩特铁路局,青藏铁路公司、神华集团公司等运用机车,救援列车及救援队推广应用,并在全路新造机车上配备运用。

(一)结构特点

该型复轨器具有材质优良、重量轻便、性能可靠、实用性强等优点。

1. GPF-Ⅱ型高普通用复轨器采用独创的薄壁壳形整体结构,受力合理的加强筋设计,增加了强度、减轻了重量,增加了有效复轨距离。

2. 复轨器主体设计为左右对称形式,采用活动插接导向棱结构,仅在内侧复轨器设置导向棱,实现了左右通用,方便灵活;高大的导向棱,合适的导向角,保证救援起复成功率高。

3. 利用复轨器底部钢轨卡槽式连接结构,使复轨器安装牢固;内侧复轨器设置了轮缘槽,可有效防止复轨后车轮再次脱轨。

4. 复轨器适用于 CRTS-Ⅰ型、CRTSⅡ型板式无砟轨道、CRTSⅡ型双块式无砟轨道及 43 kg/m、50 kg/m 、60 kg/m、75 kg/m 等各种轨枕,可用于 WJ-5 型、WJ-6 型、WJ-7 型、WJ-8 型扣件等线路使用,体现了该型复轨器具备高普通用的特点。

5. 复轨器采用 ADI 特殊材料和新工艺铸造而成,具有强度高、耐磨性能好等特点,提高了安全可靠性,延长了使用寿命。

GPF-Ⅱ型高普通用复轨器的结构如图 4-18 所示。

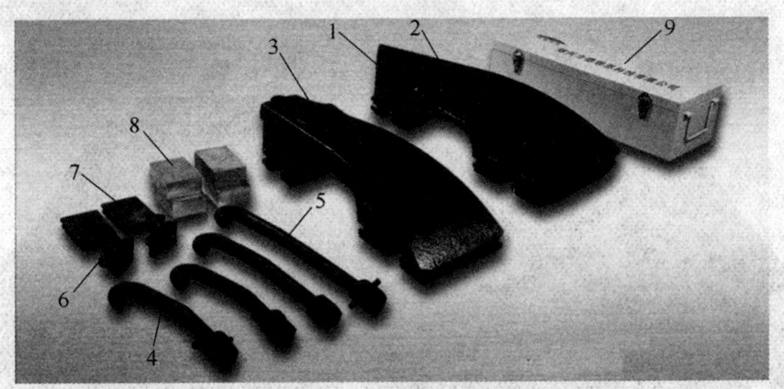

图 4-18 GPF-Ⅱ型高普通用复轨器结构

1—内侧复轨器;2—导向棱;3—外侧复轨器;4—短钩螺栓、斜垫片及螺母;
5—长钩螺栓、斜垫片及螺母;6—钢轨卡头;7—钢垫板;8—铝垫板;9—配件箱

(二)技术参数

GPF-Ⅱ型高普通用复轨器的主要技术参数见表 4-1。

表 4-1　GPF-Ⅱ型高普通用复轨器的技术参数

项　目	技术参数	项　目	技术参数
适用轨型	43 kg/m、50 kg/m、60 kg/m、75 kg/m	屈服强度	≥700 MPa
适用车型	机车、车辆、动车组	延伸率	≥7%
适用线路	高铁、普速通用	最大复轨距离	350 mm
安装高度(高于轨面)	20 mm	起复成功率	高
导向角度	19°	是否设计轮缘槽	是
复轨器长度	853 mm	使用寿命	长
抗拉强度	≥1 050 MPa	复轨器单件重量	45 kg/件
表面硬度	≥HB300		

(三)使用方法

1. 确定复轨方向。应选择脱轨距离钢轨较近的轮对作为复轨方向,依靠机车自身动力进行“原路复旧”较为适宜。需要救援机车时,必须根据救援机车来车方向确定。

2. 选定复轨器安装位置。在脱轨车轮前方适当地点两根轨枕空处,应避开轨枕扣件(普速线路应避开鱼尾板及轨距杆)等。

3. 平整复轨器安装区域的石砟。使其高度低于钢轨底面 30～40 mm(对于高铁线路应先放置专用铝垫板)。

4. 安装复轨器。注意前后位置,中间的拱形部位对准轨枕,复轨器底部的卡槽卡在钢轨的底边上,并向前推动,靠紧为止。

5. 安装紧固件。将钩螺栓钩住钢轨底边,装上斜垫片及螺帽,螺帽暂不拧紧,预留出 1～2 个螺距。此时,应将复轨器下方的空隙用石砟或铁垫板垫实,再用扳手拧紧螺帽。

6. 内侧复轨器上安装导向棱并适当涂润滑油,以利于车轮复轨,并可减少导向棱的磨损。

7. 在脱轨车轮至复轨器间,适当铺设石砟或垫铁垫板,避免损坏轨枕扣件,并可减少牵引复轨阻力。GPF-Ⅱ型高普通用复轨器安装方法如图 4-19 所示。

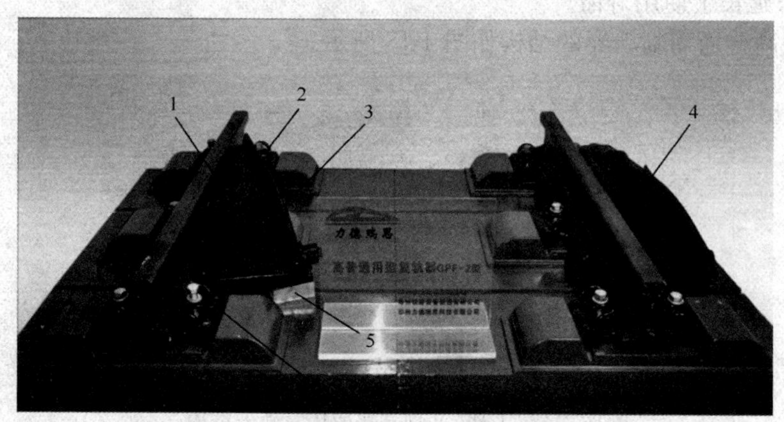

图 4-19　GPF-Ⅱ型高普通用复轨器安装方法

1—轮缘槽;2—内侧复轨器;3—导向棱;4—外侧复轨器;5—尾部垫铁;6—弹簧扣件

(四)注意事项

1. 在高铁线路上安装使用时,应在复轨器安装地点先放置专用铝垫板,确保复轨器底部垫平。

2. 脱轨车轮距钢轨较远,超过复轨器有效复轨距离时,应采用逼轨器或钢丝绳将脱轨车轮靠近钢轨后再安装复轨器进行起复。

十二、叉心专用复轨器

叉心专用复轨器适用于机车车辆在道岔辙叉心附近脱轨后的救援起复作业。该机具结构简单、安装快捷、轻便高效,是机车车辆及动车组脱轨后比较常用的一种救援机具。

(一)基本结构

叉心复轨器主要由叉心复轨器(Ⅰ)和叉心复轨器(Ⅱ)所组成。外观相似,结构对称,但复轨器引导棱的位置却不相同。在救援作业时应根据牵引复轨方向选用。

(二)安装方法[以复轨器(Ⅰ)安装为例]

1. 将叉心复轨器(Ⅰ)的护轨导入槽顺向塞入道岔区护轨中即完成安装作业,应检查复轨器安装是否稳固,要确保复轨器的支撑面与轨枕密贴;要摆正复轨器体,应与基本轨平行。

2. 在辙叉心轨间填满石砟并捣实,以利于车轮(B)抬高并顺利爬上辙叉心表面后复轨。

3. 在实施救援作业中,机车司机应平稳操纵,缓慢牵引。

4. 叉心专用复轨器的安装使用方法如图 4-20 所示。

图 4-20　叉心专用复轨器安装使用方法

(三)注意事项

1. 使用该机具的人员应首先接受技术培训,严格按照使用说明书的要求进行操作。

2. 复轨作业中,现场救援人员应站在距事故车辆及钢丝绳 10 m 以上的安全距离,以防牵引时石砟、杂物等迸出伤人。

3. 多台机车牵引复轨时,应使各机车司机对作业方法及要求均为知晓,做到平稳操纵、协调一致。

4. 注意检查牵引钢丝绳是否挂牢,绳索有否断股磨损等,确认各部状态良好后方可作业。

5. 本机具使用后应进行探伤检查,发现裂纹、损伤,应及时更换新品。

十三、逼 轨 器

逼轨器是用于车辆轮对脱轨后进行复轨作业的一种导向工具。当脱轨车轮距离基本轨较远,超出复轨器有效复轨距离时,需要通过逼轨器将脱轨倾斜的转向架调正,使脱轨车轮经逼轨器逼引靠近钢轨后,经过复轨器进行起复。

(一)基本结构

逼轨器结构比较简单,一般是用一根长度为2.2~2.5 m的43 kg/m钢轨制作。逼轨器主要由逼轨器体、头部钩铁及紧固器、尾部扇形槽及尾部连接杆所组成,逼轨器尾部呈扇形,以扩大逼轨器的有效距离。逼轨器的基本结构如图4-21所示。

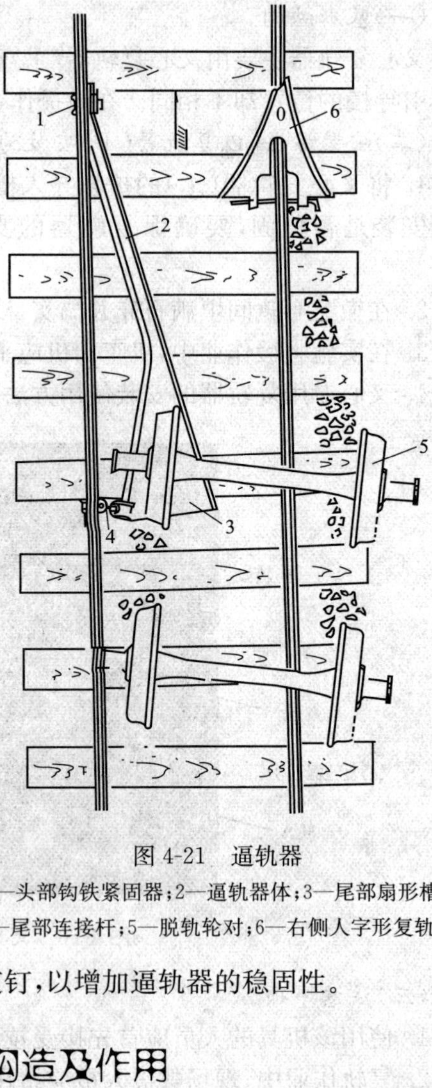

(二)使用方法

1. 在机车牵引复轨方向,将逼轨器安装于钢轨内侧,其尾部扇形槽对向脱轨车轮。

2. 将逼轨器前端贴靠钢轨腰部,头部钩铁钩住钢轨底边,用紧固器将逼轨器前端与钢轨腰部拧紧加固形成一体。

3. 逼轨器尾部用轨顶卡铁卡住逼轨器的钢轨头部,另一端用轨底挂钩钩住钢轨底边,中间用尾部连接杆连接加固。

4. 在逼轨器前端另一钢轨对称位置,安装一只右侧人字形复轨器(左侧复轨器由逼轨器代替)。

5. 逼轨器引导棱上应适当涂润滑油,以减少逼轨器与车轮摩擦阻力。

图4-21 逼轨器

1—头部钩铁紧固器;2—逼轨器体;3—尾部扇形槽;4—尾部连接杆;5—脱轨轮对;6—右侧人字形复轨器

(三)注意事项

1. 逼轨器后端须放置在轨枕上,底部应垫平垫实,以防脱轨车轮轧上逼轨器时前端撬动。

2. 木枕地段,可在逼轨器体上的道钉孔处钉入道钉,以增加逼轨器的稳固性。

第二节 千斤顶的构造及作用

千斤顶是一种简单适用的起重工具,也是在铁路交通事故应急救援中经常使用的一种辅助救援设备。在起重机无法靠近作业现场以及机车车辆脱轨后车体发生倾斜的情况下,千斤顶配合横移起复机具可起到扶正车体,横移复轨的作用。

千斤顶具有起重能力大、操作方便、性能可靠等优点，可在电气化铁路及特殊条件下实施车辆顶移复轨提供一项很好的救援条件。

根据千斤顶的结构形式可分为螺旋式、液压式、横移式等几种。

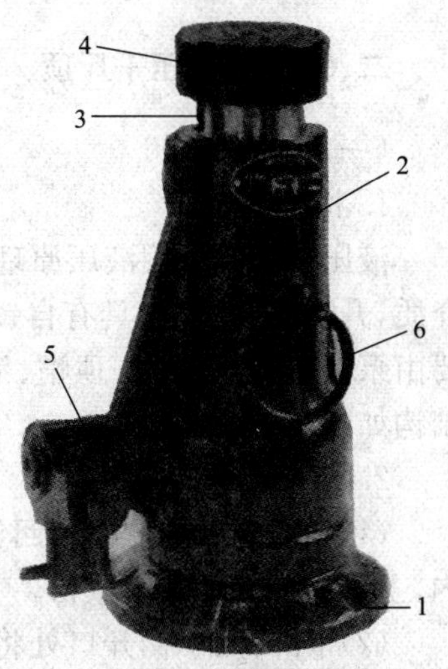

图 4-22　QL 型螺旋千斤顶
1—底座；2—千斤顶体；3—顶杆；4—支重托盘；5—棘轮组；6—提手

一、QL 型螺旋千斤顶

(一)构造及作用

1. 构造

QL 型螺旋千斤顶由支重托盘、升降顶杆、螺杆、大伞齿轮、小伞齿轮、推力轴承、棘轮组、底座和千斤顶体等组成，其结构如图 4-22 所示。

2. 作用

用操作杆往复扳动棘轮组，小伞齿轮即带动大伞齿轮旋转，由于大伞齿轮与螺杆固定在一起，螺杆也随之转动，从而使顶杆起升或降落。

(二)主要技术参数

QL 型螺旋千斤顶的主要技术参数见表 4-2。

表 4-2　QL 型螺旋千斤顶主要技术参数

型号	起重量(t)	最低高度(mm)	起重高度(mm)	手柄长度(mm)	手柄操作力(N)	重量(kg)
QL3.2	3.2	220	110	500	100	6.0
QL5	5	250	130	600	160	7.5
QL8	8	260	140	600	250	10
QL10	10	280	150	600	280	11
QL16	16	320	180	1 000	400	17
QL20	20	325	180	1 000	500	18
QL32	32	395	200	1 000	600	27
QL50	50	452	250	1 500	800	56
QL100	100	412	200	1 500	800	86

(三)使用注意事项

1. 不得超载使用，严禁随意增加操作杆长度。
2. 千斤顶底部须用短木枕垫平找正，顶部与重物间应加木垫板，以防千斤顶滑落。
3. 千斤顶起升高度，不得超越其安全线或有效行程的 3/4 左右。
4. 千斤顶不得抛掷、撞击。
5. 应对千斤顶定期进行检查保养，存放在库内整洁通风处所，以免锈蚀。

二、QYL 型液压千斤顶

(一)构造及作用

1. 构造

液压千斤顶利用液压原理来起升重物,以液压油为工作介质,升降作业平稳,具有自锁作用。QYL 型液压千斤顶主要由泵体、底座、顶盖、顶帽、活塞、回油阀及揿手等组成,其结构如图 4-23 所示。

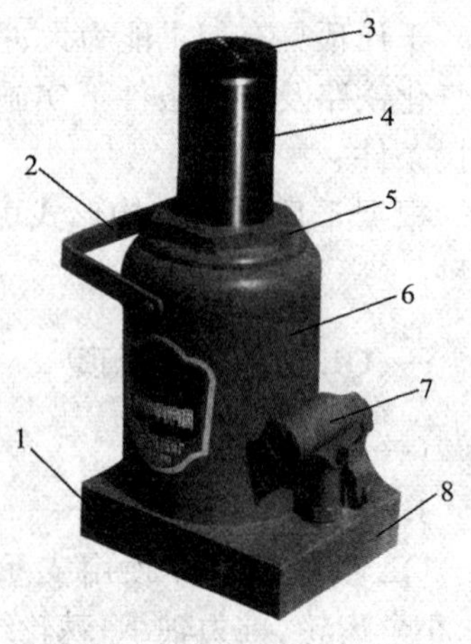

图 4-23　QYL 型液压千斤顶

1—回油阀;2—提把;3—顶盖;4—活塞;5—顶帽;6—泵体;7—揿手;8—底座

2. 作用

(1)顶升:先用手柄将回油阀拧紧,将手柄插入揿手孔内,上下揿动即可顶起重物。

(2)下降:用手柄开口处将回油阀逆时针方向适当松开,起重活塞即可缓慢下降。

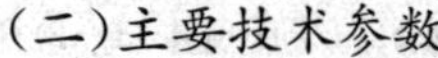

(二)主要技术参数

QYL 型液压千斤顶的主要技术参数见表 4-3。

表 4-3　QYL 型液压千斤顶主要技术参数

型号	起重量(t)	最低高度(mm)	起重高度(mm)	调整高度(mm)	工作压力(MPa)	重量(kg)
QYL1.5	1.5	158	90	60	34.66	2.2
QYL3	3	195	125	60	44.36	3.5
QYL5	5	200	125	80	48.13	4.5
QYL8	8	236	160	80	56.58	6.9
QYL10	10	240	160	80	61.61	7.3
QYL12.5	12.5	245	160	80	62.38	9.3
QYL16	16	250	160	70	63.66	11
QYL20	20	280	180	70	69.32	15
QYL32	32	285	180	70	70.98	22
QYL50	50	300	180	70	77.02	33.5
QYL100	100	335	180	—	73.90	76
QYL200	200	375	200	—	81.53	140

(三)使用注意事项

1. 液压千斤顶底座须用短木枕垫实,千斤顶应摆放平整,避免倾斜;顶部与重物间应加木垫板等防滑物。

2. 严禁超载作业,不得侧、倒置使用;起升高度不得超过额定高度。

3. 升降动作应平稳,应防止振动,以免发生意外;数台千斤顶同时作业时,应统一指挥,承载负荷应均衡,保持同步动作。

4. 新的液压千斤顶在使用前,须做负荷性能试验,方可投入使用。

5. 千斤顶应使用规定标号的油脂,并保持油位充足,清洁。

6. 使用时千斤顶不得抛掷、撞击。

7. 作业中为避免千斤顶活塞突然下降,须随着重物起升,在活塞杆头部加垫保险环。

8. 千斤顶使用后，应进行检查清扫，在库内整洁通风处所存放，避免曝晒、淋雨。

9. 定期对千斤顶进行检查、保养及性能试验。

第三节 液压起复设备的构造及作用

一、BQ型便携式液压起复机具

该机具是太原铁路局科研所研发的一种轻便型液压救援设备，适用于电气化铁路、桥梁上、隧道内及特殊地段的机车车辆起复作业，具有结构紧凑，操作方便，性能可靠等特点，已在各铁路局、合资铁路救援列车推广应用。

（一）基本结构

该机具主要由汽油机泵站（亦可为其他形式泵站）、100 t液压起升千斤顶、60 t液压辅助千斤顶、20 t推拉式液压横移千斤顶、横移梁、横移车、垫环垫块组和超高压油管等组成，其结构如图4-24所示。

（二）工作原理

BQ型便携式液压起复机具以汽油发动机驱动的超高压液压泵站为动力源，通过相应的超高压油管分别控制起升千斤顶、横移千斤顶，对脱轨的机车车辆进行扶正、起升、横移、复轨作业。

（三）主要技术参数

BQ型便携式液压起复机具的主要技术参数见表4-4～表4-6。

图4-24 BQ型便携式液压起复机具

1—汽油机泵站；2—起升千斤顶；3—横移车；4—横移千斤顶；5—辅助千斤顶；6—横移梁；7—垫环垫块组；8—高压油管

表4-4 泵站技术参数

项　目	汽油机泵站	电动机泵站
驱动功率(kW)	4.0	3.0
最大工作压力(MPa)	63	63
输出流量(L/min)	2.3	2.3
输出机能	两组(或一组)双作用回路	
油箱有效容积(L)	≥20	
自重(含油)(kg)	≈100	≈120

表4-5 千斤顶技术参数

项目	起升千斤顶			横移千斤顶	辅助千斤顶
材质	特种钢			特种钢	
	单级	双级			
起重力(kN)	1 000	1 600(Ⅰ)/800(Ⅱ)	1 200(Ⅰ)/600(Ⅱ)	200/100	600
结构高度(mm)	245	245	245	665	470
活塞行程(mm)	125	125(Ⅰ)/100(Ⅱ)	125(Ⅰ)/100(Ⅱ)	320	300
自重(kg)	48	75	66	20	50
备注	配液控单向阀				

表 4-6　横移梁及横移车技术参数

项目	横移梁	横移车
高度(mm)	110	95
宽度(mm)	300	270
长度(mm)	2 000/1 000	410
最大载荷(kN)	1 000	1 000
结构形式	特种钢板焊接框架	
自重(kg)	100/50	52

(四)使用方法

1. 汽油机泵站的操作与保养可按汽油机泵站使用保养说明书的有关规定执行。

(1)启动泵站前,需将控制阀手柄和换向手柄置于中位(0 位),使系统处于卸载状态。

(2)在汽油箱内按规定加入汽油,同时将油门控制杆拉至阻风位并锁紧,启动汽油机。

(3)启动后,首先将油门控制杆推至低速位并锁紧,使泵站磨合运转 3～5 min;接着将油门控制杆拉至高速位并锁紧,使泵站进入工作状态。

(4)当控制阀手柄置于左位时,1 号换向阀可提供一组双作用回路(此时 2 号换向阀手柄不起作用);当控制阀置于右位时,2 号换向阀可提供一组双作用回路(此时 1 号换向阀手柄不起作用);当控制阀手柄置于中位时,两只换向阀手柄均不起作用。

(5)当换向阀手柄置于左位时,A1(或 A2)口供油,B1(或 B2)口回油;当换向阀手柄置于右位时,B1(或 B2)口供油,A1(或 A2)口回油;当换向阀手柄置于中位时,液压油经换向阀返回油箱,此时系统处于零压状态,可实现千斤顶中停功能。

(6)换向阀的 2 只接头可通过超高压油管任意接至千斤顶的上腔或下腔,如发现活塞杆的运动方向相反,只需反向扳动换向阀手柄即可。

(7)注意事项:

①不得随意调整溢流阀的动作值。当确有必要调整时,顺时针旋进为升压,逆时针旋出为降压,但不得超过液压系统的最高压力。

②当换向阀手柄置于中位时,再扳动控制阀手柄。

2. 辅助装置的使用方法。

当机车车辆脱轨后出现较大的倾斜时,首先需要进行车体的调平扶正,必须保持车体的平衡,方可起升横移。

(1)将辅助千斤顶顶部对准车体较低侧的可承载部位,其底座放在牢固的枕木基础上,用两根油管把泵站和油缸的油路接通。

(2)扳动控制阀手柄接通相应的换向阀油路,然后转动换向手柄向辅助千斤顶的下腔供油,待顶至车体基本水平后,将换向手柄置于中位,辅助千斤顶油缸停止运动。

3. 起升及横移装置的安装。

该机具起升油缸可以采取正置式(活塞杆向上)或倒置式(活塞杆向下)两种起复作业方式。现以正置式作业方法介绍如下:

(1)将两根横移梁用铁夹板和螺栓予以可靠连接(注意夹板编号)。

(2)在脱轨车辆的顶点下方铺垫 4～5 根短枕木,再架设横移梁,横移梁应高于轨面 20～30 mm

并处于水平状态。

(3)将横移车放在横移梁上,起升油缸正置于横移车上的 4 个限位螺栓内,移动横移车使起升千斤顶对准起顶点并将铁垫板放在活塞杆伸出端。

(4)把横移千斤顶放在横移梁上(应使该油缸处在推动复轨的工作位置),用 ϕ30 mm 的短销轴将千斤顶前部耳环与横移车耳环相连,同时用 ϕ30 mm 的长销轴将千斤顶后部耳环与横移支承耳环相连。

(5)用两根油管把泵站换向阀 2 的接头和横移油缸的接头连接,将控制阀手柄置于右位,转动换向阀手柄伸出千斤顶活塞杆,使横移支撑卡块落入横移梁上最接近的支撑卡槽内。上述操作程序确认无误后方可进行后续作业。

4. 起升装置的使用方法。

该起升装置既可正置使用,又可倒置使用。正置使用的方法如下:

(1)用两根油管把泵站换向阀 1 的接头与起升千斤顶的接头相连,将控制阀手柄置于左位。

(2)转动换向手柄向起升千斤顶下腔供油,将脱轨车辆逐渐顶起;当活塞杆完全伸出后,迅速将换向手柄移至中位。

(3)先将高为 20 mm 的小垫环置于起升千斤顶缸体表面的环形止口内,再将高为 95 mm 的大垫环放在小垫环上方(应使所有垫环的圆形开口均朝向外方),然后反转换向阀手柄使千斤顶下降,活塞杆逐渐缩回至极端位置。

(4)在活塞杆伸出端加装垫块(凸台朝下)使千斤顶再次起升,将脱轨车辆顶起。

(5)重复千斤顶伸出—加垫环—千斤顶缩回—加垫块(凸台朝下)之过程即可将脱轨车辆顶至所需高度(以车轮高于轨面 20～30 mm 为宜,可用高为 48 mm 的中垫环进行调整)。

(6)落车时,垫环、垫块的拆除过程为千斤顶伸出—拆垫环—千斤顶缩回—拆垫块,直至车轮复轨。

5. 横移装置的使用方法。

(1)起升作业完成后,将控制阀手柄移至右位。

(2)转动换向手柄向横移千斤顶的下腔供油,使脱轨车辆逐渐向复轨方向移动,当活塞杆完全伸出或横移到位后,迅速将换向阀手柄移至中位。

(3)每根横移梁均留有多个间距为 250 mm 的横移支撑卡槽,如一次横移不能复轨,可抬起千斤顶后部把卡块从卡槽内取出,然后缩回活塞杆,使支承卡块落入相邻的支撑卡槽内并再次进行横移,直至车轮复轨为止。

(五)起复作业程序

1. 准备工作

(1)确定起顶点位置及起复方案。

(2)用台车卡具将转向架(车轮)与车体连挂捆绑牢固,在脱轨车辆另一端轮对前后打紧止轮器,防止车辆溜逸。

(3)安装液压起复机具。

(4)启动泵站,用油管将泵站和千斤顶的油路接通,空载试验千斤顶;经检查确认各部良好后即可进行复轨作业。

2. 起复作业

(1)汽油机泵站控制辅助千斤顶进行脱轨车辆的扶正调平作业。

(2)汽油机泵站控制起升千斤顶进行脱轨车辆的起升作业。

(3)汽油机泵站控制横移千斤顶进行脱轨车辆的横移作业。

(4)现场起复过程中,操作人员须密切注意起复机具和脱轨车辆的动态,若发现异常应立即停止作业,检查排除异常现象后方可继续进行。

3. 落车复轨

机车车辆复轨后,检查确认机车车辆及线路各部状态良好,收回液压起复机具,开通线路,起复电力机车作业如图 4-25 所示。

图 4-25 起复电力机车作业

(六)操作注意事项

1. 起复作业前,须在机车车辆另一端车轮下安装止轮器,防止顶移作业时车辆溜逸。

2. 横移梁下部(尤其是铁夹板下部)必须用短枕木垫实且略高于轨面,以防线路基础下沉造成横移梁变形。

3. 启动泵站前,应检查发动机润滑油、汽油和油泵液压油位是否充足、清洁。

4. 连接油管时,要确保接头插装到位。插拔快速接头的操作必须在换向手柄置于中位的情况下进行,应沿接头中心线方向用力,不得左右摇晃。如油管接头不易拔出时,可快速左右扳动换向阀手柄来释放管路内的压力并移回中位。如油管接头不易插入,可用接头卸压器释放管路或油缸内部的压力,然后再进行连接。

5. 启动泵站后,应将油门控制杆置于低速位,只有在需要高压供油时,方可将控制杆移至高速位;高压工作完毕后,应及时将控制杆移回低速位。

6. 操作泵站时,须经常注意观察压力表的指示数值,发现异常应立即卸载,停机检查处理。

7. 起复工作前,油缸应空载全行程上下运行 2～3 次,以便排除内部的空气。经检查确认各部作用良好再进行复轨作业。

8. 当各油缸伸出或缩回至行程终点时,泵站压力表会突然指示很高的数值(约 63 MPa),此时应立即将换向阀手柄移至中位。

9. 须确认车辆脱轨端已平落于垫环上,活塞杆不承重时,方可进行横移作业。

10. 起复内燃、电力机车及车辆时,为避免转向架弹簧的张力及索具受力不均衡性,索具链条应适当留出紧余量，以利于车轮复轨，便于摘解索具。

11. 搬运使用机具部件时，应轻拿轻放，防止损坏。

（七）维护与保养要求

1. 该机具须指定专人操作与保养。每月应进行试机，汽油机泵站、各千斤顶和横移车均需运作1～2次，每次不少于15 min。

2. 每次使用保养后，千斤顶活塞杆应全部回位不得外露，以免碰伤或锈蚀。

3. 应经常检查高压油管，发现老化、变形应及时更换。泵站及油缸的接头应戴上防尘帽，油管盘起并将两端对接，在库内整洁通风处所妥善保管。

二、TDJw系列液压复轨器

北京多元起复机具有限公司生产的TDJw系列复轨器由两支三级双作用油缸和底座组成A字形铰链结构，可同步完成脱轨车辆的起升、横移及落车复轨作业。

TDJw系列复轨器是一种新型液压救援起复设备，具有起重能力大、安装作业方便，应用广泛等优点。该设备已通过ISO9001质量管理体系认证，经铁路总公司和北京市质量监督检验中心检测合格，已在国家铁路、合资铁路、地铁工程和大型工矿企业推广应用。

（一）结构特点

1. TDJw系列复轨器

（1）设计结构紧凑。采用低重心设计，稳定的铰链式三角结构和三级双作用油缸（双回路设计）。

（2）泵站采用YAMAHA7.1 kW汽油机为动力源；两轴双极泵大流量、双极泵站，工作效率高；瑞士进口径向柱塞泵提供可靠的63 MPa压力。

（3）操纵台三位手动换向阀操作简便。负载时，油缸下降速度可调，各阀单独操纵，互不影响。

（4）油缸采用合金钢整体制造，强度高，重量轻，外部镀铬，防止划伤及锈蚀。进口高品质密封件，活塞升降液压控制，性能安全可靠。

（5）配置手动泵或机动泵，操作灵活方便，可在60 ℃高温及－40 ℃低温环境下正常工作。

（6）采用先进的履带式横移车，既可减轻横移摩擦阻力，又可准确、有效控制横移行程。

（7）能够配置多元轨道钳组合平台和横移装置，可延长有效横移距离（横移量最大可达1 300 mm）。

（8）设计精巧，实现一机多用。根据车辆脱轨情况，既可举轴复轨，又可顶举车体复轨。将设备垂直使用，还可用于扶正车体或顶起事故车辆的一端更换转向架或救援台车。

2. 液压举轴复轨器

MLS-37、MLS-72型液压举轴复轨器系列产品是为铁路交通事故和其他各种大型车辆、工程机械及在自然灾害抢险救援作业时，适应现场超低位、超小空间举轴横移等功能而设计的新型救援设备。具有以下特点：

（1）为压缩产品外形高度及延长横移距离，将横移油缸改设在横移车侧面。

（2）在横移车一端安装了滚轴履带，以减少载荷工况下横移摩擦阻力，并可稳定控制横移作业。

（3）将举轴油缸安装在横移车中，以减少设备体积，降低高度，适应现场空间狭小等特殊场所救援作业。

(4)采用 63 kPa 超高压设计,操作方便,安全快捷。

TDJw 系列液压复轨器的结构如图 4-26 所示。

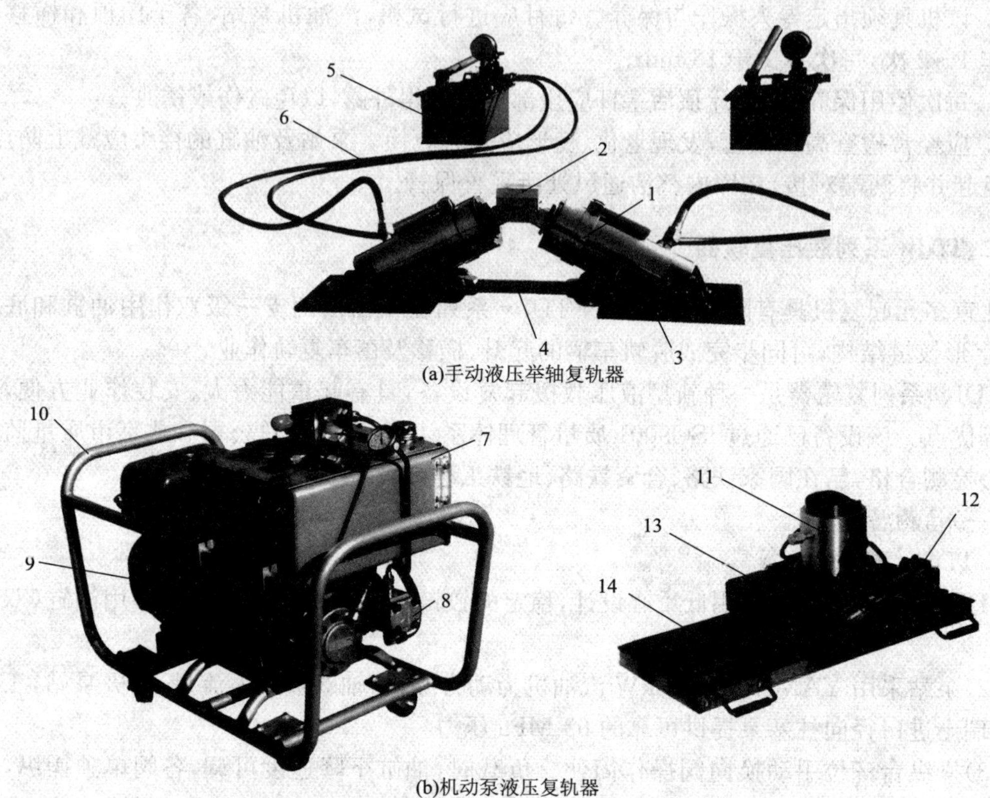

图 4-26　TDJw 系列液压复轨器结构

1—举轴复轨器油缸;2—顶托;3—底座;4—连接杆;5—手动油泵;6—高压油管;7—泵站油箱;8—双极泵站;9—汽油机;10—搬运小车;11—超低位举轴油缸;12—横移油缸;13—横移车;14—横移梁

(二)主要技术参数

TDJw 系列复轨器主要技术参数见表 4-7;液压举轴复轨器主要技术参数见表 4-8。

表 4-7　TDJw 系列复轨器主要技术参数

型号	适用车辆质量(t)	举升力(kN)	垂直用举升力(kN)	最大横移量(mm)	各部相关参数 M(mm)	N(mm)	O(mm)	P(mm)	A(mm)	B(mm)	C(mm)	油缸自重(kg)	工作环境温度(℃)
TDJw23	23	304~98	230/118/59	400	140	385	252	412	55	65	60	12	−40~80
TDJw30	30	350~110	381/199/77	670	200	825	418	880	150	158	154	19	−40~80
TDJw50	50	715~206	471/265/118	670	235	830	417	890	153	160	160	28	−40~80
TDJw80	80	788~249	678/301/170	670	245	850	445	910	150	159	156	38	−40~80
TDJw100	100	862~490	736/471/265	660	255	858	455	920	150	159	156	43	−40~80
TDJw150	150	1 450~715	1 060/678/425	750	320	960	430	940	165	175	170	58	−40~80

表 4-8　液压举轴复轨器主要技术参数

型号	举升力(t)	收回油缸(mm)	伸出油缸(mm)	油缸伸出长度1/2(mm)	横移距离(mm)	长×宽×高(mm)	净重(kg)	备注
MLS-37	37	335	656	150/171	420	705×363×335	140	
MLS-72	72	340	661	150/171	420	705×393×340	170	

(三)使用方法

根据车辆脱轨情况,可采取举轴复轨、顶举车体复轨等作业方法,下面介绍常用的顶举车体复轨法:

1. 用车辆转向架专用索具将脱轨车轮与车底中梁连挂加固为一体。

2. 在脱轨车辆另一端车轮下打紧止轮器,以防顶移作业时车辆溜逸。

3. 选择车辆端梁中部的坚实部位作为顶举点,平整脱轨车轮下方的石砟,垫好短枕木,然后安装复轨器。

4. 操纵两台手动油泵同时给油缸供油,使复轨器顶托贴紧车辆(须加防滑物)后,作业人员撤出。继续给油缸供油,脱轨车轮缓缓离开地面,逐渐升高。

5. 当车轮起升高于轨面适当距离时,停止起升,一侧油缸给油,推动车体缓慢横移,脱轨车轮踏面移至钢轨上方停止。

6. 操纵两台油泵同时缓慢回油,车轮即可下落复轨。

7. 确认车轮复轨后,取下复轨器,妥善存放。液压举轴复轨器复轨作业如图 4-27 所示。

图 4-27　液压举轴复轨器复轨作业

(四)操作保养注意事项

1. 复轨器严禁超压,超负荷使用。不得随意加长或减少油泵操作杆的长度或直径,防止因起升能力变化而发生事故。

2. 起复作业中,应由专人统一指挥。顶托移动位置必须始终保持在两个底座通过销轴的垂直线之间,使用过程中复位角不得大于 87°。

3. 车轮横移及落轨时,应保持平稳、缓慢。

4. 复轨器应存放在库内整洁通风处所,避免曝晒和淋雨。

5. 定期进行检查保养，并对油缸及高压油管作耐压试验。

6. 液压油应保持清洁。手动油泵应使用20号航空液压油，寒冷地区应使用耐低温油脂。

三、QY-Ⅱ型液压牵车机

QY-Ⅱ型液压牵车机是由太原铁路局科研所为事故应急救援而设计的专用起复机具。该设备可对一般脱轨车辆自行牵引复轨，且不需捆绑转向架，仅用复轨器配合即可完成起复任务。特别是在隧道内、桥梁上、尽头线及无机车牵引动力等特殊情况下，利用液压牵车机来牵引脱轨的车辆，可以提高救援速度，简化救援作业的复杂性，是车辆快速牵引救援的理想设备。

(一)基本结构

液压牵车机由液压泵站、绞绳(有节定位索)、牵引油缸、钢轨固定器、定位绳、轨距撑杆、滑轮组等零部件组成，其结构如图4-28所示。

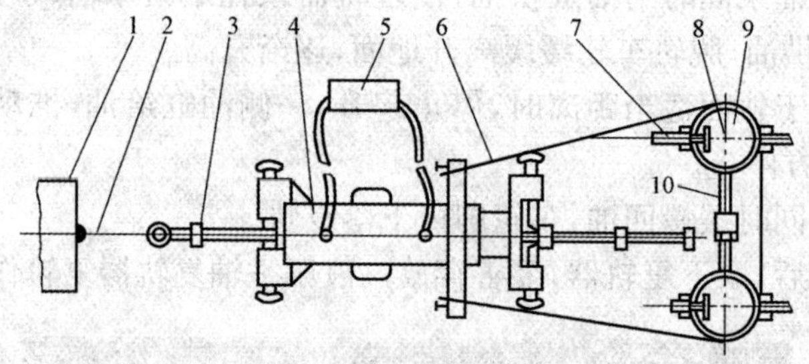

图4-28 QY-Ⅱ型液压牵车机

1—牵引车辆；2—绞绳(有节定位索)；3—牵引杆；4—牵引油缸；5—油泵；6—绞绳；7—钢轨；8—钢轨固定器；9—滑轮组；10—轨距撑杆

(二)主要技术参数

汽油机输出功率：5.5～7 hp(内燃)/4 kW(电动)；

额定工作压力：63 MPa；

额定输出流量：2.3 L/min；

油箱容积：20 L；

牵引油缸直径：110 mm；

额定牵引力：300 kN；

有效行程：300 mm；

牵引杆长：1 000 mm×4根；

高压油管通径：6 mm；

连接方式：快装自封式；

钢轨固定器形式：楔铁卡轨锁闭角3°；

定位绳：ϕ34 mm×8 m迪尼玛绳或钢丝绳；

车辆连挂绳：ϕ44 mm×4 m迪尼玛绳或钢丝绳。

(三)使用方法

作业时，首先把钢轨固定器紧固在钢轨上，调节轨距撑杆的长度，使其紧固在两轨之间。

在脱轨车辆与固定器之间安装牵引油缸，然后绕固定器滑轮安装绞绳，绳端卡在牵引油缸定位夹中。绞绳的一端挂在车辆车钩上，另一端装在牵引油缸上。在油缸上，沿其轴线有一个通孔，定位索由此孔中穿过，在牵引油缸两端由锁紧器卡死。

锁紧器工作原理：油缸活塞杆推出时，其前端锁紧器在锁套后部(锥面大头)夹住绞绳。同时后端锁紧器自动放松，使绞绳能在油缸内自由通过。随着活塞杆的全部伸出，牵引力经锁紧器、锁套及绞绳传至车辆，使其前进一个行程(约 450 mm)。当活塞杆缩回时，后端锁紧器夹住绞绳，前端锁紧器自动松开。这样既可使活塞杆自由缩回，又可绷紧绞绳拉住被牵引车辆。待活塞杆完全缩回后，即可进行下一个工作循环。这样交替作业，即可牵引脱轨车辆经复轨器复轨。

在绞绳上每隔大约 450 mm 有一个定位节，它与钢丝绳的结合可以采用压套结构或锁套结构。

液压牵车机可以倾斜使用，最大倾角(牵引油缸轴线与绞绳中心线之夹角)为 15°。

采用地锚后牵车机也可以固定在地面上使用，液压牵车机复轨作业如图 4-29 所示。

图 4-29　QY-Ⅱ型液压牵车机安装作业

四、TCF-Ⅱ型液压机车车辆扶正机具

TCF-Ⅱ型液压机车车辆扶正机具可对机车车辆脱轨后发生倾斜，车体与转向架轮轴没有分离的情况下进行扶正救援作业，适用于在电气化区段、隧道内、路堑和车辆脱轨后侵入邻线的侧顶扶正起复。该机具也可用于顶翻一时无法起复的破损机车车辆于线路限界之外，以及事故车辆更换转向架或救援台车作业。

(一)基本结构

该机具主要由泵站、控制台、千斤顶、高压油管、传力缆梯及辅件等组成，其基本结构如图 4-30所示。

(二)工作原理

TCF-Ⅱ型机车车辆扶正机具系统采用高压液压技术，其液压原理如图 4-31 所示。

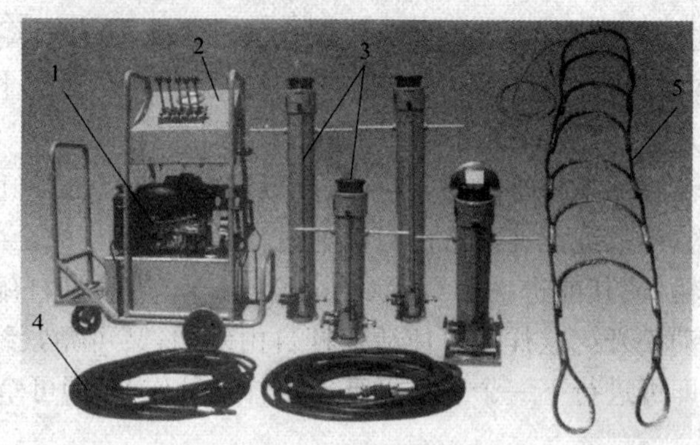

图 4-30 TCF-Ⅱ型液压机车车辆扶正机具

1—泵站;2—控制台;3—千斤顶;4—高压油管;5—传力缆梯及辅件

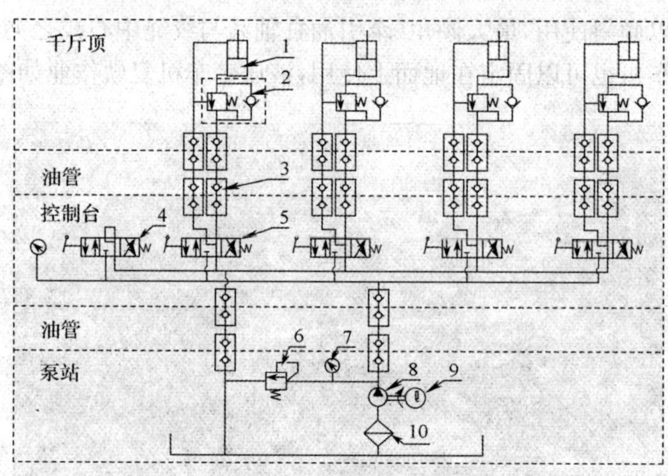

图 4-31 液压原理图

1—千斤顶;2—平衡阀;3—快速接头;4—加载阀;5—操纵阀;
6—溢流阀;7—压力表;8—柱塞泵;9—电动机(汽油机);10—过滤器

1. 泵站

泵站包括油箱、电动机(汽油机)、柱塞泵、空气滤清器、过滤器、快速接头、溢流阀、压力表、液位计等。

启动后的电动机或汽油机带动高压柱塞泵工作,将油箱内的液压油转换成具有一定流量的高压油输出,供给系统工作,成为系统的动力源。

系统压力由溢流阀 6 调节,从压力表 7 读出,最大工作压力为 32 MPa。

2. 控制台

控制台包括压力表、加载阀、操纵阀、快速接头、台架等。各控制元件采用片阀叠加组合,液压油路采用内部通道连接,可减少泄漏,提高可靠度。加载阀和操纵阀均采用三位四通机能球阀,连接简单,操作方便。

控制台与泵站、千斤顶用油管连接后,通过加载阀 4 控制系统的加载或卸载,通过操纵阀 5 控制千斤顶的升、降或任意位置停止等动作。如图 4-31 所示,压力油从泵站经高压油管进入控制台。当加载阀 4 手柄置于左位或右位时,压力油经加载阀 4 返回油箱,系统处于零压卸载状态。当千斤顶需要上升(下降)时,将与千斤顶相应的操纵阀 5 手柄置于右(左)位,加载阀手柄 4 置于中位,压力油经操纵阀 5 进入千斤顶下(上)腔,上(下)腔油液经操纵阀 5 返回油箱。当需要千斤顶在任意位置停止时,将操纵阀 5 手柄置于中位,然后将加载阀 4 手柄置于左(或右)位,使系统卸载。

控制台可控制四只千斤顶同时或单独动作。

3. 千斤顶及附件

该机具配备主千斤顶和爪式千斤顶(均为双作用千斤顶),其中爪式千斤顶装有附爪,可倒置使用,以抬起下部空间狭小的机车车辆。

每只千斤顶均装有平衡阀 2,该阀具有高压密封、单向保压和在千斤顶任意位置停止时平衡负载的功能,当油管破裂时负荷不会落下,保证作业安全。

当千斤顶上升时,压力油经平衡阀 2 的单向阀进入千斤顶下油腔,千斤顶上油腔油液回油箱。当千斤顶下降时,压力油进入千斤顶上油腔,并打开平衡阀 2 的顺序阀,使千斤顶下油腔油液经顺序阀回油箱。当系统卸载无压力油时,千斤顶下油腔油液被平衡阀密封,负载不会下落。

千斤顶附件包括半轴铰支座、顶帽、顶绳片等。

铰支座的作用是当千斤顶在倾斜位置工作时,能保证作用力方向始终通过千斤顶的中心,避免缸体偏载,防止底座打滑。

顶帽的作用是增大千斤顶与车体的接触面积,当爪式千斤顶倒置使用时可作为底座。

顶绳片的作用是使千斤顶能与传力缆梯良好地结合在一起。

4. 传力缆梯及辅件

传力缆梯由两根纵向主钢缆和多根横钢缆组成,形状如梯子。各钢缆之间采用高强度铝合金压套连接,辅件包括固定钢缆、连接索、连接钩和手扳葫芦等。

传力缆梯通过辅件捆绑在车体上,千斤顶作用于横钢缆,将顶升力传递给车体。采用两只千斤顶交替顶升传力缆梯的不同横钢缆,从而实现车体的侧顶扶正功能和侧顶翻出功能。

(三)主要技术参数

该机具的主要技术参数见表 4-9。

表 4-9 主要技术参数

部件名称	项目	技术参数	
泵站	驱动功率	(电动机泵)380 V,5.5 kW	(汽油机泵)9.0 hp
	最大工作压力	32 MPa	32 MPa
	工作流量	6 L/min	6 L/min
	工作介质	−10 ℃以上;YC-N32 型低凝抗磨液压油	
		−10 ℃以下;YH-10(12)型航空液压油	
	自重(不含油)	约 100 kg	105 kg
控制台	控制千斤顶数量	4 只	
	工作压力	32 MPa	
	自重	约 60 kg	

续上表

部件名称	项目	技术参数	
		主千斤顶	爪式千斤顶
千斤顶	工作压力	32 MPa	32 MPa
	举升能力	400 kN	400 kN
	行程	800 mm	400 mm
	结构高度	1 200 mm	700 mm
	爪高	—	120 mm
	自重	75 kg	55 kg
传力缆梯	承载能力	400 kN	
	钢丝绳规格	ϕ28 mm 镀锌绳	
	结构形式	铝合金压套	
	长度	4 m	
	自重	约 45 kg	
高压油管	工作压力	32 MPa	
	公称通径	ϕ8(上腔)/ϕ13(下腔)	
	接头形式	单向截止,快速拆装	
	长度	4 m,10 m	

(四)操作程序

1. 预备

(1)第一次使用时,首先向液压油的油箱内注油,注入量约 60 L。每次使用前后检查油箱油位,必要时补充液压油。

(2)每次使用前,应检查电动机的电源是否符合要求或检查汽油机的润滑油(推荐使用美孚 SAE5W-30 型润滑油)、汽油(推荐使用 93 号及以上无铅汽油)是否充足。

2. 按下列顺序连接油管到泵站

(1)从泵站快速插头上拆下防尘帽。

(2)从长度 4 m 的油管快速插座上拆下防尘堵。

(3)将插头与插座耦合,确保可靠到位。

(4)颜色标记:

蓝色管为低压管,用于系统向油箱回油;

红色管为高压管,用于泵站向系统供油。

注意:本装置所有接头均为快速拆装式自封接头。它由带有钢球锁闭装置的快速插座和快速插头组成,可防止油管无意识地从装置上脱开。

(5)连接快速接头时,推开快速插座的外套,同时把插头插入插座的底部,然后松开外套,确保钢球落入插头的凹槽中。

(6)拆卸快速接头时,推开快速插座的外套,把插头从插座中拔出。

3. 按下列顺序连接泵站油管到控制台

(1)从控制台侧面的快速插座上拆下防尘堵。

(2)从泵站油管的快速插头上拆下防尘帽。

(3)将插头与插座耦合,确保可靠连接。

注意:必须按颜色标记接管!

4. 按下列顺序在控制台与千斤顶间连接油管

(1)为方便连接,迅速开启和关闭控制台上的操纵阀,使阀内可能残留的压力卸荷。

(2)从控制台正面的快速插座上拆下防尘堵;从长度 10 m 的油管快速插头上拆下防尘帽。

(3)将插头与插座耦合,确保可靠连接。

(4)按同样方法把油管另一端连接在千斤顶上;按同样方法连接其他千斤顶。

(5)颜色标记:

红色管用于连接千斤顶下腔;

蓝色管用于连接千斤顶上腔。

5. 启动泵站电动机(汽油机)

(1)在控制台上将加载阀手柄(首片阀,手柄为红色标识)移至上位(或下位),使系统卸载。

(2)在控制台上将其余四只操纵阀的手柄置于中位。

(3)启动电动机(汽油机)使泵站空转,液压油直接回油箱。空载运行 2～3 min,确保泵站工作正常。

6. 调整系统压力

该机具在出厂时已将系统压力调至 32 MPa。首次使用时应重新调整系统压力至 32 MPa。

(1)启动泵站后,在控制台上将加载阀手柄和其他操纵阀的手柄全部移至中位。此时,泵站和控制台上的压力表将同时显示系统压力。

(2)若显示值不正确,顺时针拧动泵站上的溢流阀手轮可以升高压力;逆时针拧动该手轮可以降低压力。

(3)调压时应随时观察泵站上的压力表,当显示值达到 32 MPa 时,锁定手轮,同时把控制台上的加载阀手柄移至上位(或下位),使系统卸载。

7. 操纵千斤顶

(1)顶升(活塞伸出)。

在控制台上把操纵阀手柄移至上位(↑标记),然后把加载阀手柄移至中位,活塞迅速伸出直至接触到负载,顶起重物。

当活塞到达所需行程时,把操纵阀手柄移至中间位(0 标记),然后把加载阀手柄置于上位(或下位)。

(2)降落(活塞缩回)。

在控制台上把操纵阀手柄移至下位(↓标记),然后把加载阀手柄移至中位,活塞带着负载同步下降。

当活塞到达所需行程时,把操纵阀手柄置于中间位(0 标记),然后把加载阀手柄置于上位(或下位)。

(3)同时操纵几只千斤顶。

该机具最多可操纵四只千斤顶同步或异步工作。在此情况下,首先根据实际需要把各操纵阀手柄分别置于所需位置,然后将加载阀手柄移至中位。由于连接油管是按标号进行的,因此操纵阀手柄向上时,千斤顶伸出;手柄向下时,千斤顶缩回,中位时千斤顶停止。

注意:加载阀相当于控制台的总开关,当它处于上(或下)位时,系统卸载,各千斤顶停止动作;当它处于中位时,系统加载,千斤顶动作。

(4)操作技巧。

①操纵手柄时,通过调整手柄倾斜角度,可使操纵阀开口处于节流状态。逐渐增大倾斜角,可使该开口增大,从而使千斤顶动作加快。手柄到位后,千斤顶以正常速度动作。

②同步是人为控制的,对进度过快的千斤顶可以使它暂停工作。

③当几只千斤顶同时处于负载下,操纵某只千斤顶 M 下降时,其负载将转移到其他千斤顶上。当发现某只千斤顶 N 的平衡阀溢流时,应立即停止下降 M。此时分两种情况:如降 M 为负载整体下降的一部分时,则应先降 N;如降 M 为回收目的以便再次支承时,则此时应先支设 M 的替补千斤顶,然后再回收 M。

④一旦出现意外,立即把加载阀门手柄置于上(或下)位,各千斤顶停止动作。

8. 关闭机器

(1)把加载阀手柄置于上(或下)位。

(2)按下电动机(汽油机)停止按钮。

(3)把操纵阀手柄移至↓位 1~2 s,然后移至 0 位。

(4)从千斤顶、控制台和泵站上拆除油管,把接头防尘帽(堵)分别装在插头和插座上。油管整齐盘卷起来,确保各接头不得沾上灰尘污物。

(5)全面检查、擦拭设备,统一入库妥善保管。

(五)使用方法

1. 铰支座、顶绳片使用方法

(1)将半轴铰支座下铰体放置在坚固的垫木基础上,使上铰体与下铰体相吻合,将千斤顶支在上铰体的中央。

(2)如需直接抬顶车体,可将圆形顶帽套在千斤顶头部,然后把顶帽对准欲抬顶的车体部位,操纵控制台手柄,即可直接抬顶车体作业,如图 4-32 所示。

图 4-32 直接抬顶车体作业

(3)如需推顶传力缆梯,可将圆形顶帽换下,在千斤顶头部安装护缆顶绳片。使用时应使顶绳片凹弧握住传力缆梯的横钢缆,操纵控制台手柄,即可进行作业。

(4)如需使用爪千斤顶的附爪时,可在千斤顶头部装上圆形顶帽,然后将千斤顶倒置在坚实的基础上,使附爪扣住任意可抬抓部位,操纵控制台手柄,即可进行作业。

2. 缆梯使用方法

(1)基本方法:用固定钢缆捆住车轴,钢缆两端通过连接轴或钩与传力缆梯下端相连。用缆梯包住车体,缆梯上端用手扳葫芦挂钩钩住。将预紧钢缆的一端插入手扳葫芦孔中,另一端捆缚在车架上,在缆梯与车底架的直角接触处垫入护绳铁。上述工作完成后,推动手扳葫芦杠杆,将缆梯预紧在车体上,注意防止护绳铁等附件滑脱。然后把千斤顶架在适当位置,使千斤顶顶绳片的凹弧与缆梯的适宜横钢缆相吻合,开始侧扶作业,如图 4-33 所示。

(2)车辆专用方法:在捆缚缆梯时,可在缆梯下端安装两只专用钩,使钩子钩住中梁外侧(相对缆梯方向)翼板,然后按照基本操作方法,将缆梯捆缚在车体上。这种方法省略了捆缚固定钢缆、安装连接轴等辅助作业,可使总作业时间明显缩短,如图 4-34 所示。

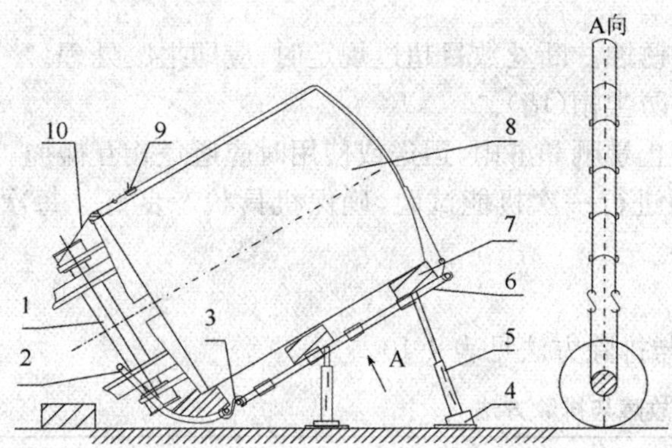

图 4-33　基本侧扶作业示意图

1—车轴;2—钢丝绳;3—连接钩;4—铰支座;5—千斤顶;6—缆梯;7—木垫;8—车体;9—手扳葫芦;10—预紧绳

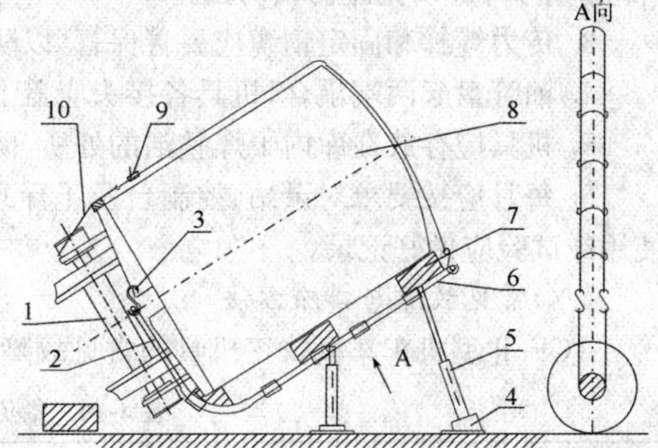

图 4-34　中梁侧扶作业示意图

1—车轴;2—钢丝绳;3—专用钩;4—铰支座;5—千斤顶;6—缆梯;7—木垫;8—车体;9—手扳葫芦;10—预紧绳

(3)机车专用方法:可利用内燃、电力机车的牵引拉杆、吊装孔座等位置,把缆梯下端的专用钩或专用连接轴与其联挂牢固,然后按照前述的基本方法,将缆梯固定在车体上。

(4)在侧扶作业中,传力缆梯应成对使用,以提高作业效率。缆梯可以捆缚在两侧转向架附近,也可靠近车体中部捆缚,具体位置应根据车型和事故状态决定。

(5)在事故救援中,若车体倾倒在地面泥土中,应首先利用爪式千斤顶将车体抬起并垫支枕木防护,然后捆缚传力缆梯。或在车体下开挖一条能够穿过缆梯的浅沟,用钢丝钩将缆梯从车体下拉出,然后捆缚在车体上。

(六)注意事项

1. 作业人员须经过培训合格方可操作该设备,作业中应严格遵守《设备使用说明书》的各项操作规定。

2. 必须使用原装的 TCF 泵站操作千斤顶,每次使用前应认真进行检查,确保该机具经常处于良好运用状态。

3. 为保证安全,爪式千斤顶的附爪仅允许承受 200 kN 的负荷,此时压力表的读数为 16 MPa。

4. 为保证快速接头密封的可靠性,不得将其当作堵头承受高压;当千斤顶正在承重或加载阀手柄在中位时,严禁拆装快速接头。

5. 当作业完毕时,应在停泵后反复开启和关闭加载阀,以释放管路中可能残留的压力。

6. 如果油管连接困难,在停泵或卸载状态下,反复开启和关闭与该连接相应的操纵阀,或用随机配备的接头卸压器释放管路或油缸内部的压力。

7. 当启动或关闭泵站以及不向千斤顶供油超过 2 min 时,加载阀手柄须移至上位(或下位),使系统卸载。

8. 所有千斤顶在空载运行至上、下极限位时,应立即卸载或换向,其工作压力不得大于 10 MPa。

(七)保养方法

1. 每次使用前,应对机具进行全面检查,及时补充液压油。用高压油管连接泵站、控制台和千斤顶,在空载下连续动作两次,如有异常须及时修理或更换。

2. 使用后,泵站及控制台应加防尘罩。千斤顶应竖直放置,并用护绳固定。千斤顶活塞杆应回落归位,以免碰伤或锈蚀。

3. 传力缆梯和固定钢缆应妥善保管,以防锈蚀。断丝数目超过规定时,应即报废处理。

4. 油管盘起两端耦合,机具各接头应盖上防尘帽(堵)。

5. 机具应存放在库内干燥整洁的处所,防止暴晒和淋雨,运送或使用时应避免相互碰撞。

6. 每月应按要求对泵站、控制台及千斤顶进行一次机能试验,确保机具状态良好。每次使用或试验应做好记录。

(八)常见故障与排除方法

TCF-Ⅱ型机车车辆扶正机具的常见故障与排除方法见表 4-10。

表 4-10 常见故障与排除方法

故障现象	造成原因	排除方法
流量不够	1. 泵吸油管漏气	密封漏气管路
	2. 油温过高,油面太低	冷却油温,增高油位
	3. 泵中心弹簧或配流盘损坏	修复或更换零件
	4. 控制台阀体内部密封破损	修复或更换阀件
压力波动	1. 溢流阀不能正常工作	更换溢流阀
	2. 系统中有空气	排除空气
	3. 泵吸油不足,夹有空气	增高油位,消除吸油阻力
	4. 泵体配油面严重磨损	修复或更换零件
压力调不高	1. 泵部件脱落磨损、弹簧折断	更换或修复零件
	2. 溢流阀弹簧折断	更换弹簧
	3. 控制台阀体内部泄漏	修复或更换阀体
噪声过大	1. 泵吸油阻力太大,吸入空气	增高油位,消除吸油阻力
	2. 泵体内漏气	注满油,密封结合面等处
	3. 主轴受径向力太大	调整泵和电机同心度
	4. 油液黏度太大	降低油液黏度
油液温升过快	1. 油泵内部漏损	检修油泵
	2. 液压系统泄漏	修复有关元件
	3. 液压系统压力损失太大	视情况减少压力损失
	4. 周围环境温度过高	改善环境条件或增加冷却措施
控制台失控	控制台内阀体被卡住或损坏	视情况修复或更换

五、HZA150 型三角形支撑复轨器

天津华征机械制造有限公司研发的 HZA150 型三角形支撑复轨器是目前国内起复吨位最大的三角形支撑复轨器,此类型复轨器可适应在电气化铁路及普速区段的坡道、曲线、道岔

区等特殊地段对脱轨的机车车辆实施救援起复作业。因为其自身是一个稳定性极佳的三棱体的一部分，该复轨器的左右两只油缸与通过起复点的车体纵轴线，构成了以大地为底平面空间三棱椎体的三条立边，脱轨机车选择前端车钩为起复顶点时，下部放置在机车排障器外而顶部向车体方向倾斜，仍是一个空间三棱体架构。工作时稳定性较好，安装简便快捷。普遍应用于起复 HXN_3、HXN_5 型内燃机车和 HXD_{3C}、HXD_{3D} 型电力机车等轴重 25 t 以内的主型机车。

HZA150 型三角形支撑复轨器满足现行国家标准 TB/T 2333—2010《液压复轨器》的技术要求，已经原铁道部产品质量监督检验中心检验合格，并获得国家多项实用新型专利证书。

(一)基本结构

HZA150 型三角形支撑复轨器由两只相同的二级举升缸、型钢底座、连接板、车钩顶托、中梁顶托、双操纵阀汽油机泵站、液控安全锁、高压油管、转向架索具等组成。其结构如图 4-35 所示。

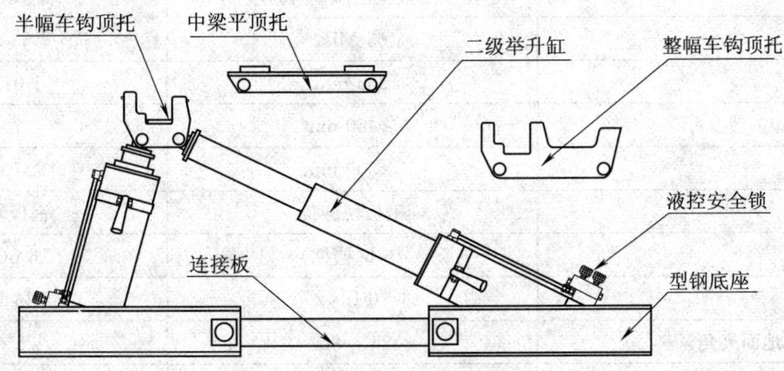

图 4-35 HZA150 型三角形支撑复轨器结构

(二)结构特点

1. 三角形支撑油缸工作时，活塞承受较大的径向载荷，对油缸的设计、加工精度、油封的选用都有很高的要求，在设计上采取了优化导向通径的结构，设置了多重耐磨聚四氟乙烯导向带，以确保侧向受到较大的外力时，油缸无内泄、外泄。

2. 每级油缸的两个运动副(活塞与缸筒壁、活塞杆与导向筒)之间相对运动的摩擦部分使用了国内最新型的密封件，接触部位均为高分子耐磨材质，提高了可靠性，延长了使用寿命。活塞杆出口处设有聚氨酯防尘环，有效阻隔灰尘、水雾等进入油缸。

3. 油缸回转轴支架外侧装有倾角限位装置，防止由于操作不当而使油缸与地面倾角过大向外倾覆。

4. 无杆腔为高压油腔，油管接头为螺纹锁紧式，安全等级系数最高；有杆腔为低压腔，配快插式接头，二者都属于不借助外部工具安装的快速接头。断开时，均可自动封住残油。选用结构不同的油嘴接头可确保操作者在任何情况下不致误接油管。

5. 无杆腔油嘴出口与油缸连接处装有天津华征公司自主设计的液控安全锁，一旦发生外油路损毁、油泵系统失效或起复作业临时中止等情况，都可确保负有重载的举升缸停留在原有位置；解除时不必人工额外干预，继续向油缸下腔供油，油缸恢复上行；反之亦可使油缸平稳下行。

6. 油缸装有应急卸荷装置，如现场供油无法恢复或需紧急中断作业时，可手动打开油缸下部应急卸荷阀，使油缸平稳下行放下车体，退出作业。

该机具配备不同车型使用的中梁平顶托，或2号、4号、13号、15号、17号车钩适用的车钩顶托，以适应不同起复点的外形状态。

(三)主要技术参数

HZA150型三角形支撑复轨器的技术参数见表4-11，泵站的技术参数见表4-12。

表4-11 HZA150型三角形支撑复轨器技术参数

项目	技术参数	
型号	HZA150	HZA150B
适用车体整备重量	≤150 t	≤150 t
起复点	中梁、车钩	中梁、车钩
油缸特性	二级全液压举升缸	二级全液压举升缸
最大工作压力	63 MPa	63 MPa
油缸活塞总升程	835 mm	1 042 mm
起复高度	≥450 mm	≥700 mm
横移距离	≥500 mm	≥700 mm
底座连接方式	钢板硬链接	钢板硬链接
底座材质	16 b(槽钢)	16 b(槽钢)
油缸用油量	10 L×2	14 L×2
油缸工作时允许与地面夹角	25°～80°	25°～80°
工作环境温度	−30 ℃～65 ℃	−30 ℃～65 ℃
设备重量	220 kg	250 kg
液压泵配置手动(标配)	汽油机泵;220 V电泵(选配)	
外形尺寸(长×宽×高)	550 mm×320 mm×350 mm	

表4-12 泵站技术参数

项目		技术参数	
泵站型号		HZJY-2B型汽油机泵站	HZDY-2B型电动泵站
压力	高压/低压(MPa)	63/30	63/30
排量	高压/低压(L/min)	2/10	1.75/8
额定功率(kW)		2.0	1.5
压力降(MPa/min)		≤5	≤5
油箱储油量(L)		30/40	30/40
整机重量(kg)		70(满油)	75(满油)
外形尺寸(长×宽×高)		520 mm×475 mm×850 mm	520 mm×475 mm×730 mm

(四)安装使用方法

1. 周边环境：先将脱轨机车车辆另一端转向架的轮对双向打好止轮器，以防起复作业时车辆溜逸。若机车车体发生倾斜时，应先将车体扶正后，再行安装复轨器起复。

2. 将脱轨转向架用链条索具进行加固捆绑,使转向架与车体连为一体。

3. 选择车钩处作为起复点,首先平整车钩下部线路的石砟,型钢底座用连接板可靠连接,型钢底座下部用短枕木找平垫实。

4. 油泵与油缸连接:将普通液压油或机油注入油箱至油窗中位,一红一黄接头的两支油管分别与油泵换向阀及举升缸上的红黄油嘴对应相接,油管与泵、缸上的油嘴相接时确保接头插牢、插实,将螺纹连接环旋紧,防止泄漏。

注意事项:

(1)油管与泵、缸上的油嘴相接时确保接头插牢、插实,将螺纹连接环旋紧,防止泄漏,否则将对油缸系统造成损坏。

(2)倾摆支架在大底板上的位置、顶托在防滑板上的位置以及轮对脱轨状态都对油缸的工作角度有影响。

(3)注意油缸的初始位置与地面夹角应在80°与35°之间,角度过大平移力不够,角度过小举升力不足,且油缸极易向后滑动失稳,发生危险!

HZA150 型三角形支撑复轨器的安装方法如图 4-36 所示。

图 4-36　HZA150 型三角形支撑复轨器安装

(五)检查与保养

1. 使用前检查

(1)举升缸:检查油缸升降运行情况、各部有无渗漏;油嘴是否连接到位并旋紧,确保油管接头充分插入油嘴中,接头与油缸油嘴插接点按凸凹形状加以区分。

检查活塞运行中有无卡滞、顿挫的气阻现象发生,遇有气阻现象应将油缸平置地面令油嘴口朝上,上下数次运行活塞即可缓解。

(2)油泵:检查各部状态并补足油泵油量,新油泵(或油泵清空后)未注油前不得抬、压油泵手动压杆,防止空气进入系统中。换向阀位置标志牌(左、中、右或上、中、下)是否清晰完整,换向阀出油嘴形状与油缸接头形状是否对应,接头有无泄漏;使用时手动压杆不要抬起过高,防止压杆与唧筒的销轴处于转动的死点而显得格外沉重。

(3)检查复轨器其他附件是否齐全,作用是否良好。

2. 日常保养

(1)每月应将油缸空载运行一次,检查油缸有无泄漏,活塞行程是否到位,运行有无卡滞现象;油嘴接头是否有磕碰损伤、防尘盖是否齐全完好。

(2)油缸活塞无论是伸出还是缩回,到达行程极端时都不得再继续注油加压,以免损坏举升油缸。

(3)油缸中所使用的油封有效寿命为 3 年,届时应及时与生产厂家联系维修更换。

(4)检查油泵油质有无酸败、起沫,油位是否充足,手动压杆有无阻滞,压杆下连接的唧筒有无划伤、泄漏,油管有无老化、破损。各连接部件应清理干净,防止异物进入油路内损坏设备。

(5)配置 HZJY-2B 型汽油机双操纵阀泵站或 HZDY-2B 型双操纵阀电动泵站,具体操作保养方法按该型《泵站使用保养说明书》要求执行。

六、HZA110/HZA110B 型三角形支撑复轨器

HZA110 型三角形支撑复轨器与 HZA150 型复轨器为系列产品。适用于载重 60 t 的棚车、敞车、平车、罐车、保温车、矿石车等车辆的起复作业。重载车辆选择车辆中梁处为起复点，空载车辆可选择车钩处为起复点。该型复轨器配置多种适用的转向架索具及顶托，以适应各型车辆起复需要。

HZA110B 型三角形支撑复轨器专为 C70 型、C80 型敞车等轴重 25 t 的重载货车量身打造，并配置适合 17 号车钩专用的大 U 型顶托，嵌入式中梁顶托，鳄式顶帽。由于该型车辆起复点较低，在油缸长度及底座连接尺寸上有所调整，特别对煤炭专用车、矿石运输车有较强的针对性。

(一)基本结构

HZA110/HZA110B 型系列三角形支撑复轨器由两只相同的二级举升缸、型钢底座、连接板、车钩顶托、中梁顶托、手动油泵(可按用户要求提供双操纵阀汽油机泵站或 220 V 电动泵站)、液控安全锁、高压油管、转向架索具等组成。HZA110/HZA110B 型与 HZA150 型基本相同，但二者举升缸高度不同。

(二)主要技术参数

HZA110/HZA110B 型三角形支撑复轨器的技术参数见表 4-13。

表 4-13　HZA110/HZA110B 型三角形支撑复轨器技术参数

项　目	技术参数	
型号	HZA110	HZA110B
适用车体整备重量	≤110 t	≤110 t
起复点	中梁、车钩	中梁、车钩
油缸特性	二级全液压举升缸	二级全液压举升缸
最大工作压力	63 MPa	63 MPa
油缸活塞总升程	845 mm	708 mm
起复高度	≥450 mm	≥450 mm
横移距离	≥600 mm	≥450
底座连接方式	钢板硬链接	钢板硬链接
底座材质	14b(槽钢)	14b(槽钢)
油缸用油量	8.6 L×2	7.3 L×2
油缸工作时允许与地面夹角	25°～80°	25°～80°
工作环境温度	−30 ℃～65 ℃	−30 ℃～65 ℃
设备重量	180 kg	170 kg
液压泵配置：手动(标配)	汽油机泵；220 V 电泵(选配)	

(三)安装使用方法

该型复轨器的安装使用、检查与保养方法与 HZA150 型三角形支撑复轨器基本相同，请

参照 HZA150 型三角形支撑复轨器使用保养方法。

七、HZDFZ-8/HZDFZ-8B 型便携倾摆式复轨器

HZDFZ-8 型/HZDFZ-8B 型便携倾摆式复轨器是一种新型系列液压救援起复设备，该设备已获得国家级实用新型专利，并通过原铁道部产品质量监督检验中心检验合格，已在国家铁路、合资铁路、地方铁路、地铁工程及大型厂矿企业推广应用。

HZDFZ-8B 型倾摆式复轨器适用于高铁动车组应急救援。由于高铁动车组车轴上设有制动盘、齿轮箱等部件，起复时，车轴上的施力点不能与这些装置相接触，车轴上有效施力空间很小。该机具采用铰接式变径轴卡套、盘间小尺寸防滑板等装置，配备了兼容高铁Ⅰ型和Ⅱ型博格板的宽底座、承轨台爬板等。为防止转向架纵向扭力过载，双轮对复轨时，使用配套的一台双操纵阀手(电)油泵可同时控制两台复轨器同步作业，确保转向架受力均衡。

(一)基本结构

HZDFZ-8 型系列便携倾摆式复轨器由三级举升缸、油嘴集成块、顶杆、尼龙绑带、顶托、倾摆支架、底板、变径轴卡套、防滑板、双操纵阀手动油泵等部件组成，其结构如图 4-37 所示。

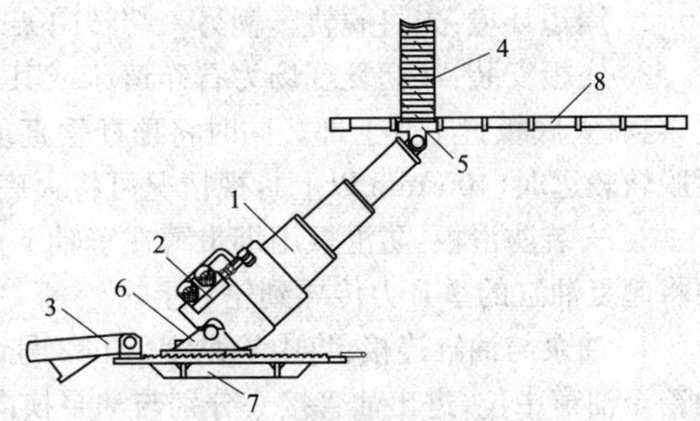

图 4-37　HZDFZ-8 型系列便携倾摆式复轨器结构

1—三级举升缸；2—油嘴集成块；3—顶杆；4—尼龙绑带；5—顶托；6—倾摆支架；7—底板；8—防滑板

(二)主要特点

该型复轨器遵循轻量化、实用化的设计原则，对复轨器进行多处技术改进，使复轨器性能更加优越，操作更加快捷，其主要特点：

1. 重新匹配了各级油缸活塞杆径比，减少了油缸回程背压，增加了复轨器使用寿命。各级活塞直径比原 DFZ-6 型加大 10 mm，起复能力提高近 10 t。

2. 将油封的回转轴从缸筒中部移至油缸底部，降低了回转中心，在倾转角度相同情况下，增加了横移距离。同时将油缸升降油嘴，集中布置在底部，避免油管与车体相碰。

3. 根据野外作业高寒、高温及沙尘等恶劣环境条件，选用了新型液压油封，关键部位带有多重保护，各级油缸全部配有防尘密封装置。

(三)技术参数

HZDFZ-8 型便携倾摆式复轨器的技术参数见表 4-14。

表 4-14　HZDFZ-8 型便携倾摆式复轨器

项　目	技术参数
适用车体整备重量	≤60 t
油缸属性	三级全液压举升缸
油缸垂直最低高度	220 mm
一次安装横移距离	不小于 500 mm
最低起复高度	不大于 300 mm(倾角 60°)
油缸自行调整距离	≥120 mm/次
油缸工作时允许与地面夹角	35°～80°

续上表

项　　目	技术参数
油缸末级活塞推力	278 kN
系统允许工作压力	≤63 MPa
工作介质	普通液压油或满足 GB/T7631.2 要求
油缸用油量	3.2 L
工作环境温度	−30 ℃～65 ℃
设备重量	90 kg(含手动油泵)
液压泵配置	手动油泵 1 台(标配) 220 V 立式双阀电动液压泵 1 台(选配)

(四)安装方法

1. 周边环境:先将脱轨车辆另一端转向架的轮对双向打好止轮器,以防车辆溜逸。

2. 底板安装:如起复现场为石砟道床或其他非定制地面,需将复轨器安装处底面进行平整,再将大底板置于其上部。同时将顶杆垂直顶在钢轨腰部,以防工作时底板偏移滑动。如轮对脱轨较远时(400 mm 以上),视情况可将大底板一端直接顶在钢轨腰部。

3. 安装防滑板:防滑板用绑带缚在车轴下方,前端必须紧贴在起复方向的车轮内侧面,以便将起复油缸的举升力传导到轮对上。

4. 油泵与油缸连接:将中等黏度(如 32 号、46 号)普通液压油或(10 号～35 号)机油注入油箱至油窗中位,进出油管接头分别与油泵换向阀及举升油缸上的油嘴凹凸形状一一对应,油管与泵、缸上的油嘴相接时确保接头插牢、插实,须将螺纹连接环旋紧,防止泄漏。

注意:油管插入油缸的进出油嘴时一定要插到底,否则将对油缸系统造成损坏。

5. 安装举升缸:举升缸出厂时已与倾摆支架、顶托连为一体,将倾摆支架放置在大底板上,令油缸活塞缓慢升起,将顶托卡在防滑板的一个凹槽中,特别注意油缸的初始位置与地面夹角应在 80°与 35°之间,角度过大平移力不够,角度过小举升力不足,且油缸极易向后滑动失稳;顶托卡入防滑板上时,要用绑带缚紧在轮轴上,顶托入位尽量选择位于或接近轮对中心的那一个凹槽,便于两侧车轮平稳起升。

注意:倾摆支架在大底板上的位置、顶托在防滑板上的位置以及轮对脱轨轻重都对油缸的工作角度有影响。

6. 起复过程及说明。

该型复轨器起复工作是油缸推动被起复轮对平移→起升→平移→起升的重复过程;油缸工作开始后随着活塞伸出,首先推动轮对横向移动,一旦遇到障碍,横移停止,活塞继续伸出推动轮对沿障碍物向上攀爬直到越过障碍,再停止攀爬继续横移,如此重复直到车轮复轨完成。

HZDFZ-8 型倾摆式复轨器起复车辆作业如图 4-38 所示。

(五)检查与保养

1. 使用前检查

(1)举升缸:检查油缸升降运行情况、各部有无渗漏;油嘴是否连接到位并旋紧,确保油管接头充分插入油嘴中,接头与油缸油嘴插接点按凸凹形状加以区分。

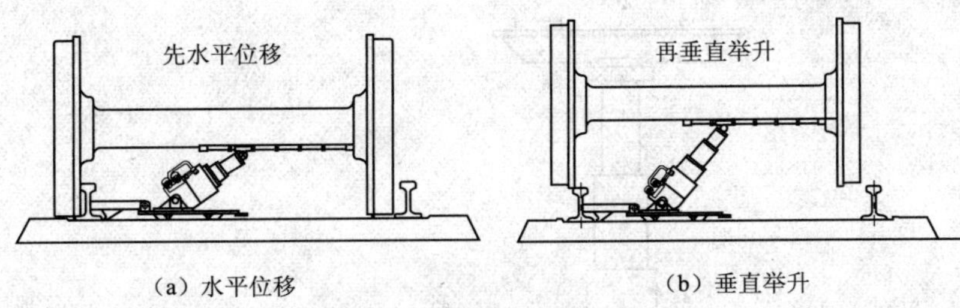

(a) 水平位移　　(b) 垂直举升

图 4-38　HZDFZ-8 型倾摆式复轨器起复车辆作业

检查活塞运行中有无卡滞、顿挫的气阻现象发生，遇有气阻现象应将油缸平置地面令油嘴口朝上，上下数次运行活塞即可缓解。

(2)油泵：检查各部状态，油泵油质有无酸败、起沫，油量是否充足，新油泵(或油泵清空后)未注油前不得抬、压油泵手动压杆，防止空气进入系统中。

(3)换向阀位置标志牌是否清晰完整，换向阀出油嘴形状与油缸接头形状是否对应，接头有无泄漏；使用时手动压杆不要抬起过高，防止压杆与唧筒的销轴处于转动的死点而显得格外沉重。

(4)检查复轨器其他附件是否齐全，作用是否良好。

2. 日常保养

(1)每月应将油缸空载运行一次，检查油缸有无泄漏，活塞行程是否到位，运行有无卡滞现象，油嘴接头是否有磕碰损伤，防尘盖是否齐全良好。

(2)油缸活塞无论是伸出还是缩回，到达行程极端时都不得再继续注油加压，以免损坏举升油缸。油缸中所使用的油封应定期及时与生产厂家联系维修更换。

(3)检查手动油泵压杆有无阻滞，压杆下连接的唧筒有无划伤、泄漏，油管有无老化、破损。各连接部件应清理干净，防止异物进入油路内损坏设备。

八、HZL70 型直顶横移复轨器

HZL70 型直顶横移复轨器适用于装备质量 70 t 以下的自轮运转特种设备(重型轨道车、接触网作业车、大型养路机械)等车辆救援起复作业。

该型复轨器亦可将两只滑车串接，达成双举升缸起复，适应于车辆脱轨后车体倾斜的扶正和抬升同步及重心原本偏斜的车体起复作业。

(一)基本结构

HZL70 型直顶横移复轨器由三级举升缸、油嘴集成块、顶杆、顶托、横移油缸、横移梁、双操纵阀手动油泵等部件组成。其结构如图 4-39 所示。

(二)复轨器主要特点

1. 三级全液压横移缸体积小、重量轻，起复能力提升，安全冗余增加：

以较短的油缸外型尺寸，具备较长的横移距离，利于在隧道、桥涵及狭小空间的车辆救援作业，避开了横移缸伸出距离过长而与车体裙板、轨道车轮对外侧的连杆相干涉。

2. 针对国内外同类产品举升缸在高程起复时及横移过程中存在的歪扭、倾斜即“倒镐”问题，本产品开发了新型的球面回转垫块，有效地解决了这一难题。

3. 设置液压系统安全装置：液压系统快速泄漏时，安全装置能保证复轨器 5 min 的支撑，不会造成车辆迅速下落。华征公司自行设计的液控单向阀，确保负重时的举升缸在油管断损、油泵供油突然中止等意外情况下安全自锁。

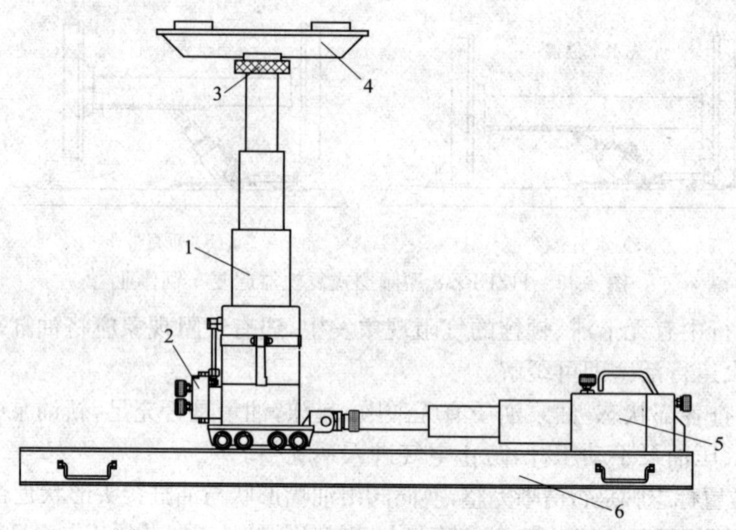

图 4-39 HZL70 型直顶横移复轨器结构

1—三级举升缸;2—油嘴集成块;3—顶杆;4—顶托;5—横移油缸;6—横移梁

4. 设置液压系统应急装置:液压系统故障时,应急装置能在 2 min 内将复轨器油缸回位,平稳落下车辆。

5. 最新型油封:为防止工作时油缸受侧向外力造成漏油,HZL70 型三级油缸的上端出口处均增加了一道 8~10 mm 宽,可自动填充活塞径向间隙的高分子耐磨导向带。使用聚四氟乙烯和聚氨酯材质组合油封,5 重密封,更能适应野外作业高寒、高温、雨雾、及沙尘等恶劣环境。

(三)技术参数

HZL70 型直顶横移复轨器主要技术参数见表 4-15。

表 4-15 HZL70 型直顶横移复轨器技术参数

项　目	技 术 参 数
适用车体整备重量	≤70 t
油缸级数(举升缸/横移缸)	3/3
起复点	中梁、车钩
举升缸升程	560 mm
最低起复高度	≥440 mm
举升缸用油量	6.9 L
横移缸用油量	3.3 L
举升缸升程	560 mm
额定压力举升力	260 kN
三级横移缸长度/总行程	260/530 mm
三级横移缸推力/拉力	推:14~65 t;拉:7~10.8 t
横移车轴数/空间高度	4/60 mm
横移底桥(长×宽×高)	1 200/260/90 mm
液压泵配置	双阀手动液压泵(标配) 220 V 立式双阀电动液压泵(选配)

(四)安装使用方法

1. 先将脱轨车辆另一端转向架的轮对双向打好止轮器，以防起复作业时车辆溜逸。

2. 若发现车体倾斜时，应先将车体扶正，再行安装复轨器起复。

3. 将脱轨转向架轮对用索具与车体进行捆绑，使转向架与车体连为一体。

4. 选择车钩处作为起复点，首先平整车钩下部线路的石砟，型钢底座用连接板连接，型钢底座下部用短枕木及木垫片找平垫实。

5. 油泵与油缸连接：将液压油脂注入油箱至油表中位，进出接头的两支油管分别与油泵换向阀及举升缸上的油嘴形状对应相接，油管与泵、缸上的油嘴相接时确保接头插牢、插实，将螺纹连接环旋紧，防止泄漏。

注意事项：

油管与泵、缸上的油嘴相接时确保接头插牢、插实，将螺纹连接环旋紧，防止泄漏，避免对油缸系统造成损坏。

HZL70 型直顶横移复轨器的安装方法如图 4-40 所示。

图 4-40　HZL70 型直顶横移复轨器安装方法

(五)检查与保养

1. 使用前检查

(1)检查举升缸、横移缸活塞运行中有无卡滞、顿挫的气阻现象发生，遇有气阻现象应将油缸平置地面，油嘴口朝上，上下数次运行活塞即可缓解。

(2)检查油泵各部状态并补充油量，新油泵(或油泵清空后)未注油前不得抬、压油泵手动压杆，防止空气进入系统中。换向阀位置标志牌是否清晰完整，换向阀出油嘴接头形状与油缸接头形状是否对应，接头有无泄漏；手动压杆不要抬起过高，防止压杆与唧筒的销轴处于转动的死点而显得沉重。

(3) 检查油管各部有无老化、渗漏；确保油管连接正确，牢固。

(4)检查复轨器其他附件是否齐全完整，作用是否良好。

2. 日常保养

(1)每月应将油缸空载运行一次，检查油缸有无泄漏，运行有无卡滞现象。油嘴接头及防尘盖是否完好。

(2)油缸活塞到达行程极端时不得再继续注油加压，以免损坏油缸。

(3) 检查油泵油质是否清洁,有无变质,油位是否充足,手动压杆有无阻滞,唧筒有无划伤、泄漏,油管有无老化、破损。

(4) 油缸中所使用的油封有效寿命为3年,届时应及时与生产厂家联系维修更换。

(5)复轨器应存放在库内整洁通风处所,避免曝晒和淋雨。

第四节　辅助救援设备机具的构造及作用

一、TKH型客货车辆通用救援台车

TKH型客货车辆通用救援台车是铁路交通事故应急救援的专用设备,在铁路客货车辆或动车组的转向架出现破损不能运行的严重故障时,用于临时替代转向架,使事故车辆恢复运行能力,限速回送至站内,迅速开通线路,恢复运输畅通。

(一)结构特点

救援台车采用旁承承载,旁承摩擦牵引与中心销辅助定位的部件组装式结构,由轮对、侧架、心盘支撑架、滚柱组、摇枕、旁承箱、中心销、牵引拉杆、橡胶缓冲垫等组成,其结构如图4-41所示。

图4-41　TKH型客货车辆通用救援台车

1—轮对;2—侧架;3—心盘支撑架;4—滚柱组;5—摇枕;6—旁承箱;7—中心销

台车的旁承箱包括Ⅰ、Ⅱ、Ⅲ3个型号,3个型号可以组合成4种高度的旁承箱,其间用定位销连接。Ⅰ号旁承箱上贴有橡胶板,用于增加与车体上旁承的摩擦力。枕梁上设有5个不同间距尺寸的5组定位孔,用于改变旁承箱间距和旁承箱定位。

台车通过调整旁承箱的中心距和高度,与各型普通客货车辆相匹配,见表4-16。

表4-16　组装台车与车辆转向架匹配对照表

旁承中心距旁承高	"1"	"2"	"3"	"4"	"5"
Ⅰ		货车			
Ⅰ+Ⅱ		新型货车			
Ⅰ+Ⅲ	209HS		206G,206WP,206KP	CW200K	
Ⅰ+Ⅱ+Ⅲ	CW-2,CW-2C				209T,209G,209PK,SW200K

台车配有动车组模块,包括旁承箱、牵引杆等,通过调整或更换上部模块,适用于CRH1、

CRH2、CRH5 型动车组转向架故障应急处理。

(二)主要技术参数

构架形式:部件组装;

最大运行速度:区间 20 km/h,道岔 10 km/h;

最大载重:客车 330 kN,货车 500 kN;

旁承距轨面高度:四种可调 750～1 000 mm;

旁承中心距:五种可调 1 400～2 320 mm;

中心销直径:ϕ50 mm(下置式);

固定轴距:900 mm;

车轮滚动圆直径:ϕ300 mm;

轮缘内侧距:(1 353±3) mm;

外形尺寸(长×宽×高):1 344 mm×2 900 mm×1 000 mm;

自重:920 kg;

单件最大重量:150 kg;

适应环境温度:－30 ℃～50 ℃;

适用范围:标准轨距铁路主型货车、客车、动车组。

(三)使用方法

操作人员应熟练掌握使用方法,熟悉台车的结构和组装程序,使用时应有专人指挥。

1. 检查车辆状态,制订救援方案。如事故车辆重心偏移严重,应予调整;车辆脱轨时,应首先将车辆进行复轨。

2. 用千斤顶顶起或起重机吊起事故车辆的一端,清除破损的转向架,如图 4-42 所示。

图 4-42 清除破损的转向架

注意:抬车时,应采取止轮措施;车体抬起后,应确保组装的台车能顺利推至车体下面相应位置。

3. 在与事故车辆同一线路上就近组装台车。组装台车时,应根据车辆转向架型号选择台车的组装形式和模块,对于 CRH1、CRH2、CRH5 动车组应安装牵引杆,调整好牵引杆长度。

4. 货车、22 型、25 型客车台车组装。

(1)将两条轮对放置在轨道上,轴距 900 mm。

(2)安装两侧侧架,确保轮对的轴颈进入轴座内,侧架光面朝外。

(3)按标记安装心盘支撑架(A 对 A、B 对 B),使四角的锥形销入侧架锥形销套孔内,并将锥形销打紧,锥形销下部穿好开口销,拆下牵引杆,安装支撑架上的中心轴。

(4)在两侧侧架中分别放入橡胶缓冲垫(一般各放 4 片)和滚柱组(可预先放入侧架中组装好)。

注意:滚柱组圆弧应向台车外凸,使滚柱与中心销形成回转圆。

(5)安装摇枕,使心盘支撑架中心轴进入摇枕中心套孔内,并使摇枕座放在两侧滚柱组上。

(6)根据事故车辆转向架型号,按“对照表”安装两侧旁承箱,并使旁承箱的定位销装入摇枕相应的定位孔内。

(7)对于没有上中心销的车辆,应按装本中心销,即将牵引销装入摇枕中心套孔内。

(8)检查各部件组装是否正确、可靠,确认无误后即可投入使用。

(9)台车组装好后,顺轨道推至车体下,使中心销及上下旁承对正,将车体缓缓落下,使中心销吻合,上下旁承对正,如图4-43所示。

图4-43 更换救援台车

5. CRH1、CRH2型动车组台车组装。

(1)将两条轮对放置在轨道上,轴距900 mm。

(2)安装两侧侧架,确保轮对的轴颈进入轴座内,侧架光面朝外。

(3)按标记安装心盘支撑架(A对A、B对B),使四角的锥形销入侧架锥形销套孔内,并将锥形销打紧,锥形销下部穿好开口销,拆下支撑架上的中心轴,安装牵引杆。

注意:心盘支撑架和牵引杆的安装方向应与车体牵引座方向吻合。

(4)根据动车组型号安装两侧旁承箱,将与动车组对应的旁承箱安装在侧架上,使止口吻合。

(5)在两侧承旁箱中分别放入橡胶缓冲垫(一般各放4片)和滚柱组(可预先放入旁承箱中组装好)。

注意:滚柱组圆弧应向台车外凸,使滚柱与中心销形成回转圆。

(6)在两侧滚柱组上放置旁承钢垫(在旁承钢垫上放置防滑橡胶垫)。

(7)台车组装好后,顺轨道推至车体下方。

(8)根据车型调整牵引杆的长度(通过不同的销孔位置调整),将牵引杆的另一端通过相应的连接块、螺栓等连接在车体牵引座上。

(9)将车体缓缓落下,使旁承与车体枕梁对正。

6. CRH5型动车组台车组装。

(1)重复第4条1~5项作业。

(2)在摇枕两端分别安装CRH5型旁承箱,旁承箱下部用螺栓与摇枕连接。

(3)台车组装好后,顺轨道推至车体前端枕梁连接处。

(4)将车体缓缓落下,使旁承与车体枕梁对正。旁承箱上部用螺栓与车体枕梁连接。

(5)车体落下,确认操作无误、状态良好后,即可连挂机车,将事故车辆以不大于20 km/h(通过道岔时不大于10 km/h)的速度回送至就近动车段(所)。

(四)注意事项

1. 台车在使用前,应对各部件进行严格检查,确保台车状态良好。

2. 台车使用时,应保证轮对轴承及滚柱组腔内充满润滑油脂。推荐使用铁道Ⅳ型润滑脂或2号通用锂基润滑脂(GB 7324)。

3. 在上述操作中应对车辆采取防溜措施,确保作业安全。

4. 作业过程中应指定专人指挥,并严格遵守有关安全作业规则。

(五)维护与保养

1. 台车使用后,应对各部件进行严格检查,发现裂纹、损坏,应予及时检修或更换。

2. 台车应存放在库内干燥通风的处所。轮对踏面、各部件及各连接副应涂抹防锈油(脂),油漆面应清洗干净,必要时应予补漆,以防锈蚀。

3. 台车应定期进行维护保养。

(1)每三个月做一次防锈处理。

(2)每六个月检查轮对及滚柱组的油润情况,检查橡胶缓冲垫是否老化变形,必要时应更换润滑脂和橡胶缓冲垫。

(3)每年做一次试运行,检查台车各部件运转是否正常。台车累计运行 2 000 km 应进行大修或报废处理。

(4)台车的维护与保养应由专人负责,并做好检修保养记录。

二、PT-40/15 型机车车辆救援通用代用台车

郑州力德瑞思科技有限公司研制的 PT-40/15 型拼装式机车车辆救援通用代用台车,适用于内燃、电力机车、动车组和车辆传动装置故障造成车轮卡死的应急救援,能够在不损坏机车车辆走行部结构的情况下,快速实施救援,确保运输畅通。该机具已通过郑州铁路局科技成果鉴定,并获得多项国家专利。

(一)基本结构

PT-40/15 型机车车辆救援通用代用台车采用拼装式结构,可配备多种轮对支撑构件,组装方便快捷,满足各型机车车辆轮轴故障的应急救援。配备一组液压千斤顶,救援时顶起故障轮对侧的机车车辆一端,同时将组装好的代用台车推至故障轮对下方,在不需要出动救援列车的情况下,实现快速救援。

该型代用台车由空心连接轴、轮对组件、工字形侧梁(内、外侧)、轮对支撑托等部件组成,其结构如图 4-44 所示。

图 4-44　PT-40/15 型机车车辆救援通用代用台车结构

1—空心连接轴;2—轮对组件;3—外侧梁;4—内侧梁;5—轮对支撑托

(二)技术参数

PT-40/15 型机车车辆救援通用代用台车的技术参数见表 4-17。

表 4-17 PT-40/15 型机车车辆救援通用代用台车技术参数

项　目	技术参数
结构形式	拼装式
承载能力	≥40 t
运行速度	正线 20 km/h;岔区 10 km/h
适用车型	内燃、电力机车;客货车辆;动车组
抬轮高度	260 mm
车轮滚动圆直径	200 mm
整机重量	≤330 kg,单件 36.5 kg
外形尺寸(长×宽×高)	1 458 mm×1 873 mm×260 mm

(三)安装方法

1. 首先在机车车辆的另一端车轮下安放止轮器,以防车辆溜逸。

2. 根据不同车型,选用轮对支撑托,组装好代用台车。

3. 拆除走行部障碍部件后,用液压千斤顶将故障轮对端的机车车辆顶起适当高度,再将代用台车推至故障轮对下方,对位后落下车体,撤出止轮器。

4. 用索具将故障轮对与车架进行加固捆绑。

5. 检查确认代用台车及机车车辆走行部无异状后限速回送。

代用台车安装方法如图 4-45 所示。

(a) 将代用台车推至故障轮对下方

(b) 故障轮对落在代用台车支撑托上

图 4-45　代用台车安装方法

三、铁路交通事故应急救援辅助决策系统

发生铁路交通事故或自然灾害造成线路堵塞中断行车时,要求铁路救援部门必须在最短的时间内进行应急处理并迅速恢复行车。事故应急救援时需要查阅了解现场相关资料,为制定实施应急救援方案提供可靠的依据。铁路交通事故应急救援辅助抢险救援微机信息系统可在一定程度上帮助提供相关信息资料。

(一)信息系统主要功能

该系统主要用于事故应急救援抢险。当发生铁路交通事故或自然灾害等,在远离事故现场的铁路应急救援指挥中心，只需选中线路名称，输入公里标位置，就能快速准确地查找到所需线路地段的地理实景图像，观察到事故现场的自然环境和线路纵断面资料以及调用相关信息；相邻车站的平面图以及整个线路的桥梁、隧道、涵洞、防洪重点地段等图片及相关技术信息。便于远离现场的情况下，研讨制定应急救援方案，科学高效地组织指挥应急抢险救援工作。

(二)信息系统主要特点

该系统数据便于管理和更新。由数据库(SQL)管理全部线路纵断面资料和主要桥梁、隧道、涵洞照片等数据信息。线路图像清晰，符合铁路总公司地理信息系统(GIS)视频压缩格式。采用压缩软件，压缩密度高达500～900 m/100 km。查阅方便、快捷、准确(误差≤20 m)可靠性好，实用性强。微机信息系统显示的线路情况如图4-46所示。

图4-46　微机信息系统显示的线路情况

四、CQ型多功能起重气袋

CQ型多功能起重气袋是一种以压缩空气为动力的扁平型气动千斤顶设备。在重物起重、设备安装与维修、铁路工程抢险救援等领域具有广泛的用途。在铁路交通事故救援中，可在电气化区段、隧道、桥梁、路堑地段及场地狭小等特殊的条件下，辅助液压起复设备，扶正机具等完成机车车辆的快速起复工作。CQ型多功能起重气袋结构如图4-47所示。

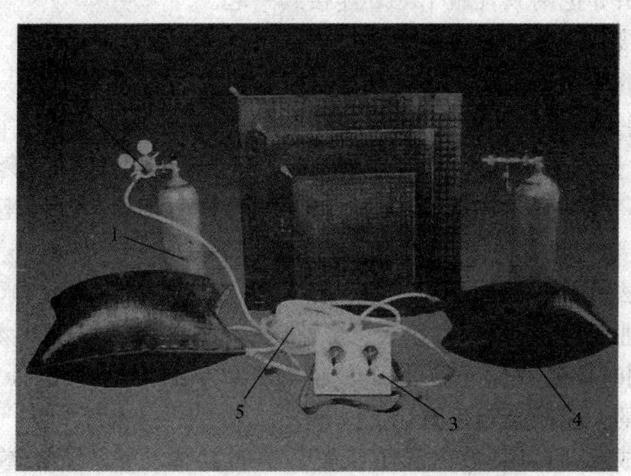

图4-47　CQ型多功能起重气袋结构

1—高压储气瓶；2—减压器；3—控制箱；4—起重气袋；5—输气管

(一)工作原理

该机具由高压空气压缩机、高压储气瓶、减压器、控制箱、起重气袋及输气管等组成。采用瓶装的高压空气为动力，利用压缩空气被排放后能迅速向各方扩散的特性，把瓶装的高压空气减压后输入气袋，利用气袋的膨胀能量抬起重物。

(二)主要技术参数

CQ型多功能起重气袋的主要技术参数见表4-18。

表 4-18 CQ 型多功能起重气袋的主要技术参数

型号	CQ-24		CQ-40		CQ-68
最大起重力(kN)	240		400		680
最大起重高度(mm)	300		380		490
最大工作压强(MPa)	0.8		0.8		0.8
外形尺寸(长×宽)(mm)	520×620		690×780		950×950
结构高度(mm)	30		30		30
出厂试验压强(MPa)	1.6		1.6		1.6
膨胀时间(s)	32		34		62
自重(kg)	11		17		35
项目	高压气瓶总成	控制箱	减压器	输气管总成	高压充气泵
额定工作压力(MPa)	15	0.8	15/0～1	0.8	15
容量(m^3)	1.8/2.4	—	—	—	—
通径(mm)	—	—	8	10	—
充气流量(m^3/h)	—	2×54	—	—	6
自重(kg)	17	4.8	1.6	2.5	78

(三)操作方法

1. 使用高压气瓶时的操作(最大储气压力为 15 MPa)

(1)利用三通接头 3 把两只气瓶 1a、1b 连接到一起。

(2)将减压器 4 接到三通接头 3 上。

(3)把减压器上的输出软管接头 4 h 与双路控制箱 5 上的 A 口相连。

该装置的所有接头均为快速接头,它有锁闭装置,可防止输气管无意识地从控制箱和气袋上脱落。快速接头由快速插座与接头组成。连接时,推开快速插座的外套,同时把接头塞入插座底部,然后松开外套。拆开时,推开快速插座的外套,同时把接头从插座中拉出。

注意:为可靠连接,应确保外套上的锁闭装置卡住接头。

(4)按照上述方法,用输气管 6a、6b 把气袋 7a、7b 与控制箱 5 的 B 口、C 口相连接。

注意:为保证作业安全,应确保各接头可靠耦合。

每只控制箱可同时控制两只气袋,每个气袋均有单独的输气管路、压力表和安全阀,当气袋过载时,控制箱中的安全阀会自动开启。

(5)上述工作完成后,将气袋放入起重位置。逆时针转动减压器的减压手柄 4 g,使其松开。打开气瓶阀门 2a、2b,压力表 4a 将显示气瓶内压力,再顺时针转动手柄 4 g 把输气压力调至 1.0 MPa 左右,该压力可在压力表 4b 中读出。将控制箱换向阀 5c、5d 手柄向前推,气袋充气上升;手柄向后拉,气袋排气下降;松开手柄(中位),控制箱自动切断进气和排气通道,气袋停止运动,控制箱操作手柄的作用如图 4-48 所示。

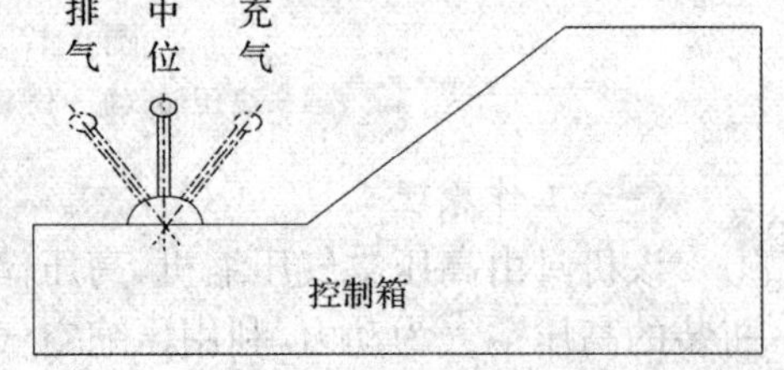

图 4-48 控制箱操作手柄作用

由于手动换向阀采用了滑阀结构,通过调整手柄的动作角度,可调节进、排气流量,因而可较精确地控制气袋的升降速度和工作高度。

操作时应随时注意观察控制箱上的仪表压力和气袋上的负载情况。控制箱上的安全阀5e、5f可保证气压超过0.8×(1+10%)MPa时自动排气降压。

气袋是单作用式的，气袋内的压缩空气可在重物的重力或气袋的收缩力的作用下排出。

2. 高压气瓶充气的操作

气瓶使用后，应采用配套的高压空气压缩机及时充气。充气时，应有专人看护，操作人员应熟练掌握压缩机的操作使用方法。

(1)将压缩机上的高压软管连接到充气接头，再将充气接头连接在所需充气的气瓶上。

(2)打开压缩机排气阀，启动压缩机，使压缩机空负荷运转2～5 min后，关闭压缩机排气阀，并打开气瓶上的阀门，向气瓶内充气。

(3)当气瓶内压缩空气充至15 MPa(或低于15 MPa)时，立即关闭气瓶上的瓶阀，并迅速打开压缩机的排气阀，使压缩机处于空负荷运转。

(4)更换充满的气瓶，继续充气。

(5)压缩机在工作过程中，应注意仪表的指示读数，若发现不正常现象，应立即停机进行检查。

(6)压缩机停车时，应逐渐卸去负荷，并打开各级油水分离器的排水阀，排尽油污和水分。停车后，再关闭各级油水分离器的泄放阀。

3. 使用其他气源的操作

气袋也可使用其他气源驱动。使用最大压力小于1.2 MPa的其他气源，可不装减压器，直接输入控制箱，否则必须安装减压器。若压缩空气中含油和水分，必须在控制箱中串联使用油水分离器。

机车、列车制动系统、汽车制动系统、工厂中的空气压缩机风源及手动、脚踏式气泵等均可作为合适的气源。

(四)作业方法

1. 举重能力。

气袋的举重能力等于其有效接触面积与气袋内压的乘积。由于气袋受压后膨胀，有效面积将因此减少，举重能力随举升高度的增加而减少，这一点与液压千斤顶不同。

在开始举重之前，应确定负载的重量和需要移动的距离。气袋的起重力/起升高度曲线如图4-49所示。

图中的曲线涉及垂直起重，如倾斜起重时应减少其数值。

2. 将气袋插入负载与地面之间的缝隙中，要保证气袋至少有2/3的面积在负载下面。

为了有效利用气袋的举重能力/起升高度特性，应通过适当加入方垫木来缩小气袋与负载的间距(应控制在30～50 mm范围内)，这个空间越小，有效举重力就越大。减少空间后应特别注意基础须坚实稳固，具有足够的承重面积，如图4-50所示。

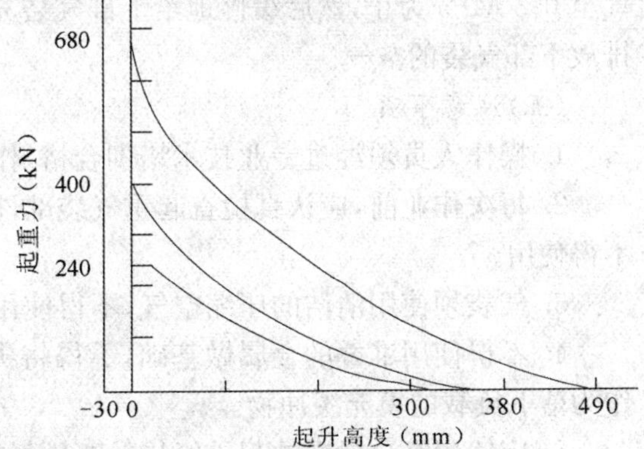

图4-49　起重力/起升高度曲线

3. 按作业程序给气袋充气，直至达到起重高度要求，再转入下一道工序。

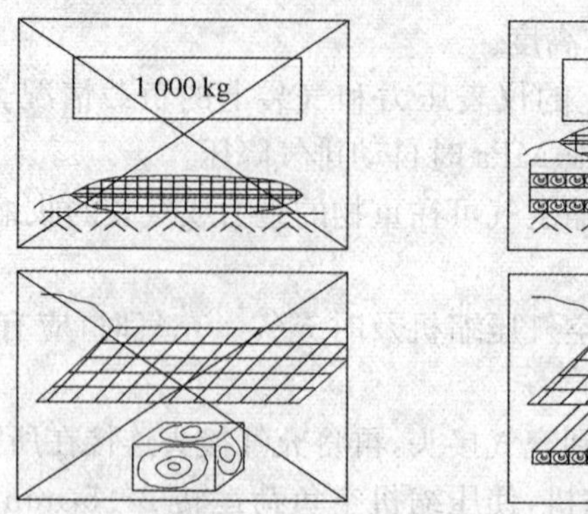

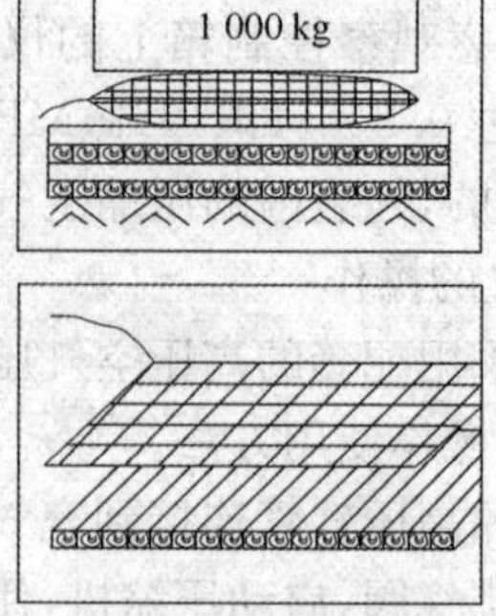

图 4-50 负载、气袋、基础之间的位置关系

4. 若控制箱压力表显示 0.8 MPa 压力,起升高度仍没有达到要求,则需要在负载下塞入适当厚度的垫木,将负载支承起来,然后使气袋排气回落,在气袋下方加入垫木,再次起升,如此反复作业,直至起升高度达到要求为止,如图 4-51(a)所示。

5. 亦可堆叠串联使用两个气袋共同起重,使用这种方法只能增加起升高度,不能增加起重量。使用时既可使用相同规格尺寸的气袋,也可使用不同规格的气袋。规格相同者应把两个气袋堆叠整齐,规格不同者应把小气袋放在大气袋上部中间部位。

若一个气袋起重能力不足,且负载面积较大时,可并排(并联)放置两个或多个同规格尺寸的气袋,同时起重时,其总能力为各气袋起重能力之和,如图 4-51(b)所示。

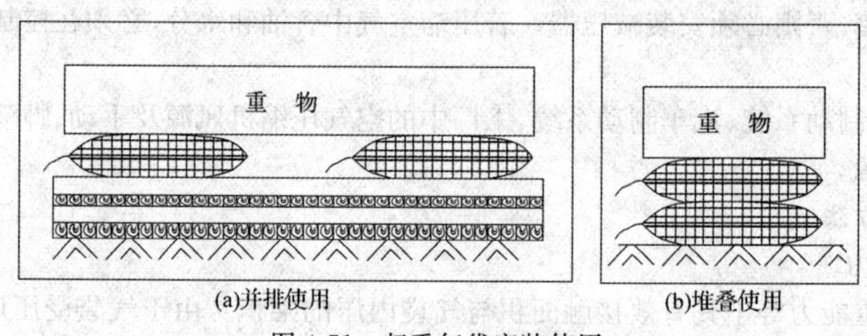

(a)并排使用　　(b)堆叠使用

图 4-51 起重气袋安装使用

注意:堆叠使用气袋不得超过两个!且须摆放整齐。起重时,应首先全流量给下部气袋充气至 0.8 MPa 为止,然后缓慢地给上部气袋充气。下降时,应全流量使上部气袋下降,然后再排放下部气袋的空气。

(五)注意事项

1. 操作人员须经过专业技术培训合格,作业时应严格执行安全操作规则及有关规定。

2. 每次作业前,应认真检查起重气袋部件齐全,状态良好,发现钢丝衬划伤、泄漏、变形等不得使用。

3. 气袋须使用清洁的压缩空气,不得使用易燃或腐蚀性气体。

4. 不得使用堆叠的金属做基础,不得将尖锐的或过热的物体垫在气袋下,不允许将气袋作为落下负载的填充缓冲物。

5. 应使用符合标准的起重气袋及高压气瓶,定期送至专门机构进行检测,并做好记录。

6. 在作业中,气瓶应轻拿轻放,防止剧烈振动和撞击。不得在烈日下暴晒。冬季瓶阀冻结时,可用热水浸泡解冻,严禁用火烘烤。

7. 气瓶内气体不能全部用尽,应留有不少于 0.05 MPa 的剩余压力。

8. 气瓶应采用配套的高压充气机进行充气,充气时应有专人监护。气瓶严禁超压充气,一旦安全膜片爆裂,可拧开瓶阀上的安全堵更换备用安全膜片。

9. 工作完毕,应及时放尽减压器内的压缩空气,将减压阀调压杆逆时针完全松开。

(六)保养与存放

1. 每次使用后,应擦拭干净,存放在−10 ℃～35 ℃的室内适当处所,与热源须保持 1 m 以上距离。气袋不得受张力(拉、扭),以免永久变形。

2. 本装置在存放与运输中,应避免阳光直接照射、雨淋。严禁与酸、碱、油类、有机溶剂等接触。

3. 气袋使用后,应随时将橡胶护帽盖在气嘴处。输气管应盘成约 400 mm 直径的环形,接头耦合。

4. 每次使用后,须由专人进行全面检查保养,检查方法如下:

(1)用中性肥皂水清洗气袋表面,除去油污,如油污进入袋内,应将肥皂水灌入气袋内,至少清洗两次。

(2)给气袋充气 0.4 MPa,检查有无割伤、划痕或其他受损迹象,并用肥皂水涂满气袋四周,检查如有气泡漏出,表明气袋受损泄漏,应停止使用。

(3)全面检查气瓶、减压阀和控制箱的工作状态以及安全状况,通过升高压力,检查控制箱压力表、安全阀的灵敏度。

(4)检查清洗快速接头。在四周涂满肥皂水,通过升高压力,检查密封状态,如有泄漏应即更换密封圈。

(5)空气压缩机的维护保养,应按使用保养说明书的规定执行。

(6)该装置每六个月应做一次空载动作试验,每年应做一次负载机能试验。

气袋试验压力为 1.2 MPa,应使用水压试验法,如本单位无试验条件时,应与减压器、气瓶一并送交当地压力容器检测站或生产厂家检测,重新注明测试时间。

(7)正常使用保养条件下,起重气袋的使用寿命为 8 年,超期应予以报废处理。

五、自给正压式空气呼吸器

自给正压式空气呼吸器是一种新型的人员呼吸保护器具。该器具在工作时,面罩内始终保持略高于外界环境气压的压力,使外界气体不能侵入面罩内。可广泛应用于铁路、消防、石油、化工、冶金、矿山、城建、电力等行业,是特种作业人员专用安全防护装备。其原理是:该器具工作时,面罩内始终保持略高于外界环境气压的压力(正压),使外界气体不能侵入面罩内。可有效地在有毒、有害、粉尘、烟雾或缺氧等恶劣环境中使用,是抢险救灾作业人员的安全防护器具。

自给正压式空气呼吸器主要由面罩组件、供气阀组件、减压器组件、空气瓶和瓶阀组件以及背架组件等部分组成,其外形如图 4-52 所示。

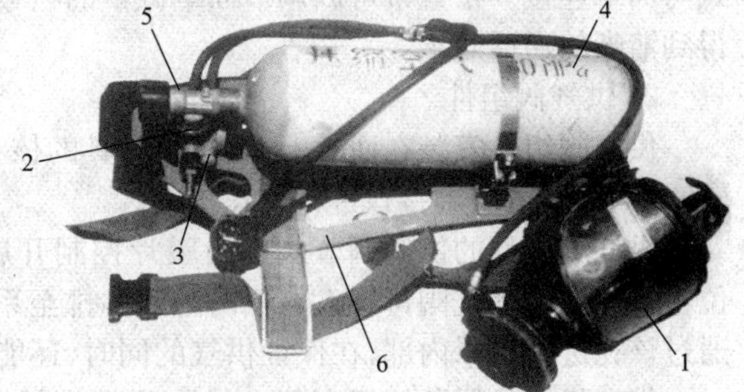

图 4-52 自给正压式空气呼吸器

1—面罩组件;2—供气阀组件;3—减压器组件;4—空气瓶;5—瓶阀;6—背架组件

(一)结构特点

自给正压式空气呼吸器是一种高质量、高性能的个人呼吸防护器具,其显著特点在于:

1. 供气阀工作性能稳定,供气流量大,呼气阻力小,使佩带者在任何环境下作业都会感到呼吸轻松自如。

2. 面罩清晰透明、视野宽阔,橡胶密封圈具有良好的密封效果。

3. 头罩采用强度大、重量轻而且坚固耐用的网状材料,使佩戴者感觉安全舒适。

4. 位于面罩两侧的双重传声器以其特殊的设计令佩戴者有清晰的通话效果。

5. 面罩和供气阀的连接采用卡口方式,装卸速度快,操作简便。

6. 面罩具有去雾功能,即使佩戴者在极其寒冷的作业环境中使用,也不会在面窗上产生雾气和薄霜,始终保持清晰的视野。

(二)技术参数

自给正压式空气呼吸器的技术参数见表 4-19。

表 4-19 空气呼吸器技术参数

气瓶容积(L)	6	6.8	9	6.8×2
气瓶材质	高强度钢	碳纤维	碳纤维	碳纤维
气瓶工作压力(MPa)	30			
供气流量(L/min)	≥300			
呼气阻力(Pa)	≤870			
报警压力(MPa)	5+0.5			
完全使用时间(min)	60	68	90	136
余压使用时间(min)	8	10	13	20
整机重量(kg)	13.7	8.7	9.3	14.3
备注	使用时间按平均耗气量 30 L/min 计算			

(三)空气呼吸器的构造

1. 面罩组件

面罩组件的橡胶件由天然橡胶和硅橡胶材料混合制成。改良的锥形面窗由聚碳酸酯材料注塑而成,表面的硬质涂层耐刻划、耐撞击,宽敞、明亮、舒适,为佩带作业者提供了良好的视觉效果。面窗前部的大直径凹形接口可与供气阀组件快速连接。头罩呈网状形,以四点支承方式与面罩连接。松紧带可以调节面罩佩带的松紧程度,面窗两侧的双重传声器可以使佩带者得到清晰的通话效果。

2. 供气阀组件

供气阀组件安装在面罩上,是整套器具的核心部件。供气阀的出气口呈凸形接口,通过旋转 90°与面罩的凹形接口进行快速连接。

供气阀内部的供气调节阀门由膜片控制开启,可按照使用者对吸气量的需求提供空气。位于膜片上的呼气阀可将人体呼出的气体排至系统外部。供气阀接口一端设有供气孔,气体通过该孔进入面罩内部,在保证供气的同时,还能迅速除去面窗上的积雾或薄霜。

带有指示的红色旋钮安装在供气阀的进气口处,这是应急冲卸阀,可以调节并提供至少 225 L/min 的恒定的空气流量。供气阀外部的手动杠杆按钮用于开、关供气阀。当面罩从脸部取下时,通过按下供气阀上方的橡胶按钮即可关闭供气阀,停止供气。当佩带者将面罩戴在脸上并开始吸气时,此橡胶按钮将自动开启,供给气源。

3. 减压器组件

减压器组件安装在背架上，通过手轮与气瓶阀相连接，其用途是将空气瓶内的高压气体转变为恒定的0.7 MPa中压气体，确保下游供气阀组件的正常工作。减压器组件包括报警器、中压安全阀、中压管和压力表等。当气瓶压力下降至(5+0.5) MPa时，报警器可发出声响信号。当减压器受某种因素影响导致中压异常升高时，中压安全阀会自动打开，可确保中压管和供气阀处于安全状态。中压管将经过减压后输出的气体送至供气阀，装有快速插头的中压管可迅速将供气阀与减压器连接，压力表用来显示空气瓶内的储气压力。

4. 空气瓶和瓶阀组件

空气瓶有高强度钢、碳纤维复合材料两种材质形式和多种容量规格，额定储气压力均为30 MPa，可根据需要选用。气瓶阀连接在空气瓶上并装有过压保护膜片，当瓶内压力超过额定压力的25%左右时，安全膜片会自动破裂，空气瓶卸压。

碳纤维复合材料气瓶是近几年发展起来的一种新型气瓶，是在铝合金内胆外缠绕碳纤维等高强复合材料制成的。与钢质气瓶相比，具有重量轻、耐腐蚀、寿命长等特点。

5. 背架组件

背架组件包括背架体、肩带、腰带、腰垫等，其作用是固定并安装空气瓶(含瓶阀)组件和减压器组件。肩带和腰带由阻燃性材料制成，背架体采用适合人体背部生理特征的形状，使空气呼吸器的重量主要分布于人体腰部，从而增加佩带者肩部的活动能力，降低疲劳强度。

(四)使用方法

1. 背戴气瓶

将气瓶阀朝下背上气瓶，通过肩带的自由端调节气瓶的上下位置和松紧程度，直到感觉舒适为止。将腰带的插头插入插座内，然后同时向后拉紧腰带左右两侧的伸出端，收紧腰带。

2. 佩戴面罩

放松面罩下端的两根颈带，拉开面罩头网，先将面罩置于使用者脸部，然后将头网从头部的上前方向后下方拉动，把罩戴在头上。调整面罩的位置，使下巴进入面罩下部的凹形内。先收紧下端的两根颈带，然后收紧上端的两根头带。用手掌捂住面罩接口处，通过呼气检查面罩的密封情况。如有漏气现象，可再次收紧头带或重新佩戴面罩。

3. 安装供气阀

将供气阀的红色旋钮放在12 min的位置，确认其接口与面罩接口啮合，然后沿顺时针方向旋转90°，当听到咔嚓声时即安装完毕。

4. 检查器具

将气瓶阀完全打开(如有两只气瓶，则应同时打开)并观察压力表的读数(气瓶压力不应低于28 MPa)，通过几次深呼吸检查供气阀的性能：吸气和呼气都应舒畅自如，无不适感觉。

5. 佩戴使用

该器具经过认真检查后即可投入使用。在使用过程中要密切注意报警器发出的声响信号，听到报警信号应立即撤离现场。从发出报警声响到压缩空气差不多用完，各种容量气瓶的余压使用时间可参见技术参数表中的相关数据。报警器声响在1 m范围内的声级为90 dB(A)。使用结束后，用手捏住面罩下部左右两侧的颈带扣环并向前轻推，松开颈带。然后松开头带，将面罩由下向上从脸部取下。

按下供气阀上方的橡胶按钮，关闭供气阀。用拇指和食指压住腰带插扣两端的滑块并向前轻拉，松开腰带。用右手拇指和食指压住插扣中间的凹口处，轻轻用力压下将插扣分开。放松肩带,将器具从背上卸下,关闭气瓶阀。空气呼吸器安装使用方法如图4-53所示。

(五)使用注意事项

1. 只有在必要的情况下,才可以更换那些磨损或品质下降的零件。经过严格系统培训的人员才可以进行零件的修理和更换。

2. 每次使用后,应随时清洗空气呼吸器。如果一套呼吸器供一人以上使用,则应在每次使用后进行认真彻底地清洗消毒。对于应急使用的空气呼吸器,应至少在每月或每次使用后进行检查、清洗消毒,每周均应检查空气瓶的储气压力。

3. 高压压缩空气突然释放非常危险,应将空气瓶放在安全的地方并加固。

图4-53 空气呼吸器安装使用方法

4. 定期检查供气阀阀体是否裂纹、凹陷、变形或其他化学热损伤。检查中压管有否切口、磨损、异常的软硬点或其他损坏。

5. 须特别注意保护面窗。当面窗需要清洗时,应使用蘸有清水的海绵或软布进行擦拭。

6. 应定期检查气瓶表面有无碰伤、变形、腐蚀或烧焦等现象。检查瓶阀开启是否灵活,瓶阀接口有无脏物。同时检查最近的静水压测试日期,以确保气瓶在规定的有效期内使用。

7. 气瓶充气时,会引起瓶温上升,应让气瓶自然冷却至室温后再充气至工作压力,严禁用冷水冷却气瓶。气瓶只能充装清洁干燥的空气,不得充装任何其他的气体。

8. 如果报警器没有按照设定的余压发出声响,或者冲卸阀和橡胶按钮不能正常开启和关闭,则暂时不要使用该呼吸器,应进行检修或更换。

(六)常见故障及排除方法

空气呼吸器的常见故障及排除方法见表4-20。

表4-20 常见故障及排除方法

故障现象	产生原因	排除方法
戴上面罩时有股持续的气流	1. 冲卸阀处于打开状态 2. 脸部和面罩之间泄漏 3. 自动供气按钮失灵	1. 关闭冲卸阀(红色) 2. 调节头罩松紧或重新佩戴面罩 3. 修复按钮或更换面罩
吸气时没有空气或阻力过大	1. 气瓶阀没有旋转到位 2. 供气阀故障 3. 减压器故障	1. 完全打开瓶阀 2. 修复或更换 3. 修复或更换
系统泄漏	1. 面罩与供气阀连接处泄漏 2. 减压器和瓶阀接口处泄漏 3. 中压管和减压器连接处泄漏 4. 快速接头处泄漏 5. 报警器和减压器连接处泄漏 6. 压力表和压力表管泄漏	1. 清洗或更换供气阀的橡胶垫圈 2. 重装或更换密封垫圈 3. 重装或更换橡胶垫圈 4. 更换供气阀的中压管 5. 修复或更换 6. 修复或更换
余压报警功能异常	报警器损坏	修复或更换
瓶阀关闭时气瓶内空气流失	1. 气瓶密封元件损坏 2. 气瓶安全膜片损坏	1. 取出并更换 2. 取出并更换

六、NL-Ⅰ型铁路救援起重机高强承载垫梁

铁路救援起重机是铁路交通事故应急救援的大型专用起重设备。在进行机车车辆救援起重作业时，为确保铁路救援起重机稳固安全，必须按规定打好起重机支腿。目前使用的支腿承载物以枕木为主，存在着本体重量大，劳动强度高，稳定性差，易裂损等缺点。

太原铁路局科研所研制成功的 NL-Ⅰ型起重机高强承载垫梁适用于铁路 160 t 及以下铁路救援起重机支腿的支撑作业，并在各铁路局救援列车推广应用。

（一）结构特点

该设备采用新材料、新结构和新工艺制造，具有重量轻、强度高、抗冲击、使用寿命长等特点，其结构如图 4-54 所示。

（二）基本参数

NL-Ⅰ型起重机高强承载垫梁的基本参数见表 4-21。

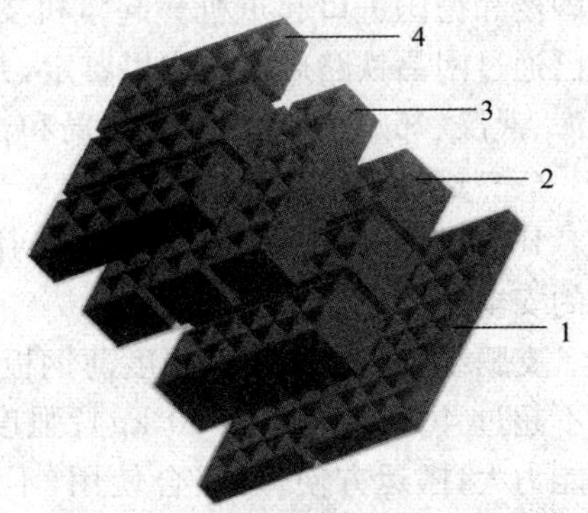

图 4-54　NL-Ⅰ型起重机高强承载垫梁
1—底部垫梁；2—上部垫梁(高度 300 mm)；
3—上部垫梁(高度 200 mm)；
4—上部垫梁(高度 100 mm)

表 4-21　垫梁基本参数

项　目	基本参数	备注
适应机型	160 t 及以下铁路救援起重机	
结构形式	网格框架	
垫梁本体尺寸(mm)	A：1 150×575×100	
垫梁本体尺寸(mm)	B：930×310×100～280	
垫梁本体重量(kg)	A：33，B：18～38	
适应环境温度(℃)	−30～50	

（三）使用方法

下面介绍一个支腿垫梁的码放过程，其余支腿类同。

1. 将需要码放垫梁处的地面清理平整，并排平铺一层长枕木，面积不得小于 1.2 m×1.2 m。

2. 将两件底部垫梁的网格面朝上，成交错状平放在枕木上(两件垫梁应密贴并搭成正方形)。

3. 将上部垫梁(第二层)的三件作为一组，网格面朝上，成交错状平放在底部垫梁的中部，形成正方形的受力面。

4. 如果空间允许，将上部垫梁(第三层)的三件作为一组，网格面朝上，成交错状平放在上部垫梁(第二层)上。

5. 如果支腿与垫梁之间仍有空余量，可将上部垫梁(第四层)的三件作为一组，网格面朝上，成交错状平放在上部垫梁(第三层)上。垫梁的安装使用方法如图 4-55 所示。

图 4-55　垫梁安装使用

（四）注意事项

1. 在任何情况下，都不允许起重机的支腿直接作用于底部垫梁上。

2. 每层垫梁之间应相互垂直交错码放，做到边缘整齐。如有条件，可在最上部垫梁和起重机支腿间铺垫一层薄木板以改善垫梁的受力状况。

3. 底部垫梁的弹性变形是有限度的，如发现其变形过大，应立即停止作业，将地面做进一步处理后再行码放。

4. 垫梁出现永久变形或肉眼可见的裂纹，应停止使用，做强制报废处理。

5. 为延长垫梁的使用寿命，存放时须防日晒、雨淋；在组装和运输时须防碰撞，防剧烈冲击。

七、铁路救援起重机支腿组合垫块

起重机支腿组合垫块是起重机救援作业时的支腿支撑设备，适用于起重量不大于160 t的国产和德国进口起重机。起重机支腿垫块由南昌铁路局科研所和机务处联合研制。2003年已通过南昌铁路局科技成果鉴定，并获得国家实用新型专利。目前，已在南昌、成都、济南、上海、武汉、郑州、乌鲁木齐铁路局和青藏铁路公司的救援列车推广应用。

(一)适用范围及特点

160 t起重机支腿组合垫块是专用于铁路160 t及以下起重机在事故救援及工程起重作业时的安全支撑设备。

支腿组合垫块采用高强度薄钢板通过特殊焊接制造，垫块呈空心密封体，具有重量轻(单件不超过40 kg，最轻为30 kg)；强度高，承载能力大；搬运方便，可组合使用，不易损坏等特点。

该设备可有效防止由于支撑材料断裂引发起重机倾覆的事故，缩短救援作业时间，减轻人员劳动强度，提高救援效率，并能适应－40 ℃低温条件下的应用，其外形如图4-56所示。

图4-56 160 t轨道起重机支腿垫块

(二)垫块性能参数

支腿垫块分为DK-160-B型和DK-160-C型两种。

DK-160-B型适用于起重量不大于160 t的国产起重机。一个支腿用一组垫块，每组14件，一套四组共56件。每组组合高度为920 mm，上层垫块表面尺寸为600 mm×400 mm。

DK-160-C型适用于起重量不大于160 t的德国进口起重机。一个支腿用一组垫块，每组16件，一套四组共64件。每组组合高度为870 mm，上层垫块表面尺寸为800 mm×600 mm。

DK-160-B型支腿垫块的外形尺寸和各种高度组合如图4-57所示。

(三)垫块组合叠码方法

1. 560 mm高程组合叠码方法

选择坚实的地面，平整场地石砟，夯实后平整排放一层长枕木或垫块六根，在其上部对中横排三件长的横垫块，依次在上部对中横排两件短的横垫块，然后在其上部对中叠放一件中层垫块，如图4-57所示。

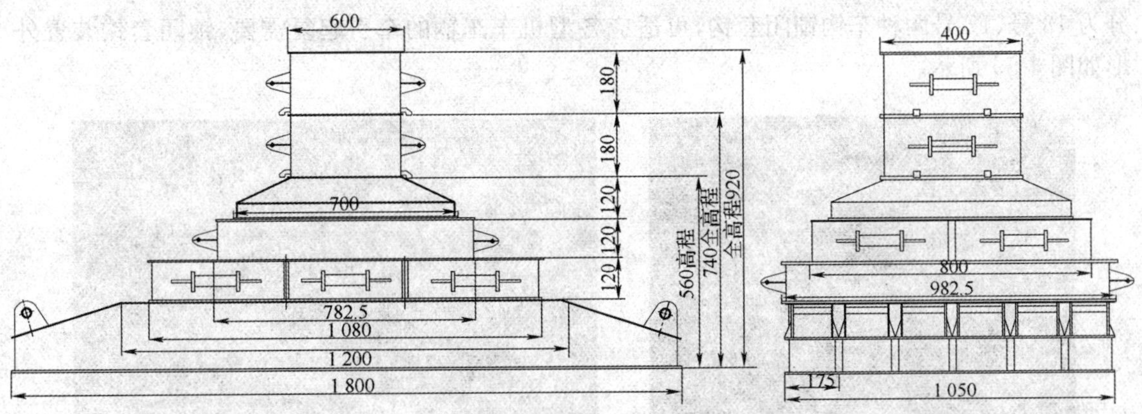

图 4-57 DK-160-B 型支腿垫块的外形尺寸和各种高度组合(单位:mm)

2. 740 mm 高程组合叠码方法

长枕木式垫块六根,长的横垫块三件,短的横垫块两件,中层垫块一件。按 560 mm 高程组合方法叠码,最上层再叠放一层上层垫块,如图 4-57 所示。

3. 全程高 920 mm 组合叠码方法

长枕木式垫块六根,长的横垫块三件,短的横垫块两件,中层垫块一件,按 560 mm 高层组合方法叠码,最后在其上部对中叠放三层上层垫块,如图 4-57 所示。

(四)注意事项

1. 使用时垫块应放置平整,起重机支腿伸缩油缸的压板应对正垫块组合中心进行顶压,不要偏倚。

2. 取用垫块时,不得抛掷、不得与钢轨等坚硬物体碰撞。

3. 使用完毕后,应及时检查清扫,存放在库内整洁通风处所,妥善保管,避免锈蚀。

4. 垫块外表面脱漆后,应及时补涂油漆。

起重机使用组合支腿垫块作业如图 4-58 所示。

图 4-58 起重机使用组合支腿垫块作业

八、锁闭套钩装置

锁闭套钩装置由洛阳思弗特救援设备开发有限公司(洛阳铁安救援设备开发中心)研发,该装置采用优质碳素结构钢制造。具有体积小、重量轻、安装快捷、性能可靠等特点,是铁路交通事故应急救援必备的机具。

该装置由中国铁道学会安全委员会监制,已获得国家发明专利,并通过铁路主管部门产品质量监督检验中心检验合格。2007 年 3 月,经参加在青岛组织的动车组救援机具验证会实际起复检验,得到与会人员一致好评,并在各铁路局和合资铁路及地方铁路推广应用。

(一)基本结构

锁闭套钩装置主要由锁闭套钩、钢丝绳、钩绳固定环和绳卡等组成。根据车钩结构特点,分为 13 号、17 号两种车钩锁闭套钩,可适应各型机车车辆的牵引起复需要,锁闭套钩装置外形如图 4-59 所示。

锁闭套钩锁闭位

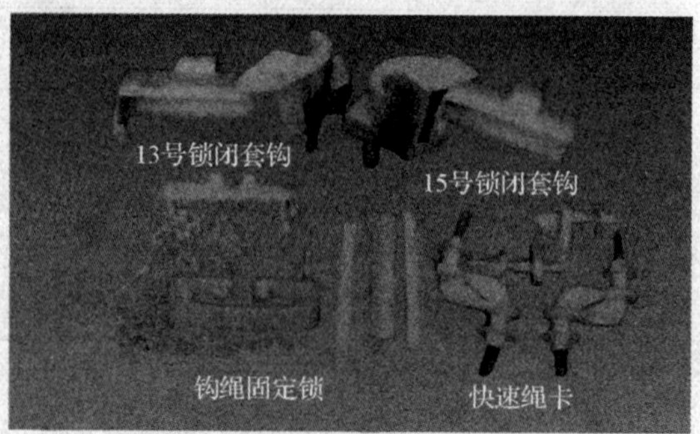

锁闭套钩部件图

图 4-59　锁闭套钩装置

(二)技术参数

锁闭套钩:高 310 mm,宽 250 mm;

最大牵引重量:300 t;

重量:13.5 kg;

钢丝绳规格:6×37-21.5-1 700-1-甲镀-右交(GB 1102—74),ϕ21.5 mm,长 11 000 mm;

固定环规格:外形总长 282 mm,宽 120 mm,高 98 mm,材质为优质碳素结构钢;

绳卡规格:绳卡 22KTH GB 5976—86,标准件。

(三)使用方法

1. 机车车辆脱轨时锁闭套钩的使用方法:

(1)机车车辆发生脱轨事故后,使用锁闭套钩配合复轨器起复时,牵引钢丝绳直径为 43 mm,两台及以上机车牵引复轨时,钢丝绳直径不应小于 50 mm。

(2)脱轨机车车辆起复牵引端车钩良好时,先将车钩处于全开位,把锁闭套钩挂锁在钩舌上,再将牵引钢丝绳挂在锁闭套钩与钩头之间,推回钩舌使锁铁复位,即可使钢丝绳锁闭在车钩内。用同样方法,将钢丝绳另一端与牵引机车车钩连挂,如图 4-60 所示。

(3)起复作业前应先试拉,检查各部位正常后方可牵引起复。

(4)如车辆断钩或无钩时,可将钢丝绳挂在车钩牵引销或可靠部位。

2. 机车车辆在线路上不能正常连挂时的使用方法:

(1)当需连接的两个车钩偏离正常位置,不能直接连挂时,可在两车钩各装一个 13 号或 17 号锁闭套钩,用直径 21.5 mm 的钢丝绳在两车钩内往复穿过不少于 4 次,再用 2 个快速绳卡将两个绳头卡死,试拉正常后,即可牵引回送,连接方法如图 4-61 所示。

(2)当两个车钩其中一个钩舌断裂时,可在良好端车钩上安装锁闭套钩,然后用链条把固定环安装在破损车钩的钩脖上,再用直径 21.5 mm 的钢丝绳一端通过固定环套在破损钩钩脖上,另一端套在良好钩头的锁闭套钩间,往复不少于 4 次,并用 2 个快速绳卡将两绳头卡死后,即可试拉、牵引回送。

图 4-60 用锁闭套钩连挂机车与脱轨车辆

图 4-61 用钢丝绳连接方法

(3)当需连接的两个车钩钩舌均断裂时,可比照第(2)条说明,用两个固定环配合钢丝绳连挂牵引。

(4)当使用直径 21.5 mm 的钢丝绳牵引脱轨车辆起复作业时,使用的绳卡不得少于 4 个,并须均匀分布。绳卡间的距离约为 130～150 mm 左右,不允许在钢丝绳上交替布置。钢丝绳绳卡的使用方法如图 4-62 所示。

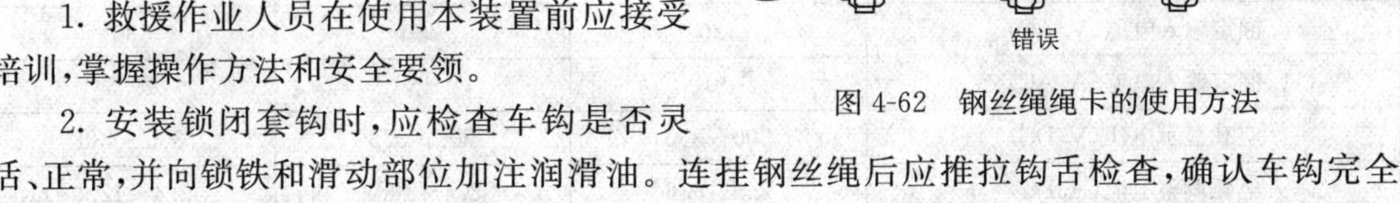

图 4-62 钢丝绳绳卡的使用方法

(四)注意事项

1. 救援作业人员在使用本装置前应接受培训,掌握操作方法和安全要领。

2. 安装锁闭套钩时,应检查车钩是否灵活、正常,并向锁铁和滑动部位加注润滑油。连挂钢丝绳后应推拉钩舌检查,确认车钩完全锁闭。

3. 套钩与钩舌须可靠连接,防止缓钩时钢丝绳脱落。牵引作业时,可适量松缓牵引钢丝绳,但不宜松缓过量,否则易拉断钢丝绳及锁闭套钩。

4. 牵引机车车辆复轨时,作业人员应距离钢丝绳连接处 10 m 以外,以防绳索折断或石砟迸出伤人。

5. 多台机车牵引复轨时,应统一指挥作业,保持平稳、协调动作。机车车辆复轨后,应及时安放止轮器,防止车辆与牵引机车碰撞而损坏锁闭套钩及绳索。

6. 在线路上使用本装置连接车钩回送时,应使车钩连接处紧密可靠,以防牵引时绳索松缓冲撞,回送速度应控制在 15 km/h 以内。在回送时,应一度停车检查,确认各部状态良好后方可继续运行。

7. 每次使用后应进行探伤检查,发现裂纹、变形应立即更换。

8. 本装置应存放在库内整洁通风处所,定期检查给油,避免锈蚀。

九、便携式等离子束切割机

便携式等离子束切割机是一种以水和乙醇为工作介质,利用水蒸气等离子体在磁场和电场中的气体动力作用下收缩效应原理而研制的新型切割、焊接工具。可用于黑色金属、有色金属的切割、焊接、打孔及局部加热;亦可用于混凝土、石材、玻璃等非可燃性材料的加工。在铁路交通事故抢险救援中,用于切割机车车辆障碍部件,打通救援通道,及时抢救伤员,尽快开通线路恢复行车。

(一)基本结构

便携式等离子束切割机主要由移动式变频发电机(后备电源)、主机、喷枪等构成,主机既可由外接交流电源供电,也可由后备电源供电。便携式等离子束切割机的基本结构如图 4-63 所示。

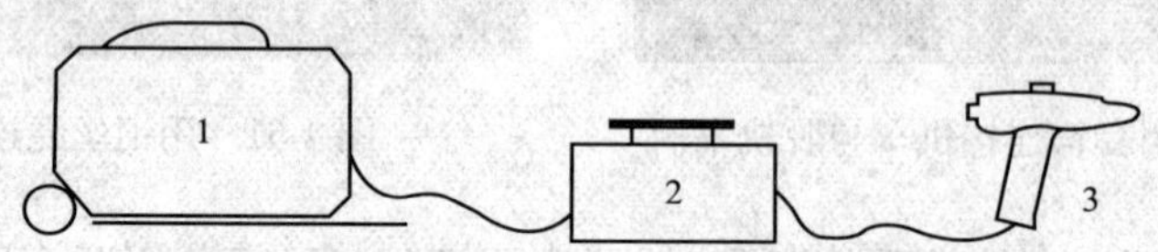

图 4-63　便携式等离子束切割机基本结构

1—移动式变频发电机(后备电源);2—主机;3—喷枪

(二)主要技术参数

便携式等离子束切割机主要技术参数见表 4-22。

表 4-22　便携式等离子束切割机主要技术参数

项　目		型号/参数		
		BPCW22A+	BPCW33A	BPCW40A
额定输入电压(V. AC)		220	220	380
额定输入电流(A. AC)		10	15	10.5
空载显示电压(V. DC)		300~350	300~375	300~430
电弧调整电流(A. DC)		2.5~6.6	3.4~10.2	3.4~12.0
额定功率(kW)		2.2	3.3	4.0
负载持续率(%)		80	80	80
最大切割厚度(mm)		8	16	18
最大焊接厚度(mm)		6	12	12
工作方式		非转移弧/转移弧		
工作介质		纯净水		
工作液额定容量(mL)		70~100		
连续工作时间(min)		≥25	≥25	≥25
距喷嘴 2 mm 处喷束的温度(℃)		≥8 000		
工作程序		短时往复		
阴极类型		HU-6 等离子发射阴极		
主机外形尺寸:长×宽×高(mm)		380×130×210	410×150×220	410×150×220
重量(kg)	主机	≤5.0	≤10.0	≤10.0
	喷枪	≤0.7	≤0.7	≤0.7
变频发电机组(后备电源)		IG2800H	IG3300E	—

注:上表中的最大切割/焊接厚度以中碳钢为依据。

(三)操作方法

1. 工作准备

(1)将喷枪电缆插入主机的喷枪电缆插座,拧紧固定螺母。

(2)接通主机电源线。

(3)选择使用非转移弧(等离子弧产生在阴极与喷嘴之间)焊(切)模式时,无需使用随机附件中的接地线。

(4)选择使用转移弧(等离子弧产生在工件与阴极之间)焊(切)模式时,将随机附件中的接地线两端分别连接在主机的接线端子和被加工的工件上。

(5)根据工作需要,向喷枪内注射 70～100 mL 工作液,直至喷嘴出现致密水滴,拧紧水帽。

注意事项:

①切割时工作液使用纯净水,焊接时使用 40%的酒精溶液,效果更佳。

②如果工作液流到喷枪外壳上,应及时擦干。

③喷枪切忌在无工作液状态下使用。

(6)确认阴极头与喷嘴之间的间隙为 2～3 mm,具体操作方法如下:

①按一下控制按钮,判断阴极杆是否有 2～3 mm 的自由移动间隙。

②如果间隙过大,可逆时针旋转控制按钮调小间隙;如果间隙过小,可顺时针旋转控制按钮调大间隙。

(7)主机面板设置如下:

①主机面板第一电流调整旋钮(ModeⅠ)置于"5"挡位置,第二电流调整旋钮(ModeⅡ)置于"6"挡位置(处理非金属材料时,此挡位应置于关闭状态)。

②开启主机后面板上的电源开关,电压显示窗灯亮起,显示数字为"000"。

③"off"指示灯亮起。

④"on"指示灯不亮。

⑤"overheat"指示灯不亮。

2. 启动

(1)按主机机板上的"on"按钮。

(2)确认工作电压显示范围,见表 4-23。

表 4-23　工作电压显示范围

项目＼型号	BPCW22A＋	BPCW33A	BPCW40A
空载显示电压	300～350 V	300～375 V	300～430 V

(3)按一下喷枪控制按钮。

注意事项:

喷枪前端的金属部件在工作状态中处于高温、带电状态,严禁触摸!

(4)确认在主机面板上:

①"off"指示灯熄灭。

②"on"指示灯亮。

③"overheat"指示灯不亮。

④工作电压从 30 V 迅速上升到 110 V 左右。

3. 等离子束的调整与引弧

(1)等离子束的调整

喷枪启动经过约 1 min 左右进入稳定状态,这时喷嘴口喷出稳定的等离子束。当等离子束满足以下三项指标时,喷枪进入正常工作状态。

①等离子束连续,长度约 20～30 mm。

②等离子束根部呈现紫红色的荫蔽。

③工作电压为 130 V 以上。

如果没有出现上述现象,可以通过旋转控制按钮来调整喷束,使其达到稳定状态。

初次启动喷枪时,短时间出现绿色荫蔽属正常现象。如果不能消除等离子束中的绿色荫蔽或起弧困难,说明阴极头或喷嘴的磨损很严重,应更换新品。

(2)引弧

引弧是指由非转移型等离子弧向转移型等离子弧过渡的过程。

①非转移型等离子弧:等离子弧产生在阴极与喷嘴之间。

②转移型等离子弧:等离子弧产生在工件与极阴之间。

③引弧的前提:

a. 确认主机接线端子和工作可靠连接。

b. 确认 ModeⅡ已打开。

c. 观察喷枪前端已出现最佳引弧状态(等离子束根部呈紫红色的荫蔽)。顺时针或逆时针缓慢旋转控制按钮可获得最佳引弧状态。

(3)引弧操作

将喷枪垂直靠近工件,当喷嘴距离工件 2～3 mm 处时,喷枪内弧体自动引出。

(4)引弧成功与否的判断

将喷枪喷嘴移动到距离工件 2～3 mm 处引弧,可明显感觉到喷枪吹力增大,声音变响,用眼观察可看到喷嘴与工件间有针状等离子弧,且弧光变亮,此时喷枪处于转移弧工作状态。

(5)注意事项

①转移弧操作严禁喷嘴和工件相接触。

②引弧成功后应保证喷嘴和工件有 2～6 mm 间隙,匀速移动。若间隙过大,容易断弧,断弧后需重新引弧;若间隙过小或接触工件会产生双弧,出现双弧时要立即让喷嘴远离工件,双弧消失后再重新引弧。

③操作时严禁"双弧"现象,因为出现"双弧"现象时会破坏工艺的正常进行,并引起喷嘴烧损(除转移型等离子弧外,在喷嘴和工件之间还存在电弧,这种现象被称为"双弧")。

4. 工作模式的选择及调整

(1)工作模式的选择

非转移弧模式:即开启第一电流调整旋钮(ModeⅠ),同时关闭第二电流调整旋钮(ModeⅡ)的状态,此模式适合金属薄板和非金属的加工。

转移弧模式：即同时开启第一电流调整旋钮（ModeⅠ）和第二电流调整旋钮（ModeⅡ），此模式仅适用于加工金属材料。

（2）工作模式的调整

根据被加工工件的材质、厚度等特性，应选择相应的工作电流和工作电压。

用主机面板上的第一/第二电流调整旋钮（ModeⅠ/Ⅱ）来调整工作电流大小；用旋转喷枪控制按钮来调整工作电压。

当设定第一电流调整旋钮（ModeⅠ）挡位时，应逐挡调整，否则等离子束可能会熄灭。如将第一电流调整旋钮（ModeⅠ）从“5”挡调到“3”挡，具体调整方法如下：

①把第一电流调整旋钮（ModeⅠ）从原来的挡位（如“5”挡）调到下一个挡位（如“4”挡）。

②旋转喷枪控制按钮将电压微调至150～180 V间。

③将第一电流调整旋钮（ModeⅠ）调到下一挡位（如“3”挡），而后微调电压至150～180 V间。

以此类推，反向调整亦同上所述。

5. 工作结束

在工作液不足时会出现以下情况：

（1）喷束出现橙色荫蔽。

（2）喷束变长。

（3）显示电压在没有干涉的情况下持续下降。

当出现以上情况时，应立即关闭喷枪。如果此时操作者没有关闭喷枪，将造成水箱壳体过热，损伤喷嘴或阴极头。

当水箱壳体升至一定温度时，主机过热保护功能将启动，“overheat”指示灯闪烁，主机自动关闭。

（4）工作结束，需要完成下列操作：

①按下主机上的“off”按钮。这时“on”指示灯熄灭，电压显示窗上的显示电压缓慢恢复为“000”。

②自然冷却喷枪。若需尽快冷却，请在电源处于切断状态下将喷嘴部位置于纯净水中并持续到喷嘴冷却为止。

（四）安全操作须知

1. 使用工具前应仔细阅读设备使用说明书。作业时应严格按国家及行业有关切割、焊接操作规则执行。

2. 使用前应仔细检查连接电缆绝缘保护层是否完好；本产品的输入电源必须有良好接地。

3. 作业时，必须采用国家或行业规范推荐的防护用品，作业人员的防护用品应保持干燥、整洁。

4. 使用该工具前应确保工作地点5 m内无易燃、易爆物品，工作场所应备有灭火设施。

5. 应保证工作场所通风良好。

6. 在斜面上使用时，应保证倾斜不要超过15°，以防止其倾倒。

7. 本产品防护等级IP23，即外壳能防止大于12 mm的固体进入内部，并能防止与垂直成60°范围内的淋水的影响。

8. 在潮湿的场地工作时，应用干燥的木板或橡胶片等绝缘物作垫板。

9. 高空作业时应防止火花飞溅而引起火灾。

10. 严禁在有压力的容器或管道上进行操作。

11. 严禁堵塞主机的进风窗和排风窗。

12. 严禁将工作中的喷枪处于无人监视状态。

13. 严禁在主机开启时将喷枪对准他人或查看喷嘴。

14. 严禁在主机开启时将喷枪通电部分置于水中。

15. 严禁在主机开启时灌注工作液。

16. 严禁在主机开启时进行任何技术维护和维修。

17. 停止工作时,应及时切断电源,防止喷枪意外启动而造成损害。

18. 更换喷枪部件时,应先切断主机电源,待喷枪冷却后,方可进行。

19. 工作完成后应彻底检查工作场地,防止有火种遗留。

20. 严禁擅自打开主机。主机的检查和维修须经过生产厂家的专业技术人员实施。

(五)故障排除方法

便携式等离子束切割机在使用中一旦发生故障,应按表 4-24 所示方法进行检查并排除。

表 4-24 故障现象及排除方法

现　象	原　因	排除方法
启动时出现哨声	气流快速流动	旋转控制按钮
喷嘴打“喷嚏”	工作液的爆炸式沸腾	旋转控制按钮
主机正常喷枪不启动	阴极头烧熔、凹陷	更换阴极头
	喷嘴孔被堵住	更换喷嘴或疏通喷嘴孔
	按控制按钮,阴极头与喷嘴不能良好接触	逆时针旋转控制按钮调整间隙
喷嘴变红	缺少工作液	添加工作液
	喷嘴孔被堵住	更换喷嘴或疏通喷嘴孔
	涡流发生器和蒸发器的管孔被水垢堵死	清洗、疏通涡流发生器和蒸发器
主机过温保护	缺少工作液	添加工作液
	主机温度过高	改善通风条件并待主机自然冷却后重新启动
喷枪工作不稳定	涡流发生器的管孔被水垢堵塞	清洗涡流发生器
	阴极头的嵌入物凹陷	打磨或更换阴极头
等离子束火焰偏斜	喷嘴灼伤或安装不对称;阴极杆弯曲	调整或更换喷嘴、阴极杆
等离子束出现绿色荫蔽	喷嘴或阴极头灼伤	检修喷嘴和阴极头

(六)保养与存放

1. 该工具应保存在常温状态,允许保存温度在−40 ℃～55 ℃之间,相对湿度在90%以下(20 ℃时);且不得有腐蚀性气体存在。

2. 如在零下温度保存后使用时,应在零上温度的地方放置 3 h 以上。

3. 冬季作业,应在工作时加注工作液,作业完毕,须将喷枪内残留的工作液耗尽,以免工作液在喷枪中结冰。

4. 工作结束后,应将水帽、控制按钮旋松,以便橡胶圈和弹簧卸压。

5. 使用后，应将工具存放在库内整洁且温度高于 0 ℃的地方，喷枪内不得存有工作液体。

十、液压破拆机具

液压破拆机具主要包括剪切器及扩张器，是以液压为动力的手持式机械剪切、扩张工具。剪切器能够剪断钢筋、钢管等型材；扩张器能够扩张、撕剥钢材裂缝，也可以抬起重物。

以上两种机具可广泛应用于铁路交通事故救援现场和工程施工场地遇险被困人员的救生抢险，尤其适用于“禁火区”作业。

(一)基本结构

液压破拆机具由汽油机机动泵站、剪切器、扩张器等三部分组成，其结构如图 4-64 所示。

图 4-64　液压破拆机具

1—汽油机机动泵站；2—剪切器；3—扩张器

(二)技术参数

液压破拆机具技术参数见表 4-25。

表 4-25　液压破拆机具技术参数

名称	项　目	技术参数
机动泵站	汽油机输出功率	5.5 HP(4.0 kW)
	额定工作压力	63 MPa
	高压输出流量	2×0.6 L/min
	低压工作压力	≤10 MPa
	低压输出流量	2×2.0 L/min
	液压油油箱容量	10 L
	超高压软管(标准配置)	5 m×2，两套
	自重(含油脂)	≤45 kg
	外形尺寸(长×宽×高)	430 mm×360 mm×550 mm

续上表

名称	项　目	技术参数	
液压剪切器	型号	JQQ28/150D 型	JQQ34/185E 型
	额定工作压力	63 MPa	63 MPa
	最大开口	≥150 mm	≥185 mm
	最大剪断能力(Q235 圆钢)	ϕ28 mm	ϕ34 mm
	自重(工作状态)	≤12.5 kg	≤15.0 kg
	外形尺寸(长×宽×高)	730 mm×190 mm×165 mm	780 mm×210 mm×165 mm
扩张器	型号	KZQ120/42A 型	KZQ200/60C 型
	额定工作压力	63 MPa	63 MPa
	端部开口距离	≥630 mm	≥700 mm
	最大扩张力	120 kN	200 kN
	自重(工作状态)	≤16.5 kg	≤25.0 kg
	外形尺寸(长×宽×高)	705 mm×280 mm×185 mm	785 mm×330 mm×220 mm

(三)使用方法

1. 对剪切器(扩张器)的外观进行检查,确保作用良好。

2. 用超高压油管将泵站与剪切器或扩张器连接,将换向阀操作手柄置于中位。

3. 启动泵站,按换向阀指示箭头将操作手柄旋转到位,此时泵站向机具油缸供油,两刀体作张开或闭合运动。

4. 将换向阀操作手柄置于中位,泵站卸载,两刀体停止工作。

5. 将刀口对准破拆部件,转动换向阀操作手柄完成部件剪切(扩张)作业。

6. 作业完毕,转动换向阀操作手柄使刀体呈微开状态,然后将手柄返回中位,关闭泵站。

(四)注意事项

1. 该机具需要两人操作,其中一人操作泵站,另一人进行破拆作业。

2. 操作人员应戴好安全头盔和防护手套,其他人员应远离作业现场。

3. 作业中应采取各种防护措施,以免发生意外。

4. 扩张器不得用于长时间支承部件。泵站油箱油位应符合规定并保持清洁。

5. 作业过程中不得随意调整泵站溢流阀的设定压力,油管不得发生锐角折曲。

6. 机具应存放于库内干燥通风处所,定期对设备机具进行检查保养及试验。

十一、顶轮器

在机车车辆脱轨实施救援时,顶轮器可迫使落于钢轨顶面的脱轨车轮复位,是一种方便有效的辅助救援工具。

顶轮器分为机械式和液压式两种。顶轮器具有结构简单、体积小,重量轻,方便现场使用,缩短救援时间,且便于运输及存放等特点,已在各铁路局救援列车推广应用。

(一)基本结构

机械式顶轮器主要由焊接框架(轨顶钩铁)固定装置、顶轮丝杠及棘轮扳手等组成。

液压式顶轮器由液压千斤顶、高压油管及快速接头、手动液压泵、压套定位索及轨顶钩铁等组成。其外形如图 4-65 所示。

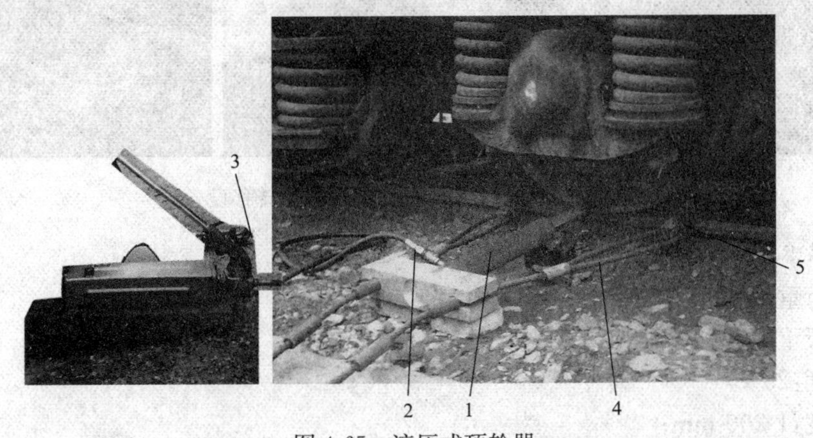

图 4-65　液压式顶轮器

1—液压千斤顶；2—高压油管及快速接头；3—手动液压泵；4—压套定位索；5—轨顶钩铁

（二）技术参数

顶轮器的主要技术参数见表 4-26。

表 4-26　顶轮器主要技术参数

项目	机械式	液压式
最大推力(kN)	10	100
自重(kg)	＜50	＜40
结构形式	焊接框架	压套定位索

（三）使用方法

1. 机械式顶轮器

(1)将顶轮器焊接框架钩挂在脱轨车轮外侧钢轨顶部，顶轮器丝杠头部对准脱轨车轮下部轮箍处。

(2)用棘轮扳手拧动丝杠迫使轨面上的车轮向内移动，直至复轨。

2. 液压式顶轮器

(1)将顶轮器压套定位索钩挂在脱轨车轮外侧钢轨顶部，将液压千斤顶头部顶托对准脱轨车轮下部轮箍处。

(2)用手动液压泵给液压千斤顶供油，利用千斤顶向内推移轨面上的车轮，迫使其复轨。

(3)确认脱轨车轮全部复轨后，拆除顶轮器。

（四）保管方法

1. 使用后应进行认真检查、给油。在库内清洁、通风的处所存放，避免曝晒和淋雨。

2. 应定期对丝杠及焊接框架进行探伤检查，发现裂纹及变形，应及时维修处理。

十二、大型工程机械上下车快速转移设备

南昌铁路局科研所研发的大型工程机械上下车快速转移设备是大型履带或轮式机械（如挖掘机、装载机、推土机及军用坦克等）于铁路沿线非站台上下铁路平板车辆的专用升降设备。该设备主要由过渡板、定位端板、吊具及加固装置等组成，其结构外形如图 4-66 所示。

（一）结构特点

该设备分为 KSZY 系列和 KSZY50 系列。采用特种高强度薄钢板材料，设计为蜂窝状上拱板结构，以特殊工艺加工制造。具有重量轻、强度及刚性好、携带方便、拆装灵活等优点。大型机械上下车的作业时间缩短为几分钟，且不受装车地点的制约，更能适应铁路线路上的抗洪抢险、应急救援和军事运输的需要。

图 4-66　大型工程机械上下车快速转移设备

(二)技术参数

最大载荷重量:30 t、50 t;

单件渡板重量:≤250 kg;

爬升坡度:25°;

爬升高度:1 200 mm;

适用平车型号:N16、N17 系列路用平车。

(三)使用方法

1. 选择线路地形平坦开阔的地点安装设备,应避开桥梁、隧道等特殊地段。

2. 用吊具将过渡板吊落地面,先将定位端板与平车端部安装定位,再将过渡板与定位端板可靠连接,过渡板安装后应与线路纵中心线平行。

3. 用专用加固装置将过渡板连接处进行加固成为一体,确认各部安装良好后,即可进行机械转移作业。

4. 作业完毕,应对设备进行检查清扫,分解归位,存放在车辆或库内固定地点,妥善保管,不得曝晒和淋雨。

第五章　机车车辆救援吊索具

利用铁路救援起重机和液压起复机具起复机车车辆时，需先用转向架索具将脱轨的机车车辆转向架轮轴与车体连挂加固为一体后方可进行吊装、顶移复轨作业。内燃、电力机车设计制造时，在机车主车架的前后端两侧对称位置上设置救援吊装孔和架车座，以适应机车吊装起复和架车需要。

机车车辆救援吊索具通常由吊具和转向架索具两部分组成。

第一节　救援吊索具基本结构

一、钢丝绳

（一）钢丝绳的用途及分类

钢丝绳是起重作业、物件捆绑和机车车辆牵引复轨时应用最多的一种挠性构件。使用时选择是否合理及质量的好坏，都会直接影响到起重工作的安全。同其他挠性构件（如链条、棕绳等）相比较，钢丝绳具有各方向挠性相同、使用可靠、耐冲击及高速运转无噪音等优点。

钢丝绳由一定数量的钢丝绕成股，再由几股围绕绳芯，并按一定方向拧制而成。绳芯一般采用麻、棉、石棉等有机物制成，浸以防锈、防腐蚀的中性润滑油，因而增加了钢丝绳的挠性，延长其使用寿命，并能吸收一部分冲击载荷。

根据钢丝绳与股的绕向不同，钢丝绳可分为顺绕和交绕两种。

顺绕钢丝绳，即钢丝绕成股和由股绕成绳的方向相同。这种钢丝绳由于钢丝之间接触较好，具有表面比较平滑，挠性较好，耐磨等优点，但容易出现扭转缠结、自行松散等现象。

交绕钢丝绳，即钢丝绳绕成股和由股绕成绳的方向相反。它的挠性和耐磨性不如顺绕钢丝绳，但不易松散和缠结。起重机和救援吊索具多使用交绕钢丝绳，钢丝绳的结构如图 5-1 所示。

按照钢丝绳股中每层钢丝之间的接触状态不同，又可分为点接触（D 型）和线接触（X-1 型）两种。后者是由不同直径的钢丝绕制而成，钢丝之间接触面大，接触应力小且表面光滑，挠性比前者好。

选择使用钢丝绳时，对钢丝绳直径的测量要力求正确，正确测量钢丝绳直径的方法如图 5-2 所示。

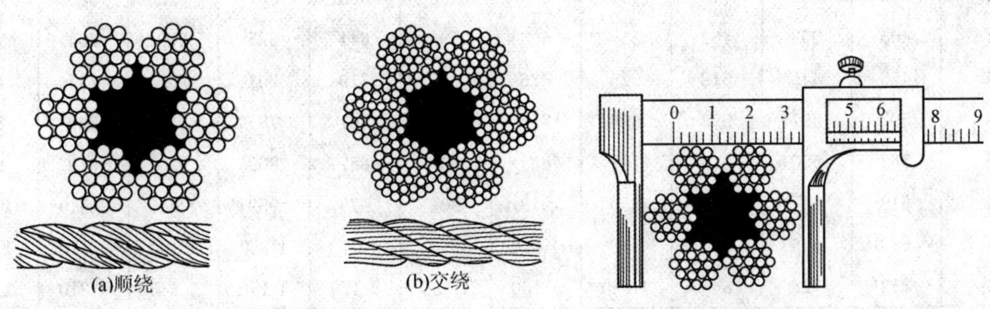

图 5-1　钢丝绳的结构　　图 5-2　正确测量钢丝绳直径的方法

(二)钢丝绳公称抗拉强度(GB/T 20118—2006)

钢丝绳公称抗拉强度见表 5-1 和表 5-2。

表 5-1　钢丝绳公称抗拉强度

(钢丝绳结构:6×19+FC　6×19+IWS　6×19+IWR)

钢丝绳公称直径(mm)	参考重量(kg/100 m)			钢丝绳公称抗拉强度(MPa)							
				1 570		1 670		1 770		1 870	
				钢丝绳最小破断拉力(kN)							
	天然纤维芯钢丝绳	合成纤维芯钢丝绳	钢芯钢丝绳	纤维芯钢丝绳	钢芯钢丝绳	纤维芯钢丝绳	钢芯钢丝绳	纤维芯钢丝绳	钢芯钢丝绳	纤维芯钢丝绳	钢芯钢丝绳
3	3.16	3.10	3.60	4.34	4.69	4.61	4.99	4.89	5.29	5.17	5.59
4	5.62	5.50	6.40	7.71	8.34	8.20	8.87	8.69	9.40	9.19	9.93
5	8.78	8.60	10.0	12.0	13.0	12.8	13.9	13.6	14.7	14.4	15.5
6	12.6	12.4	14.4	17.4	18.8	18.5	20.0	19.6	21.2	20.7	22.4
7	17.2	16.9	19.6	23.6	25.5	25.1	27.2	26.6	28.8	28.1	30.4
8	22.5	22.0	25.6	30.8	33.4	32.8	35.5	34.8	37.6	36.7	39.7
9	28.4	27.9	32.4	39.0	42.2	41.6	44.9	44.0	47.6	46.5	50.3
10	35.1	34.4	40.0	48.2	52.1	51.3	55.4	54.4	58.8	57.4	62.1
11	42.5	41.6	48.4	58.3	63.1	62.0	67.1	65.8	71.1	69.5	75.1
12	50.5	50.0	57.6	69.4	75.1	73.8	79.8	78.2	84.6	82.7	89.4
13	59.3	58.1	67.6	81.5	88.1	86.6	93.7	91.8	99.3	97.0	105
14	68.8	67.4	78.4	94.5	102	100	109	107	115	113	122
16	89.9	88.1	102	123	133	131	142	139	150	147	159
18	114	111	130	156	169	166	180	176	190	186	201
20	140	138	160	193	208	205	222	217	235	230	248
22	170	166	194	233	252	248	268	263	284	278	300
24	202	198	230	278	300	295	319	313	338	331	358
26	237	233	270	326	352	346	375	367	397	388	420
28	275	270	314	378	409	402	435	426	461	450	487
30	316	310	360	434	469	461	499	489	529	517	559
32	359	352	410	494	534	525	568	557	602	588	636
34	406	398	462	557	603	593	641	628	679	664	718
36	455	446	518	625	676	664	719	704	762	744	805
38	507	497	578	696	753	740	801	785	849	829	896
40	562	550	640	771	834	820	887	869	940	919	993
42	619	607	706	850	919	904	978	959	1 040	1 010	1 100
44	680	666	774	933	1 010	993	1 070	1 050	1 140	1 110	1 200
46	743	728	846	1 020	1 100	1 080	1 170	1 150	1 240	1 210	1 310

注:最小钢丝破断拉力总和=钢丝绳最小破断拉力×1.226(纤维芯)或 1.321(钢芯)。

表 5-2　钢丝绳公称抗拉强度

(钢丝绳结构:6×37+FC　6×37+IWR)

钢丝绳公称直径(mm)	参考重量(kg/100 m)			钢丝绳公称抗拉强度(MPa)							
				1 570		1 670		1 770		1 870	
				钢丝绳最小破断拉力(kN)							
	天然纤维芯钢丝绳	合成纤维芯钢丝绳	钢芯钢丝绳	纤维芯钢丝绳	钢芯钢丝绳	纤维芯钢丝绳	钢芯钢丝绳	纤维芯钢丝绳	钢芯钢丝绳	纤维芯钢丝绳	钢芯钢丝绳
5	8.65	8.43	10.0	11.6	12.5	12.3	13.3	13.1	14.1	13.8	14.9
6	12.5	12.1	14.4	16.7	18.0	17.7	19.2	18.8	20.3	19.9	21.5
7	17.0	16.5	19.6	22.7	24.5	24.1	26.1	25.6	27.7	27.0	29.2
8	22.1	21.6	25.6	29.6	32.1	31.5	34.1	33.4	36.1	35.3	38.2
9	28.0	27.3	32.4	37.5	40.6	39.9	43.2	42.3	45.7	44.7	48.3
10	34.6	33.7	40.0	46.3	50.1	49.3	53.3	52.2	56.5	55.2	59.7
11	41.9	40.8	48.4	56.0	60.6	59.6	64.5	63.2	68.3	66.7	72.2
12	49.8	48.5	57.6	66.7	72.1	70.9	76.7	75.2	81.3	79.4	85.9
13	58.5	57.0	67.6	78.3	84.6	83.3	90.0	88.2	95.4	93.2	101
14	67.8	66.1	78.4	90.8	98.2	96.6	104	102	111	108	117
16	88.6	86.3	102	119	128	126	136	134	145	141	153
18	112	109	130	150	162	160	173	169	183	179	193
20	138	135	160	185	200	197	213	209	226	221	239
22	167	163	194	224	242	238	258	253	273	267	289
24	199	194	230	267	288	284	307	301	325	318	344
26	234	228	270	313	339	333	360	353	382	373	403
28	271	264	314	363	393	386	418	409	443	432	468
30	311	303	360	417	451	443	479	470	508	496	537
32	354	345	410	474	513	504	546	535	578	565	611
34	400	390	462	535	579	570	616	604	653	638	690
36	448	437	518	600	649	638	690	677	732	715	773
38	500	487	578	669	723	711	769	754	815	797	861
40	554	539	640	741	801	788	852	835	903	883	954
42	610	594	706	817	883	869	940	921	996	973	1 050
44	670	652	774	897	970	954	1 030	1 010	1 090	1 070	1 150
46	732	713	846	980	1 060	1 040	1 130	1 100	1 190	1 170	1 260
48	797	776	922	1 070	1 150	1 140	1 230	1 200	1 300	1 270	1 370
50	865	843	1 000	1 160	1 250	1 230	1 330	1 300	1 410	1 380	1 490
52	936	911	1 080	1 250	1 350	1 330	1 440	1 410	1 530	1 490	1 610
54	1 010	983	1 170	1 350	1 460	1 440	1 550	1 520	1 650	1 610	1 740
56	1 090	1 060	1 250	1 450	1 570	1 540	1 670	1 640	1 770	1 730	1 870
58	1 160	1 130	1 350	1 560	1 680	1 660	1 790	1 760	1 900	1 860	2 010
60	1 250	1 210	1 440	1 670	1 800	1 770	1 920	1 880	2 030	1 990	2 150

注:最小钢丝破断拉力总和=钢丝绳最小破断拉力×1.249(纤维芯)或 1.336(钢芯)。

(三)钢丝绳使用与保养

(1)检查钢丝绳磨损、锈蚀、拉伸、变形、断丝及绳芯露出的程度,确定安全起重量。

(2)使用中,钢丝绳表面如有油滴挤出,这时应停止增加负荷,立即进行检查,必要时更换。

(3)禁止拖拉、抛掷,不准超负荷使用,不准使钢丝绳发生锐角折曲。

(4)用钢丝绳连挂机车车辆时必须挂牢,钢丝绳抻直后方可缓慢牵引,避免冲击载荷。

(5)钢丝绳有铁锈和灰垢时,可用钢丝刷刷净后,用棉纱蘸上机油进行涂擦。每使用 4 个月涂热油1次,应浸透绳芯。

(6)钢丝绳盘好后,须放在库内清洁干燥的处所,避免潮湿,不得叠压。

(四)钢丝绳报废标准

钢丝绳具有以下情形之一时,应予报废:

(1)每一节距长度断丝根数超过表5-3所列数量时。

(2)钢丝的锈蚀或磨损达到或超过40%时。

(3)钢丝绳中有一整股折断时。

(4)在使用中断丝数目明显增多时。

表5-3 钢丝绳报废标准

钢丝绳使用时的安全系数(滑轮直径要按规定)	每一节距长度断丝根数							
	6×19=114芯 一个有机绳芯		6×37=222芯 一个有机绳芯		6×61=366芯 一个有机绳芯		18×19=342芯 一个有机绳芯	
	反搓	顺搓	反搓	顺搓	反搓	顺搓	反搓	顺搓
小于6	12	6	22	11	36	18	36	18
6～7	14	7	26	13	38	19	38	19
7～8	16	8	30	15	40	20	40	20

二、进口迪尼玛吊具

江苏省泰州市朝阳绳网工艺厂是生产各类吊索具、破拆机具、起复机具及安全带的专业厂家。该公司生产的进口迪尼玛吊具适用于铁路、港口、交通、电力、油田、机电、化工等行业设备起重、车辆牵引及交通事故抢险救援作业,并首家通过江苏省特种安全防护产品质量监督检验中心和铁路总公司产品质量监督检验中心检验。多年来,已在国家铁路、合资铁路、地方铁路救援系统和其他领域推广应用。

该公司生产的进口迪尼玛吊具的型号较多,主要分为ST001、ST002、ST003至ST015等多种。根据救援起重作业需要,吊带可采用单组合、二组合、三组合、四组合等形式,迪尼玛吊具结构如图5-3所示。

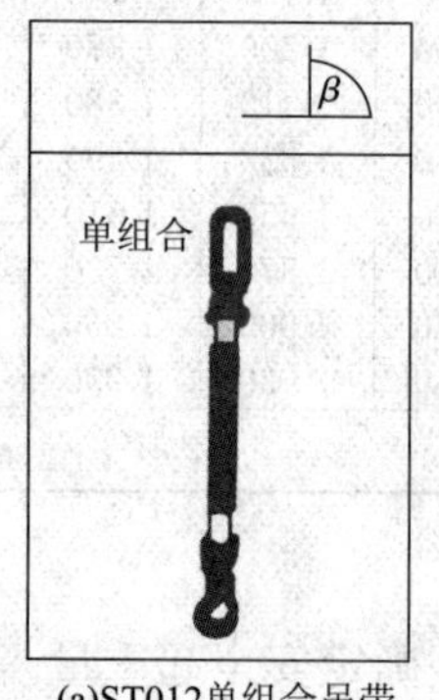

(a)ST012单组合吊带

(b)ST013二组合吊带

(c)ST014三组合吊带

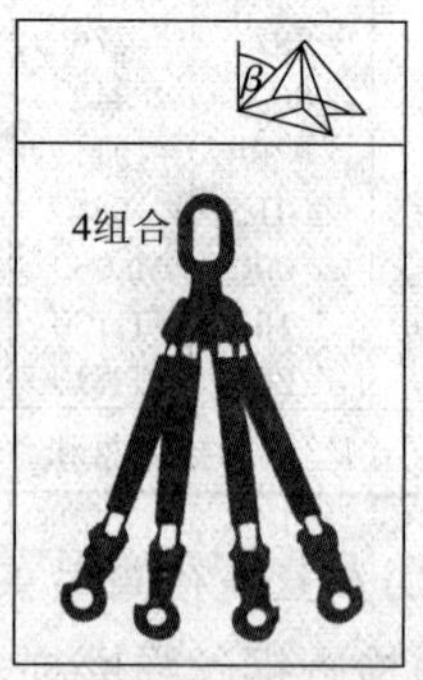

(d)ST015四组合吊带

图5-3 迪尼玛吊具结构

(一)主要特点

该吊具采用的原料是由荷兰迪尼玛公司生产的超高强度纤维Dyneema SK75,结合本公司先进的生产工艺制造，具有以下性能特点：

(1)轻质高强。在强力相同的情况下，迪尼玛吊具的重量只有合成纤维的 1/8，钢丝绳的 1/10。以额定负荷 40 t，8 m 长的吊具为例，合成纤维吊具为 120 kg，而迪尼玛吊具仅有 15 kg，可明显减轻作业人员的劳动强度，特别是在高原缺氧、气候恶劣及场地受限等条件下使用该吊具，更显示出其操作轻便的特点。

(2)耐腐蚀性和耐碱性。合成纤维吊具在酸性或碱性溶液中浸泡 200 h，剩余强力仅有 10%～20%，钢丝绳的耐腐蚀性能也很差，而迪尼玛吊具剩余强力仍为 95%～100%。迪尼玛耐腐蚀性能为合成纤维的 5 倍，钢丝绳的 6 倍。

(3)抗老化、耐紫外光性能好。试验表明，在正常温度下，室内存放 2 年，合成纤维的强度要下降 24%～28%。而迪尼玛强度仅下降 1.8%，如果忽略其他因素，进口迪尼玛吊具的抗老化性能应是合成纤维吊具的 4 倍以上。

试验证明，在室外暴露 2 年，合成纤维剩余强力只有 10%～20%，而迪尼玛剩余强力为 80%，迪尼玛的耐光性是合成纤维的 4 倍。

(4)延伸率比较小。试验证明，合成纤维的伸长率为 10%～18%，而迪尼玛的伸长率仅有 3%～5%，吊具长度变化很小，宜于精准对位吊装作业。

(5)耐磨性能好。采用相同规格的迪尼玛和合成纤维在同一钝角上做磨断试验，结果表明，迪尼玛的耐磨性能是合成纤维的 2.5～3.2 倍。

(6)张力疲劳度比较。这是衡量吊具质量的又一重要指标。根据国际惯例，经过对相同规格，不种材质制造的吊具进行千次加载、卸载试验，结果表明，钢丝绳强力下降了 40%，合成纤维下降了 45%，而迪尼玛强力没有下降，仍为 100%。就使用频率而论，迪尼玛吊具的使用寿命至少为合成纤维的 2 倍，钢丝绳的 1.6 倍。

(7)绝缘性能好。迪尼玛具有极高的绝缘性能和抗静电性能，已经通过国家电网公司高压研究所 500 kV 的超高压试验。在电气化铁路起吊电力机车、动车组及铁路罐车，具有钢丝绳无可比拟的优越性能。

(8)用途广泛。迪尼玛吊具采用先进的工艺制造，可在同一负荷的吊具上插接制作多种不同长度的吊具，使一套吊具即可起吊多种机车，又可起吊动车组及客、货车辆。这一优点是目前其他吊具都无法做到的。此外，在救援现场如吊具不慎被割断一、二股，仍然可以使用，不会影响救援任务的完成。进口迪尼玛吊具即使整条吊具不慎被割断，仍可修复如初，其修复费用仅为购置新品的 1/4，节约大量资金。合成纤维吊具，由于采用单股纤维绕制工艺制造，一旦断掉一股，整个吊具只能报废处理。

(9)提高救援效率。迪尼玛吊具可明显降低现场作业人员的劳动强度，提高工作效率，确保人身安全。为快速完成抢险救援任务，及时开通线路恢复行车提供了有利条件。经过多年来现场救援的应用，得到了救援专业人员的一致认同。利用迪尼玛吊具起复 DF_4 型内燃机车作业如图 5-4 所示。

图 5-4　起复 DF_4 型内燃机车作业

(二)主要技术参数

材料:进口迪尼玛 SK75;

安全系数:6∶1;

温度范围:−40 ℃~80 ℃;

延伸度:极限工作延伸率小于2;破断延伸率小于12%;

长度:根据工作需要。

进口迪尼玛吊具系列技术参数见表5-4,进口迪尼玛超高强度绳索与普通绳索性能对照见表5-5。

表5-4 进口迪尼玛吊具系列技术参数

实际承载能力方式 系数 P×额定载荷					
编号	破断载荷(kg)	额定载荷(kg)	$P=0.8$ 柱节吊升(kg)	$P=1.8$ 45°角吊升(kg)	$P=1.4$ 90°角吊升(kg)
01	6 000	1 000	800	1 800	1 400
02	12 000	2 000	1 600	3 600	2 800
03	18 000	3 000	2 400	5 400	4 200
05	30 000	5 000	4 000	9 000	7 000
08	48 000	8 000	6 400	14 400	11 200
10	60 000	10 000	8 000	18 000	14 000
12	72 000	12 000	9 600	21 600	16 800
15	90 000	15 000	12 000	27 000	21 000
20	120 000	20 000	16 000	36 000	28 000
30	180 000	30 000	24 000	54 000	42 000
40	240 000	40 000	32 000	72 000	56 000
50	300 000	50 000	40 000	90 000	70 000
60	360 000	60 000	48 000	108 000	84 000
70	420 000	70 000	56 000	126 000	98 000
80	480 000	80 000	64 000	144 000	112 000
90	540 000	90 000	72 000	162 000	126 000
100	600 000	100 000	80 000	180 000	140 000

表5-5 迪尼玛超高强度绳索与普通绳索性能对照表

规格 D(mm)	进口迪尼玛(Dyneema. SK75)		锦纶		钢丝绳	
	断裂强度(kN)	kg/100 m	断裂强度(kN)	kg/100 m	断裂强度(kN)	kg/100 m
2	4.70	0.26	0.12	0.28	2.10	5.30
3	10.1	0.59	0.25	0.60	5.80	6.80
5	24	1.50	0.46	1.63	13	12
6	32	2.95	4.90	3.15	17.20	14

续上表

规格 D(mm)	进口迪尼玛(Dyeema. SK75)		锦纶		钢丝绳	
	断裂强度(kN)	kg/100 m	断裂强度(kN)	kg/100 m	断裂强度(kN)	kg/100 m
8	55	5.30	7.8	5.6	30.8	25
10	87	7.95	10.8	8.95	48.2	39
12	125	11.38	15.6	12.5	69.4	56.2
14	172	15.60	24.5	16.90	94.5	76.4
16	225	20.50	29.4	19.30	123	99.80
18	280	25.70	36.2	27.80	156	126
20	352	31.90	47.0	33.90	192	156
22	428	38.90	56.8	42.50	249	189
24	508	45.80	68.6	48.60	277	225
26	588	53.70	78.4	56.30	325	264
28	690	62.00	88.2	54.80	378	306
30	760	71.00	102	74	433	351
32	840	81.00	115	85	493	399
34	950	91.80	122	87.60	557	451
36	1 040	116.00	140	124.80	624	505
38	1 150	130.00	158	136.80	696	563
40	1 280	148.00	172	153	771	624
42	1 340	169.00	187	175.30	850	688
44	1 460	183.00	196	189.10	933	755
46	1 540	198.00	216	203.20	1 053	814
48	1 631	215.00	225	225	1 276	880
50	1 770	231.00	240	236	1 398.1	943.6
56	2 180	283.00	280	288	1 640	1 107.4
60	2 380	321.00	308	330	1 902.4	1 284.3
70	3 252	446.00	398	450	—	—
80	3 880	577.00	450	583	—	—
90	—	—	780	710	—	—
100	—	—	1 080	830	—	—
110	—	—	1 300	980	—	—

(三)注意事项

(1)事故应急救援作业为特殊起重工作,必须认真执行各项安全操作规程及作业标准,所有吊具必须采用正确的方式系数,不得超载作业。

(2)每次使用前,须认真检查确认吊具各部状态是否良好。圆形吊索易受机械、化学、高温损伤,发现保护层严重破损时,不得使用。

(3)吊装作业前,应在重物棱角处使用磁力护角或垫好防护物,以防损坏绳索。

(4)吊装作业时,吊索和重物不得拖拉,圆形吊索不得打结,避免冲击载荷或振动负载物。吊具组合使用时,应尽可能使载荷均匀分布在每条吊带上。

(5)吊具使用后,应存放在库内整洁通风的处所,妥善保管。不得放在明火旁或其他热源附近,并避免紫外线直接照射。

(6)发现吊具有损伤或状态不良的情况应与生产厂家联系,及时进行维修处理。

三、吊装链条与卸扣

吊装链条与卸扣是机车车辆应急救援和吊装作业中常用的起重器材。由于链条的挠性较好,强度较高,机车车辆转向架救援索具一般均采用链条制作,或用链条与钢丝绳及卸扣组合使用。哈尔滨诺盾科技发展有限公司生产的救援吊装链条、卸扣等救援起重系列产品具有强度高、重量轻、使用方便等特点,得到各铁路局救援列车专业人员的好评。

(一)合金钢链条与卸扣的性能

1. 80 级高强度吊装链条的性能

(1)链条采用合金钢制作,并经过热处理调质。

(2)链条参数符合 JB/T 8108.1—1999 起重用标准短环链条。

(3)80 级高强度吊装链条,破断强度大于或等于 800 MPa。

(4)破断时的延伸率大于或等于 17%。

2. 100 级高强度吊装链条的性能

(1)采用特种合金钢,经特殊高强度调质处理,具有很高韧性。

(2)采用特殊的热处理工艺,不仅提高了链条的动态强度,而且更耐机械磨损和划伤,延长产品使用寿命。

(3)在自然黑时,其最小破断延伸率大于或等于 25%;有粉红色涂层时,其最小破断延伸率大于或等于 20%,比 80 级链条更抗划伤和耐氢脆。

(4)与其他链条相比载荷相同,直径较小,同时链条自重可减少约 50%。

3. 合金钢卸扣的性能

(1)采用合金钢制造,并经过热处理调质。

(2)强度高,使用方便,安全可靠。

(二)合金钢链条与卸扣主要技术参数

1. 80 级高强度吊装链条技术参数

80 级高强度吊装链条的技术参数见表 5-6。

表 5-6 80 级高强度吊装链条的技术参数

规格 $d\times p$ (mm)	宽度(mm)		单位长度重量 (kg/m)	工作载荷 (t)	试验负荷 (kN)	最小破断负荷 (kN)
	最小内宽	最大外宽				
6×18	7.5	21	0.79	1.1	27	45.2
7×21	9	24.5	1.07	1.5	37	61.6
8×24	10	28	1.38	2	48	80.4
10×30	12.5	35	2.2	3.2	76	125

续上表

规格 $d\times p$ (mm)	宽度(mm)		单位长度重量 (kg/m)	工作载荷 (t)	试验负荷 (kN)	最小破断负荷 (kN)
	最小内宽	最大外宽				
11×43	12.6	36.5	2.33	3.8	92	154
12×36	15	42	3.1	4.6	109	181
12.5×38	15.5	42.2	3.3	4.9	117	196
13×39	16.3	46	3.8	5	128	214
14×42	18	49	4.13	6.3	150	250
14×50	17	48	4	6.3	150	250
15×46	20	52	5.17	7	168	280
16×48	20	56	5.63	8	192	320
16×49	24.5	59.5	5.71	8	192	320
16×64	23.9	58.9	5.11	8	192	320
18×54	23	63	6.85	10	246	410
18×64	21	60	6.6	10	246	410
19×57	23.7	63.2	7.7	11.3	270	450
20×60	25	70	8.6	12.5	300	500
22×65	28	74.2	10.7	15.3	366	610
22×66	28	77	10.2	15.3	366	610
22×86	26	74	9.5	15.3	366	610
24×72	32	82	12.78	18	432	720
24×86	28	79	11.6	18	432	720
26×78	35	91	14.87	21.3	510	850
26×92	30	86	13.7	21.3	510	850
30×90	38	105	19.6	28.3	678	1 130
30×108	34	98	18	28.3	678	1 130
32×96	40	106	22.29	32.2	772	1 286
34×126	38	109	22.7	36.3	870	1 450
34×102	46.5	121.5	25.5	36.3	870	1 450
36×108	49.5	128.5	31	40.7	978	1 630
38×137	42	121	29	45.3	1 086	1 810
38×114	52	136	32	45.3	1 086	1 810
42×126	55.5	144.5	38.6	55.4	1 332	2 200

2. 100 级高强度吊装链条技术参数

100 级高强度吊装链条的技术参数见表 5-7。

表 5-7　100 级高强度吊装链条的技术参数

规格 $d\times p$ (mm)	链环直径 (mm)	宽度(mm)		单位长度重量 (kg/m)	工作载荷(t)	试验负荷(kN)	最小破断负荷 (kN)
		最小内宽	最大外宽				
4×12	4	5.2	13.2	0.36	0.63	15.7	25
6×18	6	7.8	19.8	0.85	1.5	37.5	60
8×24	8	10.4	26.4	1.5	2.5	62.5	100
10×30	10	13	33	2.4	4.0	100	160
13×39	13	17	43	4.0	6.5	162.5	260
16×48	16	21	53	6.0	10	250	400
20×60	20	26	66	9.5	16	395	630
22×66	22	28.6	72.6	12.3	20	500	800

3. 合金钢卸扣技术参数

DN 型和 DL 型合金钢卸扣的技术参数分别见表 5-8 和表 5-9。

表 5-8　DN 型合金钢卸扣的技术参数

型　号	额定载荷(t)	A(mm)	B(mm)	D(mm)	E(mm)	F(mm)	G(mm)	K(mm)	M(mm)	重量(kg)
1/4	0.50	12.0	7.9	6.4	23.9	15.5	22.4	40.4	35.1	0.05
5/16	0.75	13.5	9.7	7.9	29.5	19.1	26.2	48.5	42.2	0.08
3/8	1.0	16.8	11.2	9.7	35.8	23.1	31.8	58.4	51.6	0.13
7/16	1.50	19.1	12.7	11.2	41.4	26.9	36.6	67.6	60.5	0.20
1/2	2.0	20.6	16.0	12.7	45.0	30.2	41.4	77.0	68.3	0.27
5/8	3.25	27.0	19.0	16.0	58.7	38.1	50.8	95.3	84.8	0.60
3/4	4.75	31.8	22.1	19.1	69.9	46.0	60.5	115.1	100.8	1.19
7/8	6.50	36.6	25.4	22.4	81.0	53.1	71.4	135.4	114.3	1.43
1	8.50	43.0	28.7	25.4	93.7	60.5	81.0	150.9	128.8	2.15
1 1/8	9.50	46.0	31.8	28.7	103.1	68.3	90.9	172.2	142.0	3.06
1 1/4	12.0	51.6	35.1	31.8	115.1	76.2	100.1	190.5	156.5	4.11
1 3/8	13.5	57.2	38.1	35.1	127.0	94.1	111.3	210.3	173.7	5.28
1 1/2	17	60.5	41.4	38.1	136.6	91.9	122.2	230.1	186.7	7.23
1 3/4	25	73.2	50.8	44.5	162.1	106.4	146.1	278.6	230.6	12.13
2	32	82.6	57.2	50.8	184.0	122.2	171.5	311.9	262.6	19.19
2 1/2	55	105.0	69.9	66.5	238.3	144.5	203.2	376.9	330.2	32.55

表 5-9　DL 型合金钢卸扣的技术参数

型　号	额定载荷(t)	A(mm)	B(mm)	D(mm)	F(mm)	G(mm)	K(mm)	M(mm)	P(mm)	重量(kg)
1/2	2	20.6	16.0	12.7	30.2	41.4	77.0	46.0	71.1	0.34
5/8	3.25	26.9	19.1	16.0	38.1	50.8	95.3	58.7	89.7	0.67
3/4	4.8	31.8	22.4	19.1	45.0	60.5	115.1	70.0	103.4	1.14

续上表

型　号	额定载荷(t)	A(mm)	B(mm)	D(mm)	F(mm)	G(mm)	K(mm)	M(mm)	P(mm)	重量(kg)
7/8	6.50	36.6	25.4	22.4	53.1	71.4	135.4	81.0	119.6	1.75
1	8.5	42.9	28.7	25.4	60.5	81.0	150.9	93.7	134.9	2.52
1 1/8	9.5	46.0	31.8	28.7	68.6	90.9	172.2	103.1	149.9	3.45
1 1/4	12.0	51.6	35.1	31.8	76.2	100.0	190.5	115.1	165.4	4.90
1 3/8	13.5	57.2	38.1	35.1	84.1	111.3	210.3	127.0	183.1	6.24
1 1/2	17.0	60.5	41.4	38.1	92.2	122.2	230.1	136.7	196.3	8.39
1 3/4	25.0	73.2	50.8	44.5	106.4	146.1	278.6	162.1	229.8	14.24
2	35	82.6	57.2	50.8	122.2	171.5	311.9	184.2	264.4	21.20
2 1/2	55	104.9	70.0	66.5	144.5	203.2	377.0	238.3	344.4	38.56
3	85	127.0	82.6	76.2	165.1	215.9	428.8	279.4	419.1	56.36
3 1/2	120	133.4	95.3	91.9	203.2	—	—	—	482.6	—
4	150	139.7	108.0	104.1	228.6	—	—	—	501.7	—

第二节　内燃、电力机车吊索具

救援吊索具是铁路救援起重机起复内燃、电力机车的主要机具，根据机车车体结构特点设计配置，并在可能的条件下，实现机车车辆吊索具的通用性、便捷性。

内燃、电力机车救援吊索具主要由机车吊具和转向架索具两部分组成。机车吊具包括支撑梁、承吊销、承吊索(钢丝绳或迪尼玛吊带)；转向架索具一般由合金钢链条及链条卡板组成，或由钢丝绳索套与链条组合使用，效果很好。因各型机车长度、整备重量及转向架结构不同，应根据机型配备专用(通用)的吊索具。

一、HX型内燃、电力机车救援吊索具

为适应新型机车车辆事故应急救援需要，太原铁路局科研所根据救援起重机的结构特点，在充分考虑我国铁路中长期发展需要，吸收国内外吊索具技术的基础上开发出新型吊索具，可供 100 t 和 160 t 救援起重机配套使用。适用于 HXN_3、HXN_5 型内燃机车和 HXD_1、HXD_2、HXD_3 型电力机车的救援起复。同时考虑通用性，在更换不同的吊索后可用于其他机车车辆的救援起复作业。

(一)HX 型机车吊索具

1. 基本结构

HX 型机车吊索具由通用型单支撑梁，HX 型机车承吊销，HX 型机车专用吊索和 HX 型机车转向架索具等部件组成，通用型单支撑梁结构如图 5-5 所示。

图 5-5　通用型单支撑梁结构

2. 技术参数

(1)支撑梁

额定起重力:160 t;

吊销中心距:3 500 mm;

适应车型:HXD_2 型机车及其他主型机车车辆;

外形尺寸:3 950 mm×500 mm×697 mm;

自重:1 060 kg;

数量:1 套。

(2)HXD_2 型机车专用吊索

最小破断力:2 550 kN;

材质:进口迪尼玛编织;

长度:7 m;

绳索结构:环形;

数量:4 根。

(3)HXD_2 型机车承吊销

适应车型:HXD_2 型机车;

额定载荷:240 kN;

自重:20 kg;

数量:4 只。

(4)HXD_2 型机车索具

适应车型:HXD_2 型机车;

额定载荷:230 kN;

数量:2 套(供两个转向架用)。

3. 使用方法

整体起吊机车车辆时,在使用吊具前应首先连挂捆绑转向架索具,按吊索具使用说明书操作。

(1)将起重机主钩降至地面放置吊具处。

(2)将支撑梁中部两个吊销拔出,主钩落入支撑梁中部的钩框内,穿入吊销并锁好,机车车辆支撑梁安装如图 5-6 所示。

图 5-6　通用型单支撑梁安装

(3)吊起支撑梁,依次拔出整吊配件的吊销,穿入吊具下部吊索,再穿入吊销并锁好。

(4)在脱轨机车车辆吊点安装机车承吊销或车辆吊钩,整体起吊作业时应掌握机车车辆的平衡。内燃机车整体起复吊具安装如图 5-7 所示。

图 5-7　内燃机车整体起复吊具安装

4. 注意事项

(1)根据不同的机车车辆及作业工况,应使用与之配套的承吊销及专用吊钩、吊索。

(2)每次使用前应仔细检查,发现吊具变形或吊索破损,不得继续使用,以免发生危险。

(3)救援作业中,应严格执行安全作业规则,检查确认吊索具安装无误后,方可起吊作业。

(4)吊索具使用后应进行全面检查、擦拭,并对支撑梁、承吊销、销轴、滑轮和卡钩等应定期探伤检查,检查周期与起重机吊钩相同。

(二)内燃、电力机车转向架索具

1. DF_4、DF_5 型内燃机车转向架索具

(1)基本结构(单端起吊)

转向架索具:承吊销 2 只,机车中梁支撑铁 2 根,ϕ16 mm×4 m 钢丝绳 2 根,ϕ16 mm×1.5 m钢丝绳 4 根,倒顺扣 4 个,ϕ16 mm×2 m 合金钢链条及卡板 4 根。

(2)使用方法

DF_4、DF_5 型内燃机车为电传动,机车的走行部由两台可以互换的三轴转向架组成。转向架采用无心盘牵引杆机构,轴箱无导框,橡胶关节拉杆结构。索具连挂程序如下:

①构架前端捆绑:用机车中梁支撑铁一端担在中梁底部翼板上,另一端架在机车前端梁裙板内侧平板上,用链条索具兜住支撑铁与构架,两侧捆绑方法相同。

②构架后端捆绑:在构架后端上方车架上各有一个通孔,将链条索具由此孔穿过,兜住构架。

③轴箱与构架连接:采用 ϕ16 mm×1.5 m 钢丝绳从 1、3、4、6 位轴箱底部穿过,往上兜住构架,用倒顺扣紧固,将车轴与构架连接。将机车承吊销装入承吊孔内,用 ϕ16 mm、长 4 m 钢丝绳,一端挂在机车承吊销内方,另一端连挂在 2、5 位轴箱上(将轴箱下部螺栓松开,安装钢丝绳挡板,以防绳索滑脱),用卡板锁紧。

转向架索具安装后,轮对连接构架,构架连接车体,车体用迪尼玛吊带与机车支撑梁连挂,即可起吊作业。

④若采用液压起复设备进行复轨时,应将转向架与车体连挂捆绑后再进行顶移复轨。

DF_4、DF_5 型内燃机车转向架索具安装方法如图 5-8 所示。

图 5-8 DF_4、DF_5 型内燃机车转向架索具安装方法

2. DF_{11} 型内燃机车转向架索具

(1)基本结构(单端起吊)

转向架索具:承吊销 2 只,ϕ16 mm×4 m 钢丝绳 2 根,ϕ16 mm×2 m 钢丝绳 4 根。轴箱盖加长螺栓 4 根,防滑挡板 2 块。

(2)使用方法

①将承吊销穿入车架牵引杆座上的承吊销孔内,从内侧固定,防止窜出。

②更换转向架两侧中间轴箱盖下部两个螺栓为加长螺栓,安装防滑挡板后将螺栓紧固。

③在转向架两侧,分别用钢丝绳从转向架中间轴箱盖下部防滑挡板内侧穿入兜住该轮对,再套在同侧承吊销内侧端,然后将钢丝绳捆绑固定。捆绑长度应一致,并适当预留紧余量,以保证转向架平稳复轨。

④将转向架前端梁与牵引梁后腹板中间的圆孔处用钢丝绳捆紧。

⑤在转向架构架上平面与车架之间用木垫块塞紧,使转向架基本处于水平状态。

DF_{11} 型内燃机车转向架索具如图 5-9 所示。

图 5-9 DF_{11} 型内燃机车转向架索具安装方法

1—机车承吊销;2—中间轮对轴箱;3—钢丝绳索具;4—木垫块;5—前端梁连挂钢丝绳

3. HXD_1 型电力机车转向架索具

HXD_1 型电力机车转向架与车体之间设有连接装置,如发生脱轨事故连接装置损坏时,可用该索具把机车的转向架与车体连挂捆绑在一起。该索具具有安装快捷、操作简单、安全实用等特点。

(1)基本结构

HXD_1 型电力机车转向架索具由链绳(ϕ16 mm 链条)4 组、销轴 4 个、卡板 4 块、索具箱 1 个组成。

(2)使用方法

以转向架一侧的索具连挂捆绑为例。

①将机车原设计附带的链绳、销轴及挡片等拆下。

②将链条卡板用销轴穿在机车吊耳内,并穿上开口销。

③将链绳的钢丝索扣套在转向架下部相应边的平衡架轴内,并用螺栓把挡片拧入,以防索扣脱出。

④将链绳上部链条穿入链条卡板长槽孔内并拉紧,适当松开一至二环,防止捆绑过紧而损坏索具。作业过程中应使所有索具捆绑松紧度基本一致,以保证转向架被吊起后保持水平。

⑤按相同方法连挂捆绑同侧另一吊耳的索具。再用同样方法完成转向架另一侧的连挂捆绑作业,HXD_1 型电力机车转向架索具安装方法如图 5-10 所示。

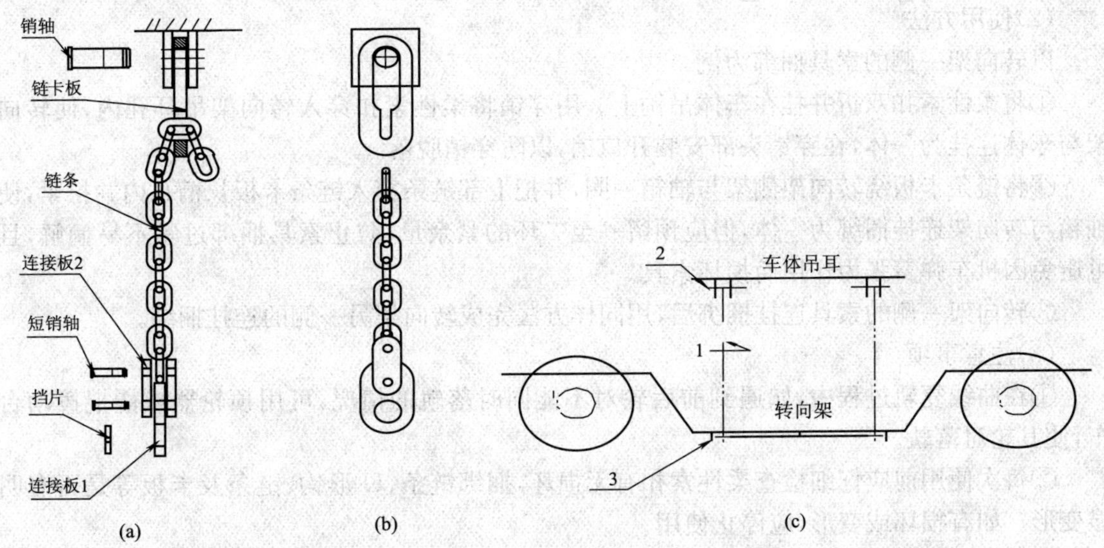

图 5-10　HXD_1 型电力机车转向架索具安装方法

1—链条及卡板(4 组);2—销轴(4 个);3—挡片(4 个)

(3)注意事项

①在曲线复轨过程中,如遇到前后某轮对不能同时落轨的情况,可用顶轮器或撬棍拨动台车,使其轮对落轨。

②每次使用前应仔细检查捆绑链绳、链条卡板、销轴、挡片等是否良好,如有裂纹或变形,应停止使用。

③索具在存放过程中,应定期涂油保养,以免锈蚀,并置于阴凉干燥处保管,避免与腐蚀性物品接触。

④应定期对索具进行探伤检查,检验周期与起重机吊钩相同。

4. HXD_2 型电力机车转向架索具

HXD_2 型机车转向架上设有吊耳,车体上设有吊钩。如发生脱轨事故,可用柔性索扣把吊耳及吊钩连挂捆绑在一起,同时用链条卡板把转向架侧架与轴头捆绑为一体。该型机车索具安装快捷、操作方便。

(1)基本结构

每套转向架索具(捆绑一个转向架)由柔性索扣,穿销,链条及卡板等组成,并配备索具铁箱,以便使用与保管,HXD_2 型机车转向架索具结构如图 5-11 所示。

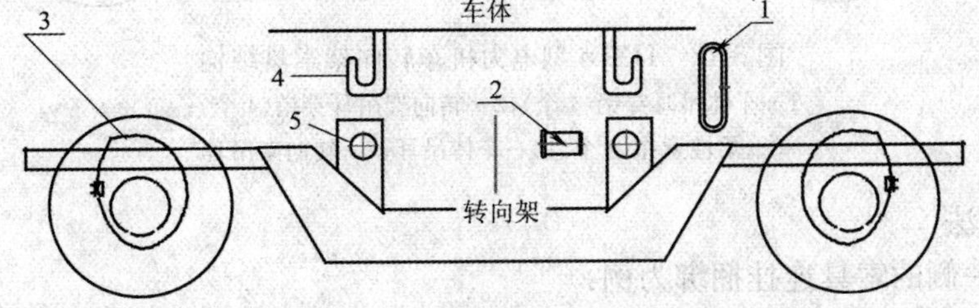

图 5-11　HXD_2 型机车转向架索具

1—柔性索扣(4 个);2—穿销(4 个);3—链条及卡板(4 条);4—车体吊钩;5—转向架吊耳

(2)使用方法

以转向架一侧的索具捆绑为例：

①将柔性索扣双折并挂在车体吊钩上。用穿销将柔性索扣穿入转向架吊耳孔内，使转向架与车体连挂为一体，在穿销头部安装开口销，以防穿销脱落。

②将链条卡板绕转向架侧架与轴箱一圈，并把上部链条穿入链条卡板长槽孔内并拉紧，使轴箱与转向架连挂捆绑为一体，但应预留一至二环的紧余量，防止索具捆绑过紧不易摘解，且可避免因机车弹簧张力作用而损坏索具。

③转向架一侧的索具连挂捆绑后，用同样方法完成转向架另一侧的连挂捆绑。

(3)注意事项

①在曲线复轨过程中，如遇到前后轮对不能同时落轨的情况，可用顶轮器或撬棍拨动台车，使其轮对落轨。

②每次使用前应仔细检查柔性索扣有无损坏，捆绑链条、U形钩、链条及卡板等是否有明显变形。如有损坏或变形，应停止使用。

③作业时应使所有索具捆绑松紧度一致，以使转向架被吊起后保持水平，利于复轨。

④索具在使用与存放过程中，应避免接触腐蚀性物品。每次使用后链钩应涂油保养，并置于阴凉干燥处存放。

⑤应定期对索具进行探伤检查，检验周期与起重机吊钩相同。

5. HXD_3型电力机车转向架索具

HXD_3型电力机车转向架及车体上均设有吊耳。如果发生脱轨事故，可用柔性索扣和穿销把对应的吊耳连挂捆绑在一起。该索具具有安装快捷、操作简单、安全实用等特点。

(1)基本结构

每套转向架索具(捆绑一个转向架)由柔性索扣(长500 mm)、车体吊耳穿销、转向架吊耳穿销、索具铁箱组成，HXD_3型电力机车转向架索具结构如图5-12所示。

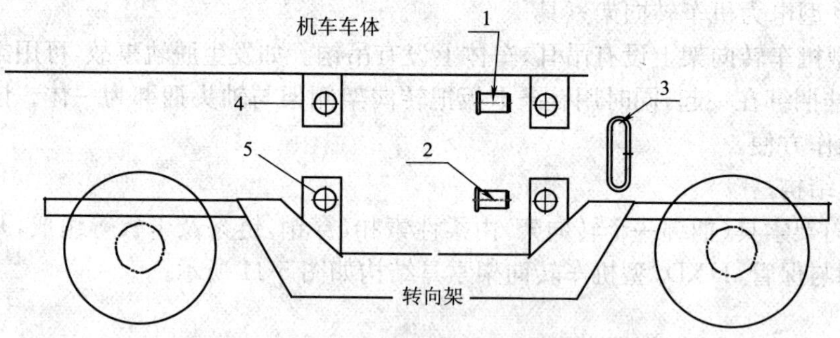

图5-12 HXD_3型电力机车转向架索具结构

1—车体吊耳穿销(4个)；2—转向架吊耳穿销(4个)；
3—柔性索扣(4个)；4—车体吊耳；5—转向架吊耳

(2)使用方法

以转向架一侧的索具连挂捆绑为例：

①将柔性索扣由车体吊耳穿销和转向架吊耳穿销分别穿入机车车体及转向架上的吊耳孔内，在穿销头部安装开口销，以防穿销脱落。

②用此方法连挂捆绑同侧另一对吊耳，至此转向架一侧的索具连挂捆绑完毕。

③用同样方法完成转向架另一侧的连挂捆绑作业。

④在实际作业过程中应使所有索具捆绑松紧度一致，以保证转向架被吊起后保持水平。

(3)注意事项

①在曲线复轨过程中，如遇到某轮对不能同时落轨的情况，可用顶轮器或撬棍来回拨动台车，使其轮对落轨。

②每次使用前，应检查柔性索扣有无断丝损坏，销轴等是否有明显变形，发现断丝损坏或变形应停止使用。

③每次使用后应对索具进行检查涂油，在整洁干燥处所存放，应避免接触腐蚀性物品。

④定期对索具进行探伤检查，检验周期与起重机吊钩相同。

6. SS_4 型电力机车转向架索具

SS_4 型电力机车由两节完全相同的四轴机车连接组成，整备重量为 2×92 t。每节车为两组独立的两轴转向架，转向架自重为 21.6 t，前后不能互换。车架侧梁底部焊有 16 只吊座（机车两侧各设 8 只），分别设于转向架轮轴上方。每个吊座上有两片吊耳，间距为 50 mm，孔径为31 mm，可作为车体与转向架的连挂捆绑吊点。每个转向架的轴箱盖上均设有供索具捆绑用的凸缘，以防索具脱落。

(1)基本结构

每套转向架索具由 4 条 ϕ(14～16)mm、长 2 m 合金钢链条、4 个链条卡板及 4 个穿销组成。

(2)使用方法

①用两根合金钢链条，一端与机车车架侧梁原设计的转向架救援吊座用穿销联结在一起，另一端绕过脱轨轮对轴箱下部兜住轴箱（轴箱设计有索具防滑凸台），再将链条与相邻侧另一救援吊座用穿销联结后，用开口销穿好，以防索具脱落，使转向架与车体连结为一体。

②用同样方法连挂另一侧脱轨轮轴，索具安装时应预留紧余量，以利于车轮复轨及摘解索具。

③用 2 只机车承吊销，安装在机车两侧承吊销孔内，连挂机车支撑梁吊索，检查确认各部状态完好后方可进行起复作业。SS_4 型电力机车转向架索具连挂方法如图 5-13 所示。

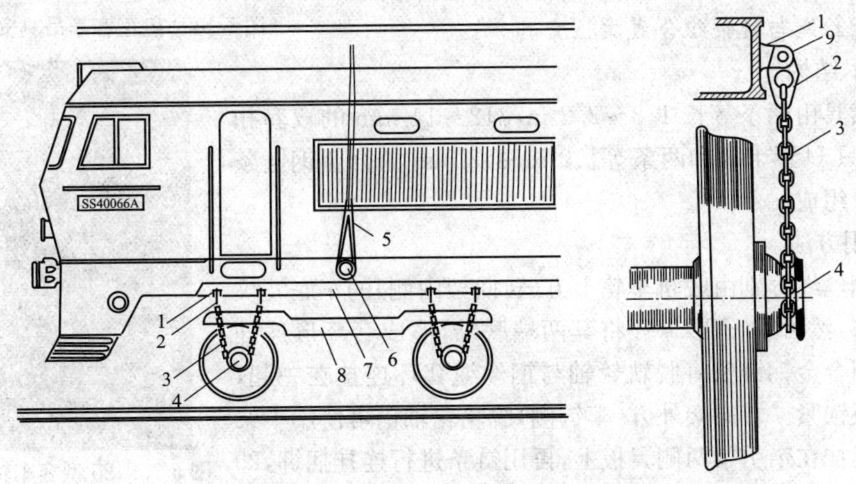

图 5-13 SS_4 型电力机车转向架索具连挂方法

1—车体吊耳；2—链条卡板；3—链条；4—轴箱；5—迪尼玛吊带；6—机车承吊销；7—车架侧梁；8—转向架；9—穿销

第三节　25 型客车吊索具

25 型客车包括 25A、25B、25G、25K、25Z、25T 等系列新型车辆,该型客车采用整体承载,全钢焊接,无中梁薄壁筒形结构。救援起重机起吊或采用液压起复设备起复前,须用转向架索具将脱轨轮轴与车体进行连挂捆绑后,方可进行起复作业。

25 型客车吊索具主要由客车吊具和转向架索具两部分组成。

一、客车吊具

客车吊具主要由支撑梁和上、下部吊索(迪尼玛吊带)等组成。

客车支撑梁采用 ϕ150 mm,长 3.5 m 合金无缝钢管,两端加装绳索联结板而制成,每组配备 2 根支撑梁,以备客车整体起吊需要。

支撑梁吊索采用迪尼玛绳索,每组吊索共配置 8 条(支撑梁上部与起重机吊钩连挂吊索 4 条,支撑梁下部与车体连挂吊索 4 条),以适应客车整体起吊需要。

25 型客车吊具安装方法如图 5-14 所示。

图 5-14　25 型客车吊具安装方法

二、客车转向架索具

客车转向架索具分为钢丝绳索具和钢丝绳与链条组合式柔性索具等几种。

(一)钢丝绳索具

将两条等长 2.5～2.8 m,ϕ12～14 mm 的钢丝绳条(无套扣)分别由脱轨车轮上方的车底波纹板孔内穿过去,兜住脱轨轮轴中部,绳索应适当留有紧余量,然后用钢丝绳卡子将其联结紧固为一体,即可进行起复作业。

(二)钢丝绳与链条组合式柔性索具

1. 基本结构

该型索具由两条等长 1.8～2.2 m,ϕ12～14 mm 的双套扣钢丝绳、两只 U 形卡环和两条等长2 m,ϕ12 mm 的合金钢链条及链条卡板组成。

2. 使用方法

先将钢丝绳分别由脱轨车轮上方(转向架内侧)的车底波纹板孔内穿入,然后用 U 形卡环将其两端联结,形成套环形连挂索点。再用合金钢链条将脱轨轮轴与钢丝绳套环连挂在一起,用链条卡板锁紧。转向架外方(车钩侧)脱轮轮轴仍可使用中梁卡钩式索具挂在牵引梁两侧翼板上,再用链条进行连挂捆绑,25 型客车转向架索具安装方法如图 5-15 所示。

图 5-15　25 型客车转向架索具安装方法(车体内侧)

三、25型客车专用吊索具

(一)基本结构

25 型客车专用吊索具由以下部件组成(按整车起复配置):

(1)客车承吊销卡具 4 只(绳轮式 O 形、载荷 50 t),如图 5-16 所示。

(2)转向架边梁索紧卡具 8 只(载荷 10 t),如图 5-17 所示。

(3)合金钢链条索具 8 条,联结兜链 2 条(载荷 10 t),如图 5-18 所示。

(4)花篮螺栓锁紧器 4 只(调整量 280 mm,载荷 35 t),如图 5-19 所示。

图 5-16　客车承吊销卡具

图 5-17　转向架边梁锁紧卡具

图 5-18　合金钢链条索具

图 5-19　花篮螺栓锁紧器

(二)使用方法

(1)将转向架边梁锁紧卡具安装在车体两侧转向架上方架车座处,将合金钢链条一端用穿销联结在卡具上,另一端在轴箱底部兜绕一周再用链条卡板锁定。

(2)将客车承吊销卡具安装在车体两侧对称边梁上,将钢丝绳或迪尼玛吊带套入承吊销卡具的绳轮上,并处于锁闭位状态,然后缓慢起吊。

(3)客车整体起吊时,应选择适宜处所安装承吊销卡具。

①先把钢丝绳或吊带套入承吊销的绳轮上,使承吊销卡具处于锁闭位。

②将花篮螺栓调松至最长选择位,然后用穿销联结兜链,将两侧承吊销卡具联结在一起,用花篮螺栓紧链器拧紧,使兜链联结装置处于绷紧受力状态。

③检查各部可靠连接后,即可整体起吊作业,25 型客车吊索具安装如图 5-20 所示。

图 5-20　25 型客车吊索具安装

(三)注意事项

1. 每次使用前,应认真检查吊索具各部件是否完好,发现裂纹、变形应及时更换,不得继续使用。

2. 索具捆绑不要太紧,应预留 1～2 环的紧余量,以便摘解索具,防止索具折损。

3. 应先试吊或试顶,确认索具各部受力均衡完好,方可起复作业。

4. 在曲线地段起复作业,若转向架前后轮对不能同时复轨时,可用撬棍或木杠来回撬拨转向架,使其复轨。

5. 索具应进行涂油保养,存放于库内干燥整洁处所,定期进行探伤检查。

第四节　货车吊索具

货运车辆包括平车、敞车、棚车、罐车、冷藏车、石砟漏斗车、行包专用车、小汽车专用运输车及特种车等多种型号,车辆自重多为 20～25 t,载重量一般为 60～80 t(冷藏车及长大货物车除外)。在起复棚车、冷藏车等车辆时,需要采用支撑梁进行吊装,以免吊索挤坏车体。货车支撑梁多采用机车支撑梁代用,其结构不再重述。

货车转向架与车底架通常采用上、下心盘联结形式,由心盘定位。车辆脱轨较严重时,易出现转向架心盘与车体分离的现象。起复脱轨车辆时,须先将转向架心盘与车底架的上心盘复位后再用索具将脱轨轮轴、转向架与车底架连挂捆绑为一体后,方可进行起复作业。

转向架索具又名"台车卡具"或"台车加固器",种类较多,常用的有中梁卡钩式,摇枕兜挂式及无中梁转向架索具等。

一、基本结构

中梁卡钩式索具由活动卡钩、合金钢链条及链条卡板组成。每组转向架配备 2 只活动卡钩,2 条合金钢链条及链条卡板。

无中梁连挂式索具:每组转向架由 2 条合金钢链条及链条卡板组成。还有采用链条与钢丝绳柔性套组合使用的索具。

二、使用方法

(一)中梁卡钩式索具

将活动卡钩挂在脱轨轮轴上方的车辆中梁两侧翼板上，与车轴平行，用链条将活动卡钩与脱轨轮轴兜挂捆绑在一起，并在轮轴中间部位缠绕1～2圈，再把链条穿入链条卡板的长孔内锁定，应适当留有紧余量，以利于车轮复轨及摘取索具。

中梁卡钩式货车转向架索具安装如图5-21所示。

(二)无中梁式索具

G70型罐车等车型采用无中梁结构形式，用链条由车辆枕梁通孔处穿过去将脱轨轮对兜挂捆绑，再用链条卡板锁定，应注意预留紧余量。无中梁货车转向架索具安装如图5-22所示。

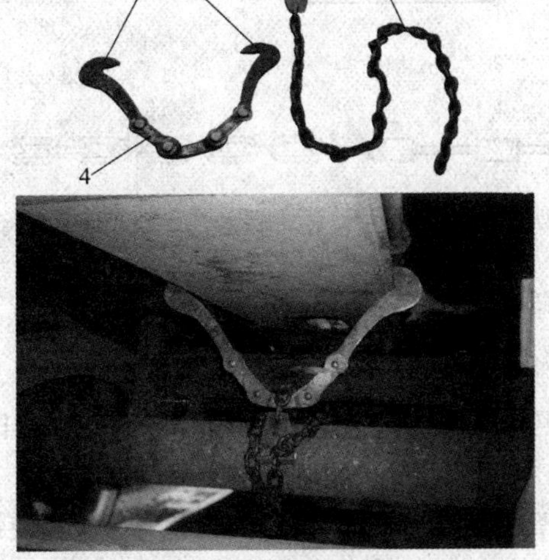

图5-21　中梁卡钩式货车转向架索具安装
1—中梁活动卡钩；2—链条卡板；
3—合金钢链条；4—卡钩活动节

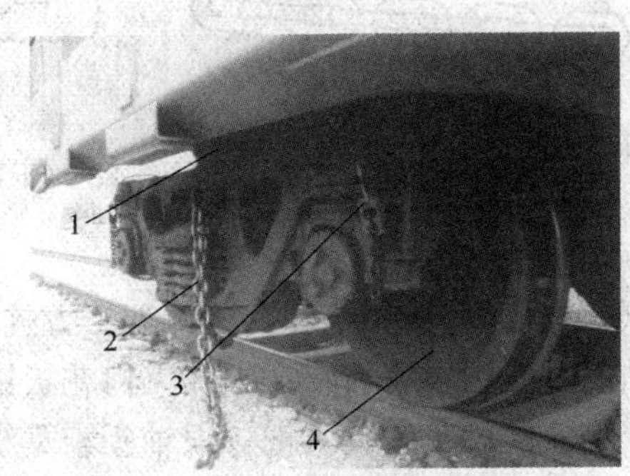

图5-22　无中梁货车转向架索具安装
1—车辆枕梁；2—合金钢链条；
3—链条卡板；4—脱轨轮对

第五节　动车组吊索具

CRH系列动车组吊索具通常由吊具和转向架索具两部分组成。动车组吊具主要由支撑梁和上部吊索、下部吊索、承吊销等组成，每组吊具配备2根支撑梁、4只承吊销，以适应动车组整体起吊的需要。

支撑梁吊索采用迪尼玛吊带，每组吊索共配置8条(支撑梁上部与吊钩连挂吊索4条，支撑梁下部与车体连挂吊索4条)，以备动车组整体或单端起吊，其结构与25型客车救援吊具基本相同，此处不再重述。

动车组转向架索具主要由合金钢链条、链条卡板、钢丝绳柔性套扣及锁闭销等组成。各型动车组转向架结构不同，应根据动车组转向架的形式研制配备。现以CRH2、CRH5型动车组转向架索具为例作介绍。

一、CRH2 型动车组转向架索具

该型转向架索具适用于高速铁路 CRH2 型动车组的应急救援。实施救援作业前,须将动车组转向架与车体连挂捆绑为一体后,方可利用起重机或液压起复设备复轨。动车与拖车转向架的结构基本相同,救援索具安装操作方法也基本相同。

该索具具有结构简单、安装快捷、方便实用等特点。作业人员可在车体外部捆绑操作,使用安全方便。

(一)基本结构

该索具由梅花板、14 号链条、销轴、轴头索具等部件组成,CRH2 型动车组转向架索具如图 5-23 所示。

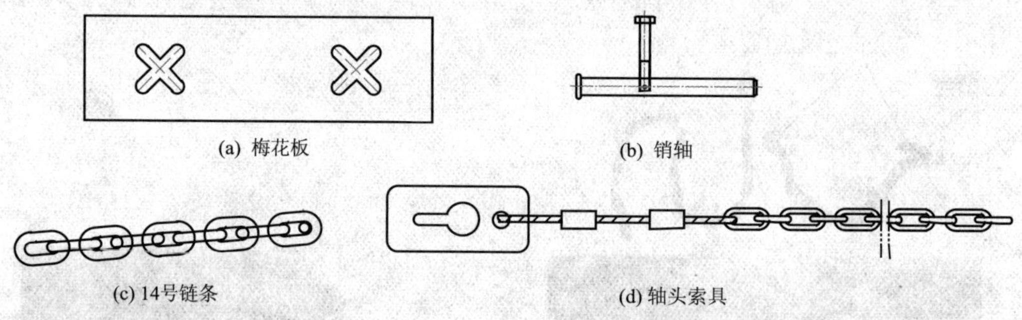

图 5-23　CRH2 型动车组转向架索具

(二)使用方法

(1)把 14 号链条绕转向架侧架下方连挂座,两端分别从车体上空气弹簧观察孔穿出,并穿过梅花板两孔,拉紧后将穿销穿入梅花板链条中,将转向架与车体锁定,连挂为一体。

(2)安装轴头索具。把一根轴头索具绕转向架的轮轴弹簧座和转向架构架一周(使链条卡板位于转向架外侧,并使链条卡板长孔朝下),使链条穿过链条卡板圆孔,拉紧后把靠近链条卡板圆孔处的一节链条放入链条卡板长孔内,向下拉紧固定。按同样方法安装同侧的另外一根轴头索具。

(3)按此方法连挂捆绑另外一侧转向架,至此完成一个转向架与车体的捆绑作业。

(4)为使索具受力均匀,应确保各索具长度接近一致,并适当留有紧余量,以利于摘解索具。利用车体的空气弹簧观察孔安装索具,四点轴头位捆绑轴头索具如图 5-24 所示。

(三)注意事项

(1)每次使用后,应认真检查吊索具是否齐全良好,发现折损变形应予更换,不得继续使用。

(2)索具捆绑不能太紧,以避免动车组脱轨时车体作用在转向架上的力复轨后转移到索具上,造成索具损坏,捆绑索具时应预留一至两环的紧余量。

(3)作业时,应先试吊或试顶,确认各点锁紧无误后,方可起升作业。

(4)索具表面需涂油,存放于库内干燥通风处所,应避免与酸碱类物质接触,以防锈蚀。

(5)索具应定期进行探伤检查,周期与起重机吊钩相同。每三年应做一次承载试验。

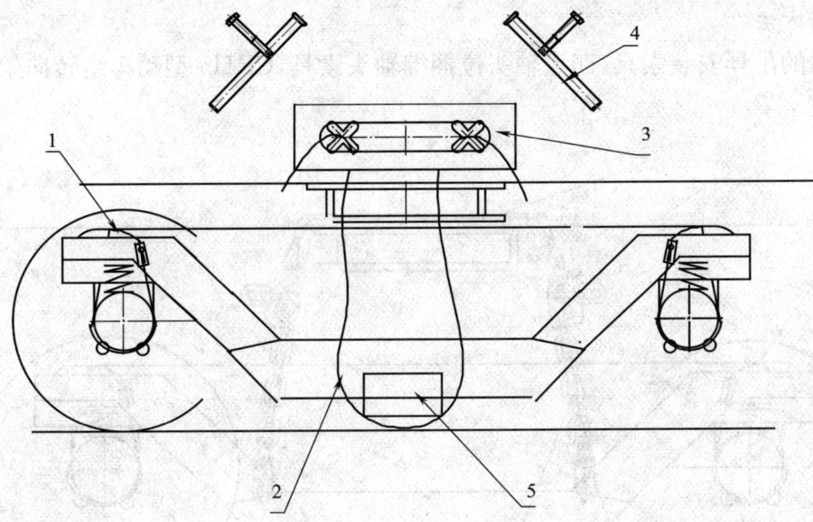

图 5-24　CRH2 型动车组转向架四点轴头位捆绑轴头索具安装

1—轴头索具;2—14 号链条;3—梅花板;4—穿销;5—转向架侧架连挂座

二、CRH5 型动车组转向架索具

CRH5 型动车组的转向架与车体间设计制造时设有连挂装置,动车脱轨后该装置如不损坏时可不用索具,但发生较严重事故导致其原设的连挂装置脱落时,须使用索具将转向架与车体连挂捆绑。

该型索具适用于 CRH5 型动车组的转向架与车体连挂捆绑,动车与拖车的转向架基本相同,索具操作也基本相同。

CRH5 型索具具有安装快捷、操作简单、方便实用等特点。操作者在车体外部捆绑索具,确保作业安全。

(一)基本结构

本索具由钢丝绳卡板、14 号链条、吊耳连接板及销轴、轴头索具所组成,CRH5 型动车组转向架索具结构如图 5-25 所示。

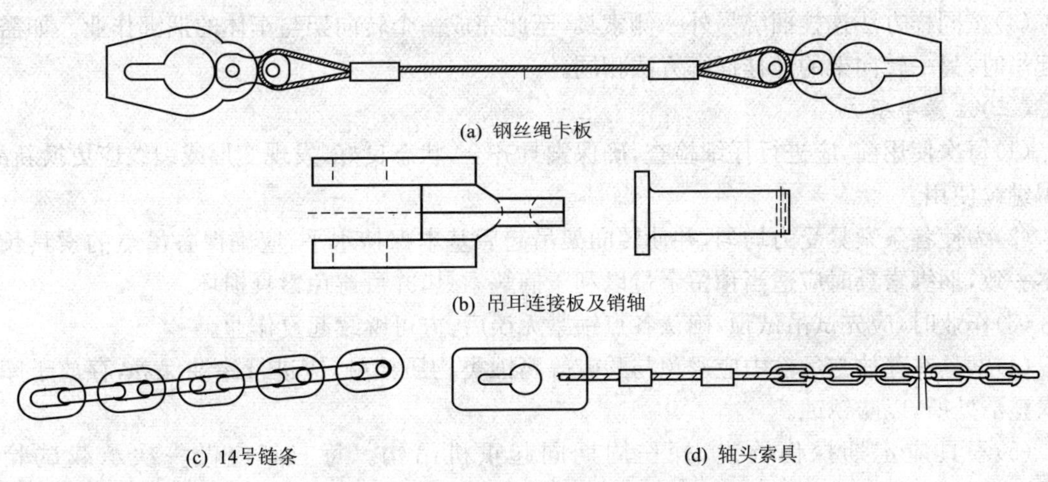

图 5-25　CRH5 型动车组转向架索具结构

(二)使用方法

利用车体的吊耳安装索具,四点轴头位捆绑轴头索具,CRH5 型动车组转向架索具安装如图 5-26 所示。

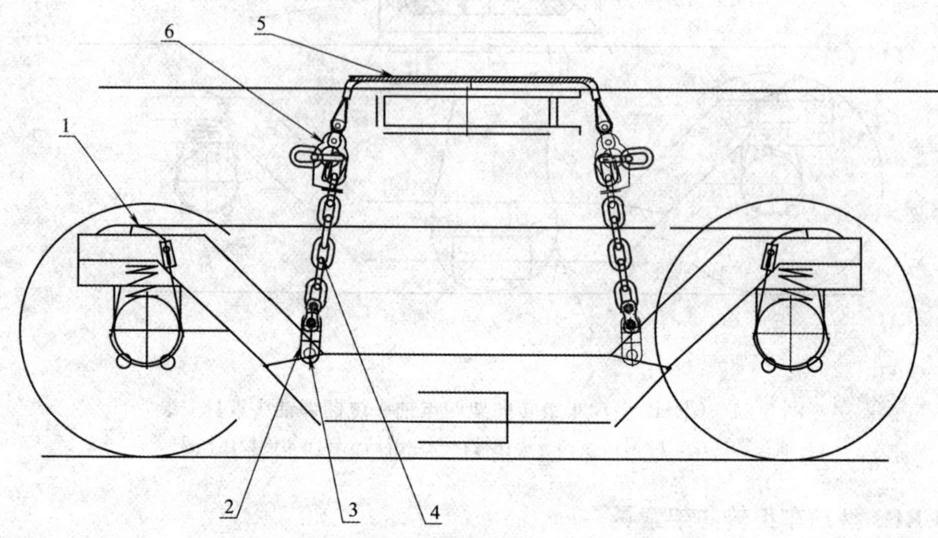

图 5-26 CRH5 型动车组转向架索具安装

1—轴头索具;2—吊耳连接板;3—销轴;4—链条;5—钢丝绳;6—链条卡板

(1)把钢丝绳卡板从转向架上方的车体空隙中穿过,如果操作不便,可以把 U 形钩和卡板先拆下,穿好后再连挂。

(2)把吊耳用连接板及销轴与 14 号链条联结,将链条向上拉,从链条卡板圆孔中穿出,待另一侧也联结好后一并拉紧锁定。

(3)安装轴头索具。把一根轴头索具环绕转向架的轮轴弹簧座和转向架构架一周(使链条卡板位于转向架外侧且应使链条卡板长孔朝下)。使链条穿过绳链的链条卡板圆孔拉紧后,把靠近链条卡板圆孔处的一节链条装入链条卡板长孔后向下拉紧锁固,按此方法安装同侧另一根轴头索具。

(4)按同样方法连挂捆绑另外一侧索具,至此完成一个转向架与车体的捆绑作业。如需整体起吊时,另一转向架的连挂捆绑方法相同。

(三)注意事项

(1)每次使用前,应进行仔细检查,确保索具齐全,状态良好,发现变形或裂纹应更换新品,不得继续使用。

(2)为使各条索具受力均匀,并使转向架吊起后基本保持水平,应确保各吊点的索具长度基本一致,捆绑索具时应适当预留余量以利于摘解索具,并可避免索具损坏。

(3)作业时,应先试吊试顶,确认各点锁紧无误后,方可继续起复作业。

(4)索具在存放与运输中应避免与酸碱等腐蚀类物质接触,应进行涂油保养,存放于库内干燥整洁处所,以防锈蚀。

(5)索具应定期探伤检查,探伤周期同起重机吊钩。每三年应做一次承载试验和检验。

第六节 TYD-Ⅰ型铁路通用吊索具

随着新型机车车辆不断投入运用，为确保铁路运输安全需要，必须研制配套的新型救援吊索具，但诸多种吊索具始终不能通用。郑州力德瑞思科技有限公司研制的 TYD-Ⅰ型铁路通用吊索具，成功实现了吊索具的通用化，铁路交通事故应急救援更加快速安全。该机具已通过了郑州铁路局的科技成果鉴定，并获得多项国家专利。

(一)基本结构

TYD-Ⅰ型铁路通用吊索具由吊梁、上吊销、承吊销、吊带及转向架索具等组成，其结构如图 5-27 所示。

(二)技术参数

1. 外形尺寸：4 520 mm×700 mm×722 mm。
2. 重量：≤2 t。
3. 承载重量：100 t。
4. 适用车型：机车车辆通用。
5. 扁平吊带：28 t×9.5 m(4 根)。

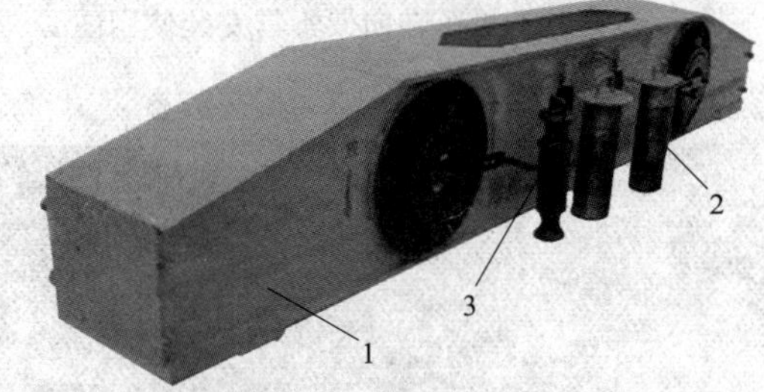

图 5-27 TYD-Ⅰ型铁路通用吊索具

1—吊梁；2—上吊销；3—承吊销

(三)产品特点

1. 一具通用

吊带可收可放，长短可根据需要随即调整，可以单端吊复机车，整体吊复客车，可不拆接触网在网下吊复机车。

台车索具通用，可根据各型机车车辆转向架的不同，随时调节索具长度。

2. 省时省力

吊带固定安装在吊梁内，无需在救援现场搬运安装；既节省了安装连挂时间，又可避免吊带在地上拖动而造成的污染和损坏。

3. 快速安全

新型吊带采用高强度聚乙烯纤维材料编制而成。具有超高强度、高模量、耐高温、耐酸碱、防静电、重量轻等优越性能，可满足机车车辆单端起吊和整体吊复需要；防脱式承吊销牢固安装在机车车体上，有效防止吊带、吊销脱出；均衡吊梁箱体设计为直接与起重机吊钩连结，无需上部吊索，增加了起重机有效起升高度。

(四)作业演示图片

TYD-Ⅰ型铁路通用吊索具设计结构合理，节省安装时间，提高救援效率，可保证救援作业安全。TYD-Ⅰ型铁路通用吊索具安装使用方法如图 5-28 至图 5-31 所示。

(五)使用保养方法

1. 使用前，应仔细检查吊索具各部件是否完整，作用是否良好。
2. 每次作业时，应先进行试吊，确认吊索具各部受力均衡无异状后，方可起复作业。
3. 吊索具应定期检查保养，各销(轴)应定期探伤，发现裂纹变形及时更换。
4. 吊索具应放在库内整洁通风处所，避免淋雨和曝晒。

图 5-28　机车转向架索具安装使用图

图 5-29　单端起复电力机车作业

图 5-30　梁下作业起复电力机车

图 5-31　整体起复客车作业

第六章　铁路交通事故报告与处理

发生铁路交通事故或自然灾害中断行车时，现场发现者须按《铁路交通事故应急救援和调查处理条例》《铁路交通事故调查处理规则》等规定及时进行报告。

第一节　事故报告程序及报告内容

一、事故报告程序

事故发生后，事故现场的铁路职工（列车司机、车长、轨道车司机、车站值班员、助理值班员、工务、电务、车辆、供电、施工负责人等）或其他人员应立即向相邻车站值班员、列车调度员、公安机关和铁路运输单位负责人报告。接到报告的单位、人员应根据信息通报程序及规定立即报至事故发生地铁路安全监管办（安全监察室）、铁路总公司相关部门，并按规定向地方政府通报。

遇有人员伤亡或者发生火灾、爆炸、危险化学物品泄漏等事故时，接到报告的单位、部门应当根据需要采取防护措施，并立即通知当地急救、医疗卫生部门或者公安消防、环境保护等部门。

铁路局列车调度员接到事故报告后，应立即按规定程序报告有关领导，并向安全监察室值班监察和铁路总公司列车调度员报告（事故报告程序应按第二章图 2-3“铁路局铁路交通事故报告程序图”执行）。

二、事故报告主要内容

（1）事故发生的时间、地点、区间（线名、公里、米）、线路条件、事故相关单位和人员。

（2）发生事故的列车种类、车次、部位、计长、机车（动车组）型号、牵引辆数、吨数。

（3）旅客人数、伤亡人数、性别、年龄以及救助情况，是否涉及境外人员伤亡。

（4）货物品名、装载情况、易燃、易爆等危险货物情况。

（5）机车车辆脱轨辆数、线路设备损坏程度等情况。

（6）对铁路行车的影响情况。

（7）事故原因的初步判断、事故发生后采取的措施及事故控制情况。

（8）应当立即报告的其他情况。

事故应急救援过程中，人员伤亡、脱轨辆数、设备损坏等情况发生变化时，应及时补报。

事故需要启动相关应急预案时，应同时报告下列事项：

①涉及火灾、爆炸、危险化学物品泄漏的铁路交通事故，应报告易燃、易爆、有毒、有害、化学、放射性物品的名称、性能、对人体的危害程度或扩大事故及扩大影响范围的可能。事故发生地的环境，如桥涵、隧道、水源、地形、道路、厂矿、居民、天气、风向等。

②涉及自然灾害引发的铁路交通事故，应报告灾害类别、灾害发生地点、损失程度，对铁路交通影响等情况。

③涉及其他原因引发的铁路交通事故，应报告事故概况、影响范围和损失程度。

④是否需要救护车、消防车、救援列车、救援队、接触网作业车(接触网抢修车)、起重机械或地方政府、武警部队支援等。

⑤应当立即报告的其他情况。

三、处置铁路交通事故流程

为确保发生铁路交通事故后,做到及时通报、快速出动救援,把事故造成的损失和影响减少到最低程度,铁路局应编制运输、客运、货运、机务、供电、工务、电务、车辆处、安监室、公安局、护路道口办等部门的处置铁路交通事故流程,该流程可分为五个程序:

(1)及时通报,迅速出动。要求各系统必须按照《铁路交通事故调查处理规则》的规定及时向有关各系统、各单位领导报告,各系统、各单位接到事故通报后立即启动相应的铁路交通事故应急预案,迅速组织人员及救援抢险设备机具赶赴事故现场。

(2)到达现场,接受任务。各系统、各单位人员到达事故现场后,立刻向现场应急救援领导小组负责人报到,听从现场应急救援总指挥的命令指示,接受应急抢险救援任务。

(3)现场勘察,确定方案。尽快勘察现场,根据机车车辆脱轨颠覆台(辆)数、线路破损及堵塞程度、火灾爆炸及危险化学品泄漏污染等情况,迅速制定初步救援方案,立即向现场救援总指挥报告。同时开展事故调查取证工作。

(4)组织指挥,快速救援。救援方案确定后,按照现场救援总指挥的要求及分工,各系统、各单位负责人立即组织抢救伤员、起复机车车辆,线路恢复,火灾扑救处置等,及时派出救援列车和接触网抢修车,必要时与地方政府和武警部队取得联系,协助抢险救援。争取分秒时间,尽快起复机车车辆,及时开通线路,恢复运输畅通。

(5)线路开通,善后处理。清除线路障碍,恢复通车后,立即组织人员清理现场,及时回送车辆(救援列车和接触网抢修车),对报废车辆进行分解,装车回送。同时做好旅客的疏散运输及伤员的医疗救治等工作。

第二节　列车在区间被迫停车后的安全防护

列车在区间被迫停车后,不能继续运行时,司机应立即用列车无线调度通信设备通知两端车站(列车调度员)及车辆乘务员(随车机械师),报告停车原因和停车位置,根据需要迅速请求救援。需要防护时,列车前方由司机负责,列车后方由车辆乘务员(随车机械师)负责。无车辆乘务员(随车机械师)为列车乘务员负责,配备列车防护报警装置的列车应首先使用列车防护报警装置进行防护。

如遇自动制动机故障,动车组以外的旅客列车司机应通知车辆乘务员(随车机械师)立即组织列车乘务人员拧紧全列人力制动机,以保证列车就地制动;其他列车司机应立即采取安全措施,并向车站值班员(列车调度员)报告,请求救援。

对已请求救援的列车,不得再行移动,并按规定对列车进行防护。

车站值班员(列车调度员)接到司机通知后,应将区间内列车运行情况通知司机,并立即用列车无线调度通信设备转告区间内有关列车,在停车原因消除前不得再放行追踪、续行列车。

需组织旅客疏散时,车站值班员得到列车调度员准许后,扣停邻线列车并通知司机,由司机通知有关作业人员办理。

列车被迫停车可能妨碍邻线时，司机应立即用列车无线调度通信设备通知邻线上运行的列车和两端车站(列车调度员)，并与车辆乘务员(随车机械师)分别在列车的头部和尾部附近邻线上点燃火炬；在自动闭塞区间，还应对邻线来车方向短路轨道电路。配备列车防护报警装置的列车应首先使用列车防护报警装置进行防护。司机应亲自或指派人员沿邻线一侧对列车进行检查，发现妨碍邻线时，应立即派人按规定防护。如发现邻线有列车开来时，应鸣示紧急停车信号。

车站值班员(列车调度员)接到列车被迫停车可能妨碍邻线的通知后，应立即通知邻线有关列车停车，在原因消除前不得向邻线放行列车。

1. 列车在区间被迫停车后，根据下列规定放置响墩防护：

(1)已请求救援时，从救援列车开来方向(不明时，从列车前后两方面)，距离列车不小于 300 m 处防护；

(2)电话中断后发出的列车(持有《技规》附件 3 通知书 1 的列车除外)，应于停车后，立即从列车后方按线路最大速度等级规定的列车紧急制动距离位置处防护；

(3)对于邻线上妨碍行车地点，应从两方面按线路最大速度等级规定的列车紧急制动距离位置处防护，如确知列车开来方向时，仅对来车方向防护；

(4)列车分部运行，机车进入区间挂取遗留车辆时，应从车列前方距离不小于 300 m 处防护。防护人员设置的响墩待停车原因消除后可不撤除(运行动车组列车的区段除外)。

2. 下列情况列车不准分部运行：

(1)采取措施后可整列运行时。

(2)对遗留车辆未采取防护、防溜措施时。

(3)遗留车辆无人看守时。

(4)司机与车站值班员及列车调度员均联系不上时。

(5)遗留车辆停留在超过 6‰坡度的线路上时。

在不得已情况下，列车必须分部运行时，司机应使用列车无线调度通信设备报告前方站和列车调度员，并做好遗留车辆的防溜和防护工作。司机在记明遗留车辆辆数和停留位置后，方可牵引前部车辆运行至前方站。在运行中仍按信号机的显示进行，但在半自动闭塞区间或按电话闭塞法行车时，该列车必须在进站信号机外停车(司机已报告前方站或列车调度员列车为分部运行时除外)，将情况通知车站值班员后再进站。车站值班员应立即报告列车调度员封锁区间，待将遗留车辆拉回车站，确认区间空闲后，方可开通区间。

机车、动车组、自轮运转特种设备鸣笛鸣示方式见表 6-1，口笛、号角鸣示方式见表 6-2。

表 6-1 机车、动车组、自轮运转特种设备鸣笛鸣示方式表

名称	鸣示方式	使 用 时 机
起动注意信号	一长声—	1. 列车起动或机车车辆前进时(双机牵引或使用补机时，本务机车鸣笛后，补机应回答，本务机车再鸣笛一长声后起动) 2. 接近鸣笛标、桥梁、隧道、行人、施工地点或天气不良时 3. 电力机车、动车组、轨道车等在检修及整备中，准备降下或升起受电弓时
退行信号	二长声— —	列车、机车车辆、单机开始退行时
召集信号	三长声— — —	要求防护人员撤回时
牵引信号	一长一短声—·	途中本务机车要求补机牵引运行时(补机应以同样信号回答)

续上表

名称	鸣示方式	使用时机
惰行信号	一长二短声—··	本务机车要求补机惰力推进或要求补机断开主断路器时(补机应以同样信号回答)
途中降弓信号	一短一长声·—	1. 电力机车双机牵引中,本务机车司机要求补机降下受电弓时(补机须以同样信号回答) 2. 电力机车司机在途中发现降弓手信号时,应鸣此信号回示
途中升弓信号	一短二长声·——	1. 电力机车双机牵引中,本务机车司机要求补机升起受电弓时(补机须以同样信号回答) 2. 电力机车司机在途中发现升弓手信号时,应鸣此信号回示
呼唤信号	二短一长声··—	机车要求出入段时
警报信号	一长三短声—···	发现线路有危及行车安全的不良处所时
试验自动制动机及复示信号	一短声·	1. 试验制动机开始减压时 2. 接到试验制动结束的手信号,回答试风人员时 3. 调车作业中,表示已接受调车长所发出的手信号时
缓解信号	二短声··	1. 试验制动机缓解时 2. 要求列车乘务组缓解人力制动机时
拧紧人力制动机信号	三短声···	1. 要求列车乘务组拧紧人力制动机时 2. 要求就地制动时
紧急停车信号	连续短声 ·····	司机发现(或接到通知)邻线发生障碍,向邻线上运行的列车发出紧急停车信号时。邻线列车司机听到此种信号时,应紧急停车

表 6-2 口笛、号角鸣示方式表

用途及时机	鸣示方式		用途及时机		鸣示方式	
发车、指示机车向显示人反方向移动	一长声	—	八道		一长三短声	—···
指示机车向显示人方向移动	一短一长声	·—	九道		一长四短声	—····
指示发车	一长一短声	—·	十道		二长声	——
试验制动机减压	一短声	·	二十道		二短二长声	··——
试验制动机缓解	二短声	··	十、五、三车距离信号	十车	三短声	···
试验制动机结束及安全信号	一短一长二短声	·—··		五车	二短声	··
一道	一短声	·		三车	一短声	·
二道	二短声	··	连结及停留车位置		一长一短一长声	—·—
三道	三短声	···	停车		连续短声	·····
四道	四短声	····	要求司机鸣笛		二长三短声	——···
五道	五短声	·····	试拉		一短声	·
六道	一长一短声	—·	减速		连续二短声	·· ··
七道	一长二短声	—··	取消		二长一短声	——·
			再显示		二长二短声	——··
			列车接近通报信号	上行	二长声	——
				下行	一长声	—

第三节 救援列车出动开行

车站值班员接到司机或工务、电务、供电等人员的救援请求后，应立即向列车调度员报告，需封锁区间派出救援列车时，列车调度员应向有关车站发布命令封锁区间，并派出救援列车。

开往事故现场救援、抢修、抢救的列车，应优先办理。

向封锁区间发出救援列车时，不办理行车闭塞手续，以列车调度员的命令，作为进入封锁区间的许可。

当列车调度电话不通时，应由接到救援请求的车站值班员根据救援请求办理，救援列车以车站值班员的命令，作为进入封锁区间的许可。

司机接到救援命令后，必须认真确认。命令不清，停车位置不明确时，不准动车。救援列车进入封锁区间后，在接近被救援的列车或车列 2 km 时，应严格控制速度，同时用列车无线调度通信设备与请求救援的机车司机进行联系，或以在瞭望距离内能够随时停车的速度运行(最高不得超过 20 km/h)，在防护人员处或压上响墩后停车，联系确认，并按要求进行作业。

救援列车的出发或返回，均应通知列车调度员及对方站。如事故现场设有临时线路所时，车站值班员应于发车前，商得线路所值班员的同意。

采用机车救援动车组时，应进行制动机试验。具备升弓取电条件时，允许动车组升弓取电。

在事故调查组人员到达前，站长或胜任人员应随乘发往事故地点的第一列救援列车(分部运行时挂取遗留车辆的机车除外)到事故现场，负责指挥列车有关工作。

第四节 响墩、火炬信号使用与试验方法

响墩爆炸声及火炬信号的火光，均要求司机紧急停车。停车后如无防护人员，机车司机应立即检查前方线路，如无异状，列车以在瞭望距离内能随时停车的速度继续运行，但最高不得超过 20 km/h。在自动闭塞区间，运行至前方第一个通过信号机前，如无异状，即可按该信号机显示的要求执行；在半自动或自动站间闭塞区间，经过 1 km 后，如无异状，可恢复正常速度运行。

(1)使用响墩防护时，应将响墩放在钢轨顶部，将安装环卡紧扣在钢轨头部两侧，以防震动脱落，并注意不得在下列处所安放：

①道岔和钢轨接缝、平交道口及有特殊设置的地方。

②无砟桥梁及隧道内(连续为长大隧道的线路，按该区段具体规定办理)。

③轨面积雪和浸水地点。

(2)使用火炬防护时，取下火炬上帽，利用帽上的磷片，用力擦划火炬头部即可点燃。若磷片脱落或失效，可直接在轨面上用力擦划，点燃火炬时应顺风向，不得对向面部，以免烧伤，点燃后插入道心处。

(3)响墩和火炬属于爆炸物品管理范围，必须按爆炸物品的要求加强管理。各单位对使用的响墩和火炬，每年应定期进行一次检查试验，对新领到的响墩、火炬信号也应进行抽查试验，

试验良好后,在信号体上标明试验日期,试验前必须事先通知公安部门和司机。

列车防护信号使用方法如图 6-1 所示。

(a) 响墩信号

(b) 火炬信号

图 6-1　列车防护信号使用方法

第七章　机车车辆一般脱轨事故救援

机车车辆脱轨后，主要采取牵引复轨法、顶移复轨法、起重机吊复法等几种方法。至于在事故救援中采用哪种方法，应根据现场的人员、牵引动力、救援设备资源和现场地理条件来决定。作为行车有关人员，应熟练掌握事故应急救援基本常识和应急救援方法及其适用条件，一旦发生铁路交通事故或自然灾害中断行车时，应根据现场具体情况，及时果断制定救援方案，快速安全地完成事故救援抢险任务。

本章重点介绍几种常用的机车车辆一般脱轨事故及特殊地段救援起复作业的基本方法。

第一节　车辆起复方法

一、车辆一根轴脱轨

车辆发生一根轴脱轨事故时，脱轨转向架倾斜角度小，车轮距离钢轨比较近，较易起复。起复方法如下：

(1)在脱轨车轮前方，安装一对复轨器。

(2)脱轨车轮至复轨器间铺垫石砟。

(3)机车连挂(或用钢丝绳连挂)，缓慢牵引复轨，车辆一根轴脱轨如图 7-1 所示。

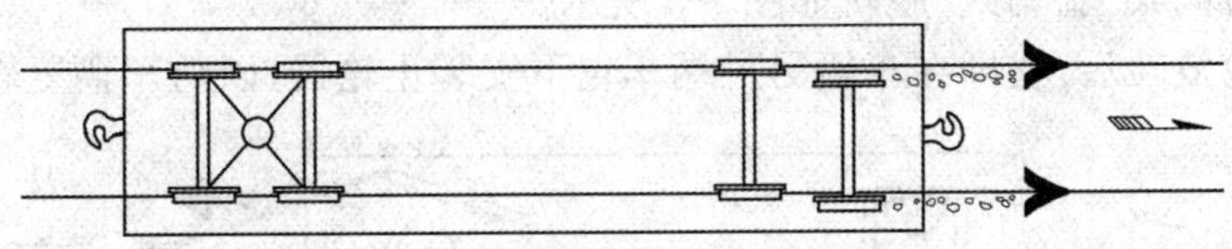

图 7-1　车辆一根轴脱轨

另一种起复方法是：在脱轨车轮前，用枕木码成品字形枕木垛，将钢轨或原木穿入脱轨轮轴下方中心点，利用杠杆力撬复车轮。但此方法仅适用于空车，一般需要 10～15 人。

二、车辆一个转向架打横脱轨

转向架打横脱轨后与基本轨较远时，应采用“调正台车，逼近钢轨”的起复方法介绍如下：

(1)在脱轨车轮前方轨枕间用石砟或铁垫板垫实，以防调正台车时轧坏轨枕，并可减少牵引阻力。

(2)用钢丝绳一端挂在脱轨转向架外侧侧架上，另一端连挂机车车钩。

(3)缓慢牵引将脱轨转向架调正方向，车轮靠近基本轨后，在适当地点安装一对复轨器。

(4)将转向架处钢丝绳摘下，换挂在车辆车钩上以改变牵引角度与线路平行，缓慢牵引即可复轨,车辆一个转向架打横脱轨如图 7-2 所示。

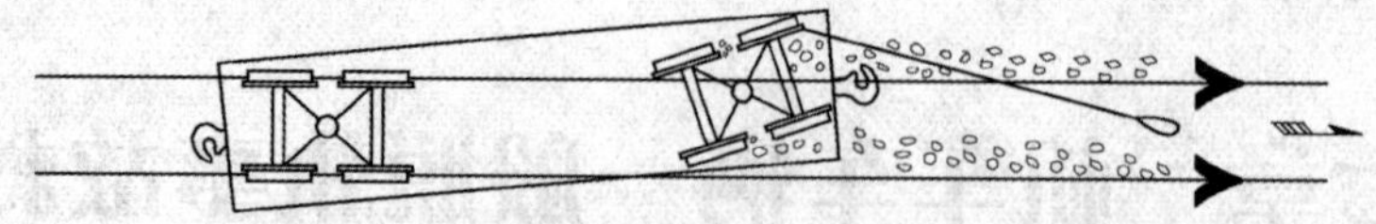

图 7-2 车辆一个转向架打横脱轨

另一种起复方法是:利用逼轨器,将脱轨车轮拉靠基本轨后,再用钢丝绳连挂事故车车钩,在适当地点安装一对复轨器,缓慢牵引复轨。待车轮复轨后,及时在车辆另一端车轮下安装止轮器,以防车辆复轨后与机车冲撞。

三、车辆一个转向架“骑马式”脱轨

车辆呈“骑马式”脱轨后,因转向架侧架与钢轨接触,阻力很大,严重地影响转向架的灵活性,复轨难度较大,主要有两种起复方法。

(一)双绳牵引复轨法

(1)在脱轨车轮前方适当位置,安装一对复轨器,在复轨器尾部至脱轨车轮间铺垫石砟。

(2)使用两根长度相等的钢丝绳,分别兜在两侧轴箱或侧架上,缓慢牵引复轨。

(二)钢丝绳调正转向架复轨法

(1)在复轨方向脱轨车轮前方车轮径路铺垫石砟或铁垫板等。

(2)将钢丝绳一端挂在脱轨转向架外侧侧架上,另一端与机车车钩连挂。

(3)在脱轨车轮前方适当地点安装一对复轨器,指挥机车缓慢牵引至脱轨车轮轧上复轨器后立即停车。

(4)将转向架上的钢丝绳取下,换挂在车辆车钩上,以改变转向架受力角度,缓慢牵引即可复轨,车辆一个转向架“骑马式”脱轨如图 7-3 所示。

注意:待车轮复轨后,立即在车辆另一端车轮下安装止轮器,以防车辆复轨后冲撞机车。

图 7-3 车辆一个转向架“骑马式”脱轨

四、车辆一个转向架在道口附近脱轨

车辆在道口或距道口较近的地方脱轨,一般不需要安装复轨器,可利用道口的护轮轨进行起复。起复方法如下:

(1)在道口护轮轨头部安装一套逼轨器或短钢轨,以迫使脱轨车轮靠近基本轨,内侧车轮利用道口的护轮轨进行起复。

(2)在外侧脱轨车轮与道口渡板间,用铁垫板或石砟等垫成略高于轨面的斜坡,以使外侧的脱轨车轮受内侧护轮轨的逼迫,而越过轨面导入外侧护轮轨槽内复轨。

(3)脱轨车轮至道口护轮轨间填充石砟,用钢丝绳连挂事故车辆车钩,机车缓慢牵引复轨,车辆在道口附近脱轨如图 7-4 所示。

注意：若不能利用道口护轮轨起复时，可选择适当地点安装一对复轨器，采用“原路复旧”的方法进行起复。

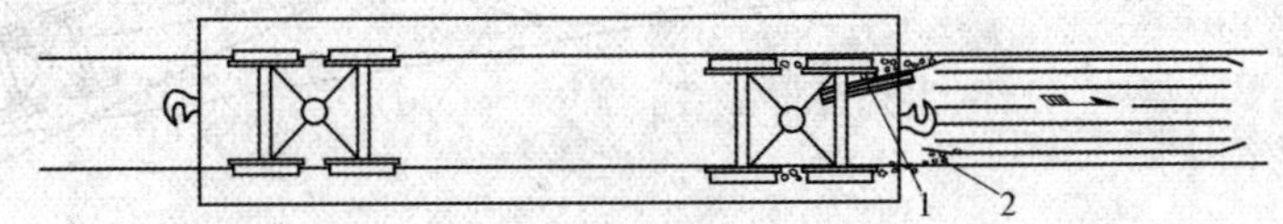

图 7-4　车辆一个转向架在道口附近脱轨

1—逼轨；2—铁垫板

五、车辆在辙叉心附近脱轨

当车辆在辙叉心附近脱轨时，可利用道岔的护轮轨与辙叉心进行起复。但须注意，在辙叉心附近必须垫实，以免挤坏辙叉。起复方法如下：

(1)在外侧护轮轨头部与脱轨轮对前安装一套逼轨器，脱轨车轮径路至护轮轨头部及辙叉心根部间须填满石砟，以车轮轧过后与轨面相平为宜。

(2)将道岔转辙连接杆解开，使尖轨呈自由活动状态或将道岔对向直股，以防挤坏尖轨。

(3)用钢丝绳连挂机车，向岔尖方向缓慢牵引，外侧脱轨车轮通过逼轨器导入护轮轨槽内复轨后，逼迫内侧车轮经辙叉心进行复轨，车辆在辙叉心附近脱轨如图 7-5 所示。

(4)车辆复轨后，及时选在车辆另一端车轮下安装止轮器，以防车辆复轨后冲撞机车。撤出逼轨器，恢复道岔转辙连接杆，检查车辆及道岔各部状态良好后，即可开通线路。

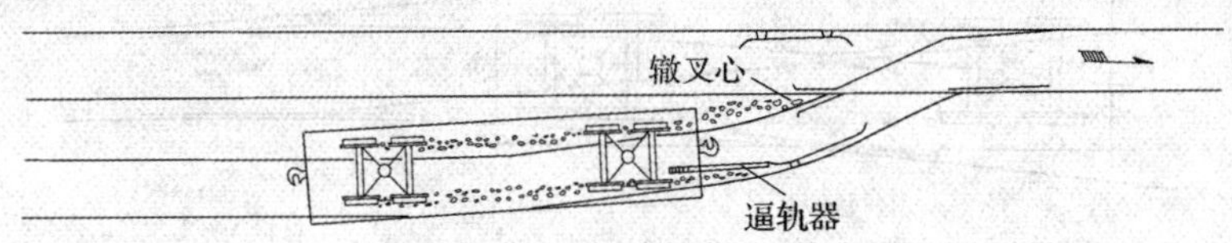

图 7-5　车辆在辙叉心附近脱轨

六、车辆在道岔处跨线脱轨

当车辆两个转向架在道岔处各进入一条线路，发生跨线脱轨后，可利用复轨器和道岔设备进行起复。起复方法如下：

(1)将道岔转辙连接杆解开，使尖轨呈自由状态。

(2)在线路外侧脱轨车轮前，安装一对人字形复轨器。

(3)在内侧护轮轨前安装一套逼轨器，道岔辙叉心处用石砟或铁垫板等切实垫好，以防脱轨车轮挤坏叉心。在脱轨车轮至护轮轨头部间铺垫石砟，避免轧坏轨枕。

(4)用钢丝绳连挂机车，采用“原路复旧”的方法，向岔尖方向牵引，待前部的转向架车轮经复轨器复轨后，停车检查道岔各部，如无异常变化，再继续牵引，当后部转向架脱轨车轮经过护轮轨逼迫导入护轮轨槽内后，迫使另一侧车轮经过辙叉心即可复轨。

(5)检查车辆各部状态，恢复道岔转辙连接杆，开通线路。车辆在道岔处跨线脱轨如图 7-6 所示。

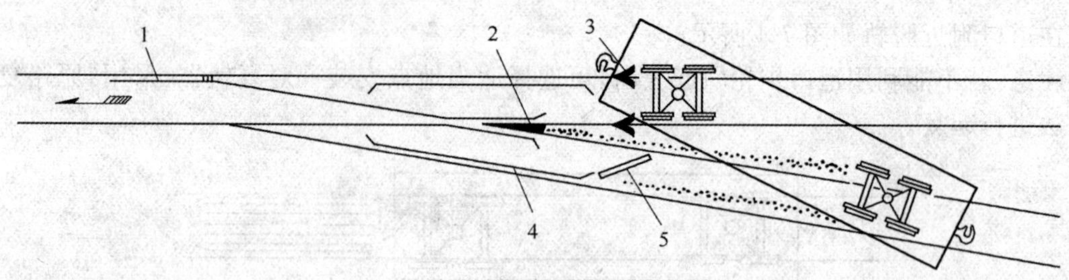

图 7-6 车辆在道岔处跨线脱轨

1—尖轨;2—辙叉心;3—复轨器;4—护轮轨;5—逼轨器

七、车辆在道岔处进四股脱轨

车辆在道岔处挤坏岔尖造成进四股脱轨时,一般不需安装复轨器,可利用道岔间隔铁进行起复。车辆全轮脱轨后,尤其是重车时,必须在间隔铁根端切实铺垫好,以防止挤坏道岔设备。起复方法如下:

(1)将道岔转辙连接杆解开,使尖轨呈自由活动状态。

(2)在道岔间隔铁根端用石砟或铁垫板等垫实,以车轮轧过后与轨面相平为宜,防止挤坏道岔。各脱轨车轮间适当铺垫石砟,以防轧坏轨枕,并可减少牵引阻力。

(3)用钢丝绳连挂机车,缓慢向岔尖方向牵引复轨,车辆在道岔处进四股脱轨如图 7-7 所示。

(4)车辆起复后,检查各部状态,恢复道岔连接杆,开通线路。

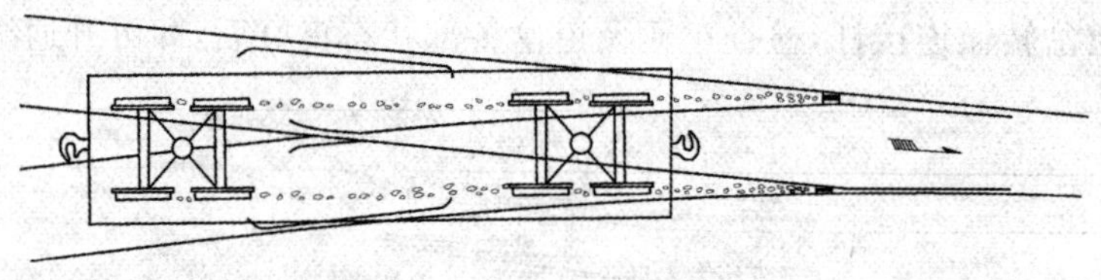

图 7-7 车辆在道岔处进四股脱轨

八、车辆进四股未脱轨

处理方法之一:

(1)首先解开道岔转辙连接杆,以免挤坏道岔尖轨。

(2)用机车连挂车辆车钩,缓慢向岔尖方向牵引。

(3)待两个转向架恢复到同一股道后,将道岔转辙连接杆装好。

(4)无机车牵引时,可用其他动力设备牵引或采用人力撬动推移车辆。

处理方法之二:

机车连挂向尖轨方向牵引,待前转向架一过岔尖,马上将道岔扳回对好后转向架,继续向前牵引,前后转向架即可恢复到同一股线路,车辆进四股未脱轨如图 7-8 所示。

九、车辆在线路一侧脱轨

车辆脱轨在线路同一侧且距离钢轨较近时,较易起复,宜采用“原路复旧”的复轨方法。起复方法如下:

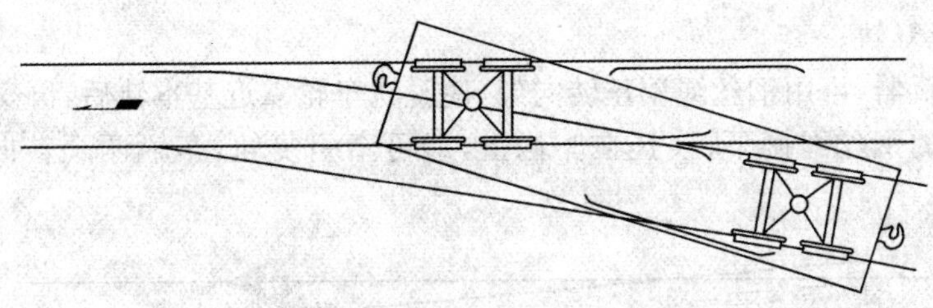

图 7-8 车辆进四股未脱轨

(1)在车辆起复方向的脱轨车轮前方,安装一对人字形复轨器。

(2)脱轨车轮至复轨器间填充石砟,防止轧伤轨枕。

(3)用钢丝绳连挂机车和事故车车钩,缓慢牵引复轨,车辆在线路一侧脱轨如图 7-9 所示。

如脱轨距离较远时,可用逼轨器或钢丝绳将脱轨车轮靠近钢轨后,再安装复轨器进行起复。

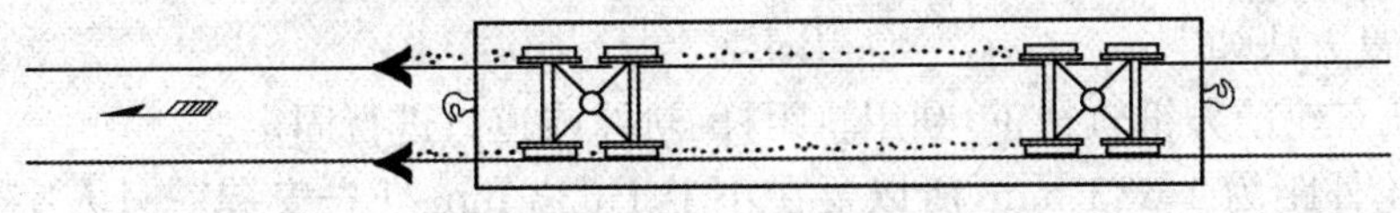

图 7-9 车辆在线路一侧脱轨

十、车辆两个转向架在线路两侧脱轨

车辆两个转向架在线路内外两侧脱轨时,采用“原路复旧”的方法比较有利。起复方法如下:

(1)在车辆复轨方向的脱轨车轮前方,安装一对人字形复轨器。

(2)在脱轨车轮至复轨器间填充石砟或铁垫板,防止轧伤轨枕。

(3)用钢丝绳连挂机车和事故车车钩,缓慢牵引复轨。

(4)如转向架打横或离基本轨较远时,可利用逼轨器或钢丝绳调正转向架,待脱轨车轮靠近钢轨后,再安装复轨器进行复轨,车辆两个转向架在线路两侧脱轨,如图 7-10 所示。

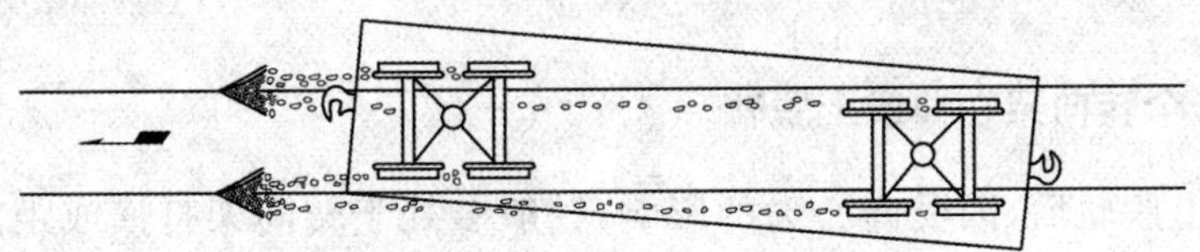

图 7-10 车辆两个转向架在线路两侧脱轨

十一、车辆两个转向架较远脱轨

车辆两个转向架较远脱轨时,采用“原路复旧”的方法比较有利,但条件不具备时,可按图 7-11所示方向进行起复:

(1)脱轨车轮偏离基本轨较远时,须在脱轨转向架前安装一套逼轨器。

(2)在逼轨器前端,安装一对人字形复轨器,车轮径路至复轨器间填充石砟。

(3)用钢丝绳连挂机车和事故车辆的车钩缓慢牵引,脱轨车轮受逼轨器的逼引靠近钢轨后,经复轨器进行复轨。

如不使用逼轨器,可用钢丝绳调正转向架,使脱轨车轮靠近基本轨后,再安装复轨器,将车辆外侧转向架上的钢丝绳摘下,换挂在车钩上,即可牵引复轨,车辆两个转向架较远脱轨如图 7-11所示。

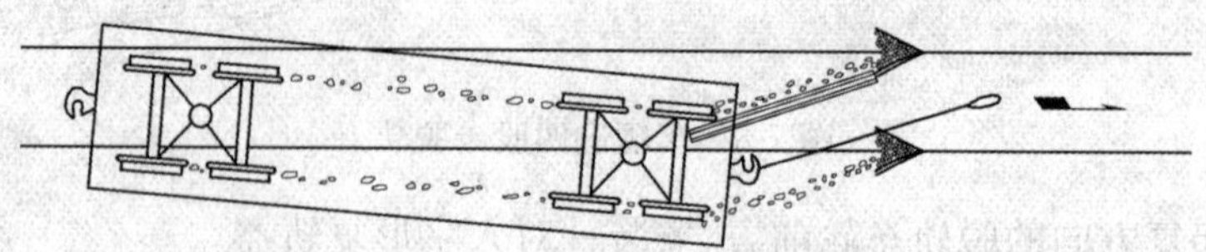

图 7-11　车辆两个转向架较远脱轨

十二、车辆在线路两钢轨间脱轨

车辆在两根钢轨间脱轨,多由线路轨枕失效或轨距变化造成。大多发生在专用线或线路施工地段。起复方法如下:

(1)将脱轨车轮前方钢轨扶正,利用轨距杆、轨撑或道钉进行固定。

(2)因车轮外距为 1 633 mm,所以要在小于 1 633 mm 处先安装一只人字形复轨器,但不得小于 1 526 mm,因小于 1 526 mm 时车轮又可能将钢轨挤翻。然后在前一段枕木空内,安装另一只人字形复轨器(亦可使用两只内侧的海参形复轨器或 S-1 型双向铝合金复轨器)。

(3)车轮复轨的径路上,填充石砟,防止轧坏轨枕。

(4)用钢丝绳连挂机车车钩,缓慢牵引复轨,车辆在两钢轨间脱轨如图 7-12 所示。

(5)车辆复轨后,及时在车辆另一端车轮下安装止轮器,以防车辆复轨后冲撞机车。

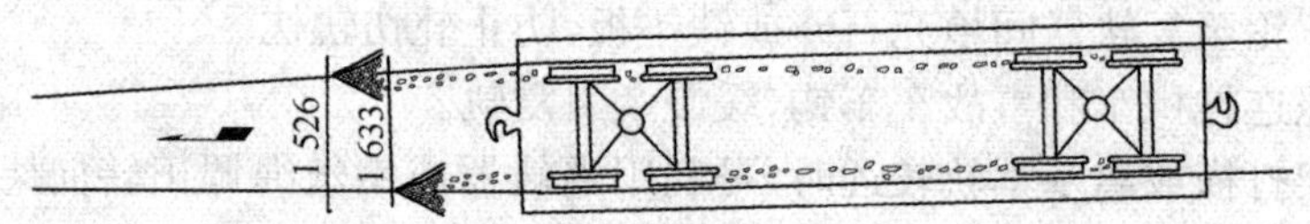

图 7-12　车辆在线路两钢轨间脱轨(单位:mm)

十三、车辆一个转向架在曲线上脱轨

车辆在曲线上脱轨后,因受离心力的影响,一般多处于转向架打横或距离钢轨较远的状态,给起复工作造成很大难度,应尽量采用“原路复旧”的方法比较有利,但现场条件不具备的情况下,可在脱轨车辆前方进行救援。起复方法如下:

(1)首先用钢丝绳挂在脱轨转向架外侧侧架上,调正转向架倾斜角度,使脱轨车轮靠近基本轨。

(2)在脱轨车轮前方适当地点安装一对人字形复轨器。

(3)在外股钢轨的内侧,靠近复轨器头部,安装一根 2～3 m 长的护轮轨(混凝土枕地段须穿入几根木枕捣实后再行钉固),以防车轮复轨后再次脱轨。

(4)将转向架上的钢丝绳摘下,换挂在车辆的车钩上,缓慢牵引复轨,车辆一个转向架在曲线上脱轨如图 7-13 所示。

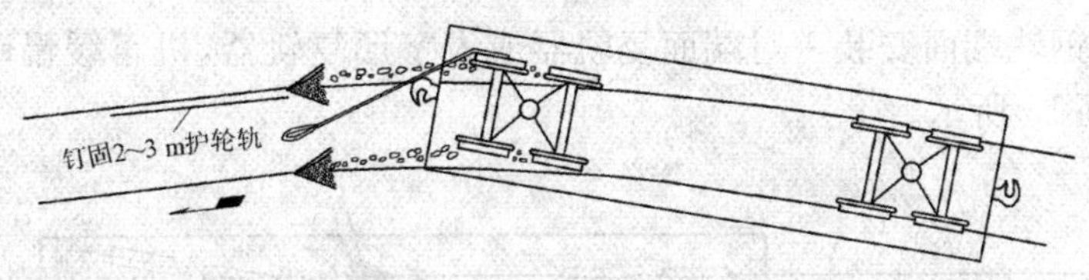

图 7-13 车辆一个转向架在曲线上脱轨

十四、车辆一个转向架在桥梁上脱轨

车辆在桥头附近脱轨时，可在桥枕之间铺垫石砟，将脱轨车辆牵出桥头，再行起复比较有利。若在桥梁中部脱轨可采用复轨器或液压起复设备进行起复。

(一)车辆一个转向架在桥梁上脱轨(利用复轨器起复)

(1)首先检查脱轨转向架心盘是否分离，若分离时，须先将脱轨端车体顶起，使心盘及旁承复位。

(2)在脱轨车轮前方安装一对桥梁专用复轨器，复轨器至脱轨车轮间铺满石砟，以车轮轧过后与轨面相平为宜。

(3)用钢丝绳连挂脱轨车辆，机车缓慢牵引复轨，车辆一个转向架在桥梁上脱轨如图 7-14 所示。

如无桥梁专用复轨器时，可视现场情况拆除脱轨车轮附近桥梁护轮轨，然后安装人字形复轨器进行起复。

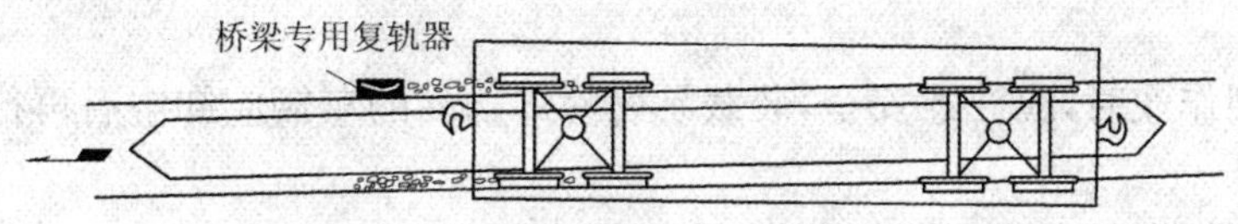

图 7-14 车辆一个转向架在桥梁上脱轨

(二)车辆一个转向架在桥梁上脱轨(利用液压起复设备起复)

(1)检查脱轨转向架心盘若分离时，须先将脱轨端车体顶起，使心盘及旁承复位。

(2)用转向架索具将脱轨车轮与车体连挂捆绑为一体后，采用横移千斤顶或液压起复设备进行顶移复轨。

(3)在脱轨车辆另一端车轮前后打紧止轮器，防止车辆溜逸。

车辆两个转向架在桥梁上脱轨时，可采用液压起复设备与复轨器相配合的作业方法，用液压起复设备将脱轨距离线路较远的一端起复后，再用复轨器起复另一端。

十五、车辆在尽头线脱轨

车辆一个转向架在尽头线脱轨时，要察看脱轨转向架心盘是否分离，若脱轨转向架陷在泥土里，心盘已分离时，可用千斤顶或液压起复设备将车体顶起，使其复位后再安装复轨器进行起复。起复方法如下：

(1)脱轨车轮与线路基本平行，斜度很小时，可在两钢轨间安装 1 至 2 根轨距杆，以防轨距变化。

(2)若脱轨转向架倾斜角度很大时，须用钢丝绳调正台车后，再安装复轨器进行起复。

(3)在尽头线钢轨端面安装一对端面复轨器或人字形复轨器，机车缓慢牵引复轨，车辆在尽头线脱轨如图 7-15 所示。

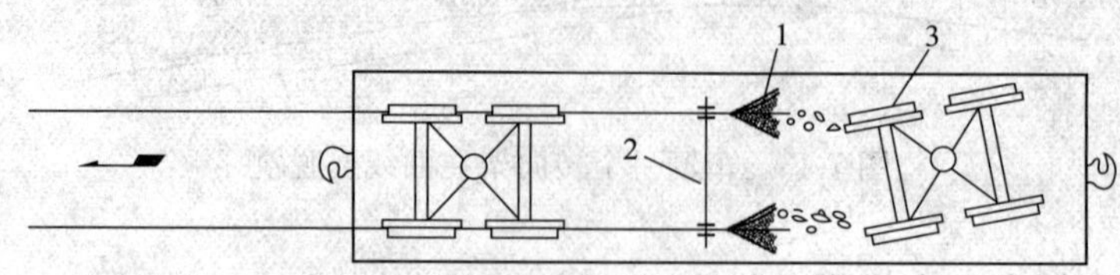

图 7-15　车辆在尽头线脱轨

1—复轨器；2—轨距杆；3—脱轨转向架

十六、车辆脱轨后侵入邻线

1. 起复方法

(1)先将脱轨车辆的车钩提开，若不能分解时，可用切割机进行切割。

(2)用钢丝绳连挂机车车钩，分别向车辆两端方向牵引，将侵限车辆牵引至线路限界外，立即开通邻线，车辆脱轨后侵入邻线如图 7-16 所示。

(3)事故车辆因倾斜或歪倒部分侵入限界，如仅车辆某端的一角，可用切割机将侵线部分割断并移走，开通线路。

(4)若车辆车体及转向架严重破损，已经无法挂运，可将破损车辆装车回送或移至限界之外尽快开通线路。

2. 注意事项

(1)实施切割作业时，应注意安全，装载易燃易爆物品的车辆应卸空后再行切割，防止发生火灾或爆炸。

(2)车辆装载精密仪器或贵重物品及特殊物资等不得进行切割作业。

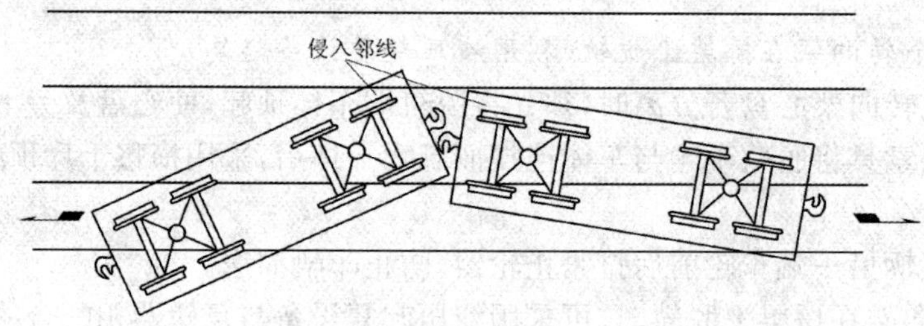

图 7-16　车辆脱轨后侵入邻线

第二节　内燃、电力机车起复方法

内燃机车与电力机车的走行部结构基本相同，内燃、电力机车采用二轴和三轴转向架，每根动轴上均设有牵引电机及齿轮箱，因此，机车转向架的轴重、轴距及自重吨位均比车辆转向架大得多。机车脱轨后，前部排障器、下部齿轮箱、均衡梁及制动传动装置等部件与钢轨及地面接触，不仅产生极大的牵引复轨阻力，还易扩大机车的破损程度。因此，应采用“抬高逼近”车轮，原路复旧的方法，实施救援起复作业。

电气化铁路区段电力机车脱轨时，应尽量采用牵引复轨法或顶移复轨法起复，确需采取铁路救援起重机吊复作业时，供电段接触网抢修人员应密切配合，提前进行局部拆网或拨移接触网，为起重机起复作业做好准备工作。起重机作业时，须指定专人进行监护，防止起重机吊臂刮碰接触网而发生事故。

电气化区段应派内燃机车担当事故救援任务。

一、内燃、电力机车一根轴脱轨

内燃、电力机车一根轴脱轨时，受机车转向架影响，一般脱轨距离都比较近，采用"原路复旧"的方法较易复轨。起复方法如下：

(1)在脱轨转向架的轮轴间安装一对人字形复轨器，脱轨车轮至复轨器间适当铺垫石砟。

(2)利用本机动力，缓慢动车进行复轨，内燃、电力机车一根轴脱轨如图 7-17 所示。

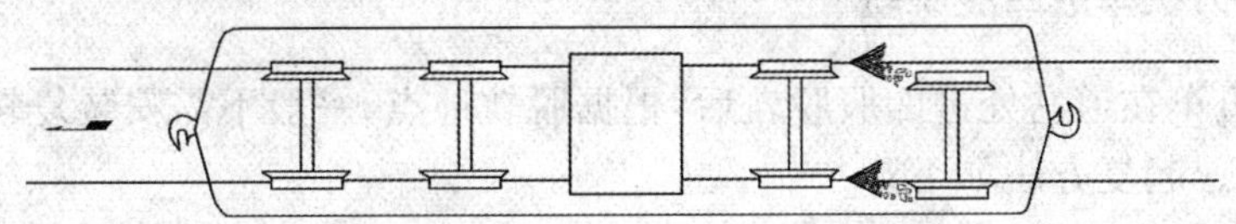

图 7-17 内燃、电力机车一根轴脱轨

二、内燃、电力机车一个转向架脱轨

内燃、电力机车一个转向架脱轨时，线路技术状态基本良好的情况下，可采用复轨器进行起复。但因脱轨端机车排障器与钢轨接触，产生极大摩擦阻力，须选择适当地点安装复轨器，尽量采用"抬高车轮，逼近钢轨"及"原路复旧"的方法比较有利。起复方法如下：

(1)拆除走行部障碍部件，避免扩大机车破损程度。

(2)将复轨器安装在两个转向架之间的开阔地点。

(3)在脱轨车轮与复轨器间适当铺垫石砟或铁垫板等，迫使机车移动时排障器也随之抬高，避免刮碰复轨器。

(4)利用本机动力起复，当车轮复轨后，应即停车取下复轨器。

机车自行起复有困难时，可另派机车牵引复轨，内燃、电力机车一个转向架脱轨如图 7-18 所示。

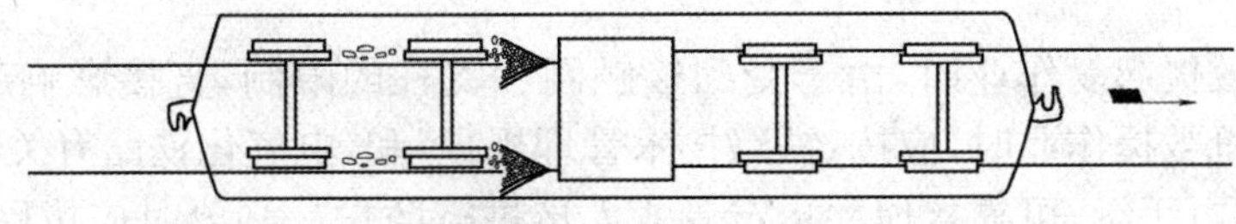

图 7-18 内燃、电力机车一个转向架脱轨

三、内燃、电力机车一根轴在辙叉心附近脱轨

内燃、电力机车一根轴在辙叉心附近脱轨时，如不便安装复轨器可利用道岔设备进行起复。起复方法如下：

(1)在辙叉心附近铺垫石砟，辙叉心内方要适当垫高些，避免脱轨车轮挤坏辙叉心。

(2)护轮轨头部安装一套逼轨器(或长 2～3 m 短钢轨，用鱼尾板和道钉加固)，在脱轨车轮与逼轨器间适当铺垫石砟,以使脱轨车轮导入护轮轨槽内复轨后,迫使另一侧车轮越过辙叉心复轨。

(3)将道岔对向复轨方向的直股线路或解开道岔转辙连接杆,使其呈自由状态,利用本机动力自行复轨,内燃、电力机车一根轴在辙叉心附近脱轨如图 7-19 所示。

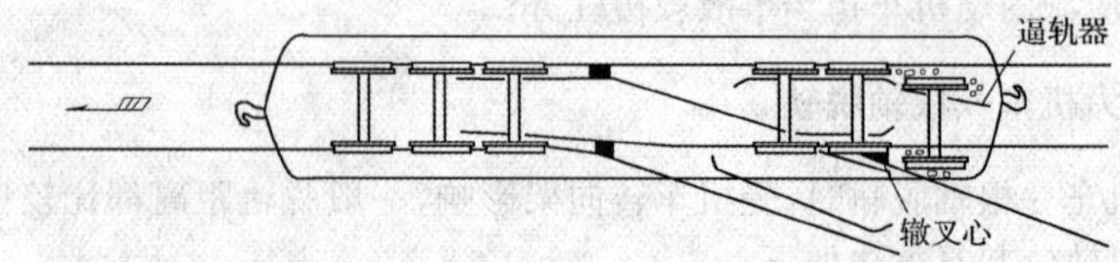

图 7-19　内燃、电力机车一根轴在辙叉心附近脱轨

四、内燃、电力机车进四股脱轨

内燃、电力机车在道岔处进四股脱轨后,根据脱轨地点,一般不需安装复轨器,可利用道岔间隔铁进行起复。起复方法如下:

(1)解开道岔转辙连接杆,使尖轨呈自由状态。

(2)在道岔间隔铁跟端与脱轨车轮间填满石砟、铁垫板等,以车轮轧过后与轨面相平为宜。

(3)拆除机车障碍部件,防止走行部和牵引电机等与轨面接触刮碰,扩大机车破损程度。

(4)请求 1 或 2 台机车,用钢丝绳连挂车钩,缓慢向尖轨方向牵引,复轨后检查机车各部状态,恢复道岔,开通线路。内燃、电力机车进四股脱轨如图 7-20 所示。

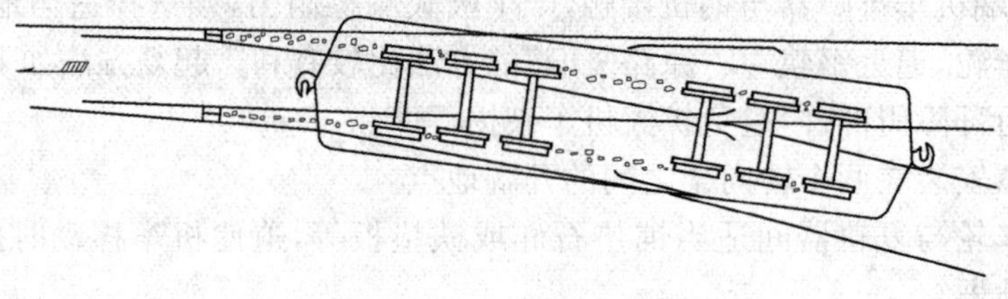

图 7-20　内燃、电力机车进四股脱轨

第三节　电气化区段救援起复作业方法

电气化区段救援起复作业时,由于受到接触网和支柱的限制,直接影响起重机的正常作业。如确需起重机救援作业时,应按《铁路技术管理规程》和《电气化铁路有关人员电气安全规则》的规定办理停电手续,可靠接地并指定专业人员进行防护。必要时应拨网或拆网,以确保作业安全。

电气化区段一般脱轨事故多采用牵引复轨法或利用液压起复设备顶移复轨法,必要时可采取起重机吊复方法。

一、电气化区段作业安全事项

(1)救援人员必须认真执行电气化铁路有关安全规定,在接触网未停电接地前,禁止任何人员攀登车辆顶部或车辆装载的货物上。

(2)机械设备施工、装卸作业时，所使用的长大工具、器材等，须与牵引供电设备高压带电部分保持 2 m 以上的距离，与回流线、架空地线、保护线保持 1 m 以上距离，距离不足时，牵引供电设备须停电。

(3)当列车、动车组运行途中发生故障，机车司机、动车组司机、动车组机械师等需上车顶作业时，严格按规定办理停电手续并做好安全防护后方可作业。

(4)上水、保洁、施工等作业，不得将水管向供电线路方向喷射，严禁用水管冲刷车辆、机具等。

(5)距牵引供电设备带电部分不足 4 m 的燃着物体，使用水或灭火器灭火时，牵引供电设备必须停电；距牵引供电设备带电部分超过 2 m 的燃着物体，使用沙土灭火时可不停电，但须保持灭火机具及沙土等与带电部分的距离在 2 m 以上。

二、机车在接触网下脱轨起复

(1)脱轨机车轮对距基本轨较近，不超出复轨器有效复轨距离时，应派内燃机车利用复轨器进行牵引复轨。

(2)机车在岔群附近脱轨或转向架分离时，应采用液压起复设备进行顶移复轨。

(3)如机车脱轨距离线路较远且车体倾斜，利用起重机进行吊复时，须办理停电手续，并可靠接地，清除障碍物后方可起吊作业。

(4)起重机救援作业时，须由接触网抢修人员进行安全防护，防止刮碰接触网。

(5)利用起重机吊复或液压起复设备起复机车时，必须首先利用索具将脱轨机车转向架轮轴与车架捆绑加固后方可进行起复作业。

三、车辆在接触网下脱轨起复

(1)脱轨车辆走行部良好，符合牵引复轨条件时，应采用复轨器进行起复。

(2)如车辆一端转向架破损散架时，应利用千斤顶将走行部破损端的车体顶起，清除破损的转向架，更换备用转向架或拼装式救援台车。

(3)如车辆转向架已全部破损散架，可利用机车、牵引车、挖掘机、拖拉机、装载机等动力设备将事故车辆及破损的转向架强行牵出线路限界之外，尽快开通线路。

第四节 隧道突发事件应急处置方法

为减少铁路隧道内突发事件，科学、有序、快速、安全地进行应急处置，把铁路隧道内突发事件造成的人员伤亡、财产损失和社会影响降低到最低程度，按照铁路总公司《铁路处置长大隧道突发事件应急预案》以人为本，预防为主，统一指挥，快速救援，确保畅通的工作原则，铁路总公司、铁路局和站段分别成立处置铁路隧道突发事件应急领导机构，编制应急预案，明确职责，负责铁路隧道突发事件的应急处置工作。

隧道事故应急救援工作由隧道所在地的铁路局统一指挥，事故发生后，铁路局应迅速指定主管安全工作负责人迅速赶赴现场，担任现场应急救援指挥工作。参加应急救援的各部门、各单位人员要加强协调配合，各尽职责。

当隧道内发生严重事故时，应立即向上一级部门报告，请求支援。

一、突发事件通报方法

(1)列车在隧道内发生突发事件时,司机应立即向列车调度员或两端车站值班员报告,并及时通知列车长车辆乘务员(随车机械师)和后续追踪列车司机。当列车无法运行时,及时请求救援,已请求救援的列车,不得再行移动,并按规定对列车进行防护。

(2)设备维修单位人员遇突发事件时,应立即用列车无线调度通信设备或区间通话柱向列车调度员或两端站值班员报告,并立即拦停驶向突发事件发生处所的列车。

(3)车站接发车人员遇突发事件时,应及时向车站值班员和列车调度员报告,并将列车拦停在站内。车站值班员接到突发事件报告后,应及时向列车调度员报告。

(4)列车调度员接到突发事件报告后,应及时向调度所值班主任、调度所主任、铁路局应急办(总值班室)报告。遇有人员伤亡或发生火灾、爆炸、危险货物泄漏等事故时,铁路局应根据突发事件处置需要,立即通知地方医疗卫生、公安消防及环境保护等部门。

(5)铁路局接到突发事件报告后,调度所(运输指挥中心)要立即核实事件基本情况,向铁路总公司报告(事件发生后 4 h 内)。信息报告的主要内容:

①突发事件基本概况,包括发生时间、地点、列车车次、机车型号、牵引辆数、吨数、计长及运行速度;机务、车辆、客运值乘人员情况及所属单位;长大隧道设备技术条件。

②旅客人数,伤亡人数,伤员伤势程度,是否有境外人员伤亡。

③货物品名、装载情况,易燃、易爆等危险货物情况。

④机车车辆脱轨位置、脱轨辆数及隧道设备损坏程度。

⑤事件发生后采取的处置措施。

⑥铁路运输影响情况。

⑦突发事件初步原因分析。

⑧需要报告的其他重要情况。

在突发事件处置过程中,如人员伤亡、脱轨辆数、设备损坏等情况发生变化时,应及时补报。

二、突发事件紧急处置方法

针对客货列车在长大隧道内发生火灾、爆炸、脱轨、接触网故障、危险化学品泄漏等情况,应快速制定实施应急救援方案。隧道内空间狭小、能见度低、通风条件差,大型救援设备受空间限制,使得应急救援的复杂性和难度加大。

在长大隧道内开展救援工作,由于环境恶劣,容易发生人员伤害、中毒、窒息等次生事故,必须抓住有利时机,快速果断处置,防止事态进一步扩大,尽可能降低突发事件造成的影响和损失。

按照"先抢通后恢复"的原则,尽快恢复运输秩序。在快速抢救人员的同时,要调集足够的救援人员及机具设备,迅速扑救火灾、起复机车车辆,抢通受损线路,尽快恢复通车。

(1)列车在长大隧道内发生突发事件,司机应将列车牵引至隧道外,不能维持到隧道外时,列车要尽量停在隧道横通道附近;立即向车辆乘务员(随车机械师)、车站值班员、列车调度员报告事故情况及停车位置,并及时通知后续跟踪列车。列车在隧道内被迫停车后,由机车乘务员负责列车前方的安全防护。

(2)车辆乘务员(随车机械师)接到列车不能继续运行的通知后,按规定对列车尾部进行防护,并立即与车站值班员或列车调度员联系,请求救援。如遇自动制动机故障,接到司机通知后，立即组织列车乘务人员拧紧全列人力制动机，就地制动，防止溜逸。

(3)旅客列车发生突发事件时，列车长要迅速查明情况，立即向机车乘务员及事发地铁路局客调报告，负责启动列车突发事件应急预案，安排列车乘务人员封锁车门、车窗，稳定旅客情绪，维护车内秩序，共同制定旅客疏散方案，确保旅客安全有序疏散转移。

(4)旅客列车在隧道内发生事故时，要迅速查明判断事故影响情况，尽量将旅客列车维持运行到隧道外，停在安全地带。列车无法维持运行时，要设法与司机、列车长取得联系，了解事故概况，尽快组织将旅客列车拉回站内。当旅客列车中部分车辆不能继续运行需区间甩车处理时，应组织将旅客疏散到其他车厢拉回站内。

(5)列车长接到火情报告后，应立即组织列车工作人员使用灭火器扑救。当车厢内旅客携带危险化学品发生爆炸燃烧，火势迅速蔓延危及旅客人身安全时，应立即停车，尽快组织人员疏散。待旅客和列车工作人员疏散到安全区域后方准开始救援工作。

(6)救援人员进入事故现场时，必须穿用轻型防化服、佩戴防毒面具、防腐橡胶手套和防化护目镜，确保救援人员自身安全。

突发事件中发生人员伤亡时，现场救援人员应利用作业车、轨道车等铁路交通工具，将受伤人员及时送到交通便利的地点，立即通知附近医疗单位前往救护，并在现场设置医疗点，安排救护车，负责现场紧急医疗救护工作。

(7)电气化区段发生火灾、爆炸时，必须严格执行“先断电后扑救”的原则，采取分隔、甩车的方法，防止火势蔓延。停电后，立即组织人员扑救处置。

事故发生地铁路局应根据事故应急救援的需要，可请求地方政府和武警部队支援。

三、列车故障处理方法

(1)接到机车故障不能继续运行被迫停于隧道内后，列车调度员应立即发布封锁区间的调度命令，并及时与机车乘务员取得联系，确定列车停车位置。根据区间占用情况和邻近列车(机车)分布情况确定救援方案。救援完毕，在确认区间无其他停留列车(车辆)后方可开通区间。

(2)在长大隧道内发生列车分离时，应立即封锁区间，不得再向该区间放行列车。对分离车辆检查确认可连挂时须重新连挂，分离列车原则上不分部运行；如车钩断裂、变形等无法连挂时可分部运行，但须确保运行安全。根据停留车的具体位置，做好车辆防溜工作。不能连挂运行时，应尽快组织由列车尾部方向进入区间救援，将遗留车辆拉入站内。

(3)在隧道内发生弓网故障或接触网停电，列车不能继续运行时，应立即与司机取得联系，要求做好列车防溜。接触网短时间内不能恢复供电时，应安排内燃机车或调车机进行救援，将列车拉回站内。

(4)当接到线路(隧道)塌方、断轨、侵入限界等危及行车安全的信息报告后，应立即组织拦停接近故障地点的列车，并封锁区间。如已有列车进入隧道，列车调度员要立即与司机取得联系，指示区间停车并做好列车防溜，待故障排除后，方可恢复列车运行。

四、发生火灾、爆炸处置方法

长大隧道内发生火灾、爆炸时，结合事故现场情况，应采取的抢险救援措施是：一是首先切断电源，抢救人员；二是封闭洞口，断氧灭火；三是隧道勘察，车辆起复；四是加固隧道，开通线路。

电气化区段停电后，应采用内燃机车进行救援。

(1)列车在隧道内发生火灾、爆炸时,须立即停车(停车地点应尽量避开特大桥梁、长大隧道)。电气化区段,现场需停电时,应立即通知供电部门停电。查明列车编组和着火车辆车种、货物品名,尽量将列车牵引至隧道外,指挥有关人员做好车辆防溜。需要分隔甩车时,应根据风向及货物性质等情况而定。先甩下列车后部未着火的车辆,再甩下着火车辆,然后将机后未着火车辆牵至安全地段。列车分隔后,须对遗留车辆采取防溜措施。

(2)接到危险品、剧毒品货物在隧道内发生事故后,列车调度员应立即封锁区间,并拦停后续列车,尽量组织将列车拉(退)回后方站内。在确认可进入隧道进行救援时,可利用救援机车将有关人员送往事故地点进行抢险救援。

(3)货物列车发生火灾、爆炸事故后,应及时与货调报告,货调应立即核对该列车编组情况,对装载国防物资、特种车辆,易燃、易爆、有毒、有害气体的车辆,必须先通知有关专业部门处理,在征得专业部门意见后,救援列车和救援人员方可进入现场进行救援作业。进入隧道抢救着火机车车辆时,救援机车应连挂钢质车底平板车辆进行隔离。

(4)发生危险品、剧毒品货物事故时,列车调度员应立即封锁区间并拦停后续列车,尽量组织将列车运行至隧道外。在查明情况前,应阻止列车和人员进入隧道。同时,要求机车乘务员会同列车有关人员做好列车防溜工作,并组织人员迅速撤离现场,制定下一步救援方案。

五、机车车辆脱轨应急处置方法

(一)车辆在隧道内脱轨处置

长大隧道内受空间范围限制,铁路救援起重机难以发挥作用,应视事故现场车辆脱轨的具体情况,可采用隧道内起复、牵出处理、限速回送、解体装车等方法进行抢险救援。

(1)事故现场如有条件,可在隧道口附近临时铺设一条便线,以备车辆牵出后进行吊复或吊装作业使用。

(2)车辆一根轴或一个转向架脱轨,转向架完好时,可利用端面复轨器或隧道专用复轨器进行起复,采用“原路复旧”的方案较为有利。

(3)车辆脱轨不严重(空车转向架未散架)时,可使用铁路救援起重机羊角钩吊复或液压起复设备顶移复轨。如转向架已破损,则可更换拼装式救援台车或备用转向架,将事故车辆牵出隧道。

如脱轨车辆接近隧道口时,可在轨枕间填充石砟,将事故车辆牵出隧道口,再进行起复。

(4)车辆两个转向架全部脱轨时,可利用液压起复设备顶移复轨或配合复轨器起复。首先将脱轨距离较远的车辆一端利用液压起复设备进行复轨,再利用复轨器起复另一端。

(5)如转向架全部散架破损,又无拼装式救援台车时,可将线路铺至脱轨车辆附近,用几根短钢轨穿入车辆底部,在钢轨顶部适当涂润滑油,以减少牵引阻力。然后用钢丝绳、锁闭套钩把散架的车辆与机车连挂,将事故车辆强行牵引至隧道外再进行装车处理。

(6)当事故车辆挤压堆积,车体严重破损时,可使用破拆、剪切、切割机具进行分解,然后将分解的车体及零部件吊装到平板车上或放在横通道内,尽快开通线路。

(二)机车在隧道内脱轨起复

由于内燃、电力机车走行部的结构特点,一般脱轨后转向架与轮对不易散落,且脱轨后距离钢轨不会太远。

(1)机车前部转向架一根轴脱轨时,可在脱轨轮对后部安装复轨器,轨枕间铺垫石砟或铁垫板等,机车自力采用“原路复旧”的方法进行起复。

(2)机车一个转向架脱轨时,根据救援机车复轨方向,在脱轨轮对的前方或后方适当处所安装复轨器,脱轨车轮径路适当铺垫石砟或铁垫板,自力起复有困难时,可派救援机车利用钢丝绳连挂牵引复轨。

(3)机车全轮脱轨时,可利用液压起复设备进行顶移复轨。现场为缩短救援时间,可采用液压起复设备与复轨器相配合的作业方法:可先将脱轨较远的一端转向架车轮利用液压起复设备顶复后,再利用复轨器起复另一端。

第五节 车辆车钩破损应急处置方法

一、车辆钩舌破损连结法

列车在区间发生事故造成车钩钩舌破损不能连挂运行时,可拆下机车前钩或列车尾部车辆钩舌更换处理。如无条件,可利用车辆配件进行应急处理,将破损车辆钩舌及机车钩舌取下,将故障车辆的两个固定支点串入两个钩头内,装上连接杆销及开口销,再用两根钩舌销分别串入钩舌销孔内,使其相互连结,限速回送至站内再行处理,车辆钩舌破损连结法如图 7-21 所示。

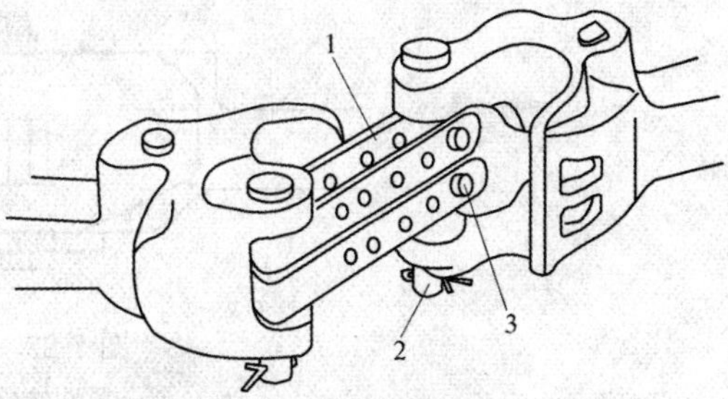

图 7-21 车辆钩舌破损连结法

1—固定支点;2—钩舌销;3—连结销

二、车辆钩头破损连结法

(1)将车辆两个破损钩头取下,将故障车辆两根下拉杆叉部串入钩尾销,用连结销及开口销连结,将其固定在两钩尾框的立面上,限速回送至站内再行彻底处理,车辆钩头破损连结法如图 7-22所示。

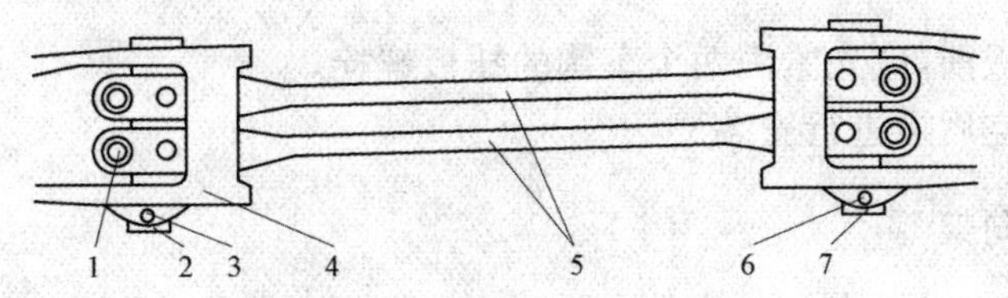

图 7-22 车辆钩头破损连结法

1—连结销;2—钩尾销;3—钩尾销螺栓;4—钩尾框;5—下拉杆;6—钩尾销螺栓;7—钩尾销

(2)亦可采用救援锁闭套钩,用钢丝绳折回连挂两个钩尾框,并用快速绳卡加固,尽量减少车钩冲动,慢行送入站内,开通线路。

三、车钩夹板使用方法

当车辆转向架破损不能继续运行时,可将破损散架的转向架清除,利用车钩夹板来加固破损车辆的车钩,两辆车共用三个转向架,将车辆限速送入站内,开通线路。车钩夹板的构造及使用方法如下:

(一)构　　造

车钩夹板由两块长 350 mm、宽 200 mm、厚 25 mm 并钻有两个螺栓孔的钢板和两根长 460 mm、ϕ(32～36)mm 的紧固螺栓组成。

(二)使用方法

(1)用千斤顶将破损转向架一端的车体顶起,清除破损的转向架。

(2)缓落车体,使故障车辆的车钩与连结车钩呈水平状态。

(3)取出两车钩的钩舌销,将两块车钩夹板分别放在钩头上、下部,用螺栓串入钩舌销孔内紧固,连成一体。两辆车共用三个转向架,慢行送至邻站,开通线路,车钩夹板使用方法如图 7-23所示。

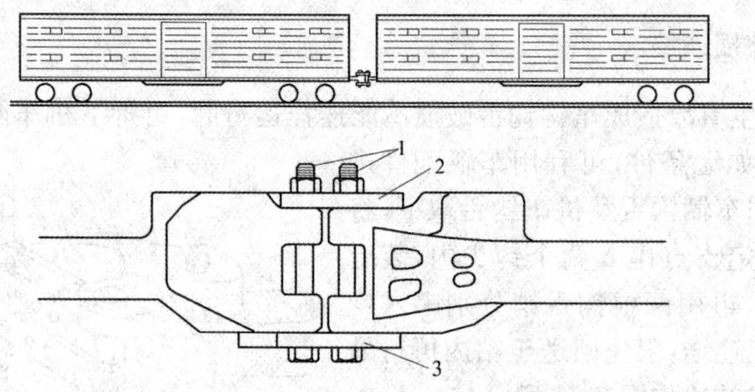

图 7-23　车钩夹板使用方法

1—紧固螺栓;2—上夹板;3—下夹板

另一种处理方法是:

(1)用千斤顶将破损转向架一端的车体顶起,清除破损转向架。

(2)更换备用的转向架或利用客货车辆通用救援台车,将车辆限速送入站内,尽快开通线路。

注意事项:

(1)安装车钩夹板前,应先紧固两个车钩的托板螺栓。

(2)重车必须卸空后再进行安装。

四、制作代用转向架

当车辆转向架破损后,在既无备用转向架又无简易救援台车更换的情况下,也可利用四根木枕组成代用转向架,此方法仅适用于空车时应急处置。制作方法如下:

(1)在两根木枕的两端各锯割一个沟槽,每根木枕上两个沟槽的距离为原转向架两轴间的相等距离(轴距为 1 750 mm 或 1 830 mm)。

(2)用千斤顶将车体顶起,清除破损的转向架,将脱轨车轮吊装或横移至线路上复轨,在轮轴与枕木滑动面处适当涂抹润滑油,以减少枕木磨损,再将挖好沟槽的枕木各扣在车轮内侧两根轮轴上,并与车轮侧面留出 50～60 mm 间隙,再用两根长 1.3 m 的短枕木横放在长枕木轮轴位置的上方,用扒钉钉固连为一体,制成代用转向架,如图 7-24 所示。

(3)落下千斤顶,将车辆上心盘落在两枕木空档中,限速回送至站内,开通线路,组装好的代用转向架如图 7-25 所示。

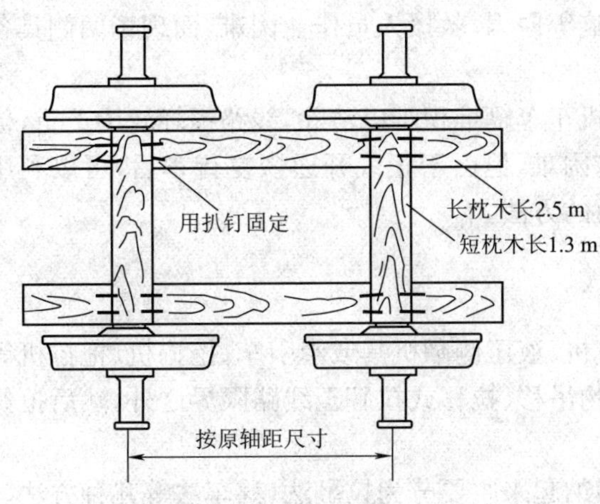

图 7-24　制成代用转向架

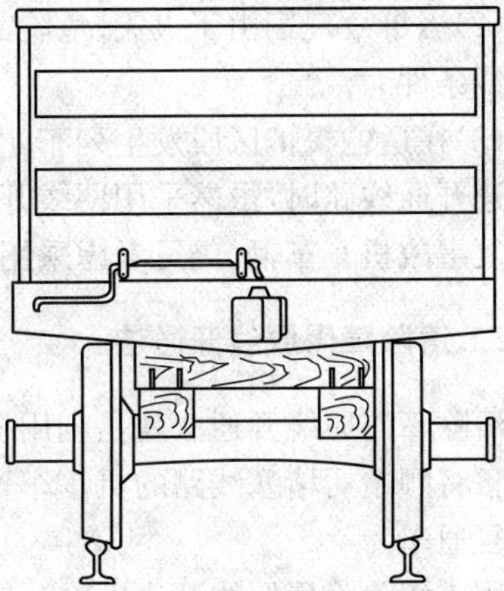

图 7-25　组装好的代用转向架

第六节　铁路交通事故线路开通方法

列车在运行中，因遭受自然灾害或机车车辆发生脱轨颠覆等事故中断行车时，为了及时起复机车车辆，尽快开通线路，迅速恢复行车，尤其是在铁路繁忙干线和枢纽地区，恢复运输秩序的意义更加突出。因此，救援指挥人员应根据事故现场的地形、地物和救援资源等有利条件，采取有效措施和最佳救援方案，采用多种方法平行作业，及时清除线路上的阻碍，尽快恢复通车。

线路开通方法，归纳起来主要有便线开通法、清除障碍原线开通法、原线复轨开通法等几种方法。

一、便线开通法

便线开通法又称绕行法。一般是在事故现场两侧有可以借用的线路或虽无线路可借用，但地形较平坦，新铺便线较容易，而且较清除障碍节省时间的情况下采用。但新修便线需要大量人力、路料，而且在事故救援完毕后还要恢复原线行车，有重复作业的缺点。

(一)借用线路拨道开通法

当机车车辆在车站咽喉道岔处或站外附近线路上发生颠覆脱轨事故时，根据现场情况，可考虑利用车站正线两侧线路或牵出线、专用线等，立即组织人力实施拨道开通绕行方案，大大缩短堵塞正线的时间，借用线路拨道开通法如图 7-26 所示。

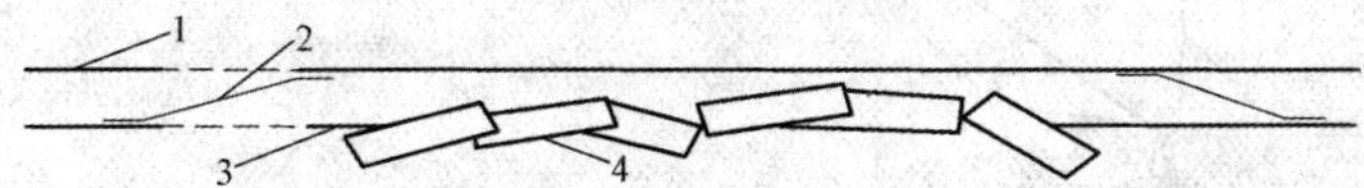

图 7-26　借用线路拨道开通法

1—专用线；2—将专用线与正线拨通；3—正线；4—颠覆脱轨车辆

(二)新铺便线开通法

新铺便线工作量较大，一般情况下不予实施，以下情况可以考虑采用：

(1)当事故现场堵塞正线的机车车辆或货物等在较短时间内难以清除，而原来正线一侧地理条件较适宜时，可采取铺设临时线路的方法。

(2)当事故现场由于火灾、危险品货物影响等原因,救援人员作业困难,而现场两侧具备铺设便线条件时。

(3)在运输繁忙区段发生列车颠覆事故,机车车辆堆积难以清除,线路损坏较为严重,但必须迅速开通线路时,虽然采用便线开通有一定困难,但由于正线开通恢复行车后,可以利用便线起复事故机车车辆,仍可考虑采用便线开通的方法。

二、清除障碍原线开通法

清除障碍原线开通法就是利用机车、起重机、液压侧翻机具或牵引车、挖掘机、拖拉机等动力设备将颠覆后堵塞线路的机车车辆及障碍物吊移、拉移或拉翻至线路限界之外,然后抢修线路恢复通车。

用于清除障碍原线开通的方法较多,但归纳起来主要分为拉翻法、移车法等几种方法。

(一)拉 翻 法

拉翻法是将破损的车辆利用机车、牵引车、挖掘机、拖拉机等动力设备拉倒或拉翻,使其离开线路限界的一种快速恢复行车的方法,其缺点是:

(1)在拉翻车辆作业时,可能会扩大车辆的破损程度。

(2)翻动的距离因受车辆限界的影响,必须离开线路较远,给以后重新起复机车车辆作业增加了一定难度。

当事故发生地点不是在桥梁上、隧道内或高路堑地段时,视具体情况可考虑采取拉翻的办法:事故车辆已达到报废或大破时;事故车辆走行部已破损散架,堵塞在线路上无法复轨或复轨后无法挂运时;破损车辆叠压成堆时;事故现场线路两侧地势较低,利于拉翻作业时。

1. 机车拉翻法

可以利用事故现场两侧的线路、固定设备,也可以挖地垄,拴置滑车,用长钢丝绳一端栓挂在车辆中部侧梁上,一端经两个单轮或双轮滑车与机车车钩联结,然后将车辆拉翻离开线路限界外,也可利用此方法将破损的转向架清除线路。此种作业方法的缺点是安装机具时间长、效率低,只限在轨道起重机无法靠近作业或无其他机械动力设备的情况下采用,机车拉翻法安装作业方法如图 7-27 所示。

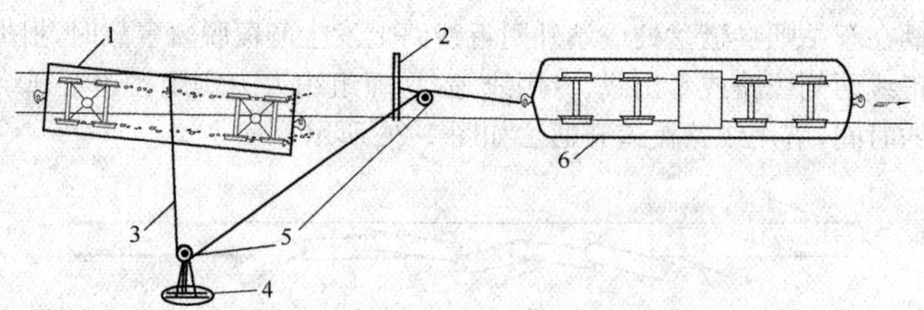

图 7-27 机车拉翻方法

1—脱轨车辆;2—短钢轨;3—钢丝绳;4—地垄;5—双轮滑车;6—机车

2. 拖拉机(牵引车)拉翻法

将钢丝绳一端从事故车辆的中心上部绕过拴挂在车辆的侧梁或其他坚固部位,另一端连挂在拖拉机或牵引车上,然后缓慢拉翻。

如必须采取翻滚才能将车辆移至线路限界之外时，应将钢丝绳由车辆底部穿过去拴挂在另一侧的侧梁上，牵引钢丝绳应长一些，以免车辆滚动时砸在牵引车上，利用拖拉机拉翻车辆方法如图 7-28 所示。

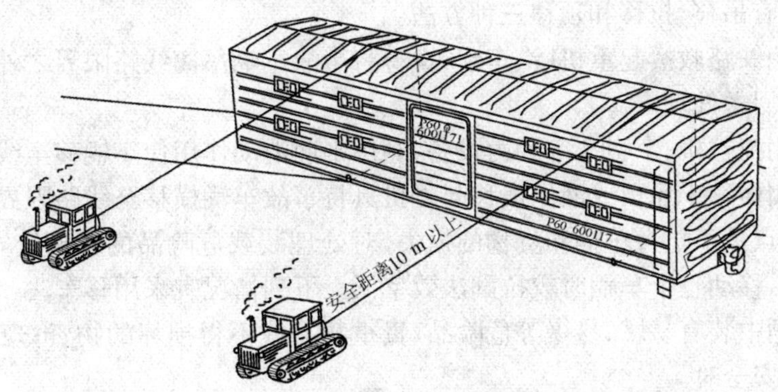

图 7-28　利用拖拉机拉翻车辆方法

注意事项：

(1)必须指定专人统一指挥作业，其他人员应站在安全地带。

(2)钢丝绳应尽量长一些，以保证作业安全。

(3)如用两台拖拉机(牵引车)连挂作业时，相互间须保持在 10 m 以上的安全距离。

(4)装载易燃、易爆危险品及精密仪器的车辆，需将货物卸下后方可进行拉翻作业。

3. 人力拉翻法

当事故发生在车站咽喉岔区、高路基、建筑物附近，或受其他条件所限无法利用拖拉机等动力设备拉翻事故车辆时，可利用千斤顶或起道机配合人力将事故车辆拉翻。

(1)作业方法

车辆上下心盘未分离时，需先用千斤顶将车体一端顶起，使上下心盘脱离，取出心盘销，旁承处垫上枕木垛，撤下千斤顶，再用相同方法顶起车辆另一端并垫好。将棕绳拴挂在中部侧梁上，将千斤顶或起道机放在侧梁下顶压，使车体逐渐倾斜，配合人力，将车体拉翻至线路限界之外，清除转向架，开通线路，千斤顶配合人力拉翻方法如图 7-29 所示。

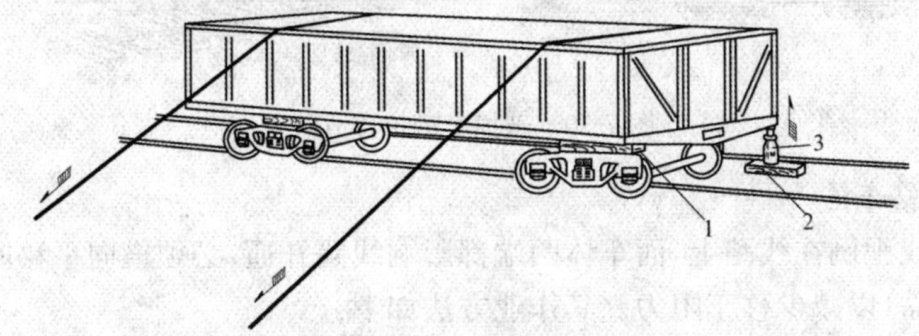

图 7-29　千斤顶配合人力拉翻方法

1—旁承处垫短枕木；2—短枕木；3—千斤顶

(2)注意事项

①顶车时，枕木垛要垫牢，千斤顶顶部应加垫木板或防滑物。

②拉翻作业需要较多人力,现场须统一指挥,协调动作,确保安全。

③装载易燃、易爆、精密仪器及腐蚀性物品的车辆,必须卸下货物后,方可拉翻。

(二)移 车 法

移车法主要有吊移、拉移和顶移三种方法。

吊移法:利用铁路救援起重机(汽车起重机)将事故车辆吊离线路限界之外临时放置,以备线路开通后装车回送处理。

拉移法:采用拖拉机、牵引车等动力设备,利用平面滑动作用使车辆移至线路限界之外。

顶移法:利用横移千斤顶或液压横移起复机具将事故车辆横移至线路限界外方。

移车法的优点是不扩大车辆和货物的损失,对处理装载危险品的车辆较安全。但移车法作业过程较复杂,移动整个车辆时较拉翻法效率低。下列情况宜采用移车法:

(1)事故车辆中装有易燃、易爆等危险品、贵重物品或不得损坏的物资;现场无法卸车,拉翻作业不能保证安全时。

(2)事故车辆只有部分侵入限界时。

(3)现场地形较平坦,采取平面移动能够使车辆离开限界时。

(4)起重机在现场无法靠近作业时。

1. 车辆拉移法

车辆发生脱轨事故,转向架破损严重且与车体分离时,可利用拖拉机或牵引车将破损车辆拉至线路外方,开通线路。其作业方法如下:

(1)用千斤顶顶起车体一端,在车体下部铺设枕木及钢轨,在轨面上适当涂润滑油以减少牵引摩擦阻力,并可防止损坏线路轨枕设备。

(2)利用钢丝绳将事故车辆与拖拉机或牵引车的牵引钩连挂,钢丝绳长度应适当延长,以保持牵引车与事故车辆的安全距离。

(3)由专人统一指挥,顺向车辆脱轨角度缓慢向线路外方拉移,破损车辆拉移方法如图 7-30所示。

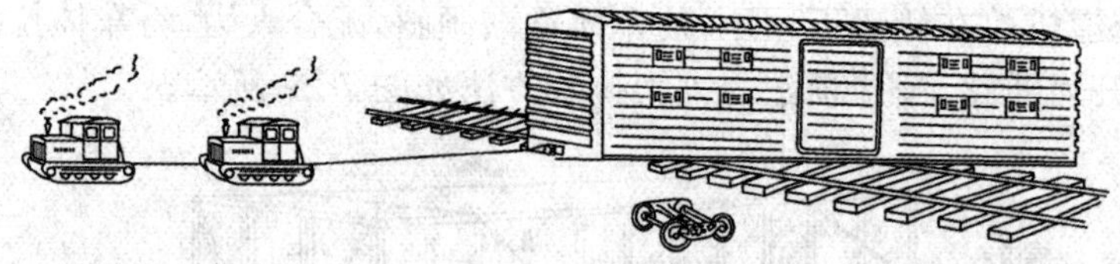

图 7-30 破损车辆拉移方法

2. 车辆横向移车法

当车体落地或歪倒在线路上,而车体两端都影响线路开通,必须横向平移时。有条件情况下应卸空车内物品,以减少移车阻力。其作业方法如下:

(1)首先用千斤顶顶起车体一端,在车体下垫上枕木,横向放一根钢轨并钉固,落下千斤顶,将车体落在钢轨上,再用同样办法,顶起另一端车体,横向放一根钢轨并钉固。钢轨顶部适当涂抹润滑油,以减少平移牵引阻力。

(2)用两台拖拉机或牵引车用钢丝绳分别连挂车体两端的车钩,指挥拖拉机同时缓慢牵引,使车体离开线路限界,车辆横向移车法如图 7-31 所示。

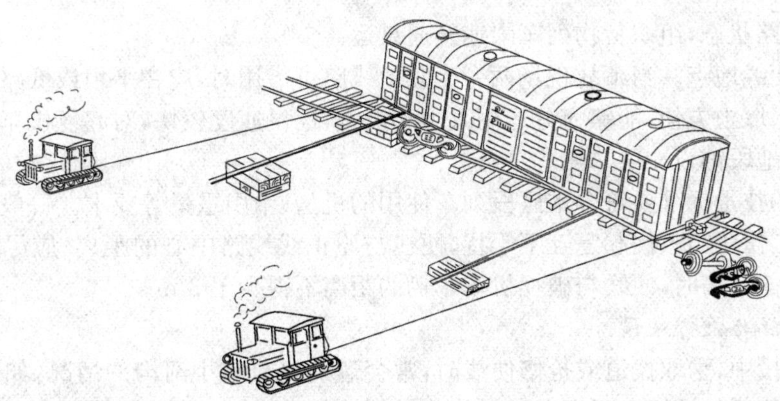

图 7-31　车辆横向移车方法

三、原线复轨开通法

原线复轨开通法，是指机车车辆脱轨后堵塞线路时，利用复轨器、线路设备（道岔辙叉心、间隔铁、护轮轨）、横移千斤顶、液压起复设备和起重机，采取牵引复轨、顶移复轨、起重机救援起复等方法，使脱轨机车车辆重新复轨，迅速开通线路恢复行车的应急救援基本方法。

原线复轨开通法具有复旧作业时间短、速度快、效率高、损失小等特点，可一次复旧完毕，避免重复作业。较便线开通法和拉翻、拉移法等节约大量人力、物力，不会再扩大机车车辆及线路设备的破损程度，可将事故的损失和影响减少到最低限度，已被现场救援人员广泛采用。

应急救援采取哪种线路开通方案，应根据事故现场机车车辆脱轨地点、线路状况及设备资源条件等具体情况来决定。

四、线路抢修开通法

线路抢修是关系到能否尽快开通线路，恢复行车的关键。因此，在事故抢险救援中正确地决定抢修方案是整个救援方案的重要环节。

线路抢修主要分为抢修原线和新铺便线两种方法。具体采用哪种抢修办法，事故现场救援指挥人员要根据现场的线路堵塞情况、清除障碍所需时间和现场周围的地理条件，本着尽快恢复通车的原则来决定。一般情况下，在颠覆较严重的事故现场，如有正线以外的其他线路可借用时，采用拨道改移便线通车的办法比较快捷。对抢修原线与新铺便线要认真进行比较，尽量选用抢修过程时间短的方案。当两者时间差距不大时，应以抢修原线为宜。

实施抢修原线方案时，应与机车车辆起复紧密配合，采用平行作业的方法。做到边起复，边修路，尽可能减少起复作业等待线路修复和起复完毕后线路开通的时间。

实施新铺便线时，需要大量的人力、物力。除调动铁路系统救援人员及物资外，还要与当地政府部门联系，调动社会力量，充分利用当地厂矿企业和武警部队的人力、动力设备资源，加快运输路料及抢修速度。

（一）铺设便线

（1）如果事故现场附近有专用线、工程线、牵出线或支线时，可采取暂时移动上述线路的部分钢轨、轨枕、石砟、土方或将事故线路及借用线路断开，利用人力、起重机、拖拉机、挖掘机、装载机、工程铲车及牵引车等进行整体道床拨移及衔接，再全力组织捣固、找平作业。根据现场地理环境和线路状态,组织货物列车限速开通试运。

(2)铺设便线地点。当事故现场两旁无其他线路可借用时,应在平坦或低路堤、路堑地段,选择施工简单、取土方便,能够充分运用人力和设备,铺设速度较快,对起复机车车辆和正线恢复影响较小的地段铺设。

(3)便线的技术标准要符合本区段列车使用的机型、牵引重量等要求。一般在条件允许情况下,为了施工作业与救援起复互不干扰,便线与原正线线路中心的距离,应尽量稍远些。因受地形限制不能远离时,便线与破损机车车辆的距离不得少于 3 m。

(二)小桥涵与便桥架设

在事故救援中,采取拨道或抢修便线时,常会遇到要跨越小河沟的情况,如何处理小桥涵成为迅速修通便线的关键。根据各地抢修临时便线的经验,在处理小涵洞、小桥中主要采取以下办法:

1. 填充法

在抢修便线中,遇到流水量不大或干涸的小河沟,利用枕木、砂土或石块填充较为快捷。

(1)对干涸的小河沟可采用填土的办法。如地面松软时,要进行夯实或铺垫片石,然后垫一层土,夯实一次,或采取边垫边夯实的办法,达到能够慢速通车即可。

(2)对流水量不大、路堤高度至 1.5 m 以下的小河沟,如附近有片石时,可采用片石填充办法。这样既可保证线路的抢修速度,又可利用片石的空隙解决流水问题。

以上两种办法具有取材方便、施工快捷的优点,但是由于沉陷量较大,在填充时应先将原地面夯实或铺垫片石,有流水时底层枕木须预留流水的空隙。

2. 架设便桥

在抢修便线中,遇到跨度不大的小河但水流较急,不能采用填充法解决时,可采用架设枕木垛便桥的办法,枕木填充法如图 7-32 所示。

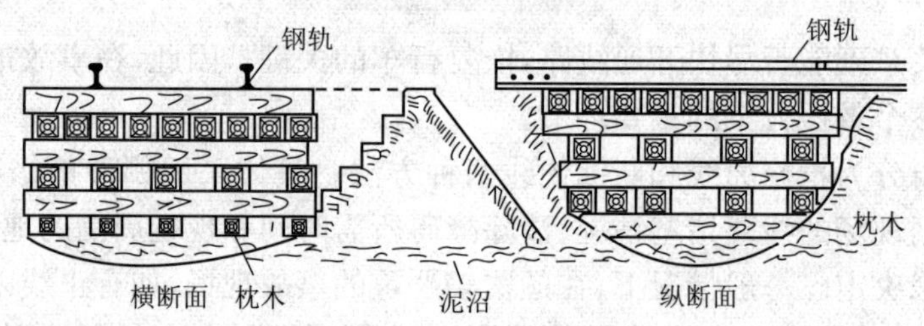

图 7-32 枕木填充法

垫枕木具有施工速度快、稳定牢固、不需要夯实且可留出流水空隙等优点。缺点是枕木用量较大。最好的办法是就地取材或采取枕木、土石混用的办法。

(1)架枕木垛墩台的方法

枕木垛墩台可在平整的地面上直接搭设,有水时需搭设在片石或草袋上。一般要求与线路正交,特殊情况下斜交时交角不得超过 20°,其高度以不超过 3 m 为宜,但在个别情况下,可搭到不超过 11 m。

①枕木垛墩的截面尺寸

枕木垛墩的截面尺寸,依高度而定,搭成宝塔形状。高度 1.3 m 以下,纵横向均为一根枕木;高 1.3～3.5 m,为横向(垂直线路方向)$1\frac{1}{2}$根、纵向(顺线路方向)1 根;高度 3.5～7 m,为横向 2 根、纵向 $1\frac{1}{2}$根。高度 3.36 m 以下的枕木垛搭设方法如图 7-33 所示。

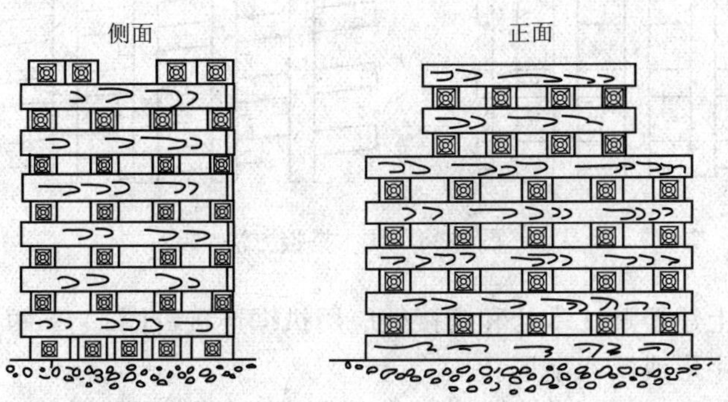

图 7-33 高度 3.36 m 以下的枕木垛搭设方法

枕木垛墩的底层枕木，一般应采取密铺的方法，并用扒钉联结固定，枕木垛底层密铺方法如图 7-34 所示。

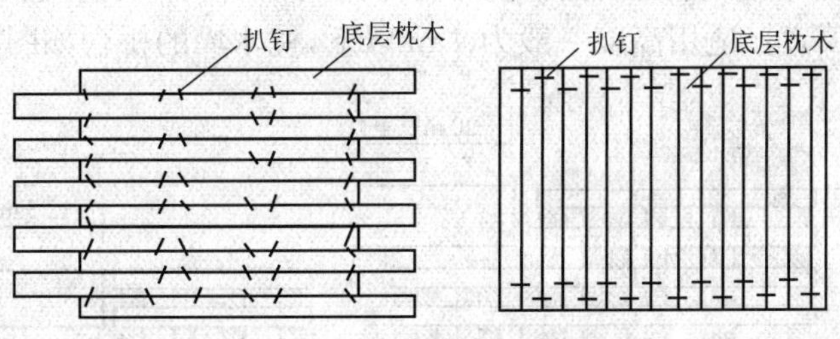

图 7-34 枕木垛底层密铺方法

②枕木垛墩的搭设

a. 枕木垛的顶层枕木，要与桥梁中线垂直，以便支撑桥梁。为此，应根据枕木垛墩的高度，预先计算出枕木垛的层数，如为单层，底层枕木应垂直于桥梁中线；如为双层，底层枕木应平行于桥梁中线。但当枕木搭到接近设计高度，发现顶层枕木与桥梁中线不垂直时，可将下一层枕木叠放或立放来进行调整，枕木叠放方法如图 7-35 所示。

由于枕木垛沉陷量较大，在计算枕木层数时，每层应预留 10～30 mm。

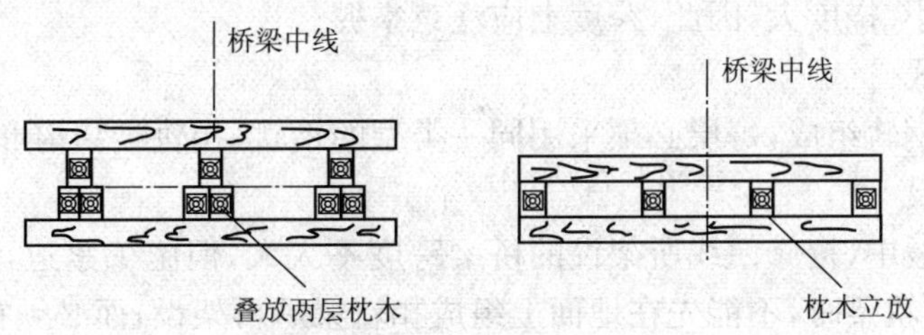

图 7-35 枕木叠放方法

b. 平整枕木垛基础时，要将地面铺平夯实，如地基松软，要铺碎石垫层夯实。

c. 每层枕木应按规定位置铺设。当长度为整根枕木的倍数时，枕木应顶头放置，并在顶头处旁边帮贴一根枕木加强；当长度为 1/2 根枕木的倍数时，枕木应搭接，并用扒钉固定，枕木搭接方法如图 7-36 所示。

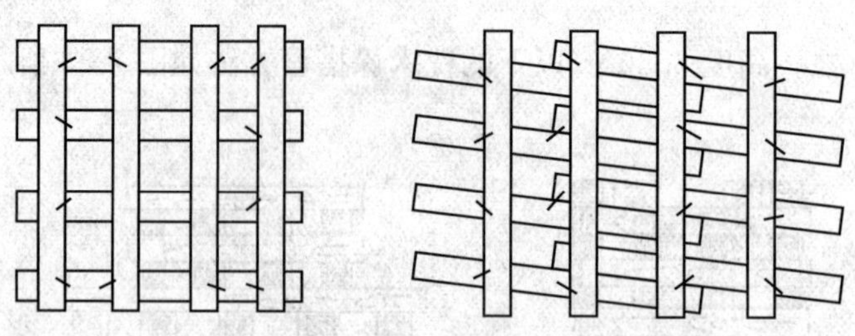
图 7-36　枕木搭接方法

同一层枕木中,上述帮贴枕木处和搭接处应用扒锯连接钉固;上下两层枕木间亦需用扒钉联结,扒钉应钉成八字形或反八字形。

d. 在搭设过程中,要经常检查枕木垛是否方正、垂直;隔层的枕木须上下对齐,位于一条直线上,同一层的枕木厚度应基本一致。

③枕木垛的桥台

枕木垛的桥台结构及搭设方法,类似枕木垛墩,只是要在梁端搭成胸墙,并根据台高加长纵向长度,以挡桥头填土。适用高度一般为 4 m 以下,枕木垛的桥台如图 7-37 所示。

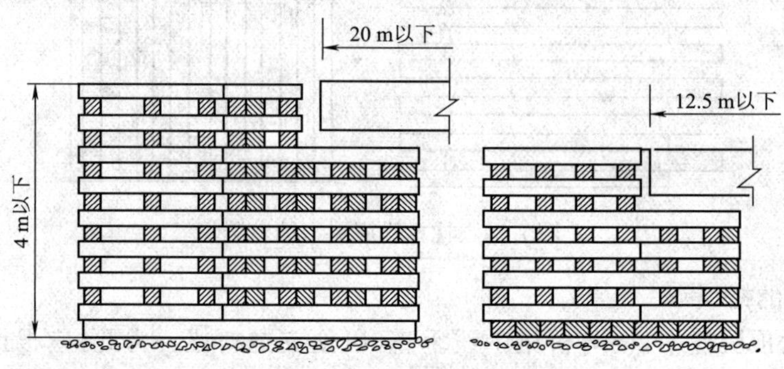

图 7-37　枕木垛的桥台

(2)扣轨梁的组装和架设

①扣轨梁的容许跨度

扣轨梁的截面小、挠度大,因此,跨度上应注意掌握。

②扣轨梁的形式

扣轨梁用多根钢轨组成,每层必须采用同一类型的钢轨,扣轨梁结构形式如图 7-38 所示。

③扣轨梁的架设

在事故现场救援中,抢修便线所架设的桥梁跨度不太大,但施工紧迫,来不及调用架梁设备。因此,在架设扣轨梁时,不能先在地面上组成扣轨梁后再架设,而必须在枕木桥墩建成后,先将一根钢轨利用小车轮为滚柱架到两桥墩上,然后利用它为导铁,将使用的钢轨推过桥面,实行边送轨,边扣装的方法,在桥台上组成扣轨梁。

④扣轨梁箍紧方法

每组扣轨梁要每隔 1～1.5 m 用铁箍或铁夹板、螺栓夹紧,也可用铁线捆扎,并在铁夹板和铁线与钢轨箍紧后的空隙处用木楔塞紧,扣轨梁紧箍方法如图 7-39 所示。

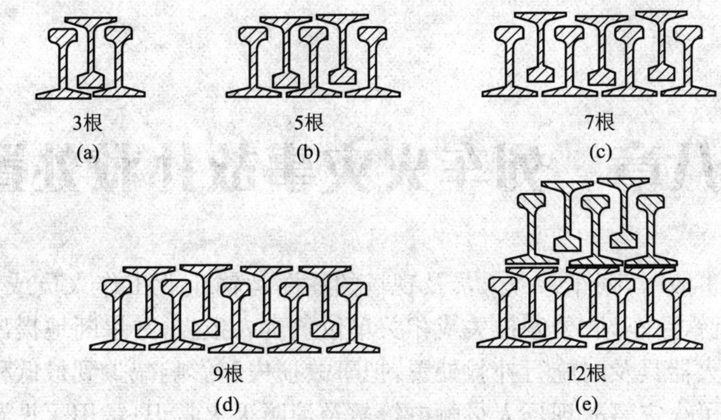

图 7-38　扣轨梁结构形式

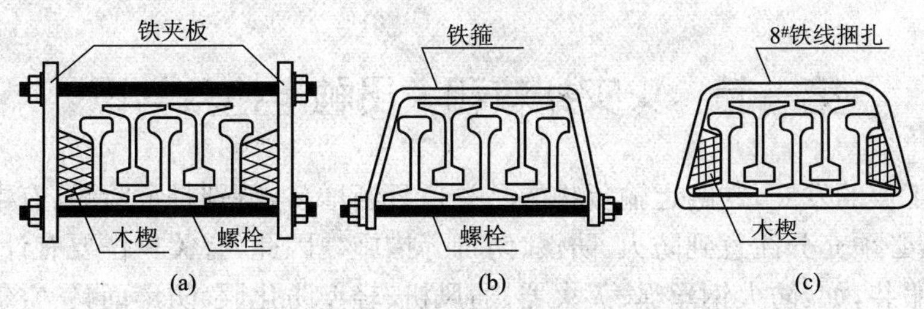

图 7-39　扣轨梁紧箍方法

两组扣轨梁之间，每隔 2～2.5 m 用枕木、螺栓将梁连夹成一体，两组扣轨梁用枕木连夹成一体如图 7-40 所示。

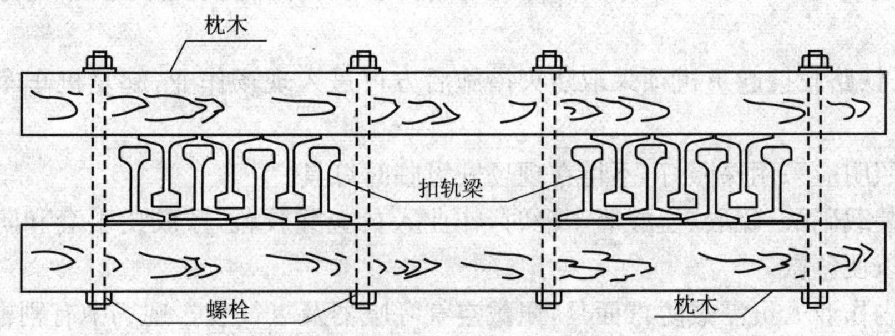

图 7-40　两组扣轨梁用枕木连夹成一体

紧急情况时，扣轨梁下面的夹木可以用铁夹板代替，铁夹板如图 7-41 所示。

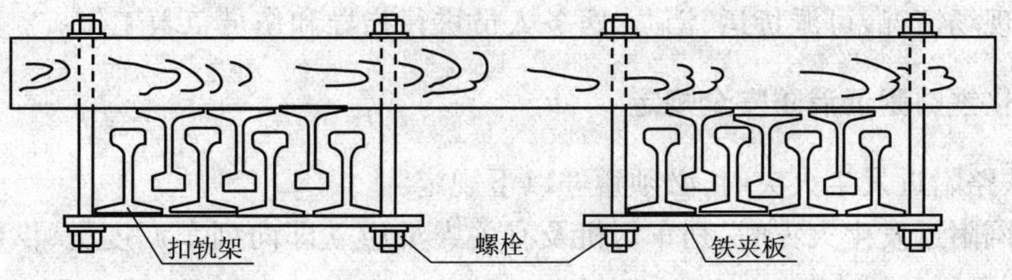

图 7-41　铁夹板

第八章　列车火灾事故扑救处置

列车发生火灾事故时，列车乘务人员及现场的铁路运输企业工作人员或其他人员须立即向列车调度员、邻近铁路车站、公安机关或相关单位负责人报告，并果断地提出火灾扑救方案，迅速组织人力和灭火器具及时施行扑救处置，把事故损失和影响减少到最低程度。

本章重点介绍了火灾事故现场人员触电抢救及消防灭火常识；常用灭火器具的构造、性能和使用方法；机车、列车发生火灾事故的扑救处置及危险品运输过程发生泄漏时的应急处置方法。

第一节　火灾扑救和人员触电抢救常识

随着化学工业的发展，铁路运输货物的品类也日渐增多，特别是危险品、有毒物品的增加。在事故救援中，必须充分注意到防火、防爆、防毒等措施。因此，有关单位要有计划地配备必要的备品和防护服装，如：防火钢丝绳、灭火器、通风机、轻型防化服、防毒面具、空气呼吸器、防腐橡胶手套、防酸胶鞋、防化护目镜等，以保证现场的救援人员自身安全。

一、火灾事故现场防火防毒注意事项

(1)进入现场的人员不得带有任何火种，如打火机、瓦斯灯及火柴等，不得穿带钉鞋进入现场。

(2)机车、铁路救援起重机须采取防火措施后方可进入现场作业，起复机车车辆时应采用迪尼玛吊带。

(3)现场照明应采用探照灯，不得在现场安设临时灯具。

(4)起复装载硝酸、硫酸、盐酸等车辆时，作业人员应穿胶靴，戴胶皮手套和防毒面具。附近需备清水，以便急救。

(5)隧道内作业人员需戴防毒面具，佩戴空气呼吸器及氧气袋。现场中有剧毒货物失散或泄漏时，须由专业人员查明毒品性质，采取可靠防毒措施后方可作业。

(6)对装载压缩气体、爆炸品、放射性物品的车辆、容器要小心谨慎，避免冲击。当发现泄漏时，应根据情况设定危险区域，禁止一切车辆、行人进入。

(7)根据现场情况，可派货运、消防、医务人员进行指导和伤员急救工作。

二、电气化铁路附近消防安全规定

电气化铁路附近发生火灾时，必须遵守以下规定：

(1)接触网附近发生火灾时，列车司机及有关人员应立即向列车调度员、供电调度员报告或通知接触网工区值班人员。

(2)列车调度员、供电调度员应会同组织有关人员进行抢救处置。根据现场情况，需要停

电灭火时，应立即发布停电命令。

(3)距牵引供电设备带电部分不足 4 m 的燃着物体，使用水或灭火器灭火时，牵引供电设备必须停电。

(4)距牵引供电设备带电部分超过 2 m 的燃着物体，使用沙土灭火时，牵引供电设备可不停电，但必须保持灭火机具及沙土等与带电部分的距离在 2 m 以上。

(5)机车、动车组及各种车辆上方的接触网设备未停电并办理安全防护措施前，禁止任何人员攀登到车顶或车辆装载的货物上。

(6)电气化区段上水、保洁、施工等作业，不得将水管向供电线路方向喷射，站车保洁时不得采用向车体上部喷水方式洗刷车体。

三、事故现场人员触电抢救方法

(一)电流损伤的救护

当接触少量电流时，受伤者感到麻木、疼痛；通电量增高，可出现昏迷、肌肉收缩、心室纤颤，可能致残，危及生命。

低压电流作用于心脏后，由于交流电的频率与心脏的生理节奏相等，使不具有自律兴奋的心肌细胞发生兴奋，在心脏内发生多数异位搏点，心脏各部分发生自律性收缩，导致心肌纤维性颤动；高压电流通过心脏时，心脏立即停搏。电流作用于颈部迷走神经，可以反射地抑制心脏。高压电流容易引起脑脊髓损伤。电流通过延脑，引起呼吸中枢麻痹；电流作用于呼吸肌，容易引起痉挛及窒息。持续通电，就可造成死亡。电流损伤的救护方法主要有：

(1)现场紧急处置时，要寻找并切断电源，防止再次发生电击事故。查清电源种类、电压，判明事件性质，将受伤者抬放到适当地点，及时进行抢救处置。

(2)应对停止心跳和呼吸的人员进行心脏按压和人工呼吸，以促进其及早苏醒。

(3)迅速组织人员边抢救、边送到就近医院救治。只要抢救及时，方法得当，一般均能救活。

(二)救护的基本技能

1. 人工呼吸法

检查伤员无呼吸时，应立即对其进行人工呼吸。

(1)准备工作

畅通气道，使伤员取仰卧位，尽量使其头后仰，下颌抬起；清除口和鼻中的异物，取下活动假牙；宽衣松带，以免阻碍胸廓运动。

(2)实施方法

救护者位于伤员头部一侧，用手掌按住额头并以拇指、食指捏紧伤员的鼻孔；用另一只手上提下颌；深吸一口气，迅速口对口将气吹入伤员的肺内；吹气后，立即离开伤员的口，并松开捏鼻的手，使气呼出；每分钟反复进行 14～16 次。

(3)注意事项

①判断准确，实施迅速。因脑部缺氧超过 3 min，大脑皮质即可破坏致死，难以恢复。

②救护者的嘴必须包紧伤员的口，并捏紧伤员的鼻孔，以免气体从旁漏出。

③救护者边吹气，边观察伤员胸廓起伏运动，轻轻隆起时，吹气量为 800～1 200 mL。

2. 心脏按压法

检查伤员没有心跳时(即意识丧失、大动脉搏动消失时)进行人工呼吸不能使血液循环恢复,需同时进行心脏按压。

(1)实施方法

确定挤压部位。救护者应跨骑在伤员身上(不得坐在伤员身上),双手重叠,用掌跟部压伤员胸骨下 1/3 处(距心口窝稍高的位置)。挤压时,双臂垂直,凭借救护者自身体重,将胸骨下压 3～4 cm,然后突然放松掌根(但手掌不要离开胸膛),使伤员胸廓自行弹起,血液注入心脏。如此反复连续有节奏地进行,直至伤员恢复自然呼吸为止。

挤压与吹气之比,单人抢救时为 15∶2,即按压心脏 14～16 次,吹气 2 次,交替进行。

双人抢救时为 5∶1,即按压心脏 5 次,吹气 1 次,交替进行。

(2)注意事项

①将伤员仰卧于坚实的平面上,保持头低位。

②施行胸外心脏按压法的挤压力量不宜太大,以免造成骨折或心脏损伤。

③在进行吹气挤压 1 min 后,检查呼吸、脉搏 1 次,以后每 3 min 检查 1 次。除伤员已死或医生已证实死亡的,否则不应停止实施急救。

④在急救过程中,严禁注射强心剂和其他刺激性药物。

⑤对伤员烧伤处应特别注意保护伤口,防止感染。

⑥伤员发生摔伤、出血等,应用绷带止血,并固定骨折部位,立即送医院救治。

3. 新针急救法

在进行人工呼吸法抢救伤员时,还可以同时采取新针急救法。针刺人中、十宣、涌泉等穴位,也可用粗针在人中、十宣等穴位放血(人中穴位在鼻口之间水沟上,距离鼻孔 1/3 处中心线上)。

第二节 灭火器的构造及使用方法

灭火器的种类较多,常用的主要有干粉灭火器、二氧化碳灭火器和手提式水基型(水雾)灭火器等。

一、干粉灭火器

干粉灭火器是用二氧化碳气体或氮气作为动力,喷射干粉的灭火器材,适用于工厂、仓库、机关、学校、商店、车船和油库等。主要用来扑救石油及其产品、固体材料、有机溶剂等可燃液体、可燃气体和电器设备的初起火灾。

干粉灭火器按移动方式分为 MFZ/ABC2 型手提式、MFT 型推车式和 MFB 型背负式三种;按气体的储存位置分为储气瓶式和储压式。储气瓶手提式是将二氧化碳气体加压装在储气瓶内,使用时借用开启机构打开储气瓶,使二氧化碳气体充入干粉桶体内,将干粉喷出。这种灭火器有内置储气和外置储气两种结构。储压式的结构比较简单,将氮气直接充到筒体内,要求筒体气密性好,并装有专用压力表。

图 8-1 MF 型手提式干粉灭火器

(一)MFZ/ABC2 型手提式干粉灭火器

1. 构造

外装式干粉灭火器主要由筒身和筒身外的钢瓶组成,在其喷嘴处有控制装置,可实现点射。内装式干粉灭火器主要由进气管、出粉管、钢瓶、喷枪、筒身、筒盖、压把及压力指示器组成,其外形如图 8-1 所示。

2. 技术性能

MF 型手提式干粉灭火器的主要技术性能见表 8-1。

表 8-1 MF 型手提式干粉灭火器的主要技术性能

型号	装粉量（kg）	喷粉时间（常温下）（s）	喷射距离（m）	灭火参考面积（m^2）	二氧化碳充气量（g）	水压试验（MPa）	绝缘性能（kV）	适应温度（℃）
MF1	0.5	≤8	≥2	0.8	25	2.5	5	−10～45
MF2	1	≤11	3～4	1.2	50	2.5	5	−10～45
MF4	2	≤14	4～5	1.8	100	2.5	5	−10～45
MF8	4	≤20	≥5	2.5	200	2.5	5	−10～45
MFZ/ABC2	ABC 干粉灭火剂、磷酸二氢铵 53%	≤11	3～4	1.2	50	2.1	5	−22～55

3. 使用方法

(1)使用外装式干粉灭火器灭火时，一只手握住喷嘴，另一只手提起提环，握住提柄，将喷嘴对准火源根部。当提起提环时，阀门即打开，二氧化碳气体经进气管进入筒身内，在气体压力作用下，干粉经过出粉管、胶管由喷嘴喷出，形成浓云般粉雾。灭火器应左右摆动，由近及远，快速推进灭火。使用时不得倒置或平放。

(2)用于扑救电器设备火灾时，灭火距离不小于 1 m，灭火后必须切断电源，再清理现场。

注意：使用前应先反复颠倒、晃动几次，使干粉松动后，再提起提环喷粉。使用内装式干粉灭火器灭火时，先拔下保险销，将喷嘴对准火焰根部，握住提把，然后用力按下压把，开启阀门，气体充入筒内，干粉即从喷嘴喷出灭火。

4. 检查保养方法

(1)干粉灭火器必须放置在干燥通风的环境之中，避免淋雨、日晒及高温，以防止钢瓶中的气体压力增大而发生爆裂。

(2)灭火器各部件要拧紧，以防干粉受潮结块。

(3)每年定期进行检查，筒内粉末是否结块，检查二氧化碳是否充足，发现压力指示器指针低于绿区，应再充气。

(4)灭火器一经开启后，必须再重新装灌和充气，并经专业维修部门进行水压试验，合格后方可使用。

(二)MFT 型推车式干粉灭火器

推车式干粉灭火器是移动式灭火器中灭火剂量较大的消防器材，适用于石油化工企业和变电站、油库等，能迅速扑灭初起火灾。推车式干粉灭火器有 MFT35、MFT50 型等多种，都是储气瓶式干粉灭火器。由于形式不同，其结构及使用方法也有差异，现以 MFT35 型为例加以介绍。

1. 构造

MFT 型推车式干粉灭火器按照二氧化碳钢瓶安装位置不同，可分为内装式(即二氧化碳瓶装在干粉筒内)和外装式(即二氧化碳瓶装在干粉筒外)两种。

内装式 MFT35 型推车式干粉灭火器主要由喷枪、二氧化碳钢瓶、干粉储罐、车架、压力指示器和安全阀等 6 部分组成，内装式 MFT35 型推车式干粉灭火器如图 8-2 所示。

2. 技术性能

MFT 型推车式干粉灭火器的主要技术性能见表 8-2。

图 8-2 内装式 MFT35 型推车式干粉灭火器

表 8-2 MFT 型推车式干粉灭火器的主要技术性能

型号	容量(L)	灭火射程(m)	工作压力(MPa)	喷射时间(s)
MFT35	35	10～13	0.8～1.2	17～20
MFT50	50	8～10	1.5～2.0	30～35
MFT70	70	10～13	1.4	＞30

3. 使用方法

遇火灾时，将灭火器推至失火地点附近，后部向着火源(室外应置于上风方向)。先取下喷枪，展开出粉管(注意切不可有拧折现象)，再提起进气压杆，使二氧化碳气体进入储罐。当表压升至 0.7～1.2 MPa(0.8～0.9 MPa 的灭火效果更佳)时，放下压杆停止进气。接着，两手持喷枪，双脚站稳，枪口对准火焰边沿根部，扣动扳机(开关)，将干粉喷出，由近至远将火扑灭。扑救油火时，干粉气流不要直接冲击油面，以免油液激溅引起火灾蔓延。灭火后必须将管内、枪内余粉认真清除干净，不可泄气留粉，以防堵塞胶管。

4. 检查保养方法

(1)检查存放地点的温度是否在－10 ℃～45 ℃范围内。

(2)经常检查二氧化碳气的重量，其检查方法与 MF 型干粉灭火器相同。如果发现重量减少 1/10 时，应立即加足。

(3)检查拖曳转动部位是否转动正常。

(4)检查干粉有无结块现象，如发现有结块，须立即更换。

(5)检查安全阀装置是否正常。如发现故障，应立即修理，待整修完好后方能使用。

(6)每年定期进行检查试验，干粉储罐需经 2.5 MPa 水压试验；二氧化碳钢瓶需经 22.5 MPa的水压试验。试验合格者方可继续使用。

(7)经常检查各种密封部位是否严密，发现泄漏，应及时处理。

二、二氧化碳灭火器

二氧化碳灭火器适用于扑救图书档案、珍贵设备、精密仪器、少量油类和其他一般物质的初起火灾。

二氧化碳灭火器按规格型号有 MT2、MT3、MTZ5、MTZ7 型四种；按开关方式有鸭嘴式、手轮式两种。

(一)构　造

图 8-3　鸭嘴式二氧化碳灭火器

二氧化碳灭火器由钢瓶、开关(启闭阀)、喷筒、虹吸管、手柄及压力指示器等组成，鸭嘴式二氧化碳灭火器如图 8-3 所示。

钢瓶是由无缝钢管焖成，用来盛装二氧化碳。开关用来启闭钢瓶。喷筒又叫雪花喷射器，是由胶管和喇叭筒组成，用来喷射二氧化碳。虹吸管安装在钢瓶内，其下端切成 30°断面，距瓶底不大于 4 mm。安全片为磷铜片，安装在开关上，当温度达到 50 ℃或压力超过 180 MPa 时，会自行破裂，放出二氧化碳气体，从而防止钢瓶因超压而爆裂。

(二)技术性能

二氧化碳灭火器的技术性能见表 8-3。灭火器的使用压力为 150 MPa，爆破压力应不低于 450 MPa，试验压力为 225 MPa。二氧化碳纯度应在 96%以上。

二氧化碳是液态灌装在钢瓶内，其灌装系数为 0.72 kg/L，即每升钢瓶容积只可装0.72 kg二氧化碳液体。因为液态二氧化碳受热时要膨胀，必须留出充满气体的空间。二氧化碳气体变为液体时温度和压力的关系见表 8-4。

表 8-3　二氧化碳灭火器的技术性能

型号	规格(kg)	二氧化碳重量(kg)	喷射时间(s)	射程(m)(20 ℃)	钢瓶容量(L)	安全片爆破压力(MPa)	外形尺寸(mm)		
							瓶体外径 D	高度 H	宽度 B
MT2	2	2～0.15	<20	1.2～1.4	2.8±0.15	18～25	102	565	180
MT3	3	3～0.15	<30	1.8～2	4.2±0.15	18～22.5	114	650	180
MTZ5	5	5～0.2	<45	2～2.2	7±0.2	18～22.5	152	625	275
MTZ7	7	7～0.2	<55	2.2～2.5	10±0.4	18～22.5	152	795	275

表 8-4　二氧化碳液化时温度和压力的关系

温度(℃)	压力(MPa)	温度(℃)	压力(MPa)
0	3.5	20	6.0
10	4.0	31.5	7.29
15	5.2		

由表可知，温度越高，压力越大。当温度超过 31.5 ℃(临界温度)时，压力再大，二氧化碳气体也不会变成液体。

二氧化碳灭火器比泡沫灭火器具有以下优点：不导电；不损害物质；不留污迹；灭火后钢瓶内的剩余气体仍可使用。但是对阴燃的物质和室外火灾，扑救效果较差。

(三)使用方法

使用时，首先将灭火器提到起火地点，然后将喷筒对准火源，打开开关，即可喷出二氧化碳，由于开关不同，开启方法也不同。对于鸭嘴开关，右手拔去保险销，紧握喇叭木柄，左手将上面的鸭嘴向下压，二氧化碳就会从喷嘴喷出；对于手轮开关，向左旋转，即可喷出二氧化碳。

人吸入一定量的二氧化碳能够窒息。在空气中二氧化碳含量达到 8.5%时，会呼吸困难、血压增高；二氧化碳含量达到 20%～30%时，呼吸衰弱、精神不振，严重的可以因窒息而死亡。

因此,在空气不流通的场所使用二氧化碳灭火器后,必须及时通风。在使用过程中,要连续喷射,防止余烬复燃,不可颠倒使用。由于喷射时间短,使用时动作要迅速,以防冻伤手。

(四)维护保养

(1)二氧化碳灭火器应放置在明显、取用方便的地方,不可放在采暖和加热设备附近及阳光强烈照射的地方。存放温度不要超过 42 ℃。

(2)在搬运过程中,应轻拿轻放,防止撞击。在寒冷季节使用二氧化碳灭火器时,阀门(开关)开启后,不得时启时闭,以防阀门冻结堵塞。

(3)每年定期检查灭火器钢瓶内二氧化碳的存量,如果二氧化碳的重量减少 1/10 时,应补充灌装。

三、手提式水基型(水雾)灭火器

手提式水基型(水雾)灭火器是一种新型灭火器具,灭火器内充装预混型水成膜灭火剂,以氮气为驱动气体,通过喷嘴形成雾状,达到灭火、阻燃、降温等效果。手提式水基型(水雾)灭火器具有灭火效率高、喷射距离远、环保无污染、抗复燃性、电绝缘性好、维修周期长等特点,适用于扑救 A 类(固体可燃体)、B 类(可燃液体)、C 类(可燃气体)、E 类(电器设备)等火灾,适用于铁路、船舶及公交车站等场所使用。

(一)构　　造

手提式水基型(水雾)灭火器采用洁净水添加高效水系环保型的灭火剂,主要由钢瓶、筒盖、喷枪、压把、进气管、出水管、气压表组成。手提式水基型(水雾)灭火器如图 8-4 所示。

图 8-4　手提式水基型(水雾)灭火器

(二)技术性能

手提式水基型(水雾)灭火器的主要技术性能见表 8-5。

表 8-5　手提式水基型(水雾)灭火器的主要技术性能

型　号	灭火剂充装量(L)	工作压力(MPa)	水压试验压力(MPa)	喷射时间(s)	喷射距离(m)	灭火种类	使用温度(℃)
MSWZC/2	2	1.2	2.1	15	3	A、B、C、E	0～55
MSWZ3S	3	1.2	2.5	≥15	≥4	A、B、C、E	−5～55
MSWZ4	4	1.2	2.5	30	4	A、B、C、E	−10～55
MSWZ6P	6	1.2	2.5	≥30	≥6	A、B、C、E	−20～55

(三)使用方法

(1)使用灭火器灭火时,一只手握住压把,另一只手拔下保险销,握住提柄,按下压把,将喷嘴对准火源根部。当拔下保险销时,阀门即可打开,在气体压力作用下,水雾药剂形成雾状,灭火器左右摆动,由近及远,快速推进灭火。

(2)用手提式水基型(水雾)灭火器扑救电器设备火灾时,灭火距离不小于 1 m。灭火后必须切断电源,再清理现场。

(3)使用时不得倒置或平放。

（四）检查保养方法

（1）灭火器应放置在通风干燥处所、温度在0～55 ℃环境之中。

（2）灭火器应避免淋雨、暴晒和火烤，以防钢瓶爆裂。

（3）应定期检查灭火器的压力，发现压力指示器指针低于绿区，应及时送专业维修部门补压充气。

（4）灭火器开启使用后，必须重新灌装和充气，并经专业维修部门进行水压试验，合格后方可继续使用。

第三节　列车发生火灾事故扑救处置方法

列车发生火灾事故时，应遵循“统一指挥，快速反应，以人为本，迅速扑灭，减少损失”的基本原则进行应急处置。机车司机应立即向列车调度员和相邻车站值班员报告，有关铁路局接到报告后，应立即组织人员赶赴现场，向现场调集灭火救援队伍和所需的物资、装备，迅速开展列车灭火救援工作。

一、列车火灾事故扑救处置

（1）机车司机发现列车发生火灾、爆炸或接到列车火灾、爆炸的通知及报警时，须立即停车。停车地点应尽量避开长大隧道、桥梁及重要建筑物等处所，选择便于旅客疏散的地点，尽量靠近水源，便于停车后灭火抢救。

（2）列车停车后，机车司机立即报告列车调度员（车站值班员），车站值班员报告列车调度员。列车调度员（车站值班员）接到报告后，立即通知邻线相关列车及本线后续列车停车，不再向区间放行列车。

（3）现场需停电时，列车调度员通知供电调度员停电。需组织旅客疏散时，司机得到邻线列车已扣停的通知后，转告列车长组织列车乘务人员将旅客疏散到安全的地带。

（4）列车需要分隔甩车时，应根据风向等情况而定。一般为先甩下列车后部的未着火车辆，再甩下着火车辆，然后将机后未着火车辆拉至安全地段。对甩下的车辆，在车站由车站人员负责采取防溜措施；在区间由司机、车辆乘务员采取防溜措施。

（5）以人为本。灭火救援中要把保证人的生命安全作为第一原则，尽力做好人员疏散、遇险人员的抢救工作。同时，做好灭火人员的安全防护，确保安全。

（6）旅客列车发生火灾时，应充分利用客车灭火器具迅速扑救。由列车长负责组织将起火车辆内的旅客疏散到其他车厢，疏散旅客下车时，应打开列车运行方向的左侧车门，避免旅客侵入邻线而造成伤害。

（7）列车长组织对受伤旅客进行救治，并做好宣传稳定工作，维护列车秩序。要及时通知当地医疗机构或拨打“120”医疗急救电话。事发地人民政府负责组织医疗卫生机构进行紧急医疗救护及现场卫生处置。

（8）当火势危及邻线列车安全时，应使用列车无线调度通信设备通知列车调度员及邻线列车司机停车，必要时可利用邻线机车共同灭火。

（9）对一时难以扑灭的火灾，可根据现场情况，实行分部运行，将着火车辆牵至站内扑救。

（10）扑救火灾时，应组织人员边灭火边将车厢内运输物资尽快转移到安全地带，尽量减少火灾事故的经济损失。

(11)扑救装载危险品车辆和油罐车辆时,应按规定着用防护服装,对可能发生爆炸、产生毒气的物资必须采取安全防护措施后,方可进行扑救。

扑救处置方法:

①油罐车发生火灾后,应先对罐体冷却降温,利用封堵的方法窒息或用高压水枪在火焰根部交叉射水,隔绝火焰与空气接触,使火源熄灭。对大面积油品火灾,应采取一面冷却油罐,一面用泡沫覆盖灭火的办法。

②气罐车发生火灾后,可参照油罐车、液化石油气火灾的有关灭火方法。

③危险品车发生火灾后,应强行隔离,正确实施抢救,合理使用灭火剂,有关办法可参照化学危险品仓库火灾扑救处置。

(12)电气化区段发生列车火灾事故,列车调度员应根据现场情况,立即通知供电部门,停电并可靠接地后,方可灭火扑救。

(13)迅速扑灭。根据火灾现场实际情况,采取各种有效的灭火方案和扑救措施,迅速控制火势,扑灭火灾。

火灾扑灭后,应检查车辆技术状态,并向列车调度员请求限速回送,尽快开通线路。

二、内燃机车火灾事故扑救处置

内燃机车发生火灾后损失和影响较大,而且起火后殃及所牵引的旅客和货物列车。中断行车后,干扰整个铁路运输秩序。在运行过程中发生火灾一旦失去控制,将给国家、人民生命财产安全造成严重的损失和影响。因此,机车乘务员在发生火灾时应保持沉着冷静,按以下程序处置:

1. 查明火情

当乘务人员巡视或在司机室发现异常情况或火灾报警装置报警时,应立即到该处所查明情况。若发现火情、火险时,应迅速查明发生火灾的部位、火势大小及可能延烧的方向。

2. 迅速扑救

(1)若查明机车内发生小面积燃烧时,应使用手提式灭火器将火扑灭。

(2)电器柜起火时,应在断电的同时,使用水雾或二氧化碳灭火器灭火。

(3)司机室起火时,应使用手提式灭火器将火扑灭,并保护好机车操纵台。

(4)机车装备固定式灭火装置时,应适时启动灭火。

3. 报告救援

当查明机车发生火灾部位后,在进行灭火的同时,应立即向列车调度员报告,请求救援。报告的内容是:列车车次、运行区间、时间、机车发生火灾的部位、火势大小、已采取的措施。列车调度员根据火灾情况,负责报警并组织火灾处置。

4. 立即停车

若发现机械间发生大面积火灾或火势无法用灭火器扑灭时,应立即停车。尽量停在便于火灾扑救的地段,避开隧道、桥梁、厂区、仓库等不宜停车的地点,停机断电。

装备自动灭火装置的内燃机车,应启动自动灭火装置进行灭火。若无自动灭火装置的,应关闭司机室、电器室门及侧百叶窗,关闭燃油泵,断开蓄电池闸刀,用手提式灭火器进行保护,等待救援。

5. 分解列车

若火灾无法扑救或有可能蔓延到牵引的列车时,应迅速将机车与牵引列车分离,同时做好列车的防溜及防护工作。

三、电力机车火灾事故扑救处置

电力机车发生火灾的扑救程序与内燃机车基本相同,即执行“查明火情、迅速扑救、报告救援、立即停车、分解列车”的程序。但在扑救处置时还应注意以下几点:

(1)立即将调速手柄置于零位,断开机车主断路器,降下受电弓,拉开蓄电池闸刀,切断外部电源。

(2)立即向列车调度员和邻站值班员报告,必要时,应摘开机车,以防火势蔓延,殃及列车。

(3)机车与列车分离后,须就地制动,采取防溜措施。如停在坡道上,须拧紧车辆人力制动机,切实采取防溜措施,防止机车车辆溜逸。

(4)机车高压电气设备着火时,应切断电源,可利用四氯化碳或二氧化碳灭火器进行扑救。如主变压器、主断路器等充油电器设备发生燃烧时,若油箱没有破损,可利用四氯化碳或二氧化碳灭火器扑救(如油箱已破损,使用手提式灭火器已无法扑救)。

(5)平波电抗器切断电源后,仍可能有残余电压,扑救过程中不能直接接触,以防发生触电事故。

第四节 危险化学品运输过程泄漏的应急处置方法

危险化学品运输过程中发生泄漏时,应根据运输中泄漏、污染事故等具体情况,启动铁路总公司《铁路危险化学品运输事故应急预案》,迅速调集有关人员及专用设备、器械,着用防护用品,准备专用物资及药品,落实有关处置措施和办法,迅速组织实施应急处置。

一、应急处置

应急处置分为现场指挥、预警预防、事故处理、警戒保卫、医疗救护、环境监测、危险货物中毒急救须知等七个部分。

(一)现场指挥

在应急领导小组领导下,按危险化学品列车火灾、货场火灾、隧道火灾、桥梁火灾、液化气体泄漏、危险化学品中毒及泄漏、污染事故等具体情况、等级和实际需要组成应急办公室,集结人员、专用设备、器械、防护用品、物资、药品,落实处置措施。

(二)预警预防

1. 信息报送

发生危险化学品运输事故及液化气体泄漏时,车站应及时向列车调度员和货运、公安管理部门报告,并在 1 h 内向有关车站、铁路局拍发“货运事故速报”电报,同时抄报铁路总公司、主管铁路局和依法报告有关部门。

2. 报告内容

(1)事故类型:火灾、爆炸、中毒、腐蚀、辐射、爆炸品或剧毒品丢失、液化气体泄漏等。

(2)事故发生时间、地点:线别、站名(货场、专用线、专用铁路)、区间(公里、米、桥梁、隧道)。

(3)发生事故货物品名、编号、车种、车号、列车车次、机后位置、有无押运人、运输方式(整车、零担、集装箱)。

(4)事故相关单位和人员。

(5)事故概况及初步分析:人员伤亡、货物毁损程度、爆炸品或剧毒品丢失数量、液化气体泄漏部位、环境污染情况及对周边环境的威胁影响。

(6)事故地点的周边环境:桥隧、水源、地形、道路、厂矿、居民、天气、风向等。

(7)采取的抢险措施及事故现场控制情况、请求救援等。

事故报告后出现新情况时,应及时补报。

(三)事故处理

(1)查明事故性质(分为爆炸事故、燃烧事故、泄漏事故),危险化学品的种类、人员伤亡情况、事故发展趋势,防止火灾、爆炸和继续泄毒,全力阻止事故进一步扩大。封锁事故现场,隔离危险区域,严格交通管制,确保现场安全。

(2)抢救伤员和中毒者,疏散染毒区内人员,转移现场的危险物品。要集中力量抢救中毒人员,对事故现场伤员转移到上风安全地点,立即采取紧急抢救措施并迅速送往医院救治。

(3)参加应急救援、事故调查处理人员,必须配戴具有明显标识并符合防护要求的安全帽、防护服、防护靴、防毒面具等防护用具才能进入现场。

应急救援人员须经过专业安全防护培训,按规定着用防护服装,并须按设备、设施操作规程和有关要求执行。

(4)在实施应急预案,转移现场危险品时,要根据有关操作规程作业。对正在泄漏的危险品要采取工程措施科学收集和堵漏处置(现场的内燃机车、内燃动车组、轨道车及大型养路机械车等机动车辆应停机熄火),以防发生火灾。

(5)在事发地县级以上人民政府的统一领导下,制定事故灾害现场的群众疏散撤离方式、组织程序。必要时,确定群众疏散撤离的范围、路线、紧急避难场所等。

(6)现场抢险救援过程中,必须指定专人统一指挥,现场要有监护人,并视现场情况采取以下措施:

①洒漏的爆炸物品应及时用水润湿,撒以锯末或以棉絮等松软物质轻轻收集。有火灾危险时,应尽可能将爆炸品转移或隔离,如不能转移或隔离时,应尽快组织人员疏散,扑救时,禁用砂土等物覆盖,不得使用酸碱灭火剂。

②压缩气体和液化气体泄漏,应先检查阀门并拧紧,如无法拧紧时应设法堵漏。在确保万无一失的情况下,迅速将车辆转移到空旷安全处,并戴上防毒面具在上风处抢险操作。

易燃、助燃气体泄漏时,严禁火种靠近。气瓶卷入火场时,应向气瓶大量浇水,使其冷却并移出危险区域。漏气钢瓶未经冷却前,因高压气流急剧外逸,摩擦生热,可能产生较高的温度或者爆炸。因此,拧紧阀门时要防止发生意外。若不能迅速制止泄漏,应根据气体的性质,立即将钢瓶浸入水中或相应的溶液中,如氯气、一氧化碳、二氧化硫、硫化氢、氟化氢等酸性气体,可浸入过量的石灰乳等碱性溶液中;氨等碱性气体,可浸入稀盐酸等酸性溶液中。

光气若发生微量漏逸且无防毒面具时,可向空中喷洒水雾,以降低光气浓度,大量泄漏时,可用液氨喷雾解毒。

③对于易燃液体,容器有泄漏现象时,应及时将车辆移送至安全通风处,进行修补处置,洒漏物用砂土覆盖后扫净。灭火时一般不宜用水。但比重大于水或溶解于水的易燃液体,可用雾状水或水;如毒性较大的液体着火时,应戴防毒面具,站在上风处。

对于用罐车运输的易燃有毒液体泄漏时,要根据气象情况和泄漏程度,禁火区的半径至少应为 100 m 以上，方圆 800 m 实行隔离，以防燃烧爆炸。

对处在火场中的罐车，应从侧面洒水使之冷却，并用带支架的自动水龙头或喷水机进行灭火。发现安全阀发出声音或罐体变色时应立即避难。罐体泄漏时，危险区域禁止明火和穿着产生静电的工作服。不要触摸泄漏物，若无危险，应进行堵漏处置。

为减少有害蒸气的产生，应进行洒水。用大量水冲洗有泄漏物的地方，但禁止往容器内放水。对大量泄漏物，先筑堤将泄漏物围住，待日后再进行销毁处理。

④对于易燃固体、自燃物品和遇湿易燃物品发生洒漏时，不得随意遗弃，应根据不同特性妥善收集，并转移到安全区域，更换或整理包装。有洒漏物处，不得在上面堆放或行走。这类货物中的一些金属粉末，金属有机化合物、氨基化合物及遇湿燃烧物着火时，禁止用水和泡沫灭火，也不得使用二氧化碳和酸碱灭火剂。

⑤对于氧化剂和有机过氧化物洒漏时，先用砂土覆盖，打扫干净后，收集的洒落物不得倒入原包装内。万一着火，严禁用水扑救。有机过氧化物应用砂土覆盖，再用干粉或雾状水扑救。其他氧化剂用水灭火时，防止水溶液流至其他易燃、易爆物品处。禁止用高压水柱直接射向火源。消防人员应穿戴防毒面具，站在上风方向处进行抢救。

⑥毒害品和感染性物品泄漏时，固体物品应及时谨慎收集，液体物品应用砂土覆盖后再收集妥善处理。毒害品发生火灾时，应采取有效的灭火措施，对散发有毒气体的火灾，救援人员应全身防护，站在上风处进行扑救。对遇水能发生反应，生成易燃或有毒气体的物品(如金属铊、锑粉、铍粉、磷化锌、磷化铝、氟化汞、三氯化磷等)不得用水灭火；对无机氰化物(如氰化钠、氰化钾、氢化亚铜等)不得用酸碱泡沫灭火，以免生成氰化氢剧毒气体，造成中毒。

⑦对于放射性物品，放射性矿石、矿粉洒漏时，应将洒漏物收集，并更换包装。放射性试剂、化工制品洒漏时，应由专业人员进行处理。被污染的场所、车辆、设备要清扫、洗刷干净。放射性同位素内容物外露时，应立即划出适当的安全区域，并报告卫生监督机构和公安部门协助处理。人员受到大剂量照射时，应立即送医院治疗。

(四)警戒保卫

(1)事故现场由警戒保卫组负责安全保卫、治安治理、交通疏导，组织疏散撤离或采取其他措施，保护危险区域内的人员安全。

(2)根据事故现场情况，设置警戒区，严格控制进出人员及车辆，维护社会治安秩序，对肇事者及有关事故嫌疑人员及时采取监控措施，防止逃逸。

(五)医疗救护

发生事故时，除现场人员于第一时间展开自救外，应立即向当地政府、附近医疗机构和“120”救助中心求助，最大限度减少人员伤亡。

(六)环境监测

环境监测组负责组织协调事故现场环境监测。组织协调监测部门进行监测，为事故处理采取措施提供监测数据，以利于有效控制污染，防止事故危害进一步扩大。事故发生后，立即向当地环保部门报告，环保部门视情况，派出应急监测队伍或提供技术支持。

(七)危险货物中毒急救须知

1. 中毒急救要领

(1)安全救离毒物污染区

尽快将患者救离中毒现场，参加救护的人员需佩戴供氧式防毒面具，并在上风方向进入现场抢救,毒物浓度较高的污染区及严重缺氧的环境,必须立即通风。

(2)迅速抢救生命

中毒者脱离染毒区后,应在现场立即着手急救。心脏停止跳动的,立即拳击心脏部位的胸壁或做胸外心脏按摩,直接对心脏注射肾上腺素或异丙肾上腺素,抬高下肢使头部低位后仰。呼吸停止者赶快做人工呼吸,最好用口对口吹气法。剧毒品不适宜用口对口法时,可用史氏人工呼吸法。人工呼吸与胸外心脏按摩可同时交替进行,直至恢复自主心搏和呼吸。急救操作不可动作粗暴,以免造成新的损伤。

(3)彻底清除毒物污染,防止继续吸收

脱离污染区后,立即脱除受污染的衣物,对于皮肤、毛发甚至指甲缝中的污染,都要注意清除。对能由皮肤吸收的毒物及化学灼伤,应在现场用大量清水或其他备用的解毒、中和液冲洗。毒物经口侵入体内,应及时彻底洗胃或催吐,除去胃内毒物,并及时以中和、解毒药物减少毒物的吸收。眼部溅入毒物,应立即用清水冲洗或将脸部浸入满盆清水中,张眼并不断摆动头部,稀释洗去毒物。

(4)送医院治疗

经过初步急救,速送医院继续治疗。抢救同时,立即电话通知上级医疗单位,做好急救准备。

2. 胸外心脏按摩法

患者突然深度昏迷,颈动脉或股动脉缺氧,如瞳孔散大、脸色土灰色或发绀、呼吸停止或喘,出现上述症状,可认为心跳骤停,应立即进行胸外心脏按摩急救。操作方法如下:

(1)部位:胸骨上 2/3,下 1/3 交界处,背部应有硬的衬垫。

(2)操作手法:术者两腿跪在患者两侧,用手掌根部双手叠加,垂直加压在胸骨上,手指不要接触胸壁。身体前倾,力加在胸骨上,将胸骨明显压下,此时检查股动脉,应出现明显搏动,才为有效。注意勿用力过大,以免发生肋骨骨折、和气、血胸。两次间歇期,手不离开胸部。

(3)速度与心率相近:成人约 70 次/min,儿童 100～120 次/min,效果最佳。次数太多,心脏血液回流不够并不增加效果。

(4)复苏指示:停止按压后,自主心搏恢复。

3. 人工呼吸法

无论心跳存在与否,长期呼吸中止,可造成机体缺氧而导致死亡。特别脑组织缺氧时间稍久,便会产生不可逆转的损害。因此,必须争分夺秒不失时机地进行人工呼吸,保持继续不间断供氧。

(1)口对口法

首先使呼吸道通畅,松解衣服,去掉枕头,抬高下颌,除去假牙,除去(吸出)呕吐物或其他异物。

操作法:术者在患者一侧,用一手捏合患者鼻部,术者深吸一口气,口对患者口密切接触(可覆盖一纱布、手帕)以中等速度匀静地吹气。开始两次速度可快些,可见患者胸部隆起然后离开,让其胸部收缩自行呼出,然后做下一次吹气,直至自主呼吸恢复。

速度:吹气 12～16 次/min,吹气时间约为 2 s。与胸外心脏按摩同时交替进行时,两者比数约为 1∶5,即吹气 2～3 次/min,心脏按摩 15 次/min。

注意,在吹气时,不能同时按压心脏,否则会造成肺损伤,而使通气效果下降。

如口对口呼吸法执行困难,也可改用口对鼻呼吸法,即用一手闭合患者口部,口对鼻孔进行吹气入内。

(2)史氏人工呼吸法

患者仰卧,头部放低,下颌再抬高,除去假牙、呕吐物及其他异物,使呼吸道通畅。术者位于患者头顶一侧,两手握住患者两手,交叠在胸前,然后握住两手向左右分开伸展180°,接触地面,速度与其他人工呼吸相同,为12～16次/min。

4. 中毒急救治疗的一般原则

(1)呼吸道中毒

呼吸道吸入中毒的急救治疗,应当首先保持呼吸道通畅。

①防止声门痉挛、喉头水肿的发生。采用2%碳酸氢钠、10%异丙肾上腺素、1%麻黄素雾化吸入,呼吸困难严重者及早做气管切开。

②防止肺气肿的发生。应绝对卧床休息给予激素,并适当限制输液量。发生肺水肿则应吸氧,并用抗泡沫剂10%硅酮或20%～30%乙醇于氧气湿化瓶吸入,及早用氢化可的松100～200 mg与10%葡萄糖100～200 mL静脉滴注,以减少血管通透性。神志躁动不安,可用异丙嗪25 mg注射。

③防止脑水肿的发生。对作用于神经系统的毒物,出现脑水肿,要限制液体输入量,降低颅压,采用20%的甘露醇或25%山梨醇250 mL静脉注射或快滴,并用三磷酸腺甙20 mg肌肉或静脉注射,谷氨酸钠等以保护脑细胞。

④对引起血红蛋白变性的毒物,则应根据病因进行治疗,如苯的硝基化合物应及时注射亚甲蓝或硫代硫酸钠;对氰化物迅速吸收亚硝酸戍脂或3%亚硝酸钠,防止溶血引起的肾功能衰竭,如对砷化氢采取早期吸氧解毒及利尿,如尿毒症明显可腹膜透析或人工肾透析。除了这五项主要症状外,可用特效解毒药及一般临床对症治疗。

(2)急性皮肤吸收中毒

经皮肤吸收毒物或腐蚀造成皮肤灼伤的毒物,应立即脱去受污染的衣物,用大量清水冲洗,也可用微温水,禁用热水。冲洗时间不少于15 min,冲洗越早、越彻底越好。然后用肥皂水洗净,敷以中和毒物的液体或保护性软膏。皮肤吸收中毒的过程,往往有一段时间,要注意观察清洗是否彻底。苯胺清洗不彻底,一定时间后出现发绀,即口唇和指甲明显青紫,黄磷清洗后还要在暗室内检查有无磷光,灼伤皮肤要按化学灼伤处理。

(3)误服吞咽中毒

误服吞咽除及时反复漱口,除去口腔毒物外,还应当:

①催吐。催吐在服毒后4 h内有效,简单的办法是用手指、棉棒或金属匙柄刺激咽部舌根。空腹服毒者可先口服一大杯冷开水或豆浆后催吐,呕吐时头部低位。对昏迷、痉挛,吞强酸、强碱等腐蚀性物质,汽油、煤油等有机溶剂时禁用或慎用。

②洗胃。洗胃是治疗常规,有催吐禁忌症者慎用。用清水、生理盐水或其他能中和毒物的液体洗胃。敌百虫及强酸不要有碳酸氢钠液,内吸磷、1605不要用高锰酸钾。洗胃液每次不超过500 mL,以免把毒物冲入小肠。反复洗,直到洗出液几次无毒物为止。洗胃后注入能中和或吸收毒物的药物,如活性炭等,并通过鼻留置胃管一定时间,以便吸出胃排泄物的毒物。

③清泻。口服或胃管送入大剂量的泻药,如硫酸镁、硫酸钠等,对脂溶性毒物,忌用油类导泻剂,口服腐蚀性毒物者禁用。

④应用解毒、防毒及其他排毒药物。

5. 常见危险货物中毒急救措施

(1)氰及其化合物

急速离开污染区,立即进行人工呼吸(不可用口对鼻的人工呼吸,以防中毒),待呼吸恢复后,给患者吸入亚硝酸钠液并随即注射硫代硫酸钠液。

(2)氟及其化合物

急速离开污染区,脱去污染衣物,用大量清水冲洗 20～30 min。皮肤灼伤在水洗后,可用稀氨水敷浸,患者静卧保暖。

(3)氯气

急速离开污染区,休息、保暖、吸氧,给患者 2%碳酸氢钠雾化吸入及洗眼。高浓度氯气吸入时,可立即致死,重度中毒者应预防肺水肿发生。

(4)一氧化碳

患者离开污染区,如呼吸停止,则应立即进行口对鼻人工呼吸,恢复呼吸后,给患者吸氧或高压氧。昏迷复苏病人,应注意脑水肿的出现,有脑膜刺激症候及早用甘露醇等脱水治疗。

(5)光气

吸入患者急速离开污染区,安静休息(很重要),吸氧。眼部刺激、皮肤接触用水冲洗,脱去染毒衣着,可注射 20%的乌洛托品 20 mL。

(6)溴水

患者急速离开污染区,接触皮肤立即用大量水冲洗,然后用稀氨水或硫代硫酸钠液洗敷,更换干净衣服,如进入口内,立即漱口、饮水及服用镁乳。

(7)硫化氢

吸入患者急速离开污染区,安静休息保暖,如呼吸停止,立即人工呼吸、吸氧。眼部刺激用水或 2%碳酸氢钠液冲洗,结膜炎可用醋酸可的松软膏点眼。静脉注射亚甲蓝加入葡萄糖溶液或注射硫代硫酸钠,促使血红蛋白复原,控制中毒性肺炎与肺水肿发生。

(8)砷化氢

吸入患者静卧吸氧,注射解毒药、二巯基丁二钠等,纠正酸中毒。

(9)氮氧化合物及硝酸

吸入患者须送医院救治,即使患者未感到严重不适,也须迅速离开污染区,安静休息,进行医学观察。如呼吸停止,立即进行人工呼吸。有变性血红蛋白症时,紫绀明显可用亚甲蓝静注,肺水肿脱水并用抗泡沫剂硅酮,使呼吸道通畅,及时对症治疗。

(10)二氧化硫

将吸入患者迅速移到空气新鲜处,吸氧。呼吸停止立即进行人工呼吸,有呼吸刺激等咳喘症状时,可雾化吸入 2%碳酸氢钠;喉头痉挛窒息时,应切开气管,并注意肺水肿的发生。

6. 常备中毒急救用药

(1)亚硝酸异戌脂(氢化合物中毒急救用)。

(2)亚硝酸钠(氢化合物中毒急救用)。

(3)硫代硫酸钠[氢化合物中毒急救用,与(1)、(2)、(4)合用]。

(4)亚甲蓝[氢化合物中毒急救用,与(3)合用]。

(5)可拉明(呼吸中枢兴奋剂)。

(6)山埂菜碱(中枢兴奋剂)。

(7)氨钠咖(血管运动及呼吸中枢兴奋剂)。

(8)高渗葡萄糖注射液(供能、补液、脱水、解毒)。

(9)生理盐水注射液(补液、稀释毒物浓度,使电解质平衡)。

(10)阿扑吗啡盐酸盐(催吐剂,吗啡中毒禁用)。

(11)硫酸阿托品(有机磷中毒急救与氯磷定合用)。

(12)氯磷定(有机磷中毒胆碱酯酶复能剂,与阿托品合用)。

(13)双复磷(同氯磷定有机磷中毒急救,与阿托品合用)。

(14)维生素 C(参与体内氧化还原反应,有解毒作用)。

(15)三磷酸腺苷(改善机体代谢,提高细胞功能)。

此外,还有氢化可的松、肾上腺素、异丙肾上腺素、硫酸铜等多种常备中毒急救用药。

二、常用应急救援设备设施配置

(一)应急救援设备设施

1. 监测、预警、报警、预防装备及监控措施

(1)重大危险源监控系统、感温探测器、感光探测器、红外探测仪器、监测与监控技术及系统。

(2)防盗报警主机及配件、报警器、防盗报警系统及软件。

(3)其他火灾报警器、防雷产品、报警控制设备、公共广播系统、报警按钮及其他触发器件、其他报警设备等。

2. 应急救援工具及器械

(1)液压扩张钳,液压剪等破拆工具,手动开门器、检水、检毒设备,粉尘毒物检测仪器,放射性和微波检测仪器、静电检测、检验仪器及各种药品,系列测爆检测仪。

(2)起重机械、缓降器、呼吸器、脉冲水枪、消防撬棍、消防锤、消防斧、消防钩、防爆铜锤、打捞工具等相关设备。

3. 应急救援辅助设施

(1)洗消用品、抽烟机、正压排烟机。

(2)救生气垫、救生安全绳、夜光导向绳、15 m 拉梯、30 m 救生软梯、液压开门器及无火花工具、网架式帐篷、强光灯、野外照明设备、触电保护设施、高空防坠落设备等。

4. 人员防护装备及医疗器械

(1)防电磁波辐射产品、防毒面具、过滤式防护服及防毒面具、紧急冲淋、洗眼装置、靴套、口罩、耳塞、耳罩、安全带、避火服、轻型及重型防护服等。

(2)手提出诊专用急救药箱、综合急救箱、急救背囊、便携式呼吸器等。

5. 应急救援运输车辆

消防专用车、消防救护车、急救车等。

(二)铁路运输企业应配备的危险品运输应急救援设备

铁路交通运输具有运量大、速度快、安全、便捷等优点,由于铁路车站多、线路长、站段分布广,其应急救援设备涉及面更加广泛和复杂,为此,各铁路局、站段应根据管内实际情况配备相应的应急救援设备设施。

铁路运输企业应配备的危险品运输应急救援设备设施见表 8-6。

表 8-6 铁路运输企业应配备的危险品运输应急救援设备设施

设备名称	技术说明	适用范围
正压式空气呼吸器	具有耐高温、阻燃、绝缘、防腐、防水、重量轻、气密性好等性能,气瓶工作压力 30 MPa,背架应为高强度的非金属材料制成,面罩防结雾,一级减压阀输出端应具有他救接口,使用时间不得低于 45 min	用于现场作业时,对人体呼吸器官的防护装具,供作业人员在浓烟、毒气性气体或严重缺氧的环境中使用
强磁抢险堵漏工具	具有抢险速度快、耐受压力高,集粘贴、捆绑、磁压等多种功能于一身,易于携带、操作简单等技术特征	用于亲磁性大型油气管路、危险化工产品的储罐、罐车发生泄漏事故时抢险所需
全防型滤毒罐	对有毒气体和蒸气、有毒颗粒及放射性粒子、细菌具有良好的过滤性能。NBC 防护标准储存期限不低于 5 年	用于危险场所呼吸保护,与防毒面罩配套使用
消防报警机	—	用于机车车辆库、器材库及厂房内预报初期火灾,提示人员疏散
核放射探测仪	可自动声光报警,显示所检测射线的强度持续工作时间不少于 70 h	用于快速寻找并确定 α、β、γ 射线污染源的位置
可燃气体检测仪	可检测 10 种以上易燃、易爆气体的体积浓度	用于检测事故现场易燃、易爆气体
压缩氧自救器	具有防爆合格证和 MA 标志定量供氧量 1.2～1.6 L/min、通气阻力 196 Pa、吸气温度 45 ℃、手动补给 60 L/min、二氧化碳吸收剂用量 350 g、氧气瓶额定充气压力 20 MPa、排气阀开启压力 200～400 Pa	用于煤矿井下发生缺氧或在有毒、有害气体环境中矿工佩用它可以自身逃生,也可供救护队员和其他工矿、企事业单位工作人员在缺氧和有毒有害气体环境下工作时使用
救护装备车	一般载重量在 5 t 以上,车身长在 4 m 以上;汽车性能应达到;爬坡度在 30% 以上;最小离地间隙在 220 mm 以上;行车速度在 120 km/h 以上	用于运送救护装备到达事故现场
正压氧气呼吸器	佩用时间不低于 4 h,有自动报警装置,佩全面罩或半面罩,面罩的清晰度好	用于救护人员进入事故现场佩戴,具有体积小、重量轻,佩用时间不低于 4 h,有自动报警装置,佩全面罩或半面罩,面罩的清晰度好,在矿井使用,证件齐全
泡沫消防车	一般发动机功率不低于 176 kW,消防泵流量不小于 50 L/s,射程不小于 60 m	用于扑救火灾
举高消防车	举升高度不低于 30 m,设供水管路及消防水炮,具有高空救援疏散、救人、化工装置油罐高空灭火功能	用于高空灭火救援作业
抢险救援消防车	具备防护、破拆、发电、照明、排烟、救援等功能	用于抢险救援作业
干粉泡沫联用消防车	一般发动机功率不低于 132 kW,充装干粉总重量 1 000 kg 以上,惰性气体驱动,驱动压力不小于 12 kPa,可以间断发射,干粉射程大于 25 m	用于扑救火灾
救灾移动通信电话	(1)采用低频无线传输 (2)通信距离:①地面无管路传输 50 m;②在小断面的巷道中,通信范围 500～800 m (3)温度范围:0～40 ℃	用于相互通信

续上表

设备名称	技术说明	适用范围
拖车式移动炮	流量不低于 200 L/s,射程大于或等于 90 m	用于扑救油类等火灾
防化救援消防车	一般发动机功率不低于 191 kW,配备高压或中(低)压消防泵、自动加温不锈钢车载无压锅炉、道路洗消装置、喷刷洗消装置、残液收集装置、吸粉、吸液装置、消毒剂搅拌装置、大容积器材箱等,可进行低压、中压和高压洗消或分别进行低压、中压、高压灭火和高低压联用灭火,水泵出口压力/流量分别为(1.0 MPa)/(40 L/s)、(2.0 MPa)/(30 L/s)、(4.0 MPa)/(40 L/s),水炮射程不小于 50 m	用于化学灾害事故现场救援作业,具备常见化学灾害事故处置和救援功能
高喷消防车	举升高度 20 m 以上,消防水炮额定流量不低于 30 L/s,射程不低于 45 m	用于举高灭火作业
排烟消防车	发动机功率不低于 118 kW,排烟量不低于50 000 m^3/h	用于现场送风、排烟作业
水罐消防车	配全工况或高低压、中低压车载泵,水罐容量不低于 5 500 L,具有较大的器材空间,最远供水距离不小于 800 m	用于火灾扑救和现场洗消等
路轨两用消防车	发动机功率为 300 kW,车辆底盘加装有轨道及路轨转换系统,驾驶室装有室外温度显示,红外摄像仪记录装置,车顶及前保险杠装有遥控水炮,配备高低压水泵,出口压力/流量分别为低压(1.0 MPa)/(40 L/s)、高压(4.0 MPa)/(40 L/s)	用于地铁、城市轻轨列车灾害事故的灭火救援
消防员呼救器	具备防水、防爆、耐挤压、耐高温等性能,静止报警时间 20～30 s,报警响声大于 95 dB,电源可连续使用不低于 3 h	用于消防员遇险报警
气体检测仪	气体检测仪是用来检测环境中可燃气体或有毒气体的仪表,分为泵吸式、扩散式和混合式三种。按检测气种可分为单一气体检测仪和多功能气体检测仪	用于事故现场探测气体作业,具备自动识别、防水、防爆性能,能探测有毒、有害气体及氧含量
氧气呼吸器	是具有耐高温、阻燃、防腐、防水、气密性好、内部冷却、使用时间长等性能的闭路式呼吸供气系统,由全封闭式面罩、供/排气软管、高压氧气气瓶、减压装置、气体反应室、专用药剂及保护箱组成,使用时间 2～4 h	用于现场作业呼吸保护
隔离式自救器	防护时间 45 min;氧气瓶容积大于 0.3 L;氧气瓶充填压力大于或等于 20 MPa;储氧量大于或等于80 L	适用于环境空气中发生有毒、有害气体污染及缺氧时的情况,为佩戴者提供 45 min 清洁氧气,供使用者迅速撤离事故现场的救生防护设施
应急救援抢险列车	适应铁路任何地方(如隧道内)的救援和抢险	铁路自然灾害、事故抢险救援
消防救护车	汽车性能应达到:爬坡度在 30% 以上;最小离地间隙在 220 mm 以上;行车速度在 120 km/h 以上;配通信系统、警灯警报装置和野营帐篷	用于抢救受伤人员

第九章　CRH系列动车组应急救援与回送

动车组因设备故障或发生铁路交通事故，造成动车组不能运行时，必须请求救援。为规范各型动车组回送作业程序，确保动车组回送安全，铁路总公司运输局对原动车组无动力回送作业办法进行修订，结合现场实际，重新制定了《动车组回送作业办法》。本办法涵盖了目前全路所有型号运用的动车组，列举了《铁路技术管理规程》中相关规章条款，便于现场作业人员贯彻施行。

第一节　《铁路技术管理规程》中的相关规定

（一）动车组回送规定

1. 动车组回送按旅客列车办理，原则上采用自走行方式。无动力回送时可根据技术条件加挂回送过渡车，使用客运机车牵引。回送过渡车须挂于机后第一位。

8辆编组的动车组可两列重联回送。未装备LKJ的动车组需在CTCS-0/1级区段回送时，应采取无动力回送方式。

2. 动车组回送运行时，须安排动车组司机和随车机械师值乘。有动力回送时，非担当区段应指派带道人员。

3. 动车组回送时不进行客列检作业。

4. 动车组安装过渡车钩回送时，按规定限速运行，尽可能避免实施紧急制动。发生紧急制动后，本务司机必须通知随车机械师，经随车机械师检查过渡车钩状态良好后，方可继续运行。

5. 动车组回送时，相关动车段（所）造修单位应提出限速、回送方式（有动力、无动力）、可否折角运行等注意事项。

（二）列车被迫停车后的处理

1. 列车在区间被迫停车不能继续运行时，司机应立即使用列车无线调度通信设备通知列车调度员（两端站）及随车机械师（车辆乘务员），报告停车原因和停车位置，根据需要迅速请求救援。

（1）随车机械师（车辆乘务员）、客运乘务组均应听从司机指挥，处理有关行车、列车防护和事故救援等事宜。

（2）列车调度员（车站值班员）接到司机通知后，应将区间内列车运行情况通知司机，并立即使用列车无线调度通信设备通知区间内后续列车停车，在停车原因消除前不得再向区间内放行列车。

（3）对已请求救援的列车，不得再行移动，并按规定对列车进行防护。

（4）列车在区间被迫停车后，应保证就地制动，防止列车溜逸。如遇制动制动机故障，动车组以外的旅客列车司机应通知车辆乘务员立即组织列车乘务人员拧紧全列人力制动机；其他列车司机应立即采取安全措施，并向列车调度员报告。

(5)需要防护时，列车前方由司机负责，列车后方由随车机械师(车辆乘务员)负责，配备列车防护报警装置的列车应首先使用列车防护报警装置进行防护。单班单司机值乘的列车防护作业办法由铁路局规定。

2. 列车被迫停车可能妨碍邻线时，司机应立即使用列车无线调度通信设备通知邻线上运行的列车和列车调度员(两端站)，与随车机械师(车辆乘务员)分别在列车头部或尾部附近对邻线来车方向短路轨道电路，配备列车防护报警装置的列车应首先使用列车防护报警装置进行防护。司机应亲自或指派人员沿邻线一侧对列车进行检查，发现妨碍邻线时，应立即报告列车调度员(两端站)。如发现邻线有列车开来时，应鸣示紧急停车信号。列车调度员(车站值班员)接到列车被迫停车可能妨碍邻线的通知后，应立即通知邻线有关列车停车，在原因消除前不得向邻线放行列车。单班单司机值乘的列车防护作业办法由铁路局规定。

3. 列车在区间被迫停车后，根据下列规定防护：

(1)已请求救援时，从救援列车开来方面(不明时，从列车前后两方面)，距离列车不小于300 m处放置响墩防护；在仅运行动车组列车的线路上，列车在区间被迫停车后已请求救援时，由随车机械师在救援列车开来方面，距离列车不小于300 m处人工进行防护，不再放置响墩防护。

(2)列车分部运行，机车进入区间挂取遗留车辆时，应从车列前方距离不小于300 m处放置响墩防护。

(3)防护人员设置的响墩在停车原因消除后，由防护人员撤除。

(三)列车在区间退行、返回

1. 列车在区间退行。

(1)在不得已情况下，列车必须在区间退行时，列车调度员须扣停后续列车，并确认退行距离内的闭塞分区空闲后通知司机允许退行。随车机械师(车辆乘务员)或指派的胜任人员应站在列车尾部注视运行前方，发现危及行车或人身安全时，应立即使用紧急制动装置(紧急制动阀)或通知司机，使列车停车。列车退行速度不得超过15 km/h。

(2)列车若需退行至站内，列车调度员还应确认列车至后方站间已空闲。列车调度员(车站控制时为车站值班员)根据线路占用情况，可开放进站信号机或按引导办法将列车接入站内。动车组列车若需退行至站内，列车调度员应发布调度命令。

(3)动车组列车退行时，改按隔离模式退行。

(4)在降雾、暴风雨雪及其他不良条件下，难以辨认信号时，列车不准退行。

2. 动车组列车由区间返回。

动车组列车在区间被迫停车后须返回后方站时，列车调度员必须确认动车组列车至后方站间已空闲，方可发布调度命令。司机根据调度命令，在动车组列车运行方向(折返)前端操作，列车改按隔离模式返回，运行速度不得超过40 km/h。

(四)使用机车、救援列车救援

1. 列车调度员接到救援请求，按规定发布调度命令封锁区间，并报告值班主任(值班副主任)。

2. 列车调度员根据情况确定使用内燃(电力)机车或救援列车担当救援，并将救援方案通知车站值班员和请求救援列车司机。担当救援的列车需要跨区段担当救援任务时，列车调度员须通知机车调度员(动车司机调度员)指派带道人员。

3. 列车调度员及时发布有关调度命令。担当救援的司机接到救援命令后,必须认真确认。命令不清、停车位置不明确时,不准动车。

4. 向封锁区间发出救援列车时,不办理行车闭塞手续,以列车调度员的命令,作为进入封锁区间的许可。

5. 救援列车的出发或返回,均应通知列车调度员及对方站(与本站为同一人办理时除外)。如事故现场设有临时线路所时,列车调度员(车站控制时为车站值班员)应于发车前,商得线路所车站值班员的同意。

6. 发生事故时,在事故调查组人员到达前,站长、副站长应随乘发往事故地点的第一列救援列车(分部运行时挂取遗留车辆的机车除外)到事故现场,负责指挥列车有关工作。

7. 救援列车进入封锁区间后,在接近被救援列车或车列 2 km 时,要严格控制速度,同时,使用列车无线调度通信设备与请求救援的列车司机进行联系,或以在瞭望距离内能够随时停车的速度运行(最高不得超过 20 km/h),在防护人员处或压上响墩后停车,联系确认,并按要求进行作业。

8. 使用机车救援动车组时,应进行制动试验,制动主管压力采用 600 kPa。具备升弓供电条件时,允许动车组升弓供电。当使用电力机车担当救援机车,如动车组升弓,由动车组司机通知救援机车司机,救援机车司机在通过分相区前通知动车组司机断电并降弓。

连挂前,司机须与列车调度员联系,在得到列车调度员已发布邻线限速 160 km/h 及以下的调度命令(妨碍邻线及组织旅客疏散时为已扣停邻线列车)的口头指示后,方可开始作业。

救援机车司机在救援作业过程中,要严格遵守有关限速规定,与动车组司机保持联系。救援运行中尽可能避免实施紧急制动。

9. 动车组由机车牵引继续运行时,列车调度员根据随车机械师提出的限速要求,向救援机车司机发布限速运行的调度命令。

10. 使用机车救援动车组时,动车组列控车载设备转入或退出隔离模式不发布调度命令。

11. 当故障列车处理后可继续运行时,列车调度员根据司机请求,取消前发救援调度命令。

(五)动车组救援动车组

1. 列车调度员接到救援申请,按规定发布调度命令封锁区间,并报告值班主任(值班副主任)。

2. 列车调度员将救援方案通知车站值班员和请求救援的动车组司机。担当救援的动车组列车需要跨区段担当救援任务时,列车调度员须通知机车调度员(动车司机调度员)指派带道人员。

3. 列车调度员及时发布有关调度命令。担当救援的动车组司机接到救援命令后,必须认真确认。命令不清、停车位置不明确时,不准动车。

4. 向封锁区间发出救援动车组时,不办理行车闭塞手续,以列车调度员的命令,作为进入封锁区间的许可。

5. 救援列车的出发或返回,均应通知列车调度员及对方站(与本站为同一人办理时除外)。如事故现场设有临时线路所时,列车调度员(车站控制时为车站值班员)应于发车前,商得线路所车站值班员的同意。

6. 发生事故时,在事故调查组人员到达前,站长、副站长应随乘发往事故地点的第一列救援列车到事故现场,负责指挥列车有关工作。

7. 在故障动车组前部救援时,担当救援的动车组按隔离模式进入区间,在接近被救援列车2 km时,以在瞭望距离内能够随时停车的速度运行,最高不得超过20 km/h,在距被救援列车不小于300 m处一度停车,与被救援列车联系确认后进行作业;在故障动车组尾部救援时,开放出站信号,担当救援的动车组按完全监控模式进入区间,在行车许可终点停车,与被救援列车联系确认后,按目视行车模式进入前方闭塞分区,以在瞭望距离内能够随时停车的速度运行,最高不超过20 km/h,在距被救援列车不小于300 m处一度停车(行车许可终点距被救援列车不足300 m时除外),与被救援列车联系确认后进行作业。

连挂前,司机须与列车调度员联系,在接到列车调度员已发布邻线限速160 km/h及以下的调度命令(妨碍邻线及组织旅客疏散时为已扣停邻线列车)的口头指示后,方可开始作业。

防护人员处或压上响墩后停车,联系确认,并按要求进行作业。

8. 被救援动车组转入或退出隔离模式不发布调度命令。

9. 当故障动车组处理后可继续运行时,列车调度员应根据司机请求,取消前发救援调度命令。

(六)启用热备动车组

1. 动车组故障无法及时修复时,应及时启用热备动车组。热备动车组定员少于故障动车组实际人数时,有条件时,使用定员能满足需要的其他动车组组织旅客换乘。

2. 跨局出动热备动车组时,由铁路总公司调度向铁路局发布调度命令。

3. 有关单位在接到调度命令后,应迅速完成热备动车组出动前的各项准备工作,具备条件后及时发车。

4. 对担当换乘任务的动车组列车应优先放行,确保及时到位及返回归位。

5. 在站内组织旅客换乘时,应尽量安排在同一站台的两个站台面进行。

6. 在区间组织旅客换乘时,列车调度员组织担当换乘任务的动车组列车进入邻线指定位置停车。担当换乘任务的列车到达邻线指定位置停妥后,司机向列车调度员报告。列车调度员通过申请换乘的列车司机通知列车长组织旅客换乘。担当换乘任务的列车长确认旅客换乘完毕后通知司机,司机得到列车长通知,确认车门关闭,具备开车条件后起动列车,并向列车调度员报告。

第二节 铁路总公司对动车组回送的相关规定

中国铁路总公司2014年印发的《动车组回送作业办法》(铁总运〔2014〕157号),该文件共分为六章二十五条,对各型动车组无动力(有动力)回送操作程序做出具体规定,摘要如下:

一、回送组织

(一)无动力回送

1. 动车组出入厂、转属、借用等需跨局回送时,由动车组所在地铁路局向铁路总公司调度提出回送申请,由总公司下达调度命令;铁路局管内办理回送时,由动车(客车)段、造修单位向铁路局调度提出回送申请,由铁路局下达调度命令。

2. 动车组回送申请书中应明确编组辆数、牵引总重、全长、随车机械师担当，建议回送日期时刻、回送区段、回送方式、回送要求、回送运行径路等内容。调度命令须明确担当乘务工作的动车(客车)段、回送方式、回送运行径路等。

动车组跨局回送时，运行径路按铁路总公司公布的跨局回送径路执行，局管内回送径路由各铁路局公布施行。因回送径路发生变化时，须由相关铁路局对牵引供电设备弓网、电务通信信号设备等匹配条件来进行核准确认。

(二)有动力回送

1. 动车组有动力回送时，配属局依据调度命令规定的回送径路，司机负责确认车载电务设备相关数据。

2. 有动力回送运行区段超过配属局动车组司机乘务交路担当区段时，沿途经由铁路局应提前安排司机带道或值乘。

3. 动车组一般情况下不得通过半径小于 250 m 的曲线，且通过半径为 250 m 的曲线时，须限速 15 km/h；所有动车组不得侧向通过小于 9 号的单开道岔和 6 号的对称双开道岔。

4. 通过和停靠 1 200 mm 以上的站台时，须确认站台边缘距轨道中心线距不小于 1 750 mm。

5. 动车组回送作业，防溜设置作业，按照相关规定办理。

二、回送分工

动车组回送作业分工：

1. 随车机械师：负责过渡车钩和专用风管的拆装，电气连接线的连接与摘解，动车组截断塞门操作，车门开关，连挂状态确认，开闭机构手动操作，及连挂、解编作业中其他开关操作，运行途中动车组状态监控等。

2. 动车组司机：负责连挂端激活(退出)、司机室占用，操作受电弓、主断路器、司机警惕装置、车载列控设备，自动开启头罩，牵引制动试验。运行中监控总风压力、蓄电池电压及列车运行状态，配合随车机械师安装与拆卸过渡车钩和专用风管。

3. 机车司机：负责机车与回送过渡车的连挂和回送过渡车与机车间车钩、软管摘解(单班单司机值乘由车辆乘务员负责)，机车折角塞门的操作，其他按照《铁路技术管理规程》规定执行。

4. 回送过渡车押运员：负责回送过渡车与机车间软管连接，回送车折角塞门操作。单班单司机值乘时负责回送过渡车与机车间车钩、软管摘解和机车与回送过渡车的连挂。其他按照《铁路技术管理规程》规定执行。负责运行过程中过渡车运行状态的监控与车上设备的操作。

三、有动力回送

1. 新造或检修出厂的动车组回送前，造修单位负责组织列控车载设备单位对 ATP、LKJ、CIR 状态进行检查确认，保证状态良好。新造动车组出厂回送时，造修单位及 ATP 生产厂家应派员押运。

2. 有动力回送前，动车组技术状态及车载行车安全设备技术性能均需满足上线运行的条件；回送途中，动车组采用 ATP/LKJ 控车，按动车组标尺速度运行。

3. 安装 CTCS-3 级 ATP 设备的动车组，新造出厂时按 C2 模式行车，在测速雷达没有标定时，为防止速度跳变触发制动，最高运行速度为 250 km/h。

4. 动车组运行有关要求按《铁路技术管理规程》相关规定办理。

四、无动力回送

1. 动车组无动力回送时列车管压力为 600 kPa。使用统型过渡车钩时，须确认相互连挂的车钩中心水平线高度差不得超过 50 mm，如超限，由随车机械师调整过渡车钩高度。

2. CRH2A/2B/2C/2E/380A(L)/380A(统型)/380AM 型动车组无动力回送时间在 2 小时以内时，可使用机车直接连挂动车组的方式回送；无动力回送时间超过 2 小时时，必须加挂能向蓄电池供电的回送过渡车。

3. 使用回送过渡车时，回送过渡车比照客车车辆管理。回送过渡车所属主机厂须委派具备车辆乘务员资质的押运员担当回送过渡车值乘任务。

4. 动车组无动力回送，制动可用时限速 120 km/h，制动不可用时限速 5 km/h。

5. 动车组使用非统型过渡车钩无动力回送时，CRH3、CRH380B(L)、CRH380CL 型动车组通过的线路坡度不应大于 20‰，CRH3 型动车组重联无动力回送限速 80 km/h。

6. 动车组无动力回送时，途中发生紧急制动后，本务司机必须通知随车机械师，经随车机械师检查过渡车钩状态良好后方可继续运行。

7. 动车组无动力回送作业具体操作方法见附件 1～7CRH 系列动车组回送操作规程。

附件 1　CRH1A/1B/1E/380D 型动车组无动力回送操作程序

(一)连挂准备

1. 动车组停车并施加停放制动。

2. 确认连挂端司机室处于激活状态；打开连挂端前端开闭机构(CRH1B/1E 型动车组在车下手动操作)。

3. 断开主断路器，降下受电弓；确认动车组蓄电池电压不低于 97 V。

4. 将 DSD 及 ATP/LKJ 隔离开关置于“隔离”位。

5. 通过连锁装置切断受电弓升弓装置的供风。CRH1A 型重联动车组须在激活前将前车重联端司机室内的 144802 号线断开。

6. 确认动车组所有受电弓均处于降弓状态，连挂端开闭机构处于全开锁闭状态、密接车钩处于伸出状态，制动管(BP)截断塞门、电气钩头截断塞门在关闭位置。

7. 安装过渡车钩(CRH1B/1E 型动车组不需此操作)，确认安装状态良好。

8. 机车停在距离动车组约 3 m 的位置，机车车钩置于全开位。

(二)连挂作业

1. 机车以不超过 5 km/h 的速度连挂，连挂后试拉，确认车钩连接良好。

2. 确认机车车钩、过渡车钩、动车组密接钩连挂状态。

3. 连接制动软管，打开动车组制动(BP)管折角塞门和机车折角塞门。

4. 将救援回送装置控制开关置于“回送”位。

(三)制动试验

1. 机车司机向动车组充风至 600 kPa。

2. 司机与动车组随车机械师共同确认动车组全列制动缓解(含停放制动)。

3. 机车司机将列车管减压至 400 kPa 以下。

4. 司机与动车组随车机械师确认动车组全列紧急制动施加。

(四)运行监控

1. 运行中,动车组总风压力不低于 400 kPa,蓄电池电压不低于 97 V,禁止操作"蓄电池"开关。

2. 若蓄电池电压降至 97 V 时,动车组司机通知机车司机,申请就近车站停车升弓供电,待蓄电池充电电流变为零后,动车组方可继续回送。

3. 列车应按规定限速运行,运行中应尽量避免紧急制动,发生紧急制动后,本务司机必须通知随车机械师,经随车机械师检查过渡车勾连接状态良好后,方可继续运行。

(五)机车摘解

1. 列车在站内停车。

2. 动车组司机施加停放制动。

3. 随车机械师关闭动车组连挂端制动(BP)管和机车列车管折角塞门,解开列车管连接软管。

4. 摘解机车车钩。

5. 随车机械师拆卸动车组过渡车钩(CRH1B/E 型动车组不需此操作),动车组司机应配合。

6. 动车组司机关闭前端开闭机构(CRH1B/1E 型动车组在车下手动操作,由随车机械师负责)。

7. 动车组司机将救援回送装置控制开关置于中间位,DSD 及 ATP/LKJ 隔离开关置于正常位,CRH1A 型重联动车组须将前车重联端司机室内的 144802 号线恢复。

附件 2 CRH2A/2B/2C/2E/380A(L)型动车组无动力回送操作程序

本作业程序适用于 CRH2A/2B/2C/2E/380A(L)型动车组(8 辆单组、同型短编重联或 16 辆长编)直接连挂,或动车组与回送车进行连挂的无动力回送。

一、2 h 以内的无动力回送

1. 动车组与机车连挂准备

(1)动车组停车,制动手柄移置"B7"位,保持动车组制动状态,确认动车组总风缸压力在 780 kPa 以上,蓄电池电压 87 V 以上;断开主断路器,降下受电弓;闭合司机室配电盘内(联解控制)和(联解限位开关)断路器,打开连挂端开闭机构。确认连挂端头罩打开后,断开(联解控制)断路器;闭合(救援转换装置)断路器,分别将两端司机室总配电盘内"救援转换集控隔离开关"合上(动车组重联回送时 4 个司机室总配电盘内"救援转换集控隔离开关"都合上),准备工作完毕。

(2)目视确认动车组所有受电弓均处于降下状态;确认连挂端开闭机构打开,检查密接式车钩、电气连接器状态良好。

(3)安装过渡车钩,确认状态良好。

(4)机车停在距离动车组约 3 m 的位置,确认机车车钩置于全开位。

2. 连挂作业

(1)机车以不超过 5 km/h 的速度连挂,连挂后试拉,确认车钩连接良好。

(2)连接机车与动车组的供风管:

若机车采用单管供风,将机车的列车管与动车组的 BP 软管连接。打开机车的列车管和动车组 BP 管的折角塞门,打开"救援旁通断"塞门,确认动车组的 MR 压力达到 600 kPa 时,关闭"救援旁通断"塞门,打开"救援断"塞门;

若机车采用双管供风,将机车列车管、总风管与动车组 BP 管、MR 管连接。打开动车组 BP 管、MR 管和机车列车管、总风管折角塞门。

3. 制动试验

(1)机车向动车组充风至 600 kPa。

(2)复位动车组紧急制动,动车组制动手柄置于"运行"位。

(3)确认动车组全列制动缓解。

(4)列车管减压 50 kPa。

(5)确认动车组全列空气制动施加。

4. 运行监控

(1)运行中总风压力不低于 530 kPa,蓄电池电压不低于 84 V。电压降至 84 V 时,动车组司机通知本务司机申请就近站停车后升弓充电,待蓄电池电压高于 87 V 以上后,动车组方可继续回送。

(2)监视动车组的制动和缓解情况,确认途中无异常声响和振动。

(3)运行中应尽量避免紧急制动,发生紧急制动后须检查过渡车钩状态。

5. 机车摘解

(1)列车停车。

(2)制动手柄移置"B7"位,保持动车组制动状态。

(3)关闭机车列车管折角塞门。

(4)单管供风时,关闭动车组 BP 管和"救援断"塞门;采用双管供风时,关闭动车组 BP 管、MR 管和机车列车管、总风管折角塞门。

(5)将机车与动车组的供风管分离,将动车组侧 BP 管软管连接器、MR 管软管连接器拆下。

(6)摘解车钩。

(7)拆卸过渡车钩。

(8)恢复电器开关。

二、动车组 2 h 以上的无动力回送

1. 动车组与回送过渡车的连挂

(1)动车组按第一项"动车组 2 小时以内的无动力回送"的第 1 条"机车与动车组连挂前的准备"完成全部准备工作。

单编组动车组回送时,确认与回送过渡车连挂一端司机室配电盘"机车电源"断路器为断开状态。

动车组重联回送时,确认重联端两头车司机室和重联动车组与回送过渡车连挂端司机室配电盘"机车电源"开关(共 3 处)为断开状态,将两根动车组连挂回送用 DC 100 V 电缆的两

端，分别压接在重联处两动车组头车 DC 110/100 V 电源变换装置输出端的 103Y 和 100A7 处，闭合连挂处两头车的“机车电源”断路器，将靠近回送过渡车侧的 2 号或 6 号车的“蓄电池接触器”“直流电源 2”“电压检测器”断路器闭合保留，断开其他所有蓄电池车的上述三个断路器。

(2)连接动车组与回送过渡车间的 DC 110 V 电源线并固定。

(3)启动回送过渡车发电机组，确认回送过渡车供电正常。

(4)单编组动车组回送时，将连挂处头车的“机车电源”开关置 ON 位，确认直流电压为 100 V。动车组重联回送时，闭合重联处两头车的“机车电源”开关与回送车连挂端司机室配电盘“机车电源”开关，确认直流电压为 100 V。

2. 机车连挂

机车以不超过 5 km/h 的速度与回送过渡车连挂，连挂操作按照《铁路技术管理规程》相关规定执行。

3. 制动试验

同动车组 2 h 以内的无动力回送。

4. 运行监控

同动车组 2 h 以内的无动力回送。

5. 回送过渡车摘解

(1)列车停车。

(2)动车组司机将动车组制动手柄置“B7”位，保持动车组制动状态。

(3)停止回送过渡车向动车组供电。

(4)断开动车组与回送车连挂端司机室的“机车电源”断路器。重联动车组还应断开重联端两司机室的“机车电源”断路器，拆除重联端的 DC 100 V 电缆。

(5)拆下 BP 管软管、MR 管软管。

(6)摘解车钩。

(7)恢复电器开关。

附件 3　CRH2A(统型)及 CRH380A(统型)动车组无动力回送操作程序

本作业程序适用于机车与 CRH2A(统型)、CRH380A(统型)(8 辆单组、同型短编重联)动车组直接连挂，或动车组与回送车进行连挂的无动力回送。

一、2 h 以内的无动力回送

1. 动车组与机车连挂准备

(1)动车组停车，制动手柄移置“B7”位，保持动车组制动状态，确认动车组总风缸压力在 780 kPa 以上，蓄电池电压 87 V 以上，施加停放制动；断开主断路器，降下受电弓；闭合司机室配电盘内(联解控制)和(联解限位开关)断路器，打开连挂端开闭机构。确认连挂端头罩打开后，断开(联解控制)断路器，将连挂端“警惕报警隔离”开关右旋至隔离位；闭合(救援转换装置)断路器，分别将两端司机室总配电盘内“救援转换集控隔离开关”合上(动车组重联回送时 4 个司机室总配电盘内“救援转换集控隔离开关”都合上)，准备工作完毕。

(2)目视确认动车组所有受电弓均处于降下状态；确认连挂端开闭机构打开，检查密接式车钩、电气连接器状态良好，确认车钩处于缩回位置。

(3)安装过渡车钩，确认状态良好。

(4)机车停在距离动车组约3 m的位置，确认机车车钩置于全开位。

2. 连挂作业

(1)机车以不超过5 km/h的速度连挂，连挂后试拉，确认车钩连接良好。

(2)连接机车与动车组的供风管：

若机车采用单管供风，将机车的列车管与动车组的BP软管连接。打开机车列车管折角塞门，打开“救援旁通断”塞门，确认动车组的MR压力达到600 kPa时，关闭“救援旁通断”塞门，打开“救援断”塞门；

若机车采用双管供风，将机车列车管、总风管与动车组BP管、MR管连接。关闭“救援MR断”塞门、打开“被救援MR通”塞门，然后再打开机车列车管、总风管折角塞门。

(3)切除[CRH2A(统型)1、4、5、8车，CRH380A(统型)1、3、7、8车]停放制动。

3. 制动试验

(1)机车向动车组充风至600 kPa。

(2)复位动车组紧急制动，动车组制动手柄置于“运行”位。

(3)确认动车组全列制动缓解。

(4)列车管减压50 kPa。

(5)确认动车组全列空气制动施加。

4. 运行监控

(1)运行中总风压力不低于530 kPa，蓄电池电压不低于84 V。电压降至84 V时，动车组司机通知本务司机申请就近站停车后升弓充电，待蓄电池电压高于87 V以上后，动车组方可继续回送。

(2)监视动车组的制动和缓解情况，确认途中无异常声响和振动。

(3)运行中应尽量避免紧急制动，发生紧急制动后须检查过渡车钩状态。

5. 机车摘解

(1)列车停车。

(2)制动手柄移置“B7”位，保持动车组制动状态，恢复停放制动并施加。

(3)关闭机车列车管折角塞门。

(4)单管供风时，关闭动车组BP管和“救援断”塞门；采用双管供风时，关闭动车组BP管、MR管和机车列车管、总风管折角塞门。

(5)将机车与动车组的供风管分离，将动车组侧BP管软管连接器、MR管软管连接器拆下。

(6)摘解车钩。

(7)拆卸过渡车钩。

(8)恢复电器开关。

二、动车组2 h以上的无动力回送

1. 动车组与回送过渡车的连挂

(1)动车组按第一项“动车组2 h以内的无动力回送”的第1条“机车与动车组连挂前的准

备”完成全部准备工作。

单编组动车组回送时,确认与回送过渡车连挂一端司机室配电盘“机车电源”断路器为断开状态。

动车组重联回送时,确认重联端两头车司机室和重联动车组与回送过渡车连挂端司机室配电盘“机车电源”开关(共3处)为断开状态,将两根动车组连挂回送用DC 100 V电缆的两端,分别压接在重联处两动车组头车DC 110/100 V电源变换装置输出端的103Y和100A7处,闭合连挂处两头车的“机车电源”断路器,将靠近回送过渡车侧的2号或7号车的“蓄电池接触器”“直流电源2”“电压检测器”断路器闭合保留,断开其他有蓄电池车的上述三个断路器。

(2)连接动车组与回送过渡车间的DC 110 V电源线并固定。

(3)启动回送过渡车发电机组,确认回送过渡车供电正常。

(4)单编组动车组回送时,将连挂处头车的“机车电源”开关置ON位,确认直流电压为100 V。动车组重联回送时,闭合重联处两头车的“机车电源”开关与回送车连挂端司机室配电盘“机车电源”开关,确认直流电压为100 V。

2. 机车连挂

机车以不超过5 km/h的速度与回送过渡车连挂,连挂操作按照《铁路技术管理规程》相关规定执行。

3. 制动试验

同动车组2 h以内的无动力回送。

4. 运行监控

同动车组2 h以内的无动力回送。

5. 回送过渡车摘解

(1)列车停车。

(2)动车组司机将动车组制动手柄置“B7”位,保持动车组制动状态,恢复停放制动并施加。

(3)停止回送过渡车向动车组供电。

(4)断开动车组与回送车连挂端司机室的“机车电源”断路器。重联动车组还应断开重联端两司机室的“机车电源”断路器,拆除重联端的DC 100 V电缆。

(5)拆下BP管软管、MR管软管。

(6)摘解车钩。

(7)恢复电器开关。

附件4　CRH3C、CRH380B(L)、CRH380BG型动车组无动力回送操作程序

本作业程序适用于CRH3C、CRH380BL、CRH380B(非高寒)及CRH380BG(高寒)型动车组(8辆单组、同型短编重联或16辆长编)无动力回送。

一、连挂准备

1. 动车组停车并施加停放制动;确认连挂端司机室处于“占用”状态;打开连挂端开闭机构,自动伸出密接式车钩(CRH380BL手动打开连挂端开闭机构,伸出密接式车钩);断开主断路器,降下受电弓;确认动车组蓄电池电压不低于105 V;退出司机室占用,拔下占用钥匙;关

断“蓄电池”开关；将“拖曳”开关置“开”位。

2. 非连挂端“信号灯”开关置于“红灯开”位；确认动车组所有受电弓均处于降弓状态；确认连挂端开闭机构处于全开锁闭状态、密接车钩处于伸出状态、制动管(BP)截断塞门 Z13 和总风管截断塞门 Z17 处于关闭位(与管路垂直)。

3. 打开 Z30 阀(与管路平行)，关闭车钩顶部红色球阀(与管路垂直，除 CRH380BL)。

4. 安装过渡车钩，确认安装状态良好。

5. 机车停在距离动车组约 3 m 的位置，机车车钩置于全开位。

二、连挂作业

1. 机车以不超过 5 km/h 的速度连挂，连挂后试拉，确认车钩连接良好。

2. 确认机车车钩、过渡车钩、动车组密接钩连挂状态。

3. 连接制动软管，打开 Z13 阀(与管路平行)和机车折角塞门。

三、制动试验

1. 机车向动车组充风至 600 kPa。

2. 确认动车组全列制动缓解。

3. 列车管减压 50 kPa，缓解停放制动。

4. 确认动车组全列空气制动施加、停放制动缓解。

四、运行监控

1. 运行中总风压力不低于 530 kPa，蓄电池电压不低于 96 V，禁止操作“蓄电池”开关。

2. 若蓄电池电压降至 96 V 时，申请就近车站停车升弓供电，待蓄电池电压高于 105 V 后，动车组方可继续回送。

3. 运行中应尽量避免紧急制动，发生紧急制动后须检查过渡车钩连接状态。

五、机车摘解

1. 列车停车。

2. 施加停放制动。

3. 关闭动车组连挂端 Z13 阀、Z30 阀(与管路垂直)和机车列车管折角塞门，解开列车管连接。

4. 摘解车钩。

5. 拆卸动车组过渡车钩，密接式车钩手动移至中心位置(除 CRH380BL、CRH380BG)，打开自动车钩钩头处的红色球阀(与管路平行，除 CRH380BL)。

6. 将“拖曳”开关置“关”位，升弓供电，关闭前端开闭机构。将“信号灯”开关置于“自动”位。

附件 5　CRH5A 型动车组无动力回送操作程序

一、连挂准备

1. 动车组停车并施加停放制动；连挂端司机室处于激活状态(主控钥匙在“激活”位)；打开连挂端开闭机构；断开主断路器，降下受电弓；确认蓄电池电压不低于 20 V。

2. 断开所有车辆 QEL 电气柜内照明、空调、卫生、撒砂系统相关空开。

3. 确认动车组受电弓处于降弓状态、连挂端头车开闭机构打开,检查密接式车钩、电气连接器状态良好;打开 Z30 阀(与管路平行)。

4. 若回送时间超过 2 h,需关闭所有头车的 N02、N07 阀,并逐辆车打开 BCU 处的裙板,将 B22.02 阀关闭,锁闭好裙板。

5. 将 ATP 的紧急制动选择开关和警惕装置开关分别置于隔离位,断开激活司机室 QEL 电气柜内的 30Q12 空开。

6. 安装过渡车钩,确认安装状态良好。

7. 机车停在距离动车组约 3 m 的位置,机车车钩置于全开位。

二、连挂作业

1. 机车以不超过 5 km/h 的速度连挂,连挂后试拉,确认车钩连接良好。

2. 检查机车车钩、过渡车钩、动车组密接钩连挂状态。

3. 连接制动软管,打开 Z06 阀(与管路平行)和机车折角塞门。

三、制动试验

1. 机车向动车组充风至 600 kPa。

2. 确认动车组全列制动缓解。

3. 列车管减压 50 kPa,缓解停放制动。

4. 确认动车组全列空气制动施加、停放制动缓解。

四、运行监控

1. 运行中总风压力不低于 530 kPa,蓄电池电压不低于 20 V,禁止操作"蓄电池"开关。

2. 若电池电压低于 20 V,应请求在就近车站停车,升弓供电,或关闭所有头车的 N02、N07 阀,并逐辆车打开 BCU 处的裙板,将 B22.02 阀关闭,然后锁闭好裙板,继续运行。

3. 运行中应尽量避免紧急制动,发生紧急制动后须检查过渡车钩连接状态。

五、机车摘解

1. 列车停车。

2. 施加停放制动。

3. 关闭动车组连挂端 Z30 阀、Z06 阀(与管路垂直),确认 N02、N07 阀处于开启位;若回送时关闭了 B22.02 阀,逐辆恢复。

4. 将 ATP 的紧急制动选择开关和警惕装置开关恢复正常位,恢复激活司机室 QEL 电气柜内的 30Q12 空开。

5. 关闭机车折角塞门,解开列车管连接。

6. 摘解车钩。

7. 拆卸动车组过渡车钩,关闭前端开闭机构。

8. 恢复所有车辆 QEL 电气柜内照明、空调、卫生、撒砂系统相关空开。

附件6 CRH380CL型动车组无动力回送操作程序

一、连挂准备

1. 动车组停车并施加停放制动；确认动车组蓄电池电压不低于105 V，退出司机室占用，拔下司机钥匙；关断蓄电池。

2. 断开端车断路器43F09，隔离ATP。

3. 重新激活司机钥匙，通过32S03启动车辆蓄电池BN2供电；ASD隔离开关置于关位，拖拽开关置于开位，拔出司机钥匙。

4. 非联挂端信号灯开关置于红灯开位；断开各车电气柜内的21FXX、22FXX、23FXX、24FXX、31FXX、34FXX、36FXX、42FXX、45FXX、52FXX断路器。

5. 确认动车组所有受电弓均处于降弓状态；确认连挂端前端开闭机构处于全开锁闭状态、密接式车钩处于伸出状态；确认Z30阀处于开通位(与管路平行)；确认Z17阀和Z13阀处于关闭位(与管路垂直)。

6. 安装过渡车钩，确认安装状态良好。

7. 机车停在距离动车组约3 m的位置，机车车钩置于全开位。

二、连挂作业

1. 机车以不超过5 km/h的速度连挂，连挂后试拉，确认车钩连接良好。

2. 确认机车车钩、过渡车钩、动车组密接钩联挂状态。

3. 连接制动软管，打开Z13阀(与管路平行)和机车折角塞门。

三、制动试验

1. 机车向动车组充风至600 kPa。

2. 确认动车组全列制动缓解。

3. 列车管压力减压50 kPa，缓解停放制动。

4. 确认动车组全列空气制动施加，停放制动缓解。

四、运行监控

1. 运行中总风压力不低于530 kPa，蓄电池电压不低于96 V，禁止操作蓄电池开关。

2. 若蓄电池电压降至96 V时，申请就近车站停车升弓供电或通过32S03断开车辆蓄电池BN2供电。

3. 运行中应尽量避免紧急制动，发生紧急制动后须检查过渡车钩的连接状态。

五、机车摘解

1. 列车停车。

2. 施加停放制动。

3. 关闭动车组连挂端Z13阀(与管路垂直)和机车折角塞门，解开制动软管。

4. 摘解车钩。

5. 拆卸动车组过渡车钩，将密接式车钩缩回至正常位置，将前端开闭机构锁闭。

6. 将动车组非联挂端信号灯开关置自动位;将动车组所有断路器及隔离开关恢复至正常工作位,升弓供电。

附件7 CRH380AM型(暂定)高速综合检测列车(动车组)无动力回送操作程序

本作业程序适用于机车与CRH380AM型(暂定)高速综合检测列车(动车组)直接连挂,或动车组与回送车进行连挂的无动力回送。

一、2 h以内的无动力回送

1. 动车组与机车连挂准备

(1)动车组停车,制动手柄移置"B7"位,保持动车组制动状态,确认动车组总风缸压力在780 kPa以上,蓄电池电压103 V以上;断开主断路器,降下受电弓;闭合司机室配电盘内旋钮到"头罩开"位,打开连挂端开闭机构。(仅06车按以上方法操作,01车需手动拆卸头罩);闭合(救援转换装置)断路器;分别将两端司机室总配电盘内"救援转换集控隔离开关"合上;确认救援转换装置设定正确(具体见附图1);为确保电源容量,各车的断路器必须处于回送时断路器要求的状态(具体见附图2-1～图2-10),准备工作完毕。

(2)目视确认动车组所有受电弓均处于降下状态;确认连挂端开闭机构打开,检查密接式车钩、电气连接器状态良好。

(3)安装过渡车钩,确认状态良好。

(4)机车停在距离动车组约3 m的位置,确认机车车钩置于全开位。

2. 连挂作业

(1)机车以不超过5 km/h的速度连挂,连挂后试拉,确认车钩连接良好。

(2)连接机车与动车组的供风管:

机车采用双管供风,将机车列车管、总风管与动车组BP管、MR管连接。打开动车组BP管、MR管和机车列车管、总风管折角塞门。

3. 制动试验

(1)机车向动车组充风至600 kPa。

(2)复位动车组紧急制动,动车组制动手柄至于"运行"位。

(3)确认动车组全列制动缓解。

(4)列车管减压50 kPa。

(5)确认动车组全列空气制动施加。

4. 运行监控

(1)运行中总风压力不低于530 kPa,蓄电池电压不低于92 V。电压降至92 V时,申请就近站停车后升弓充电,待蓄电池电压高于103 V以上后,动车组方可继续回送。

(2)监视动车组的制动和缓解情况,确认途中无异常声响和振动。

(3)运行中应尽量避免紧急制动,发生紧急制动后须检查过渡车钩状态。

5. 机车摘解

(1)列车停车。

(2)制动手柄移置"B7"位,保持动车组制动状态。

(3)关闭机车列车管折角塞门。

(4)关闭动车组 BP 管、MR 管和机车列车管、总风管折角塞门。

(5)将机车与动车组的供风管分离，将动车组侧 BP 管软管连接器、MR 管软管连接器拆下。

(6)摘解车钩。

(7)拆卸过渡车钩。

(8)恢复电器开关。

(9)关闭或恢复安装头罩(6 号车由动车组司机操作自动关闭，01 车需手动安装头罩)。

二、动车组 2 h 以上的无动力回送

1. 动车组与回送过渡车的连挂

(1)动车组按"动车组 2 h 以内的无动力回送"的第 1 条"机车与动车组连挂前的准备"完成全部准备工作。

动车组回送时，确认与回送过渡车连挂一端司机室配电盘"机车电源"断路器为断开状态。

(2)连接动车组与回送过渡车间的 DC 110 V 电源线并固定。

(3)启动回送过渡车发电机组，确认回送过渡车供电正常。

(4)将连挂处头车的"机车电源"开关置 ON 位，确认直流电压为 110 V。

2. 机车连挂

机车以不超过 5 km/h 的速度与回送过渡车连挂，连挂操作按照《铁路技术管理规程》相关规定执行。

3. 制动试验

同动车组 2 h 以内的无动力回送。

4. 运行监控

同动车组 2 h 以内的无动力回送，但蓄电池电压应始终在 100 V 以上，电压异常时应确认回送过渡车的供电。

5. 回送过渡车摘解

(1)列车停车。

(2)动车组司机将动车组制动手柄置"B7"位，保持动车组制动状态。

(3)停止回送过渡车向动车组供电。

(4)断开动车组与回送车连挂端司机室的"机车电源"断路器，拆除重联端的 DC 110 V 电缆。

(5)拆下 BP 管软管、MR 管软管。

(6)摘解车钩。

(7)恢复电器开关。

(8)关闭或恢复安装头罩(6 号车由动车组司机操作自动关闭，01 车需手动安装头罩)。

第三节　CRH 系列动车组脱轨事故应急救援方法

高速铁路是现代化的轨道交通工具，动车组具有运行速度高、运能大、安全性能好等特点，高速铁路大多处于高架桥地段，一旦发生脱轨事故(特别是在隧道内或桥梁上脱轨时)，因受高铁线路设备作业条件限制，将给事故救援起复工作带来一定难度。

依据铁路总公司有关应急救援文件规定及动车组救援起复预案，动车组救援起复工作原则上应以牵引复轨为主，顶移复轨为辅，必要时可采用起重机进行吊复。

一、利用复轨器起复方法

动车组两端头车转向架轮对脱轨后距基本轨较近，不超过复轨器有效复轨距离，走行部完好，线路基本状态良好，一般不需动车组解编的情况下，应选择牵引复轨法进行起复。

动车组中部车辆脱轨或动车组在道岔、桥梁处脱轨后应尽量采用牵引复轨作业方案，但应根据脱轨情况将妨碍救援的其他车辆摘解后进行起复，必要时可采用内燃机车进行救援。

复轨工具：GPF-Ⅱ型高普通用复轨器(或组合式复轨器)1 套，30～50 t 液压千斤顶 2 台，救援锁闭套钩2 个，ϕ43 mm×15 m 钢丝绳 1 根或 40 t×15 m 迪尼玛吊带 1 根，动车组过渡车钩 1 只，高铁专用铁垫板 8～10 块，40 t 起重气袋(含上下垫板、气瓶)1 套，低矮型千斤顶 1 只，棘轮套筒扳手 2 套，300～350 mm 活口扳手 2 把，手锤 1 把，撬棍 2 只。

(一)动车组一根轴脱轨

起复方法如下：

(1)卸下影响起复作业的动车两侧裙板，拆除障碍零部件。

(2)应采用“原路复旧”的方法进行起复，在脱轨车轮的反方向一、二轮对之间安装高铁复轨器或组合式复轨器。

(3)在脱轨车轮至复轨器间适当铺垫高铁专用铁垫板或石砟等，防止轧坏轨枕扣件。

(4)利用动车组自身动力，缓慢走行复轨。

(5)动车组复轨后取出复轨器，清除线路石砟及铁垫板，随车机械师检查车辆轮轴各部状态良好，确认回送速度，列车限速回送，动车组一根轴脱轨如图 9-1 所示。

图 9-1　动车组一根轴脱轨(复轨器起复)

(二)动车组一个转向架两根轴脱轨

1. 起复方法

(1)卸下动车组脱轨车轮处两侧裙板，拆除障碍零部件，必要时将中间脱轨车辆与列车解编分离。

(2)利用低矮型千斤顶(底部空间不足时，可采用起重气袋或起重气袋与千斤顶配合使用)将动车的落地部分顶起，至满足安装复轨器所需高度。

(3)应采用“原路复旧”的方法，在脱轨车轮反方向安装高铁复轨器或组合式复轨器；然后拆除千斤顶及起重气袋。

(4)可利用动车组动力自走行起复或派内燃机车救援，缓慢牵引复轨，动车组一个转向架两根轴脱轨如图 9-2 所示。

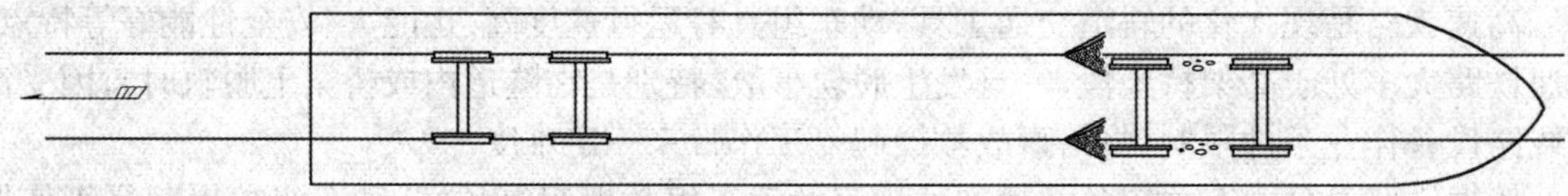

图 9-2　动车组一个转向架两根轴脱轨(复轨器起复)

(5)动车组复轨后,取下高铁复轨器,清除石砟或铁垫板。

2. 注意事项

(1)起复前应检查动车组排障器、扫石器、各感应器等是否影响救援,必要时拆除。

(2)顶起高度不得造成动车车钩中心差超过 100 mm。

(3)起复后的动车组车辆,应由随车机械师或车辆专业人员进行鉴定并确定回送速度,列车限速回送。

(三)动车组在既有线进四股脱轨

当动车组在道岔处进四股脱轨,具备牵引复轨条件时,根据脱轨地点可使用道岔复轨器或利用道岔间隔铁进行起复。

1. 起复方法

(1)动车组解编分离。

(2)卸下动车脱轨处两侧裙板,拆除障碍零部件。

(3)解开道岔转辙连接杆,使尖轨呈自由活动状态。

(4)在道岔间隔铁跟端安装道岔复轨器或在道岔间隔铁跟端填满石砟或铁垫板,以车轮轧过后与轨面相平为宜。脱轨车轮径路适当铺垫石砟或铁垫板,以减少牵引阻力,并可防止轧坏轨枕扣件。

(5)请求内燃机车。打开动车连接机构,伸出自动车钩并锁定,用套钩与迪尼玛吊带连挂机车和动车车钩,缓慢向尖轨方向牵引起复。

(6)动车复轨后清除线路石砟和铁垫板,检查动车各部状态,恢复道岔,开通线路,动车组进四股脱轨如图 9-3 所示。

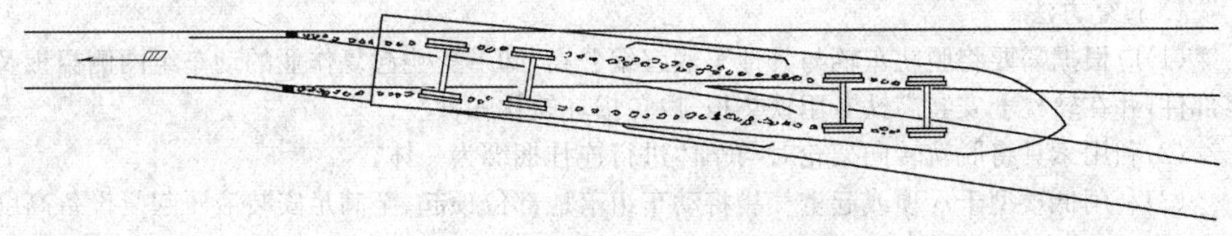

图 9-3　动车组在道岔处进四股脱轨

2. 注意事项

(1)起复前应检查动车组排障器、扫石器、各感应器等是否影响救援,必要时拆除。

(2)动车组车辆起复后,应由随车机械师会同车辆专业人员进行鉴定并确定回送速度,列车调度员安排动车组限速回送。

二、利用液压起复设备起复方法

动车组在桥梁上、隧道内及其他不适应牵引复轨和起重机吊复作业条件,或轮对脱轨距离较远超过复轨器有效复轨距离时,在线路状况基本良好的情况下可采用液压起复设备进行起复。

所需起复设备工具:轻便型液压起复设备 2 套,30～50 t 液压千斤顶 2 台,高铁专用铁垫板 8～10 块,40 t 起重气袋(含上下垫板、气瓶)1 套,低矮型千斤顶 1 只,棘轮套筒扳手 2 套,300～350 mm 活口扳手 2 把,手锤 1 把,撬棍 2 只。

(一)动车组一根轴脱轨

起复方法如下:

(1)动车组一根轴脱轨时,脱轨轮对与线路基本轨不会太远,可卸下动车组脱轨车轮处两侧裙板,拆除障碍零部件。并在轨枕上安装数块高铁专用铁垫板,以防损坏轨枕扣件。

(2)利用轻便型液压起复设备直接顶在脱轨轮轴中部(应加车轴护板及防滑物),平稳起升、横移复轨。

(3)如底部空间不足,可用低矮型千斤顶或起重气袋将脱轨轮轴顶起,再行安装液压起复设备。在顶移脱轨轮轴前,须先拆除千斤顶或起重气袋后方可作业,动车组一根轴脱轨如图 9-4所示。

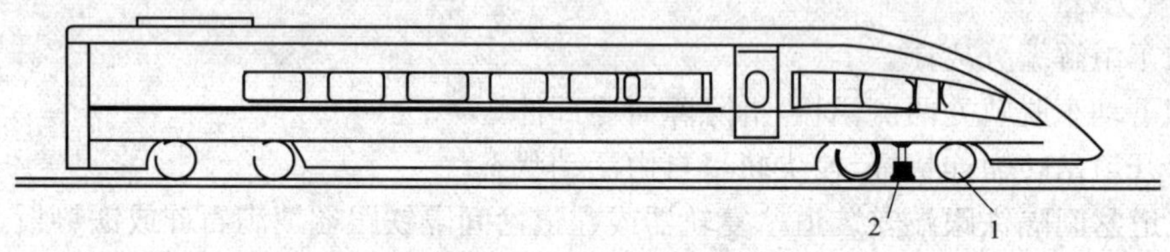

图 9-4　动车组一根轴脱轨

1—脱轨轮轴;2—液压起复设备

(二)动车组一个转向架两根轴脱轨

当动车组一个转向架两根轴脱轨时,应首先查看车辆脱轨位置及线路情况,如具备顶移复轨条件时,可采用千斤顶和液压起复设备进行顶移复轨作业。

1. 起复方法

(1)应根据需要将脱轨车辆与其他车辆解编分离,卸下影响起复作业的动车组两侧裙板及零部件,并在轨枕上安装高铁专用铁垫板,以免损坏轨枕扣件。

(2)利用索具将脱轨转向架轮对与车体进行连挂捆绑为一体。

(3)利用低矮型千斤顶或起重气袋将动车组落地部位顶起,至满足安装液压起复设备高度为宜。

(4)使用 2 套液压起复设备,安装在车体两侧架车座处,顶起车体至脱轨车轮高于轨面后,再进行横移复轨。动车组一个转向架脱轨如图 9-5 所示。

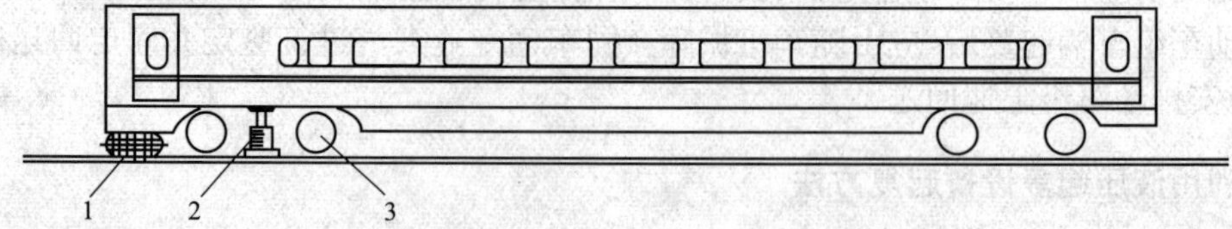

图 9-5　动车组一个转向架脱轨

1—起重气袋;2—液压起复设备;3—脱轨转向架

2. 注意事项

(1)使用液压起复设备复轨前,须将千斤顶或起重气袋拆除后方可进行起复作业。

(2)若发现车体倾斜,应即停止起升,将车体扶正后再行起复。

(3)若脱轨距离较远时,可采用多次横移复轨作业。

(4)动车组复轨后,拆除液压起复设备,清除石砟或铁垫板。由随车机械师会同车辆专业人员进行鉴定并确定回送速度,列车调度员安排动车组限速回送。

(三)动车组两个转向架脱轨

起复方法如下:

(1)将脱轨车辆与其他车辆进行解编分离,卸下影响起复作业的动车组两侧裙板及零部件。

(2)利用索具分别将两个脱轨转向架轮对与车体进行连挂捆绑,成为一体。

(3)若发现车体倾斜时,应先将车体扶正后再行起复。

(4)应先起复脱轨车轮距离较远的一端,选择顶点,用液压起复设备将车体顶起,平稳起升、横移复轨。一端复轨后,用同一作业方法再起复另一端(也可利用高铁复轨器起复脱轨距离较近的一端)。

(5)若脱轨距离较远时,可采用多次横移复轨作业,动车两个转向架脱轨如图 9-6 所示。

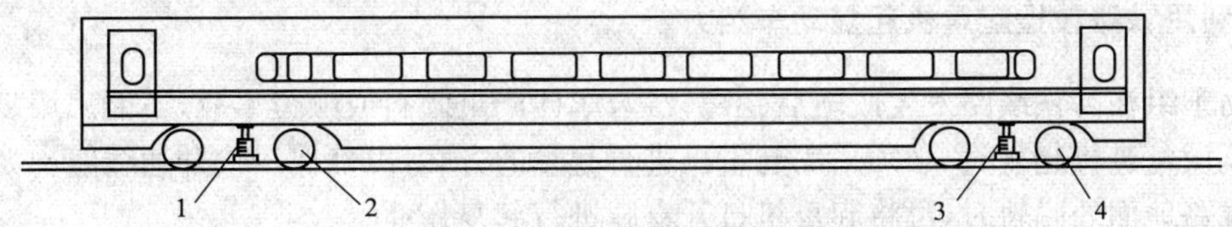

图 9-6　动车两个转向架脱轨

1—液压起复设备;2—脱轨车轮;3—液压起复设备;4—脱轨车轮

(四)动车组转向架破损

动车组转向架破损造成车辆脱轨后车体倾斜较大,起复作业比较困难。若转向架已散架破损时,应采用起重机或液压起复设备进行更换转向架作业。

1. 利用起重机更换转向架作业方法

(1)将动车组事故车辆与其他车辆进行解编分离。

(2)将影响起复作业的动车组车辆两侧裙板及零部件卸下。

(3)起重机在本线或邻线选定位置,打紧支腿;装好支撑梁2 条20 t×6 m迪尼玛上部吊带。

(4)CRH1 型动车组需将转向架固定用的钢丝绳拆除,使用该型动车组专用吊钩与 2 条 20 t×6 m 迪尼玛吊带连接;CRH2 型动车组用该型动车组专用承吊销与 2 条 20 t×6 m 迪尼玛吊带连接。

(5)起重机试吊后,将转向架破损端车体单端吊起,将车体放在线路边搭好的枕木垛上。

(6)用起重机清除破损的转向架,工务人员修复线路。

(7)车体吊起,将在本线组装好的救援台车推送到合适位置,对准心盘落车。

2. 利用液压起复设备更换转向架作业方法

(1)将动车组事故车辆与其他车辆进行解编分离。

(2)将影响起复作业的动车组车辆两侧裙板及零部件卸下。

(3)采用 2 台液压起复设备,分别顶在转向架破损端车体两侧架车座处将车辆顶起,清除破损的转向架,修复线路。

(4)横移扶正车体,在本线将组装好的救援台车推送到合适位置,对准心盘落车,更换动车组救援台车如图 9-7 所示。

(5)检查动车组及线路各部状态,清理现场,列车限速回送。

图 9-7　更换动车组救援台车

三、利用铁路救援起重机起复动车组方法

当动车组在高铁线路发生脱轨后距离较远,车体严重倾斜或颠覆事故,不能采用复轨器或液压起复设备进行起复时,必须采用起重机进行起复的方案,以确保尽快开通线路。如动车组在高铁线路地面处脱轨时,可将起重机打开支腿进行起复作业。

1. 起复工具

(1)支撑梁 1 组(整体起吊需要 2 组)。

(2)4 条 20 t×6 m 迪尼玛吊带(双套扣、支撑梁上部吊带)。

(3)2 条 20 t×4 m 迪尼玛吊带(双套扣、单端起吊)。

(4)4 条 20 t×12 m 迪尼玛吊带(双套扣、整体起吊)。

(5)2 条 20 t×4 m 迪尼玛吊带(双套扣、车底大兜)。

(6)4 只 U 形吊环(连接吊带)。

(7)4 根长度 0.8～1 m 短木枕(木垫板)。

(8)棘轮套筒扳手 2 套或活口扳手 2 只。

2. 起复方法(以单端起吊为例)

(1)将脱轨车辆与动车组解编分离。

(2)卸下动车脱轨车轮处两侧裙板及障碍部件。

(3)起重机在本线或邻线选定位置,打紧支腿;装好支撑梁 2 条 20 t×6 m迪尼玛上部吊带(双折连挂)。

(4)在脱轨转向架车体两边各用 1 条 20 t×4 m 迪尼玛吊带与支撑梁联结销连挂,再用大兜车底用的 20 t×4 m 迪尼玛吊带在空气弹簧下侧穿过转向架侧架空挡将吊带用 U 形吊环与已经挂好的 2 条 20 t×4 m的迪尼玛吊带连接。

(5)在车体两侧迪尼玛吊带与转向架间加垫短枕木或木垫板,以免挤坏车体。

(6)检查迪尼玛吊带各部可靠连接,试吊后进行单端起吊作业,利用起重机单端起复作业如图 9-8 所示。

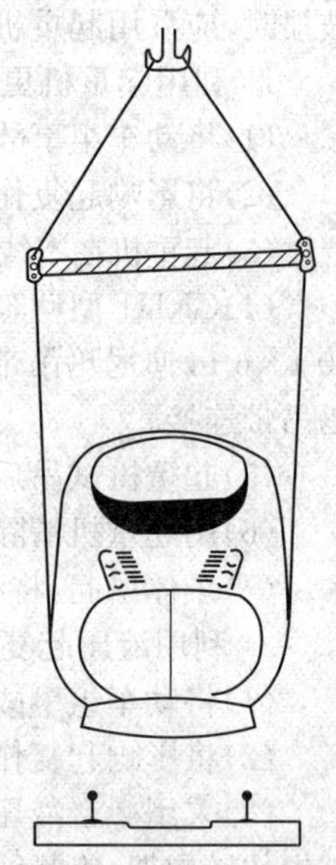

图 9-8　利用起重机单端起复作业

四、利用铁路救援起重机吊移动车组方法

动车组在高铁线路发生颠覆事故时，应采用起重机将车辆吊移至线路限界之外，尽快开通线路的救援方案。在高铁线路地面处颠覆时，起重机可采用打开支腿进行作业；动车组在高架桥上颠覆时，起重机尽可能停在桥墩处，不打支腿，吊臂顺轨±10°的情况下进行作业。必要时，采用切割机将事故车辆切割分解后，再进行清理作业。

如动车组颠覆后叠压在一起，线路损坏较严重时，应采取以下救援方法：

(1)切割车钩和障碍部件，将叠压车辆进行摘解分离。

(2)起重机在本线或邻线选定位置，打紧支腿；装好支撑梁 4 条 20 t×6 m 迪尼玛上部吊带。

(3)在脱轨车体两边各用 2 条 20 t×12 m 迪尼玛吊带与支撑梁联结销连挂，再与大兜车底用的 4 m 吊带用 U 形吊环连接。

(4)在车体两侧迪尼玛吊带与转向架间加垫短枕木或木垫板，以免挤坏车体。

(5)检查迪尼玛吊带各部可靠连接，试吊后进行整车吊移，动车整体吊移作业如图 9-9 所示。

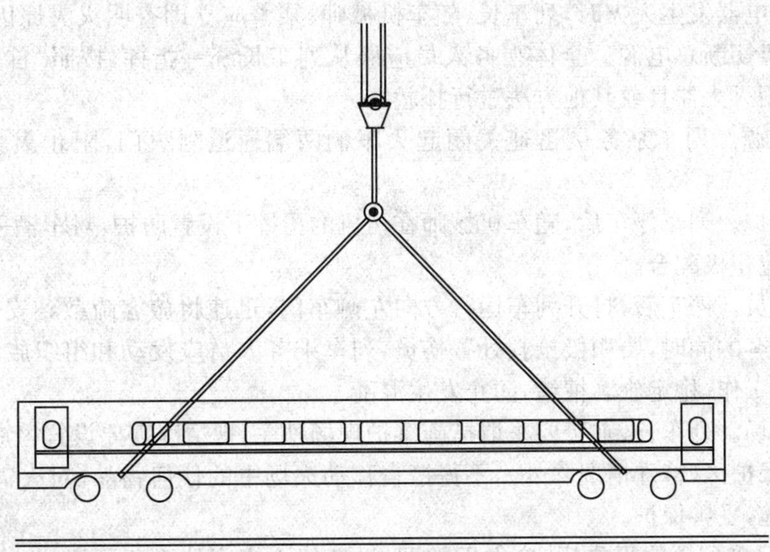

图 9-9　动车整体吊移作业

(6)清除事故现场障碍，尽快抢修线路，恢复列车运行秩序。

事故现场亦可借用当地厂矿企业或武警部队的汽车起重机、挖掘机、工程铲车、牵引车等动力设备将破损的动车吊移或牵至线路限界之外，清理现场，抢修线路，恢复通车。

第四节　CRH 系列动车组火灾事故应急处置方法

为加强动车组列车消防安全管理，提高火灾事故扑救处置能力，确保铁路运输生产和旅客生命财产安全，动车组列车的消防安全管理工作应贯彻“预防为主，防消结合”的方针。动车组乘务人员应学习消防知识，掌握火灾扑救的方法，达到“三懂三会”(懂得本岗位火灾危险性、懂得预防火灾的措施、懂得扑救火灾的方法，会报警、会使用灭火器、会扑救初起火灾)。

动车组一旦发生火灾事故时，应启动铁路总公司《动车组火灾事故应急预案》和《车站处置动车组火灾事故应急预案》，按照铁路总公司"统一指挥、快速反应、正确处置、站车协同、尽快开车"的处置原则及有关消防规定进行及时、妥善处置。

一、统一指挥

(1)动车组在运行中发生火灾，由列车长统一指挥，启动《动车组火灾事故应急预案》，向列车调度员或邻近车站值班员及有关部门报告，尽快组织列车乘务人员疏散旅客，扑灭火灾。

(2)动车组在车站发生火灾或起火列车进站后，火灾扑救工作由车站站长组织指挥，列车乘务人员应配合进行火灾扑救及伤员抢救。

(3)公安消防队到达后，由公安消防队统一指挥。

二、快速反应

动车组火灾报警器报警或乘务人员、旅客报警时，列车长、乘警、客运乘务员和随车机械师要立即携带灭火器具赶到报警车厢，确认火情，迅速组织扑救处置。

(1)当车内电器发生火灾时，列车长、随车机械师、乘警应立即查明火灾原因及火源位置，视情况通知司机切断总电源。全体乘务人员应服从列车长统一指挥，按照"首先救人再救财产"的原则，使用灭火器具或其他方法进行扑救。

(2)切断火源。列车乘务员迅速关闭起火车辆两端通道阻火门，阻止火势向相邻车厢蔓延。

(3)设置防护。列车停车后，随车机械师在司机的指挥下设置防护，对车辆采取防溜措施。列车乘务人员应积极配合。

(4)抢救人员。停车后，打开列车运行方向左侧车门，迅速将旅客疏散到安全地带。在扑救火灾、疏散旅客的同时，要积极抢救处置伤员，列车乘务人员应发动和组织旅客开展自助自救，并做好宣传工作，稳定旅客情绪，防止发生混乱。

(5)保护现场。列车长、乘警要采取措施维护现场秩序，视情况需要设置警戒区，灭火后禁止任何人进入保护区(特殊情况除外)，不得擅自移动火场中的任何物品，对火灾痕迹和物证，应采取有效措施，妥善保护。

各有关部门接到事故报告后，应立即按照《动车组火灾事故应急预案》响应程序，组织力量、调集救援物资装备赶赴火灾现场，各尽职责，密切配合，保证火灾事故应急救援快速、有序地进行。铁路公安部门要维护好现场秩序，与安监部门共同开展火灾事故调查。

三、正确处置

在确认火情的情况下，立即组织旅客向邻车疏散，按下火灾报警按钮并通知司机，同时用灭火器扑救(宜先用水型灭火器)，如有旅客被火围困或受伤，应立即抢救。起火车厢旅客疏散完毕后，关闭通道阻火门。司机接到确认起火信息后，应立即将火灾情况向列车调度员和邻站值班员报告，报告内容主要包括：动车组车次、型号、司机姓名、编组辆数、吨数、计长、火灾发生时间、区间、停车位置、事故初步判断、是否需要救护车、消防车及其他应当立即报告的情况。

处置方法如下：

(1)列车调度员接到列车发生火灾的报告后，须立即扣停相关列车，并向铁路局调度所值班主任报告。

调度所值班主任应立即报告铁路局长、有关副局长;安监室主任、有关业务处长、公安局长、局办公室总值班,有关站段长、生活后勤及医疗卫生部门负责人。

(2)列车调度员要核实停车地点、火灾情况,并视火灾情况,迅速将起火车辆分解隔离。值班主任及相关人员接到通报后,迅速到有关调度台了解情况,同时组织有关单位派人赶赴现场,协助疏散旅客,进行灭火工作。

(3)做好接触网停电准备工作。如现场需要接触网停电时,列车调度员应立即通知供电调度员、值班主任,办理停电相关手续。

(4)当车内电气设备、旅客行李物品发生火情或车厢内冒烟(无明火)不危及本列车安全时,可不停车,按有关规定限速运行至就近车站处理。

(5)当车厢内旅客携带易燃、易爆危险物品发生爆炸燃烧,火势迅速蔓延危及本列安全时,司机应立即停车(停车位置应避开桥梁、隧道、厂房、油库、重要建筑物和居民区等)。列车调度员应迅速通知后续列车,封锁邻线区间。司机应指挥随车机械师、列车长进行列车防护。

(6)如列车停于区间,在明火扑灭后列车调度员可根据现场的请求,组织列车进站处理。

重联动车组列车需要分解时,司机、随车机械师负责对起火重联车组进行分解隔离,切断电源,防止火势蔓延。列车分解后,司机、随车机械师应按《铁路技术管理规程》要求设置防护,对分解车组采取防溜措施。

(7)事故处理完毕后,如动车组不能继续运行时,列车调度员应及时派出救援机车,动车组按无动力回送办理。

四、站车协同

(1)车站接到动车组火灾报告后,立即启动《车站处置动车组火灾事故应急预案》,做好扑救准备,同时向消防队报警。

(2)车站接入起火动车组后迅速组织扑救,疏散旅客,抢救伤员。

(3)动车组在区间被迫停车时,车站应组织人员、消防器具立即赶赴现场救援。

(4)各有关部门接到事故报告后,应立即启动火灾事故应急预案,组织力量,调集救援物资装备赶赴现场,各尽职责,确保快速有序地进行扑救处置,尽力减少事故造成的损失和影响。

五、尽快开车

(1)火灾扑灭后,列车长、随车机械师共同检查车辆状态,确认安全后,报告列车调度员尽快开车(必要时列车限速运行),恢复运输畅通。

(2)铁路公安部门要维护好现场秩序,与安全监察部门共同开展火灾事故调查。

第五节 CRH 系列动车组随车应急救援备品配置

依据铁路总公司《铁路客运专线技术管理办法》的规定,动车组须随车配备行车备品和过渡车钩、电气连接线、专用风管及止轮器等应急救援备品,存放在固定地点,并定期进行检查(抽查)及维修保养,确保数量齐全,作用完好。

过渡车钩是动车组随车配备的主要行车备品，用于动车组无动力回送时与救援机车连挂牵引。由于动车组两头车采用密接车钩，其高度为 1 000 mm(CRH5 型为 1 025 mm)，而救援机车车钩为 15 号钩，车钩中心高度为 880 mm，所以，救援机车与动车组需要通过过渡车钩来连接。

由于动车组制造厂家不同，过渡车钩型号分为若干种。

一、动车组回送用过渡车钩

(一)CRH1 型动车组过渡车钩

CRH1 型动车组过渡车钩由异径管、AAR 型车钩连接部、车钩头、制动软管等部件组成，其基本结构如图 9-10 所示。其主要技术参数如下：

最高使用速度：120 km/h；

最大连接辆数：16 辆；

压缩强度(屈服强度)：450 kN；

拉伸强度(屈服强度)：450 kN；

车钩长度：546.5 mm；

车钩重量：41.5 kg。

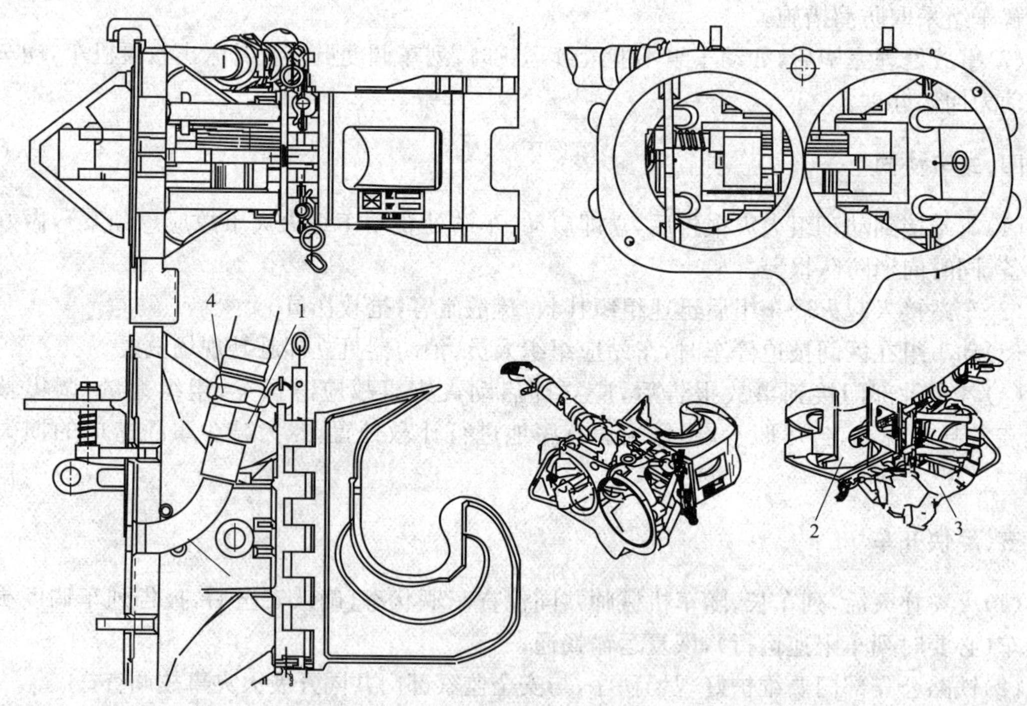

图 9-10 CRH1 型动车组过渡车钩

1—异径管；2—AAR 型车钩连接部；3—车钩头；4—制动软管

(二)CRH2 型动车组过渡车钩

CRH2 型动车组过渡车钩由车钩体、钩锁、挡板、固定螺栓等部件组成，该型过渡车钩的基本结构如图 9-11 所示。其主要技术参数如下：

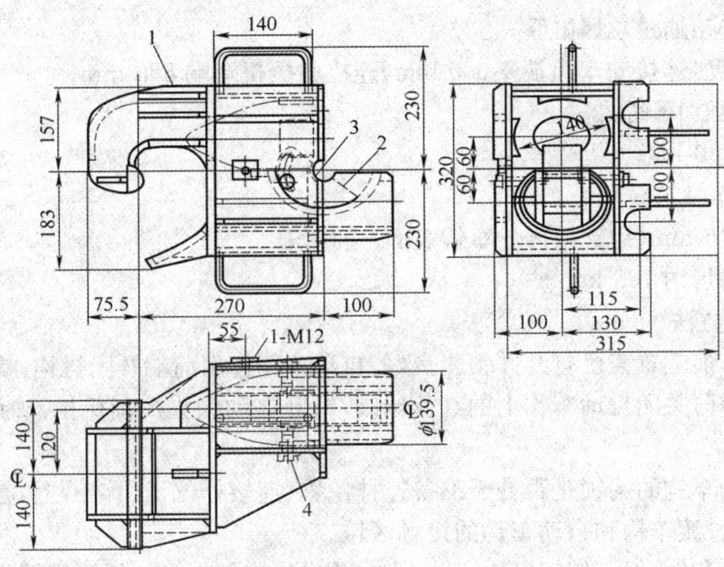

图 9-11 CRH2 型动车组过渡车钩(单位:mm)

1—车钩体;2—钩锁;3—挡板;4—固定螺栓

最高使用速度:120 km/h;

最大连接辆数:16 辆;

拉伸变形 1 mm 时的载荷:不小于 392 kN;

拉伸断裂载荷:不小于 392 kN;

过渡车钩重量:64 kg。

(三)CRH3 型动车组过渡车钩

CRH3 型动车组过渡车钩由 10 型过渡车钩、转接器和 AAR 型车钩等部件组成,该型过渡车钩的基本结构如图 9-12 所示。

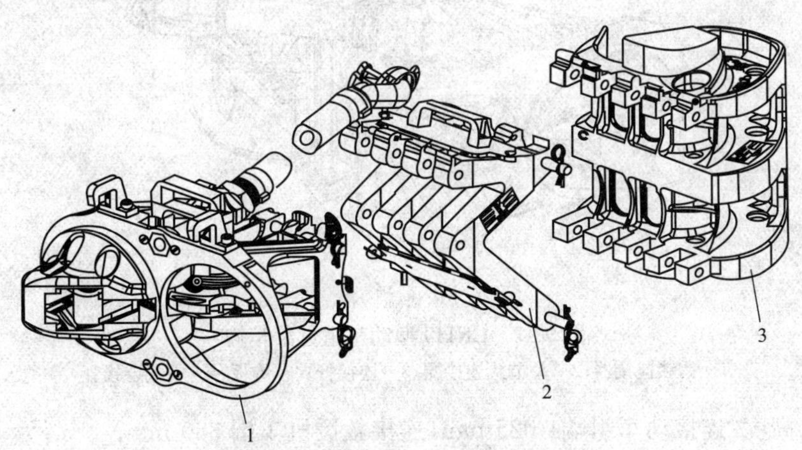

图 9-12 CRH3 型动车组过渡车钩

1—10 型过渡车钩;2—转接器;3—AAR 型车钩

1. 主要技术参数

过渡车钩数量:每列车配备 1 套;

压缩空气供应:通过总风缸管;

适用车钩高度:连接动车组端 1 000 mm,连接救援机车端 880 mm;

最大连接辆数:16 辆;

压缩强度:4 00 kN;

拉伸强度:350 kN;

车钩长度:546 mm(钩支架——车钩表面/连挂);

过渡车钩重量:约 105 kg。

2. 安装操作方法

(1)确认头车前端罩盖已打开并锁闭良好,自动车钩伸出前端开闭机构,检查密接式车钩、电动钩头状态良好,关闭自动车钩上的红色球阀,断开电动钩头控制机构,确认电动钩头截断塞门在关闭位置。

(2)检查自动车钩的钩锁是否处于准备连挂位置(连接杆位于凸锥沿上,电动钩头缩回,保护盖关闭),清洁过渡车钩和自动车钩的接触区域。

(3)检查过渡车钩,保证锁闭机构运动自如,并进行连杆板和钩板凹槽等部位润滑。

(4)将过渡车钩连挂在自动车钩钩头的壳体上并保持位置正确,另一人拉解钩绳使自动车钩的钩锁解锁,在另一人松开解钩绳的同时将过渡车钩压向自动车钩。

(5)指挥救援机车缓慢移动,与动车组过渡车钩连挂后须检查确认连挂状态。

(四)CRH5 型动车组过渡车钩

CRH5 型动车组过渡车钩由钩锁连接器、关节式连接器、连接杆、钩板及空气连接管等组成,该型车钩的基本结构如图 9-13 所示。其主要技术参数如下:

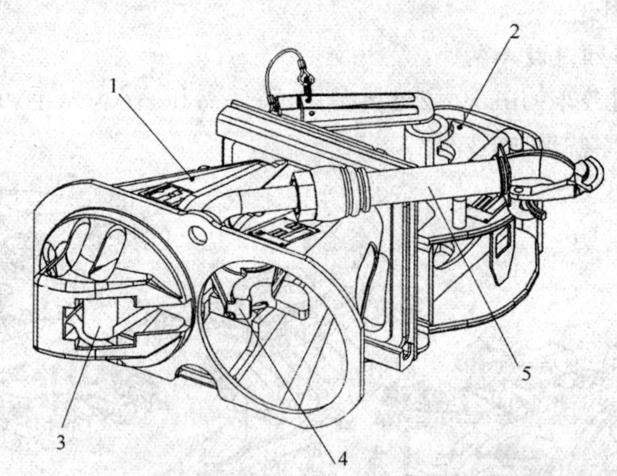

图 9-13 CRH5 型动车组过渡车钩

1—钩锁连接器;2—关节式连接器;3—连接杆;4—钩板;5—空气连接管

适用车钩高度:连接动车组端1 025 mm,连接救援机车端 880 mm;

抗压屈服强度:300 kN;

抗拉屈服强度:300 kN;

最大连接辆数:16 辆;

拉伸变形 1 mm 时的载荷:不小于 392 kN;

拉伸断裂载荷：不小于 392 kN；

过渡车钩重量：64 kg(钩锁连接器约35 kg；关节式连接器约 29 kg)。

(五)CRH380A 型动车组过渡车钩

过渡车钩为铸造，构造上要求过渡车钩的一侧能连接到 EMU 车钩上，另一侧能与救援机车相连挂。过渡车钩主要由钩体、防跳板、钩舌等部件组成，过渡车钩的基本结构如图 9-14 所示。

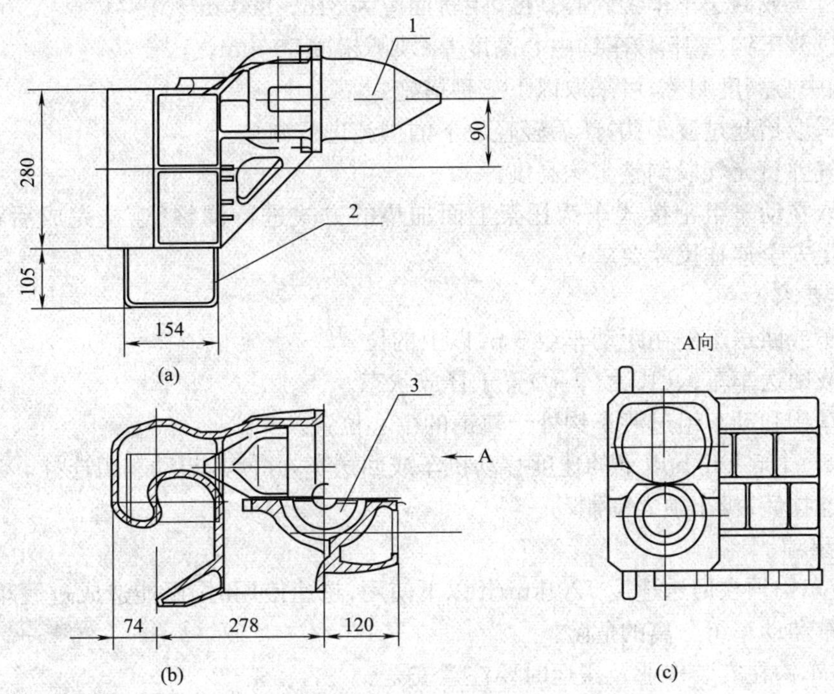

图 9-14　CRH380A 型动车组过渡车钩(单位：mm)

1—钩体；2—防跳板；3—钩舌

1. 主要技术参数

最高使用速度：120 km/h；

最大连接辆数：16 辆；

拉伸负载(永久变形达到 1 mm 时)：392 kN(40 t)以上；

拉伸断裂负载：392 kN(40 t)以上；

过渡车钩重量：64 kg。

2. 安装操作方法

动车组在应急救援、回送过程中，须严格按照无火回送技术条件进行作业。为确保车钩间安全连挂，机车或回送车的 15 号车钩与动车组过渡车钩连挂操作规定如下：

(1)机车或回送车与动车组进行连挂时，须由随车机械师负责指挥。

(2)先将过渡车钩安装在动车组头车的密接车钩上，确认锁销相互咬合良好。

(3)过渡车钩在搬运及安装作业时，须使用升降叉车或其他工具，确保操作人员作业安全，过渡车钩安装操作方法如下：

①将密接钩的锁钩定位在释放位置。

②将过渡车钩与动车组密接车钩对准后推入。

③过渡车钩与动车组密接车钩紧密相嵌后松开密接钩释放杆,以释放杆的动作来确认锁钩相互咬合状况。

(4)确认车钩中心高度:

①确认动车组头车过渡车钩中心高度,距轨面应为 820～890 mm。

②确认机车或回送车车钩中心高度,距轨面应为 815～890 mm。

③确认过渡车钩与 15 号车钩中心高度差,须不超过 50 mm。

(5)车钩中心高度调整,可采取以下三种措施:

①可以采取抬起过渡车钩,然后轻轻放下的措施进行调整。

②给空气弹簧充气以调整车钩高度。

③可采取在动车组密接式车钩托架上面加垫的方式进行调整(连挂完成后将调整垫取出),直至满足安全连挂尺寸要求。

(6)连挂要求:

①将机车或回送车停在距动车组 3 m 以上的位置。

②机车或回送车车钩(15 号车钩)置于释放状态。

③确认车钩和动车组过渡车钩处于轨道的中心位置。

④以 0.5～1.5 km/h 以下的速度移动机车或回送车,并使其与动车组连挂。

⑤瞬间连挂后,机车须立即制动。

3. 注意事项

(1)过渡车钩须在回送速度 120 km/h 以下使用,超速使用时,可能造成过渡车钩的损伤,引起救援机车和动车组分离的危险。

(2)过渡车钩在安装作业及搬运时要注意安全。

(3)过渡车钩使用后,应进行认真检查和清扫,存放在动车组固定位置。

(六)CRH380B 型动车组过渡车钩

过渡车钩由三部分构成,第一部分是夏芬伯格 10 型车钩同动车组连接的密接式车钩;第二部分是高度过渡部分,保证 1 000 mm 同 880 mm 之间的过渡;第三部分是 AAR 型车钩,保证同机车车钩连接。

过渡车钩设计用来牵引一列 CRH380 型动车组,只有在回送和救援工况时才可使用过渡车钩牵引动车组,CRH380 型动车组过渡车钩的结构如图 9-15 所示。

其主要技术参数如下:

适用车钩高度:连接动车组端 1 000 mm;连接机车端 880 mm;

压缩强度:450 kN;

拉伸强度:350 kN(带转接器);

兼容性:10 型和 AAR 型钩头;

转接器的垂直偏移:120 mm;

车钩长度:解钩 743 mm;连挂 546 mm;

车钩重量:10 型过渡车钩约 35.5 kg(含制动软管接头,AAR 过渡转接车钩约 39 kg,转接器约 31.5 kg,整体组件约 105 kg)。

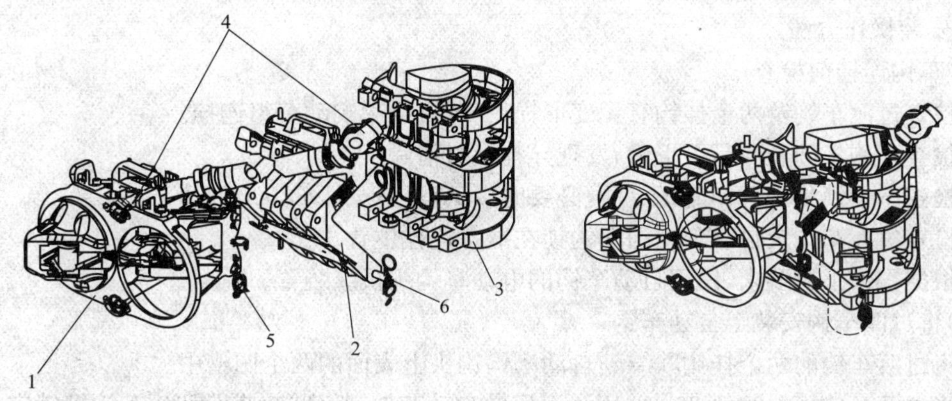

图 9-15 CRH380B型动车组过渡车钩的结构

1—10型过渡车钩;2—转接器;3—AAR过渡转接车钩;4—防尘堵;5—连接杆;6—联结销

(七)CRH380BL型动车组过渡车钩

1. 基本结构

过渡车钩由10型过渡车钩、AAR型车钩和转接器(可平衡两种类型车钩钩头之间的高度差)三部分组成,连挂时将过渡车钩的10型过渡车钩与整个过渡车钩手动安装在相同类型的车钩上,确认连挂好后即可通过车钩头AAR连挂机车或车辆。CRH380BL型动车组过渡车钩的基本结构如图9-16所示。

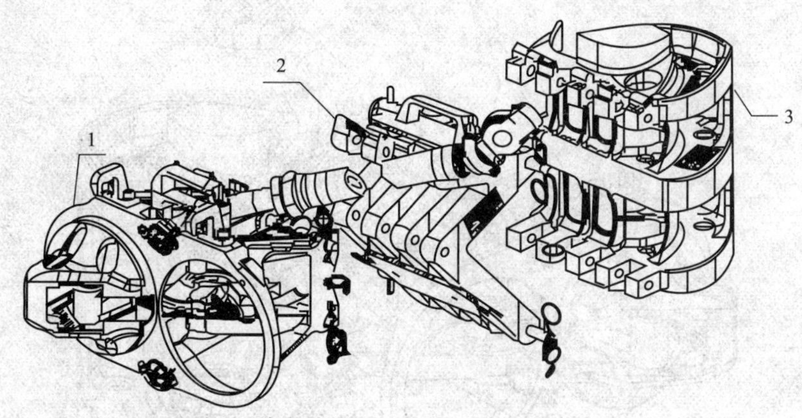

图 9-16 CRH380BL型动车组过渡车钩的基本结构

1—10型过渡车钩;2—转接器;3—AAR型车钩

2. 主要技术参数

抗压强度($R_{P0.2}$):450 kN;

抗拉强度($R_{P0.2}$):350 kN;

长度:546 mm(钩支架——车钩表面/连挂);

温度范围:操作−40 ℃~40 ℃;储存−40 ℃~85 ℃;

过渡车钩重量:约105 kg(10型过渡车钩约35.5 kg,AAR型过渡转接车钩约39 kg,转接器约31.5 kg)。

3. 安装操作方法

(1)车钩连挂前检查

①检查过渡车钩及两个挂钩有无变形损伤,若有会影响动车组连挂。

②检查车钩各部表面是否平滑,发现异物及时清除。

③检查车钩锁是否运作流畅灵活,必要时以 AUTOL TOP2000 润滑。

④检查过渡车钩及自动车钩的车钩锁在准备连挂位置。

⑤根据操作手册要求,停用自动车钩的电动车钩头操纵装置。

(2)将过渡车钩安装至自动车钩

①将过渡车钩的两个挂钩联结到自动车钩钩头上表面的两个凹槽中。

②将过渡车钩模块倾斜 30°,并用力下压向自动车钩,听到“咔嗒”声时,车钩锁锁定。

③检查过渡车钩的车钩锁是否已安全连挂,自动车钩和过渡车钩的前面板应彼此贴近,自动车钩的钩舌与过渡车钩钩舌板完全啮合。

④检查自动车钩的棘杆缩入车钩头外壳内,解钩杆指向凸锥侧约 40°,并与位置开关接触到位。

⑤连接过渡车钩的转接器、AAR 型车钩。

注意:需两人协调工作,确保作业安全。

(八)CRH380CL 型动车组过渡车钩

CRH380CL 型动车组过渡车钩由异径管、AAR 型车钩、10 型车钩和制动软管接头等部件组成,过渡车钩的基本结构如图 9-17 所示。

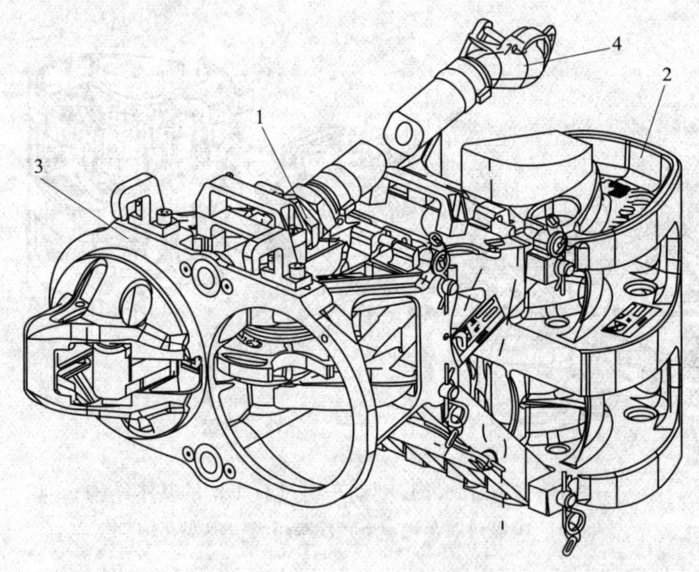

图 9-17　CRH380CL 型动车组过渡车钩的基本结构

1—异径管;2—AAR 型车钩;3—10 型车钩;4—制动软管接头

其主要技术参数如下:

抗压强度($R_{P0.2}$):400 kN;

抗拉强度($R_{P0.2}$):350 kN;

长度:546 mm(钩支架——车钩表面/连挂);

温度范围:操作－40 ℃～40 ℃,储存－40～85 ℃;

过渡车钩重量：约 105 kg(10 型过渡车钩半件约 35.5 kg；AAR 型车钩半件约 39 kg；转接器约 31.5 kg)。

(九)CRH380D 型动车组过渡车钩

1. 基本结构

过渡车钩由 10 型车钩、AAR 型车钩、异径管、制动软管接头等部件组成。转接车钩可使配备沙库 10 型车钩的列车与配备 AAR 型车钩的列车连挂。车钩(10 型)为过渡车钩的安装面，车钩(AAR)为连挂面。由于重量轻，使得模块化设计方便操作，并支持若干车钩类型的组合。CRH380D 型动车组过渡车钩的基本结构如图 9-18 所示。

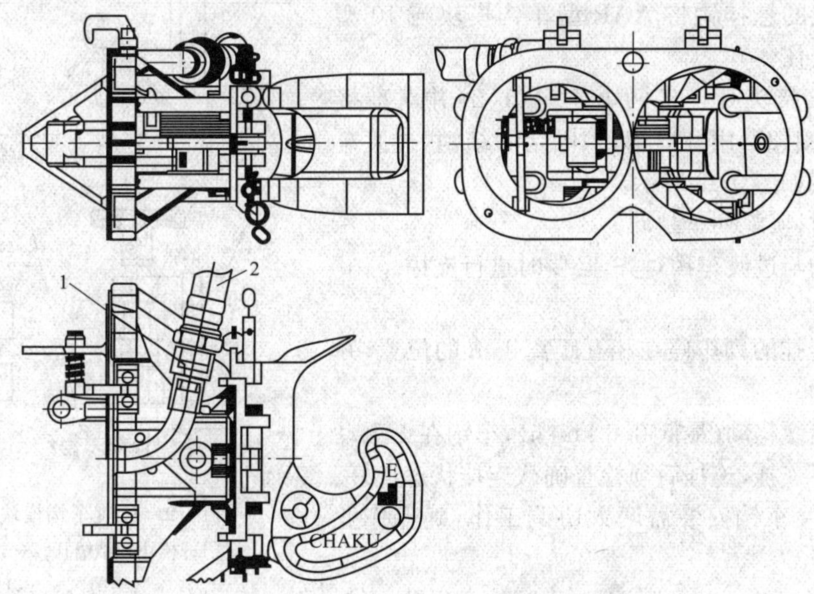

图 9-18　CRH380D 型动车组过渡车钩的基本结构

1—异径管；2—制动软管接头

2. 主要技术参数

压缩强度($R_{P0.2}$)：450 kN；

拉伸强度($R_{P0.2}$)：450 kN；

长度：537 mm；

车钩重量：约 44 kg。

3. 安装操作方法

(1)准备工作

①检查过渡车钩是否有裂纹、变形、破损。

②清扫各车钩的表面并清除异物。

③检查车钩锁是否动作灵活，必要时应涂抹 AUTOL TOP 2000 润滑。

④根据操作指南检查两个车钩锁的连挂位置。

⑤根据操作指南激活各个车钩的电气钩头操纵齿轮。

(2)将模块安装至沙库车钩

①将过渡车钩铰接到沙库车钩面的上部边缘。

②将过渡车钩倾斜约 30°,并将其向沙库车钩方向推入,听到“咔嗒”声后,车钩锁接合。

③检查过渡车钩的车钩锁连挂位置。

a. 沙库的车钩面与过渡车钩相互靠在一起。

b. 沙库车钩的连挂杆位于过渡车钩的吊板止挡内。

④根据操作手册检查沙库车钩的车钩锁的连挂位置。

⑤必要时施加制动。

⑥将车钩与过渡车钩对齐,如有必要可进行支撑。

(3)连接过渡车钩模块

①用铰接的悬挂钩将 AAR 型车钩模块与 10 型车钩模块固定住。

②在铰接接头处连接两个模块(1、2)并对准接头,插入联结销(3),用开口销(4)固定联结销,过渡车钩模块的连接如图 9-19 所示。

③必要时,实施列车制动。

④将车钩与过渡车钩对齐,必要时进行支撑。

(4)连挂

①将待连挂的列车停在相互距离 1 m 的位置,并缓缓施加制动。

②列车缓缓移动(最低 0.6 km/h),车钩在无手动协助的情况下连挂,连挂后须检查确认连挂状态良好。

注意:过渡车钩安装需两人协调工作,确保作业安全。

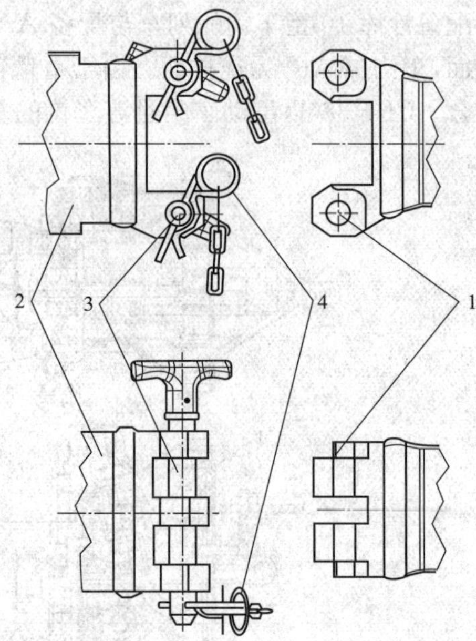

图 9-19　过渡车钩模块的连接

1—模块联结销孔;2—模块;3—联结销;4—开口销

二、动车组应急梯

动车组列车配备应急梯,用于动车组因故障或事故途中停在区间或非高站台处时,将旅客从动车组转移到地面上。当使用应急梯时,所有旅客必须听从列车工作人员的指挥,有序通行,不得拥挤。

动车组应急梯的外形如图 9-20 所示。

图 9-20　动车组应急梯

三、动车组安全渡板

动车组列车配备的安全渡板，用于将旅客从故障动车组安全转移到相邻线路的动车组上。当使用安全渡板时，所有旅客均应服从列车工作人员的指挥，安全转移，不得拥挤。

动车组安全渡板的安装使用如图 9-21 所示。

图 9-21 动车组安全渡板的安装使用

四、防火隔断门

动车组列车发生火灾时，列车工作人员可以手动操作门板侧面的拉手，将防火隔断门拉出，将相邻的两辆车隔断，以防止火灾向邻车蔓延。

动车组车辆防火隔断门的外形如图 9-22 所示。

图 9-22 动车组车辆防火隔断门外形

五、紧急逃生窗

动车组列车每辆车的客室内四角旁边均设有一个紧急逃生窗（带有红点的玻璃窗）及配套的紧急破窗锤。紧急使用时须握住紧急破窗锤手柄，敲击紧急逃生窗红色圆圈的提示位置后，利用手柄外侧保护框将未完全脱落的玻璃推向车体外侧。紧急逃生窗及紧急破窗锤的设置位置如图 9-23 所示。

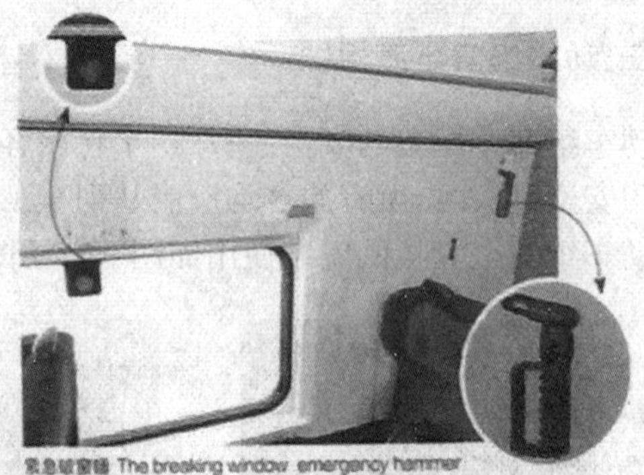

图 9-23 紧急逃生窗及紧急破窗锤

注意:非特殊紧急情况下,旅客不得使用。

六、动车组行车安全应急备品配置

动车组随车配备的行车安全应急备品定量表见表 9-1。

表 9-1 动车组随车配备的行车安全应急备品定量表(摘要)

类别	名称	单位	数量	备注
行车备品	响墩	个	6	—
	火炬	支	2	—
	短路铜线	副	2	—
	手信号灯	盏	2	红、黄、绿色
	信号旗	套	2	红、黄、绿色
	防护信号灯	盏	2	—
应急备品	过渡车钩	个	2	CRH3 配 1 个
	总风管软管	个	2	—
	救援风管	个	2	—
	铁丝	米	20	—
	接地杆、验电杆	套	各 1	—
	绝缘靴、绝缘手套、安全帽、安全带	套	1	—
	车门防护网	套	8～16	—
	紧急用渡板	支	2	—
	应急梯	副	4	CRH2、CRH3
	绳索	米	200	—
	止轮器	套	2	CRH2
	无螺纹管件	套	1	CRH5
	消防锤	个	32	—
	应急灯	盏	2	—
	扩音器	个	2	—
	水性灭火器	个	16	—
	干粉灭火器	个	16	另在乘务员室、司机室、车长席各配置 1 个

第十章　主型机车车辆资料

事故应急救援是铁路运输安全管理工作的一个重要组成部分、事故抢险救援作业具有时间性、紧迫性、危险性及不确定性等因素。事故应急救援工作涉及运输系统各个部门，为此，铁路运输系统的广大干部职工都应学习一些有关事故应急救援的规章命令与基本常识，掌握机车车辆一般脱轨事故救援起复作业的基本方法和技能，一旦发生事故或事件能够做到迅速出动，快速救援，妥善处置，确保畅通，把铁路交通事故造成的损失和影响降低到最低程度。

本章重点介绍了目前全路投入运用的主型机车车辆、CRH 系列动车组、铁路救援起重机、大型养路机械车和电气化铁路接触网检修车辆与事故应急救援相关的一些技术参数，并附有机车车辆外形图片，供铁路行车部门有关人员学习、参考。

第一节　机车车辆外形图

一、内燃机车（图 10-1～图 10-17）

图 10-1　DF4B 型内燃机车

图 10-2　DF4C 型内燃机车

图 10-3　DF4D 型客运内燃机车

图 10-4　DF4DD 型调车内燃机车

图 10-5　DF5 型调车内燃机车

图 10-6　DF7C 型调车内燃机车

图 10-7　DF7D 型内燃机车

图 10-8　DF7G 型调车内燃机车

图 10-9　DF8 型内燃机车

图 10-10　DF8B 型内燃机车

图 10-11　DF10F 型客运内燃机车

图 10-12　DF11 型客运内燃机车

图 10-13　$\mathrm{DF_{11G}}$ 型客运内燃机车

图 10-14　$\mathrm{ND_5}$ 型内燃机车

图 10-15　$\mathrm{NJ_2}$ 型高原内燃机车

图 10-16　$\mathrm{HXN_3}$ 型交流传动内燃机车

图 10-17　$\mathrm{HXN_5}$ 型交流传动内燃机车

二、电力机车(图 10-18～图 10-35)

图 10-18　$\mathrm{SS_3}$ 型电力机车

图 10-19　SS4 型电力机车

图 10-20　SS6B 型电力机车

图 10-21　SS7B 型电力机车

图 10-22　SS7C 型电力机车

图 10-23 SS7D 型客运电力机车

图 10-24 SS7E 型客运电力机车

图 10-25 SS8 型客运电力机车

图 10-26 SS9 型客运电力机车

图 10-27　6G 型电力机车

图 10-28　6K 型电力机车

图 10-29　8G 型电力机车

图 10-30　8K 型电力机车

图 10-31　HXD1 型大功率交流传动电力机车

图 10-32　HXD2 型大功率交流传动电力机车

图 10-33　HXD3 型大功率交流传动电力机车

图 10-34　HXD1D 型客运电力机车

图 10-35　HXD3D 型客运电力机车

三、CRH 型系列动车组(图 10-36～图 10-44)

图 10-36　CRH1 型动车组

图 10-37　CRH2 型动车组

图 10-38　CRH3 型动车组

图 10-39　CRH5 型动车组

图 10-40　CRH6A 型动车组

图 10-41　CRH380A 型动车组

图 10-42　CRH380B 型动车组

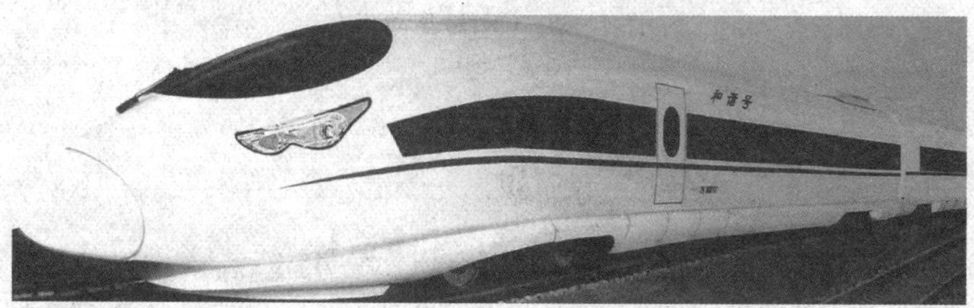

图 10-43　CRH380C 型动车组

图 10-44　CRH380D 型动车组

四、客车(图 10-45～图 10-51)

图 10-45　YZ_{25G} 型空调硬座车

图 10-46　YW_{25} 型空调硬卧车

图 10-47　YW_{25K} 型空调硬卧车

图 10-48　KD_{25K} 型空调发电车

图 10-49　YW_{25T} 型空调硬卧车

图 10-50　SYZ_{25B} 型空调双层硬座车

图 10-51　XL_{25T} 型行李车

五、主型货车(图 10-52～图 10-81)

图 10-52　X_{6K} 型集装箱专用平车

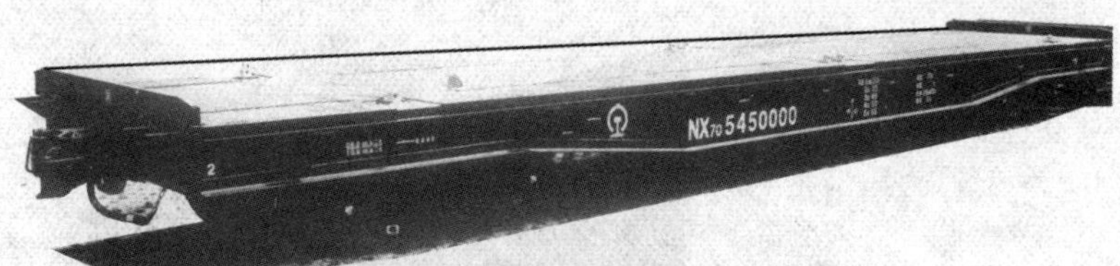

图 10-53　NX$_{70}$ 型集装箱平车

图 10-54　X$_{2K}$ 型双层集装箱专用平车

图 10-55　C$_{62B}$ 型敞车

图 10-56　C$_{64}$ 型敞车

图 10-57　C$_{70}$ 型敞车

图 10-58　C_{76} 型全钢浴盆运煤专用敞车

图 10-59　C_{80} 型铝合金运煤专用敞车

图 10-60　C_{80B} 型不锈钢运煤专用车

图 10-61　C_{100AH} 型矿料、钢材专用敞车

图 10-62　KZ_{70} 型石砟漏斗车

图 10-63　P_{62} 型棚车

图 10-64　P_{63} 型棚车

图 10-65　P_{64A} 型棚车

图 10-66　P_{65} 型行包快运棚车

图 10-67　P_{70} 型棚车

图 10-68　中铁快运专用车

图 10-69　GQ_{70} 型轻油罐车

图 10-70　GN_{70} 型粘油罐车

图 10-71 B_{10} 型单节机械冷藏车

图 10-72 B_{23} 型机械冷藏车组

图 10-73 D_{32} 型 320 t 凹底平车

图 10-74 DQ_{35} 型 350 t 钳夹车

图 10-75 D_{38} 型 380 t 钳夹车

图 10-76 D_{45} 型 450 t 落下孔车

图 10-77 SQ_3 型运输小汽车双层车

图 10-78 JSQ_5 型双层小汽车运输专用车

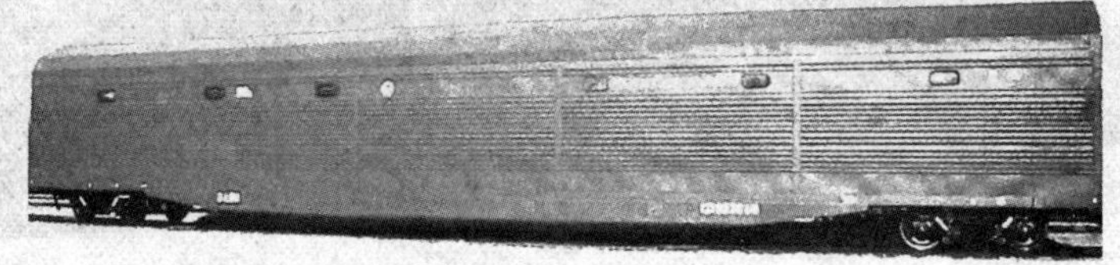

图 10-79 SQ_6 型凹底双层小汽车运输专用车

图 10-80 L_{18} 型粮食漏斗车

图 10-81　T6DK 型动态检衡车

六、铁路救援起重机(图 10-82～图 10-91)

图 10-82　N1002 型 100 t 救援起重机

图 10-83　NS1003 型 100 t 伸缩臂式救援起重机

图 10-84　NS1004 型 100 t 伸缩臂式救援起重机

图 10-85　NS1251 型 125 t 伸缩臂式救援起重机

图 10-86　NS1252 型 125 t 伸缩臂式救援起重机

图 10-87　N1601 型救援起重机

图 10-88　NS1601B 型伸缩臂式救援起重机

图 10-89　NS1601C/E 型伸缩臂式救援起重机

图 10-90　NS1600 型 160 t 伸缩臂式救援起重机

图 10-91　NS2000 型 200 t 伸缩臂式救援起重机全貌

七、重型轨道车(图 10-92～图 10-101)

图 10-92　GC-220 型重型轨道车

图 10-93　GC-270 型重型轨道车

图 10-94　GCY-300 型重型轨道车

图 10-95　GCY-300Ⅱ型重型轨道车

图 10-96　GCY-450 型重型轨道车

图 10-97　GCY-720 型重型轨道车

图 10-98 GCY-750 型重型轨道车

图 10-99 GCY-1000 型重型轨道车

图 10-100 QGC-16 型起重轨道车

图 10-101 QGC-25 型起重轨道车

八、自轮运转特种设备(图 10-102～图 10-111)

图 10-102　QS-450Ⅱ型全断面道砟清筛机

图 10-103　CQS-550 型道岔全断面道砟清筛机

图 10-104　BS-550 型边坡清筛机

图 10-105　QS-550 型全断面道砟清筛机

图 10-106　QS-650 型全断面道砟清筛机

图 10-107　CDC-16 型道岔捣固车

图 10-108　DC-32Ⅱ型捣固车

图 10-109　DCL-48 型连续走行捣固车

图 10-110　WD-320 型轨道动力稳定车

图 10-111　DWL-48 型连续走行捣固稳定车

九、接触网作业车(图 10-112～图 10-120)

图 10-112　JW-4 型接触网架线作业车

图 10-113　JW-7 型接触网架线作业车

图 10-114　JW-4G 型接触网检修作业车

图 10-115　FX-3 型接触网放线车

图 10-116　FX-5 型接触网放线车

图 10-117　JZW-4 型接触网检修车

图 10-118　JZW-6 型接触网综合作业车

图 10-119　JC-2 型接触网检测车

图 10-120　LG-4 型接触网立杆作业车

第二节　机车车辆有关技术参数

一、内燃机车有关技术参数

内燃机车有关技术参数见表 10-1。

表 10-1　内燃机车有关技术参数

机车型号	DF_{4B}	DF_{4C}	DF_{4D}	DF_{4DD}	DF_5	DF_{7C}	DF_{7D}	DF_{7G}	DF_8	DF_{8B}	DF_{10F}	DF_{11}	DF_{11G}	ND_5	NJ_2	HXN_3	HXN_5
机车全长(mm)	21 100	21 100	21 100	21 100	18 800	18 800	18 800	19 980	22 000	22 000	2×18 200	21 250	2×22 200	19 913	20 853	21 760	22 295
机车高度(mm)	4 500	4 500	4 532	4 580	4 752	4 750	4 760	4 763	4 736	4 736	4 563	4 736	4 736	4 707	4 765	4 736	4 770
机车宽度(mm)	3 309	3 309	3 309	3 200	3 285	3 344	3 278	3 310	3 288	3 304	3 308	3 304	3 304	3 277	3 119	3 370	3 119
机车整备重量(t)	138	138	138	138	138	135	132	138	138	138	2×114	141.4	143.5	138	138	150	150
轴重(t)	23	23	23	23	23	22.5	22	23	23	23	19	23	23	23	23	25	25
燃油装载量(L)	9 000	9 000	6 500	8 200	5 500	5 400	5 400	6 500	8 500	9 000	2×5 000	6 000	7 500	9 900	9 000	9 000	9 000
润滑油装载量(kg)	1 200	1 200	1 200	1 200	800	750	850	850	1 200	1 200	2×900	1 200	1 200	1 250	1 675±80L	1 703	13 00
储水量(kg)	1 200	1 200	1 200	900	800	1 100	1 100	1 100	1 200	1 200	2×950	1 200	1 300	1 360	925±80L	1 155	1 100
转向架重量(t)	22.7	22.7	23.2	23.9	23.5	23.9	23.8	23.9	23.1	22.6	22.7	24.3	22.7	27.2	25.5	22.3	21.8
构造速度(km/h)	100	100	170	80	80、100	100	100	100	100	100	160	170	170	118	120	120	120

二、电力机车有关技术参数

电力机车有关技术参数见表 10-2。

表 10-2　电力机车有关技术参数

机车型号	SS_3	SS_4	SS_{6B}	SS_7	SS_{7B}	SS_{7C}	SS_{7D}	SS_{7E}	SS_8	SS_9	6G	6K	8G	8K	HXD_1	HXD_2	HXD_3
机车全长(mm)	21 416	2×16 416	21 416	22 016	22 016	22 016	22 016	22 016	17 516	22 216	23 020	22 200	2×17 260	2×18 114	2×17 611	2×18 975	20 846
机车高度(mm)	4 380	4 040	4 110	4 120	4 123	4 123	4 120	4 123	4 040	4 132.5	3 850	3 800	3 850	3 900	4 020	3 866	4 100
机车宽度(mm)	3 100	3 100	3 100	3 105	3 105	3 105	3 105	3 105	3 100	3 105	2 968	3 100	3 156	2 940	3 100	3 025	3 100
机车整备重量(t)	138	2×92	138	138	150	132	126	126	88	126	138	138	2×92	2×92	2×92	2×92	138(150)

续上表

机车型号	SS_3	SS_4	SS_{6B}	SS_7	SS_{7B}	SS_{7C}	SS_{7D}	SS_{7E}	SS_8	SS_9	6G	6K	8G	8K	HXD_1	HXD_2	HXD_3
轴重(t)	23	23	23	23	25	22	21	21	22	21	23	23	23	23	23	23	23 (25)
主变压器重量(t)	12.44	11.8	13.1	16.8	16.8	18.2	16.4	17.25	11.5	15.6	16.7	13.9	8.0	12.65	8.2	6.49	13.8
牵引电动机重量(kg)	3 960	3 970	4 030	3 700	3 700	3 400	3 400	3 400	3 550	3 550	3 300	3 450	4 000	3 840	2 450	2 660	2 600
转向架重量(t)	31.0	21.0	31.0	21.6	21.7	20.2	21.2	30.0	19.0	31.5	30.6	21.4	21.0	19.1	19.3	18.7	30.2
车轴排列	Co—Co	Bo—Bo	Co—Co	Bo—Bo—Bo	Bo—Bo—Bo	Bo—Bo—Bo	Bo—Bo—Bo	Co—Co	Bo—Bo	Co—Co	Co—Co	Bo—Bo—Bo	Bo—Bo	Bo—Bo	Bo—Bo	Bo—Bo	Co—Co
构造速度(km/h)	100	100	100	100	100	120	170	170	170	170	112	100	100	100	120	120	120

三、CRH系列动车组有关技术参数

CRH系列动车组有关技术参数见表10-3。

表10-3 CRH系列动车组有关技术参数

项目 \ 车型	CRH1	CRH2	CRH2G	CRH3	CRH5	CRH6A	CRH6F
轨距(mm)	1 435	1 435	1 435	1 435	1 435	1 435	1 435
头车车辆长度(mm)	26 950	25 700	25 700	26 250	27 600	25 450	25 450
中间车辆长度(mm)	26 600	24 500	24 500	25 000	25 000	24 500	24 500
车辆宽度(mm)	3 328	3 380	3 300	3 380	3 200	3 300	3 300
车辆高度(mm)	4 040	3 700	3 860	3 770	3 770	3 860	3 860
编组形式	8辆编组,可两组连挂运行	8辆编组,可两组连挂运行	8辆编组,可两组连挂运行	8辆编组,可两组连挂运行	8辆编组,可两组连挂运行	8辆编组,可两组连挂运行	8辆编组,可两组连挂运行
编组长度(m)	213.5	201.4	201.4	200	211.5	201.4	201.4
编组重量(t)	426.7	360	360	431.8	451.3		
轴重(t)	17	15	16	17	17	15.5	16.5
受流电压制式	AC 25 kV—50 Hz	AC 25 kV—50 Hz	AC 25 kV—50 Hz	AC 25 kV—50 Hz	AC 25 kV—50 Hz	AC 25 kV—50 Hz	AC 25 kV—50 Hz
传动方式	交—直—交	交—直—交	交—直—交	交—直—交	交—直—交	交—直—交	交—直—交
牵引功率(kW)	5 500/11 000	5 152	4 800	8 800	5 500	5 520	5 152
运行速度(km/h)	200~250	200~250	200~250	300~350	200~250	200	160
试验速度(km/h)	275	275	275	385	275	220	176
转向架重量(t)	头车8.2,中间车6.4	头车7.4,中间车6.9	头车7.4,中间车6.9	头车9.8,中间车7.7	头车8.1,中间车7.7	头车≤7.8,中间车≤6.6	头车≤7.8,中间车≤6.6

续上表

项目 \ 车型	CRH1	CRH2	CRH2G	CRH3	CRH5	CRH6A	CRH6F
转向架中心距(mm)	19 000	17 500	17 500	17 500	19 000	17 500	17 500
轴距(mm)	2 700	2 500	2 500	2 500	2 700	2 500	2 500
车钩高度(mm)	头车 1 000，中间车 940	头车 1 000，中间车 950	头车 1 000，中间车 950	头车 1 000，中间车 950	头车 1 025，中间车 950	头车 1 000，中间车 950	头车 1 000，中间车 950

四、CRH380 系列动车组有关技术参数

CRH380 系列动车组有关技术参数见表 10-4。

表 10-4　CRH380 系列动车组有关技术参数

项目 \ 车型	CRH380A	CRH380AL	CRH380B	CRH380BL	CRH380CL	CRH380D
轨距(mm)	1 435	1 435	1 435	1 435	1 435	1 435
头车车辆长度(mm)	26 250	26 250	25 850	25 850	26 525	27 850
中间车辆长度(mm)	25 000	25 000	24 825	24 825	24 825	26 600
车辆宽度(mm)	3 380	3 380	3 257	3 257	3 257	3 358
车辆高度(mm)	3 700	3 700	3 890	3 890	3 890	4 160
编组型式	8 辆编组	16 辆编组	8 辆编组	16 辆编组	16 辆编组	8 辆编组
编组长度(m)	203	403	200	400	401	215.3
编组重量(t)	400.5	815	431.8	888.5	920	459.5
轴重(t)	≤15	≤15	17	17	17	17
受流电压制式	AC 25 kV—50 Hz	AC 25 kV—50 Hz	AC 25 kV—50 Hz	AC 25 kV—50 Hz	AC 25 kV—50 Hz	AC 25 kV—50 Hz
传动方式	交—直—交	交—直—交	交—直—交	交—直—交	交—直—交	交—直—交
牵引功率(kW)	9 600	20 440	9 200	18 400	19 200	9 600
运营速度(km/h)	350	350	350	350	350	380
试验速度(km/h)	416	416	420	420	400	420
转向架重量(t)	头车 7.3，中间车 6.6	头车 7.3，中间车 6.6	头车 9.8，中间车 7.7	头车 9.8，中间车 7.7	头车 9.8，中间车 7.7	头车 9.3，中间车 7.0
转向架中心距(mm)	17 500	17 500	17 375	17 375	17 375	18 800
轴距(mm)	2 500	2 500	2 500	2 500	2 500	2 700
车钩高度(mm)	头车 1 000，中间车 895	头车 1 000，中间车 895	头车 1 000，中间车 895	头车 1 000，中间车 895	头车 1 000，中间车 895	头车 1 000，中间车 895

五、客车有关技术参数

各型客车有关技术参数见表 10-5～表 10-9。

1. 硬座车有关技术参数(表 10-5)

表 10-5 硬座车有关技术参数

车型	自重(t)	轴数	车体长×宽(mm)	钩舌内侧距离(mm)	转向架中心距(mm)	车顶至轨面高(mm)	轴距(mm)	最高运行速度(km/h)
YZ_{22}	46/45	4	23 600×3 105	24 539	17 000	4 285.5	2 400	120
YZ_{22}	42.3	4	23 600×3 106	24 676	17 000	4 283	2 400	120
YZ_{25A}	40.5	4	25 500×3 104	26 576	18 000	4 283	2 400	120
YZ_{25B}	48.2	4	25 500×3 105	26 576	18 000	4 433	2 400	120
YZ_{25G}	44.5	4	25 500×3 105	26 576	18 000	4 433	2 400	120
YZ_{25K}	47.2	4	25 500×3 104	26 576	18 000	4 433	2 400	140
25S	56	4	25 500×3 105	26 570	18 500	4 750	2 400	140

2. 硬卧车有关技术参数(表 10-6)

表 10-6 硬卧车有关技术参数

车型	自重(t)	轴数	车体(长×宽)(mm)	钩舌内侧距离(mm)	转向架中心距(mm)	车顶至轨面高(mm)	轴距(mm)	最高运行速度(km/h)
YW_{22}	45	4	23 600×3 106	24 539	17 000	4 286	2 400	120
YW_{22}	46.2	4	23 600×3 106	24 537	17 000	4 286	2 400	120
YW_{22}	47.5	4	23 600×3 106	24 537	17 000	4 286	2 400	120
YW_{25A}	48.4	4	25 500×3 104	26 576	18 000	4 433	2 400	120
YW_{25B}	48.6	4	25 500×3 105	26 760	18 000	4 433	2 400	120
YW_{25G}	48	4	25 500×3 105	26 576	18 000	4 433	2 400	120
YW_{25K}	46.5	4	25 500×3 105	26 576	18 000	4 433	2 400	140
YW_{25S}	53	4	25 500×3 105	26 575	18 500	4 750	2 400	140

3. 软座车、软卧车的有关技术参数(表 10-7)

表 10-7 软座车、软卧车有关技术参数

车型	自重(t)	轴数	车体(长×宽)(mm)	钩舌内侧距离(mm)	转向架中心距(mm)	车顶至轨面高(mm)	轴距(mm)	最高运行速度(km/h)
RZ_{22}	42	4	23 600×3 105	24 537	17 000	4 286	2 400	120
RZ_{24}	43.3	4	23 600×3 106	24 537	17 000	4 285.5	2 400	120
RZ_{25B}	43.6	4	25 500×3 106	26 437	18 000	4 285	2 400	120
RZ_{25G}	44.9	4	25 500×3 106	26 437	18 000	4 285	2 400	120
RZ_{25K}	46.2	4	25 500×3 106	26 574	18 000	4 771	2 400	140
RZ_{25Z}	42.2	4	25 500×3 104	26 576	18 000	4 050	2 400	160
RW_{25B}	46.5	4	25 500×3 105	26 576	18 000	4 433	2 400	120
RW_{25G}	46.7	4	25 500×3 104	26 576	18 000	4 433	2 400	120
RW_{25K}	46.7	4	25 500×3 104	26 576	18 000	4 433	2 400	140
RW_{25Z}	45.8	4	25 500×3 105	26 576	18 000	4 433	2 400	160

4. 餐车、发电车有关技术参数(表 10-8)

表 10-8　餐车、发电车有关技术参数

车型	自重(t)	轴数	车体(长×宽)(mm)	钩舌内侧距离(mm)	转向架中心距(mm)	车顶至轨面高(mm)	轴距(mm)	最高运行速度(km/h)
CA_{23}	51.7	4	23 600×3 104	24 537	17 000	4 298	2 400	120
CA_{23}	60.2	4	23 600×3 104	24 537	17 000	4 285	2 400	120
CA_{25G}	47.9	4	25 500×3 105	26 576	18 000	4 433	2 400	120
CA_{25K}	48.9	4	25 500×3 100	26 576	18 000	4 433	2 400	140
CA_{25Z}	48.6	4	25 500×3 105	26 576	18 000	4 050	2 400	160
KD_{25Z} 发电车	58.5	4	22 000×3 105	23 076	15 400	4 050	2 400	160
KD 发电车	62.6	4	22 000×3 105	23 076	15 400	4 286	2 400	120

5. 行李车有关技术参数(表 10-9)

表 10-9　行李车有关技术参数

车型	自重(t)	载重(t)	轴数	车体(长×宽)(mm)	钩舌内侧距离(mm)	转向架中心距(mm)	车顶至轨面高(mm)	轴距(mm)	最高运行速度(km/h)
XL_{22}	43.1	20	4	23 600×3 106	24 539	17 000	4 283	2 400	120
XL_{22}	44.1	17.7	4	23 600×3 106	24 539	17 000	4 298	2 400	120
XL_{22}	45	17.7	4	23 600×3 106	24 539	17 000	4 298	2 400	120
XL_{25B}	42.4	17.7	4	25 000×3 105	26 576	18 000	4 433	2 400	120
XL_{25G}	46	17.7	4	25 500×3 104	26 576	18 000	4 433	2 400	120
XL_{25K}	42	17.7	4	25 500×3 105	26 600	18 000	4 433	2 400	140
XL_{25T}	43.5	17.7	4	25 500×3 105	26 600	18 000	4 433	2 400	160

六、货车有关技术参数

各型货车有关技术参数见表 10-10～表 10-17。

1. 平车、集装箱共用车有关技术参数(表 10-10)

表 10-10　平车、集装箱共用车有关技术参数

车型	自重(t)	载重(t)	轴数	车体(长×宽)(mm)	钩舌内侧距离(mm)	转向架中心距(mm)	地板面至轨面高(mm)	轴距(mm)	最高运行速度(km/h)
N_{17}	20.4	60	4	13 000×2 980	13 908	9 000	1 209	1 750	100
N_{17G}	19.7	60	4	13 000×2 980	13 938	9 000	1 126	1 750	100
NX_{17}	22.1	60	4	13 000×3 180	13 938	9 000	1 223	1 830	120
X_{2K}	22	78	4	18 400×2 890	19 466	15 666	1 140	1 830	120
X_{4K}	21.8	72	4	18 400×2 890	19 416	14 200	1 140	1 830	120

续上表

车型	自重(t)	载重(t)	轴数	车体(长×宽)(mm)	钩舌内侧距离(mm)	转向架中心距(mm)	地板面至轨面高(mm)	轴距(mm)	最高运行速度(km/h)
X_{6B}	22	60	4	15 400×3 170	16 338	10 920	1 166	1 750	120
X_{6K}	21	61	4	15 400×3 170	16 338	10 920	1 170	1 750	120
NX_{70}	23.8	70	4	15 400×2 960	16 366	10 920	1 216	1 830	120
NX_{70H}	23.6	70	4	15 400×2 960	16 366	10 920	1 216	1 800	120
NX_{17BK}	22.9	61	4	15 400×2 960	16 338	10 920	1 212	1 830	120

2. 敞车有关技术参数(表 10-11)

表 10-11 敞车有关技术参数

车型	自重(t)	载重(t)	轴数	车体(宽×高)(mm)	钩舌内侧距离(mm)	转向架中心距(mm)	地板面至轨面高(mm)	轴距(mm)	最高运行速度(km/h)
C_{62B}	22.3	60	4	3 196×3 083	13 438	8 700	1 083	1 750	100
C_{63A}	22.3	61	4	3 184×3 446	11 986	7 670	1 083	1 750	100
C_{64}	22.5	61	4	3 242×3 142	13 438	8 700	1 083	1 750	100
C_{64K}	≤23	61	4	3 242×3 143	13 430	8 700	1 088	1 750	120
C_{70}	≤23.8	70	4	3 242×3 143	13 976	9 210	1 083	1 830 1 800	120
C_{70H}	≤23.8	70	4	3 242×3 143	13 976	9 210	1 083	1 830	120
C_{76C}	23	76	4	3 184×3 520	12 000	8 200	1 053	1 830	120
C_{80}	≤20	80	4	3 184×3 793	12 000	8 200	1 059	1 830	120
C_{80B}	20	80	4	3 184×3 767	12 000	8 200	1 059	1 830	120
C_{100AH}	26	100	6	3 180×2 543	15 800	2×4 900	1 085	1 750	120

3. 棚车的有关技术参数(表 10-12)

表 10-12 棚车有关技术参数

车型	自重(t)	载重(t)	轴数	车体(宽×高)(mm)	钩舌内侧距离(mm)	转向架中心距(mm)	地板面至轨面高(mm)	轴距(mm)	最高运行速度(km/h)
$P_{62(N)}$	24	60	4	3 312×4 220	16 438	11 700	1 141	1 750	100
P_{63}	24	60	4	3 312×4 220	16 438	11 700	1 141	1 750	100
P_{64}	25.4	58	4	3 312×4 160	16 438	11 700	1 145	1 750	100
P_{64A}	25.8	58	4	3 320×4 445	16 438	11 700	1 145	1 750	120
P_{64GK}	24	60	4	3 340×4 448	16 438	11 700	1 136	1 750	120
P_{65}	25.9	58	4	3 320×4 675	16 438	11 700	1 145	1 750	120
PD_5	26.5	50	4	3 300×4 398	16 438	11 700	1 145	1 750	100
P_{70}	23.8	70	4	3 300×4 770	17 066	12 100	1 136	1 830	120
P_{70}	24.6	70	4	3 300×4 770	17 066	12 100	1 136	1 830	120
PB	28	40	4	3 300×4 770	17 938	12 000	1 164	1 750	120

4. 罐车有关技术参数(表 10-13)

表 10-13　罐车有关技术参数

车型	自重(t)	载重(t)	轴数	车体(宽×高)(mm)	钩舌内侧距离(mm)	转向架中心距(mm)	轴距(mm)	最高运行速度(km/h)
G_{60}	20	52	4	2 912×4 477	11 992	7 300	1 750	100
G_{60}	21	52	4	3 100×4 747	11 958	7 300	1 750	100
G_{17}	22.2	57	4	2 950×4 477	11 988	7 300	1 750	100
GN_{70}	23.8	70	4	3 320×4 466	12 216	8 050	1 830	120
GN_{70H}	≤23.8	70	4	3 320×4 466	12 216	8 050	1 800	120
G_{17BK}	20.9	63	4	3 020×4 515	11 988	7 500	1 800	120
GQ_{70}	23.6	70	4	3 320×4 494	12 216	8 050	1 830	120
GQ_{70H}	≤23.6	70	4	3 320×4 494	12 216	8 050	1 830	120
G_{70K}	20.4	62	4	3 020×4 515	11 988	7 500	1 800	120
GF_{70}	≤23.8	70	4	3 016×4 515	12 856	8 340	1 830	120

5. 冷藏车有关技术参数(表 10-14)

表 10-14　冷藏车有关技术参数

车型	自重(t)	载重(t)	轴数	车体(宽×高)(mm)	钩舌内侧距离(mm)	转向架中心距(mm)	地板面至轨面高(mm)	轴距(mm)	最高运行速度(km/h)
B_{10B}	41	38	4	2 874×4 640	21 000	16 000	1 280	2 400	120
B_{12A}	34	45	4	3 338×4 607	17 828	12 360	1 282	1 720	100
B_{17}	43	40	4	3 170×4 570	17 932	12 000	1 514	2 400	120
B_{17}	40.4	40	4	3 170×4 510	17 932	12 000	1 514	2 400	120
B_{18}	36	40	4	3 000×4 250	17 932	12 000	1 409	2 400	120
B_{19}	39	40	4	3 248×4 420	17 938	12 000	1 375	2 400	100
B_{20}	36.7	40	4	3 085×4 325	21 932	16 000	1 375	2 400	120
B_{21}	37.5	46	4	3 035×4 325	21 938	16 000	1 375	2 400	120
B_{22}	38	46	4	3 020×4 670	21 938	16 000	1 400	2 400	120
B_{23}	38.2	46	4	3 035×4 325	21 938	16 000	1 400	2 400	120

6. 长大货物车有关技术参数(表 10-15)

表 10-15　长大货物车有关技术参数

车型	自重(t)	载重(t)	轴数	车体(长×宽)(mm)	钩舌内侧距离(mm)	转向架中心距(mm)	轴距(mm)	最高运行速度(km/h)
D_{26}	140	260	16	26 000×2 680	41 396	7 600	1 650	90(空)
D_{30}	126	370	20	40 260×3 180	40 360	20 180	1 400	30(重)
D_{30A}	119	300	20	32 668×3 000	44 818	7 460	1 400	50(重)
D_{32}	226	320	24	10 500×2 900	58 860	24 800	1 400	100(空) 50(重)

续上表

车型	自重(t)	载重(t)	轴数	车体(长×宽)(mm)	钩舌内侧距离(mm)	转向架中心距(mm)	轴距(mm)	最高运行速度(km/h)
D_{32A}	240	320	24	10 500×2 760	61 910	—	1 400	120(空)
DQ_{35}	185	350	24	10 500×3 000	56 660	—	1 400	100(空) 60(重)
D_{38}	226	380	32	52 018×3 000	52 718	26 150	1 400	80(空) 50(重)
D_{45}	202	450	28	16 100×3 000	69 580	40 900	1 750	100(空)

7. 石砟漏斗车有关技术参数(表 10-16)

表 10-16 石砟漏斗车有关技术参数

车型	自重(t)	载重(t)	轴数	车体(宽×高)(mm)	钩舌内侧距离(mm)	转向架中心距(mm)	轴距(mm)	最高运行速度(km/h)
K_{13}	21.2	60	4	3 156×3 104	12 046	8 000	1 750	100
K_{17}	23.3	60	4	3 380×4 332	13 942	9 900	1 750	100
K_{18}	22	60	4	3 240×3 400	13 942	10 000	1 750	100
K_{18F}	26	58	4	3 240×3 356	14 738	10 500	1 750	85/100
KF_{60A}	33.5	60	4	3 325×2 460	13 064	8 686	1 727	80
KF_{60C}	35	60	4	3 325×2 642	13 064	8 686	1 727	80
KZ_{70}	≤23.8	70	4	3 168×3 726	12 074	8 000	1 830	120
KZ_{70}	23.8	70	4	3 200×3 780	12 074	8 000	1 830	120
KZ_{70H}	23.8	70	4	3 168×3 726	14 400	10 500	1 830	120

8. 特种车有关技术参数(表 10-17)

表 10-17 特种车有关技术参数

车型	自重(t)	载重(t)	轴数	车体(宽×高)(mm)	钩舌内侧距离(mm)	转向架中心距(mm)	地板面至轨面高(mm)	轴距(mm)	最高运行速度(km/h)
SQ_3	31.6	15	4	—	21 738	16 500	1 063	1 750	100
SQ_{3K}	31	17	4	—	21 738	16 500	1 101	1 830	120
SQ_4	30.1	12	4	—	18 138	12 900	1 101	1 750	100
SQ_5	37	20	4	3 066×4 723	26 030	20 800	1 075	1 750	120
L_{18}	23.6	60	4	3 360×4 195	14 468	10 430	1 083	1 750	120
T_{6D}	≤21	40	4	3 084×2 471	13 430	8 700	1 083	1 750	120
T_7	32	50	4	3 130×4 370	13 530	8 700	1 081	1 750	120

七、铁路救援起重机有关技术参数

铁路救援起重机有关技术参数见表 10-18。

表 10-18 铁路救援起重机有关技术参数

项目 \ 型号	N1002	NS1003	NS1251	NS1252	N1601	NS1601B	NS1601C/E	NS1602	NS1600	NS2000
轨距(mm)	1 435	1 435	1 435	1 435	1 435	1 435	1 435	1 435	1 435	1 435
起重机重量(t)	130	134	137	135	184	184	≤184	184	184	270
吊臂平车重量(t)	32	32	37	41	38.5	52	38	52	43	—
起重机轴数(根)	2×3	2×3	2×3	2×3	2×4	2×4	2×4	2×4	2×4/2	2×(4+2/2)
平均轴重(t)	≤23	≤23	≤23	23	23	23	23	23	≤23	23
起重机长度(mm)	11 309	11 240	11 369	12 196	12 600	12 600	12 600	12 600	15 000	16 000
最大宽度(mm)	3 390	3 390	3 360	3 250	3 300	3 300	3 300	3 300	3 200	3 200
最大高度(mm)	4 372	4 372	4 640	4 307	4 760	4 760	4 760	4 710	4 700	4 700
换算长度(m)	1.0	1.0	1.0	1.1	1.1	1.1	1.1	1.1	1.4	1.5
最大起重量(t)	100	100	125	125	160	160	160	160	160	200
自力走行速度(km/h)	12	20	15	15	15	15	15	15	25	25
可通过最小曲线半径(m)	145	145	145	145	145	145	145	145	100	100
回送速度(km/h)	80	120	120	120	85	120	120	120	120	120

八、重型轨道车有关技术参数

重型轨道车有关技术参数见表 10-19。

表 10-19 重型轨道车有关技术参数

项目 \ 参数 \ 型号	GC-220	GC-270	GCY-300	GCY-300Ⅱ	GCY-450	GCY-720	GCY-750	GCY-1000	QGC-16	QGC-25
轨距(mm)	1 435	1 435	1 435	1 435	1 435	1 435	1 435	1 435	1 435	1 435
整备重量(t)	36	36	46	44	56	76	76	84	约 35	约 56
车辆定距(mm)	7 200	7 200	7 200	7 200	7 200	18 000	17 000	10 200	7 200	7 200
轴距(mm)	2 400	2 400	2 400	2 400	2 400	2 800	2 600	2 400	1 800	1 800
车轮直径(mm)	840	840	840	840	840	915	1 050	915	840	840
发动机功率(kW)	216～243	269～275	298～336	353～403	444～571	388×2	388×2～586×2	970	216～243	216～243
传动形式	机械传动	机械传动	液力一机械传动	液力传动	液力—机械传动	液力传动	液力传动	液力传动	机械传动	机械传动
轴列式	A—A	B—B	B—B	B—B	B—B	B—B	B—B	B—B	A—A	A—A
最高运行速度(km/h)	100	100	80/100	120	80/100	140	160	100	94	100
可通过最小曲线半径(m)	100	100/120	100	100	100	145	145	100	145	100
限界	符合 GB 146.1 标准轨距铁路机车车辆限界									

九、自轮运转特种设备有关技术参数

自轮运转特种设备有关技术参数见表 10-20。

表 10-20 自轮运转特种设备有关技术参数

项目 \ 参数 \ 型号	QS-450Ⅱ型全断面道砟清筛机	CQS-550型道岔全断面道砟清筛机	BS-550型边坡清筛机	QS-550型全断面道砟清筛机	QS-650型全断面道砟清筛机	CDC-16型道岔捣固车	DC-32Ⅱ型捣固车	DCL-48型连续走行捣固车	WD-320型轨道动力稳定车	DWL-48型连续走行捣固稳定车
轨距(mm)	1 435	1 435	1 435	1 435	1 435	1 435	1 435	1 435	1 435	1 435
整机重量(t)	71	约 90	88	82	88	99.5	55	94	60	122
车辆长度(mm)	20 750	31 500	28 500	28 540	31 346	32 200	18 200	29 990	18 942	33 990
车辆宽度(mm)	3 180	3 200	3 275	3 200	3 150	3 080	2 960	3 040	2 700	3 150
车辆高度(mm)	4 750	4 750	4 650	4 750	4 740	3 790	3 770	4 130	3 970	4 130
车辆定距(mm)	14 400	2 000	20 000	20 000	23 000	14 000	11 500	15 800	12 000	15 800/11 000
轴距(mm)	1 800	1 800	1 800	1 800	1 830	1 800	1 800	1 800/1 500	1 500	1 800/1 500
最高运行速度(km/h)	80	100	80	80	80	90	100	100	80	100
最高连挂速度(km/h)	120	120	120	100/120	100/120	120	120	120	100/120	120
可通过最小曲线半径(m)	180	180	180	180	180	100	100	180	100	180
限界	符合 GB 146.1 标准轨距铁路机车车辆限界									

十、接触网作业车有关技术参数

接触网作业车有关技术参数见表 10-21。

表 10-21 接触网作业车有关技术参数

项目 \ 参数 \ 型号	JW-4 型接触网架线作业车	JW-7 型接触网架线作业车	JW-4G 型接触网检修作业车	FX-3 型接触网放线车	FX-5 型接触网放线车	JZW-4 型接触网检修车	JZW-6 型接触网综合作业车	JC-2 型接触网检测车	LG-4 型接触网立杆作业车
轨距(mm)	1 435	1 435	1 435	1 435	1 435	1 435	1 435	1 435	1 435
整备重量(t)	约 36	约 36	约 46	约 23	约 61	约 48	约 80	约 46	约 53
车辆定距(mm)	7 200	—	9 200	9 000	17 600	9 200	17 000	9 200	5 000
固定轴距(mm)	2 400	5 000/5 250	2 400	2 400	1 800	2 400	2 600	2 200/2 400	1 800
车轮直径(mm)	840	840	840	840	840	840	1 050	840	840
发动机功率(kW)	224～243	224～243	336	—	—	353	388×2～586×2	224～243	—
传动方式	机械或液力—机械传动	液力—机械传动	液力传动	—	—	液力传动	液力传动	液力—机械传动	—
最高运行速度(km/h)	100	80/100	120	120	120	120	160	80/100	120
可通过最小曲线半径(m)	100	100	100	100	145	100	145	100	100
限界	符合 GB 146.1 标准轨距铁路机车车辆限界								

参 考 文 献

[1] 中华人民共和国国务院．铁路安全管理条例．北京:中国铁道出版社,2013.
[2] 中华人民共和国国务院.铁路交通事故应急救援和调查处理条例.北京:中国铁道出版社,2017.
[3] 中国铁路总公司.中国铁路总公司安全管理规定.北京:中国铁道出版社,2015.
[4] 中国铁路总公司.铁路技术管理规程.北京:中国铁道出版社,2014.
[5] 中国铁路总公司．铁路机车运用管理规程．北京:中国铁道出版社,2015.
[6] 中华人民共和国铁道部.铁路交通事故调查处理规则.北京:中国铁道出版社,2007.
[7] 中华人民共和国铁道部.铁路交通事故应急救援规则.北京:中国铁道出版社,2007.
[8] 中华人民共和国铁道部.中国高速铁路安全规章汇编.北京:中国铁道出版社,2011.
[9] 铁道部运输局.CRH 型动车组司机手册.北京:中国铁道出版社,2006.
[10] 陈昭明,王晋刚.铁路行车事故救援方法及装备应用手册.北京:中国铁道出版社,2002.
[11] 孙文红.铁路危险货物运输安全技术与管理．北京:中国铁道出版社,2012.
[12] 王艳辉,贾利民.铁路应急管理理论与方法.北京:中国铁道出版社,2011.
[13] 范思圣,张立群.铁路救援起重机.北京:中国铁道出版社,2014.

附　　录

附录一　中华人民共和国安全生产法

（2002 年 6 月 29 日第九届全国人民代表大会常务委员会第二十八次会议通过　根据 2009 年 8 月 27 日第十一届全国人民代表大会常务委员会第十次会议《关于修改部分法律的决定》第一次修正　根据 2014 年 8 月 31 日第十二届全国人民代表大会常务委员会第十次会议《关于修改〈中华人民共和国安全生产法〉的决定》第二次修正）

第一章　总　　则

第一条　为了加强安全生产工作，防止和减少生产安全事故，保障人民群众生命和财产安全，促进经济社会持续健康发展，制定本法。

第二条　在中华人民共和国领域内从事生产经营活动的单位（以下统称生产经营单位）的安全生产，适用本法；有关法律、行政法规对消防安全和道路交通安全、铁路交通安全、水上交通安全、民用航空安全以及核与辐射安全、特种设备安全另有规定的，适用其规定。

第三条　安全生产工作应当以人为本，坚持安全发展，坚持安全第一、预防为主、综合治理的方针，强化和落实生产经营单位的主体责任，建立生产经营单位负责、职工参与、政府监管、行业自律和社会监督的机制。

第四条　生产经营单位必须遵守本法和其他有关安全生产的法律、法规，加强安全生产管理，建立、健全安全生产责任制和安全生产规章制度，改善安全生产条件，推进安全生产标准化建设，提高安全生产水平，确保安全生产。

第五条　生产经营单位的主要负责人对本单位的安全生产工作全面负责。

第六条　生产经营单位的从业人员有依法获得安全生产保障的权利，并应当依法履行安全生产方面的义务。

第七条　工会依法对安全生产工作进行监督。

生产经营单位的工会依法组织职工参加本单位安全生产工作的民主管理和民主监督，维护职工在安全生产方面的合法权益。生产经营单位制定或者修改有关安全生产的规章制度，应当听取工会的意见。

第八条　国务院和县级以上地方各级人民政府应当根据国民经济和社会发展规划制定安全生产规划，并组织实施。安全生产规划应当与城乡规划相衔接。

国务院和县级以上地方各级人民政府应当加强对安全生产工作的领导，支持、督促各有关部门依法履行安全生产监督管理职责，建立健全安全生产工作协调机制，及时协调、解决安全生产监督管理中存在的重大问题。

乡、镇人民政府以及街道办事处、开发区管理机构等地方人民政府的派出机关应当按照职责,加强对本行政区域内生产经营单位安全生产状况的监督检查,协助上级人民政府有关部门依法履行安全生产监督管理职责。

第九条 国务院安全生产监督管理部门依照本法,对全国安全生产工作实施综合监督管理;县级以上地方各级人民政府安全生产监督管理部门依照本法,对本行政区域内安全生产工作实施综合监督管理。

国务院有关部门依照本法和其他有关法律、行政法规的规定,在各自的职责范围内对有关行业、领域的安全生产工作实施监督管理;县级以上地方各级人民政府有关部门依照本法和其他有关法律、法规的规定,在各自的职责范围内对有关行业、领域的安全生产工作实施监督管理。

安全生产监督管理部门和对有关行业、领域的安全生产工作实施监督管理的部门,统称负有安全生产监督管理职责的部门。

第十条 国务院有关部门应当按照保障安全生产的要求,依法及时制定有关的国家标准或者行业标准,并根据科技进步和经济发展适时修订。

生产经营单位必须执行依法制定的保障安全生产的国家标准或者行业标准。

第十一条 各级人民政府及其有关部门应当采取多种形式,加强对有关安全生产的法律、法规和安全生产知识的宣传,增强全社会的安全生产意识。

第十二条 有关协会组织依照法律、行政法规和章程,为生产经营单位提供安全生产方面的信息、培训等服务,发挥自律作用,促进生产经营单位加强安全生产管理。

第十三条 依法设立的为安全生产提供技术、管理服务的机构,依照法律、行政法规和执业准则,接受生产经营单位的委托为其安全生产工作提供技术、管理服务。

生产经营单位委托前款规定的机构提供安全生产技术、管理服务的,保证安全生产的责任仍由本单位负责。

第十四条 国家实行生产安全事故责任追究制度,依照本法和有关法律、法规的规定,追究生产安全事故责任人员的法律责任。

第十五条 国家鼓励和支持安全生产科学技术研究和安全生产先进技术的推广应用,提高安全生产水平。

第十六条 国家对在改善安全生产条件、防止生产安全事故、参加抢险救护等方面取得显著成绩的单位和个人,给予奖励。

第二章 生产经营单位的安全生产保障

第十七条 生产经营单位应当具备本法和有关法律、行政法规和国家标准或者行业标准规定的安全生产条件;不具备安全生产条件的,不得从事生产经营活动。

第十八条 生产经营单位的主要负责人对本单位安全生产工作负有下列职责:

(一)建立、健全本单位安全生产责任制;

(二)组织制定本单位安全生产规章制度和操作规程;

(三)组织制定并实施本单位安全生产教育和培训计划;

(四)保证本单位安全生产投入的有效实施;

(五)督促、检查本单位的安全生产工作,及时消除生产安全事故隐患;

(六)组织制定并实施本单位的生产安全事故应急救援预案;

(七)及时、如实报告生产安全事故。

第十九条 生产经营单位的安全生产责任制应当明确各岗位的责任人员、责任范围和考核标准等内容。

生产经营单位应当建立相应的机制,加强对安全生产责任制落实情况的监督考核,保证安全生产责任制的落实。

第二十条 生产经营单位应当具备的安全生产条件所必需的资金投入,由生产经营单位的决策机构、主要负责人或者个人经营的投资人予以保证,并对由于安全生产所必需的资金投入不足导致的后果承担责任。

有关生产经营单位应当按照规定提取和使用安全生产费用,专门用于改善安全生产条件。安全生产费用在成本中据实列支。安全生产费用提取、使用和监督管理的具体办法由国务院财政部门会同国务院安全生产监督管理部门征求国务院有关部门意见后制定。

第二十一条 矿山、金属冶炼、建筑施工、道路运输单位和危险物品的生产、经营、储存单位,应当设置安全生产管理机构或者配备专职安全生产管理人员。

前款规定以外的其他生产经营单位,从业人员超过一百人的,应当设置安全生产管理机构或者配备专职安全生产管理人员;从业人员在一百人以下的,应当配备专职或者兼职的安全生产管理人员。

第二十二条 生产经营单位的安全生产管理机构以及安全生产管理人员履行下列职责:

(一)组织或者参与拟订本单位安全生产规章制度、操作规程和生产安全事故应急救援预案;

(二)组织或者参与本单位安全生产教育和培训,如实记录安全生产教育和培训情况;

(三)督促落实本单位重大危险源的安全管理措施;

(四)组织或者参与本单位应急救援演练;

(五)检查本单位的安全生产状况,及时排查生产安全事故隐患,提出改进安全生产管理的建议;

(六)制止和纠正违章指挥、强令冒险作业、违反操作规程的行为;

(七)督促落实本单位安全生产整改措施。

第二十三条 生产经营单位的安全生产管理机构以及安全生产管理人员应当恪尽职守,依法履行职责。

生产经营单位作出涉及安全生产的经营决策,应当听取安全生产管理机构以及安全生产管理人员的意见。

生产经营单位不得因安全生产管理人员依法履行职责而降低其工资、福利等待遇或者解除与其订立的劳动合同。

危险物品的生产、储存单位以及矿山、金属冶炼单位的安全生产管理人员的任免,应当告知主管的负有安全生产监督管理职责的部门。

第二十四条 生产经营单位的主要负责人和安全生产管理人员必须具备与本单位所从事的生产经营活动相应的安全生产知识和管理能力。

危险物品的生产、经营、储存单位以及矿山、金属冶炼、建筑施工、道路运输单位的主要负责人和安全生产管理人员，应当由主管的负有安全生产监督管理职责的部门对其安全生产知识和管理能力考核合格。考核不得收费。

危险物品的生产、储存单位以及矿山、金属冶炼单位应当有注册安全工程师从事安全生产管理工作。鼓励其他生产经营单位聘用注册安全工程师从事安全生产管理工作。注册安全工程师按专业分类管理，具体办法由国务院人力资源和社会保障部门、国务院安全生产监督管理部门会同国务院有关部门制定。

第二十五条　生产经营单位应当对从业人员进行安全生产教育和培训，保证从业人员具备必要的安全生产知识，熟悉有关的安全生产规章制度和安全操作规程，掌握本岗位的安全操作技能，了解事故应急处理措施，知悉自身在安全生产方面的权利和义务。未经安全生产教育和培训合格的从业人员，不得上岗作业。

生产经营单位使用被派遣劳动者的，应当将被派遣劳动者纳入本单位从业人员统一管理，对被派遣劳动者进行岗位安全操作规程和安全操作技能的教育和培训。劳务派遣单位应当对被派遣劳动者进行必要的安全生产教育和培训。

生产经营单位接收中等职业学校、高等学校学生实习的，应当对实习学生进行相应的安全生产教育和培训，提供必要的劳动防护用品。学校应当协助生产经营单位对实习学生进行安全生产教育和培训。

生产经营单位应当建立安全生产教育和培训档案，如实记录安全生产教育和培训的时间、内容、参加人员以及考核结果等情况。

第二十六条　生产经营单位采用新工艺、新技术、新材料或者使用新设备，必须了解、掌握其安全技术特性，采取有效的安全防护措施，并对从业人员进行专门的安全生产教育和培训。

第二十七条　生产经营单位的特种作业人员必须按照国家有关规定经专门的安全作业培训，取得相应资格，方可上岗作业。

特种作业人员的范围由国务院安全生产监督管理部门会同国务院有关部门确定。

第二十八条　生产经营单位新建、改建、扩建工程项目（以下统称建设项目）的安全设施，必须与主体工程同时设计、同时施工、同时投入生产和使用。安全设施投资应当纳入建设项目概算。

第二十九条　矿山、金属冶炼建设项目和用于生产、储存、装卸危险物品的建设项目，应当按照国家有关规定进行安全评价。

第三十条　建设项目安全设施的设计人、设计单位应当对安全设施设计负责。

矿山、金属冶炼建设项目和用于生产、储存、装卸危险物品的建设项目的安全设施设计应当按照国家有关规定报经有关部门审查，审查部门及其负责审查的人员对审查结果负责。

第三十一条　矿山、金属冶炼建设项目和用于生产、储存、装卸危险物品的建设项目的施工单位必须按照批准的安全设施设计施工，并对安全设施的工程质量负责。

矿山、金属冶炼建设项目和用于生产、储存危险物品的建设项目竣工投入生产或者使用前，应当由建设单位负责组织对安全设施进行验收；验收合格后，方可投入生产和使用。安全生产监督管理部门应当加强对建设单位验收活动和验收结果的监督核查。

第三十二条　生产经营单位应当在有较大危险因素的生产经营场所和有关设施、设备上，设置明显的安全警示标志。

第三十三条　安全设备的设计、制造、安装、使用、检测、维修、改造和报废，应当符合国家标准或者行业标准。

生产经营单位必须对安全设备进行经常性维护、保养,并定期检测,保证正常运转。维护、保养、检测应当作好记录,并由有关人员签字。

第三十四条 生产经营单位使用的危险物品的容器、运输工具,以及涉及人身安全、危险性较大的海洋石油开采特种设备和矿山井下特种设备,必须按照国家有关规定,由专业生产单位生产,并经具有专业资质的检测、检验机构检测、检验合格,取得安全使用证或者安全标志,方可投入使用。检测、检验机构对检测、检验结果负责。

第三十五条 国家对严重危及生产安全的工艺、设备实行淘汰制度,具体目录由国务院安全生产监督管理部门会同国务院有关部门制定并公布。法律、行政法规对目录的制定另有规定的,适用其规定。

省、自治区、直辖市人民政府可以根据本地区实际情况制定并公布具体目录,对前款规定以外的危及生产安全的工艺、设备予以淘汰。

生产经营单位不得使用应当淘汰的危及生产安全的工艺、设备。

第三十六条 生产、经营、运输、储存、使用危险物品或者处置废弃危险物品的,由有关主管部门依照有关法律、法规的规定和国家标准或者行业标准审批并实施监督管理。

生产经营单位生产、经营、运输、储存、使用危险物品或者处置废弃危险物品,必须执行有关法律、法规和国家标准或者行业标准,建立专门的安全管理制度,采取可靠的安全措施,接受有关主管部门依法实施的监督管理。

第三十七条 生产经营单位对重大危险源应当登记建档,进行定期检测、评估、监控,并制定应急预案,告知从业人员和相关人员在紧急情况下应当采取的应急措施。

生产经营单位应当按照国家有关规定将本单位重大危险源及有关安全措施、应急措施报有关地方人民政府安全生产监督管理部门和有关部门备案。

第三十八条 生产经营单位应当建立健全生产安全事故隐患排查治理制度,采取技术、管理措施,及时发现并消除事故隐患。事故隐患排查治理情况应当如实记录,并向从业人员通报。

县级以上地方各级人民政府负有安全生产监督管理职责的部门应当建立健全重大事故隐患治理督办制度,督促生产经营单位消除重大事故隐患。

第三十九条 生产、经营、储存、使用危险物品的车间、商店、仓库不得与员工宿舍在同一座建筑物内,并应当与员工宿舍保持安全距离。

生产经营场所和员工宿舍应当设有符合紧急疏散要求、标志明显、保持畅通的出口。禁止锁闭、封堵生产经营场所或者员工宿舍的出口。

第四十条 生产经营单位进行爆破、吊装以及国务院安全生产监督管理部门会同国务院有关部门规定的其他危险作业,应当安排专门人员进行现场安全管理,确保操作规程的遵守和安全措施的落实。

第四十一条 生产经营单位应当教育和督促从业人员严格执行本单位的安全生产规章制度和安全操作规程;并向从业人员如实告知作业场所和工作岗位存在的危险因素、防范措施以及事故应急措施。

第四十二条 生产经营单位必须为从业人员提供符合国家标准或者行业标准的劳动防护用品,并监督、教育从业人员按照使用规则佩戴、使用。

第四十三条　生产经营单位的安全生产管理人员应当根据本单位的生产经营特点，对安全生产状况进行经常性检查；对检查中发现的安全问题，应当立即处理；不能处理的，应当及时报告本单位有关负责人，有关负责人应当及时处理。检查及处理情况应当如实记录在案。

生产经营单位的安全生产管理人员在检查中发现重大事故隐患，依照前款规定向本单位有关负责人报告，有关负责人不及时处理的，安全生产管理人员可以向主管的负有安全生产监督管理职责的部门报告，接到报告的部门应当依法及时处理。

第四十四条　生产经营单位应当安排用于配备劳动防护用品、进行安全生产培训的经费。

第四十五条　两个以上生产经营单位在同一作业区域内进行生产经营活动，可能危及对方生产安全的，应当签订安全生产管理协议，明确各自的安全生产管理职责和应当采取的安全措施，并指定专职安全生产管理人员进行安全检查与协调。

第四十六条　生产经营单位不得将生产经营项目、场所、设备发包或者出租给不具备安全生产条件或者相应资质的单位或者个人。

生产经营项目、场所发包或者出租给其他单位的，生产经营单位应当与承包单位、承租单位签订专门的安全生产管理协议，或者在承包合同、租赁合同中约定各自的安全生产管理职责；生产经营单位对承包单位、承租单位的安全生产工作统一协调、管理，定期进行安全检查，发现安全问题的，应当及时督促整改。

第四十七条　生产经营单位发生生产安全事故时，单位的主要负责人应当立即组织抢救，并不得在事故调查处理期间擅离职守。

第四十八条　生产经营单位必须依法参加工伤保险，为从业人员缴纳保险费。

国家鼓励生产经营单位投保安全生产责任保险。

第三章　从业人员的安全生产权利义务

第四十九条　生产经营单位与从业人员订立的劳动合同，应当载明有关保障从业人员劳动安全、防止职业危害的事项，以及依法为从业人员办理工伤保险的事项。

生产经营单位不得以任何形式与从业人员订立协议，免除或者减轻其对从业人员因生产安全事故伤亡依法应承担的责任。

第五十条　生产经营单位的从业人员有权了解其作业场所和工作岗位存在的危险因素、防范措施及事故应急措施，有权对本单位的安全生产工作提出建议。

第五十一条　从业人员有权对本单位安全生产工作中存在的问题提出批评、检举、控告；有权拒绝违章指挥和强令冒险作业。

生产经营单位不得因从业人员对本单位安全生产工作提出批评、检举、控告或者拒绝违章指挥、强令冒险作业而降低其工资、福利等待遇或者解除与其订立的劳动合同。

第五十二条　从业人员发现直接危及人身安全的紧急情况时，有权停止作业或者在采取可能的应急措施后撤离作业场所。

生产经营单位不得因从业人员在前款紧急情况下停止作业或者采取紧急撤离措施而降低其工资、福利等待遇或者解除与其订立的劳动合同。

第五十三条　因生产安全事故受到损害的从业人员，除依法享有工伤保险外，依照有关民事法律尚有获得赔偿的权利的，有权向本单位提出赔偿要求。

第五十四条　从业人员在作业过程中，应当严格遵守本单位的安全生产规章制度和操作规程,服从管理,正确佩戴和使用劳动防护用品。

第五十五条 从业人员应当接受安全生产教育和培训,掌握本职工作所需的安全生产知识,提高安全生产技能,增强事故预防和应急处理能力。

第五十六条 从业人员发现事故隐患或者其他不安全因素,应当立即向现场安全生产管理人员或者本单位负责人报告;接到报告的人员应当及时予以处理。

第五十七条 工会有权对建设项目的安全设施与主体工程同时设计、同时施工、同时投入生产和使用进行监督,提出意见。

工会对生产经营单位违反安全生产法律、法规、侵犯从业人员合法权益的行为,有权要求纠正;发现生产经营单位违章指挥、强令冒险作业或者发现事故隐患时,有权提出解决的建议,生产经营单位应当及时研究答复;发现危及从业人员生命安全的情况时,有权向生产经营单位建议组织从业人员撤离危险场所,生产经营单位必须立即作出处理。

工会有权依法参加事故调查,向有关部门提出处理意见,并要求追究有关人员的责任。

第五十八条 生产经营单位使用被派遣劳动者的,被派遣劳动者享有本法规定的从业人员的权利,并应当履行本法规定的从业人员的义务。

第四章 安全生产的监督管理

第五十九条 县级以上地方各级人民政府应当根据本行政区域内的安全生产状况,组织有关部门按照职责分工,对本行政区域内容易发生重大生产安全事故的生产经营单位进行严格检查。

安全生产监督管理部门应当按照分类分级监督管理的要求,制定安全生产年度监督检查计划,并按照年度监督检查计划进行监督检查,发现事故隐患,应当及时处理。

第六十条 负有安全生产监督管理职责的部门依照有关法律、法规的规定,对涉及安全生产的事项需要审查批准(包括批准、核准、许可、注册、认证、颁发证照等,下同)或者验收的,必须严格依照有关法律、法规和国家标准或者行业标准规定的安全生产条件和程序进行审查;不符合有关法律、法规和国家标准或者行业标准规定的安全生产条件的,不得批准或者验收通过。对未依法取得批准或者验收合格的单位擅自从事有关活动的,负责行政审批的部门发现或者接到举报后应当立即予以取缔,并依法予以处理。对已经依法取得批准的单位,负责行政审批的部门发现其不再具备安全生产条件的,应当撤销原批准。

第六十一条 负有安全生产监督管理职责的部门对涉及安全生产的事项进行审查、验收,不得收取费用;不得要求接受审查、验收的单位购买其指定品牌或者指定生产、销售单位的安全设备、器材或者其他产品。

第六十二条 安全生产监督管理部门和其他负有安全生产监督管理职责的部门依法开展安全生产行政执法工作,对生产经营单位执行有关安全生产的法律、法规和国家标准或者行业标准的情况进行监督检查,行使以下职权:

(一)进入生产经营单位进行检查,调阅有关资料,向有关单位和人员了解情况;

(二)对检查中发现的安全生产违法行为,当场予以纠正或者要求限期改正;对依法应当给予行政处罚的行为,依照本法和其他有关法律、行政法规的规定作出行政处罚决定;

(三)对检查中发现的事故隐患,应当责令立即排除;重大事故隐患排除前或者排除过程中无法保证安全的,应当责令从危险区域内撤出作业人员,责令暂时停产停业或者停止使用相关设施、设备；重大事故隐患排除后，经审查同意，方可恢复生产经营和使用；

（四）对有根据认为不符合保障安全生产的国家标准或者行业标准的设施、设备、器材以及违法生产、储存、使用、经营、运输的危险物品予以查封或者扣押，对违法生产、储存、使用、经营危险物品的作业场所予以查封，并依法作出处理决定。

监督检查不得影响被检查单位的正常生产经营活动。

第六十三条　生产经营单位对负有安全生产监督管理职责的部门的监督检查人员（以下统称安全生产监督检查人员）依法履行监督检查职责，应当予以配合，不得拒绝、阻挠。

第六十四条　安全生产监督检查人员应当忠于职守，坚持原则，秉公执法。

安全生产监督检查人员执行监督检查任务时，必须出示有效的监督执法证件；对涉及被检查单位的技术秘密和业务秘密，应当为其保密。

第六十五条　安全生产监督检查人员应当将检查的时间、地点、内容、发现的问题及其处理情况，作出书面记录，并由检查人员和被检查单位的负责人签字；被检查单位的负责人拒绝签字的，检查人员应当将情况记录在案，并向负有安全生产监督管理职责的部门报告。

第六十六条　负有安全生产监督管理职责的部门在监督检查中，应当互相配合，实行联合检查；确需分别进行检查的，应当互通情况，发现存在的安全问题应当由其他有关部门进行处理的，应当及时移送其他有关部门并形成记录备查，接受移送的部门应当及时进行处理。

第六十七条　负有安全生产监督管理职责的部门依法对存在重大事故隐患的生产经营单位作出停产停业、停止施工、停止使用相关设施或者设备的决定，生产经营单位应当依法执行，及时消除事故隐患。生产经营单位拒不执行，有发生生产安全事故的现实危险的，在保证安全的前提下，经本部门主要负责人批准，负有安全生产监督管理职责的部门可以采取通知有关单位停止供电、停止供应民用爆炸物品等措施，强制生产经营单位履行决定。通知应当采用书面形式，有关单位应当予以配合。

负有安全生产监督管理职责的部门依照前款规定采取停止供电措施，除有危及生产安全的紧急情形外，应当提前二十四小时通知生产经营单位。生产经营单位依法履行行政决定、采取相应措施消除事故隐患的，负有安全生产监督管理职责的部门应当及时解除前款规定的措施。

第六十八条　监察机关依照行政监察法的规定，对负有安全生产监督管理职责的部门及其工作人员履行安全生产监督管理职责实施监察。

第六十九条　承担安全评价、认证、检测、检验的机构应当具备国家规定的资质条件，并对其作出的安全评价、认证、检测、检验的结果负责。

第七十条　负有安全生产监督管理职责的部门应当建立举报制度，公开举报电话、信箱或者电子邮件地址，受理有关安全生产的举报；受理的举报事项经调查核实后，应当形成书面材料；需要落实整改措施的，报经有关负责人签字并督促落实。

第七十一条　任何单位或者个人对事故隐患或者安全生产违法行为，均有权向负有安全生产监督管理职责的部门报告或者举报。

第七十二条　居民委员会、村民委员会发现其所在区域内的生产经营单位存在事故隐患或者安全生产违法行为时，应当向当地人民政府或者有关部门报告。

第七十三条　县级以上各级人民政府及其有关部门对报告重大事故隐患或者举报安全生产违法行为的有功人员，给予奖励。具体奖励办法由国务院安全生产监督管理部门会同国务院财政部门制定。

第七十四条 新闻、出版、广播、电影、电视等单位有进行安全生产公益宣传教育的义务，有对违反安全生产法律、法规的行为进行舆论监督的权利。

第七十五条 负有安全生产监督管理职责的部门应当建立安全生产违法行为信息库，如实记录生产经营单位的安全生产违法行为信息；对违法行为情节严重的生产经营单位，应当向社会公告，并通报行业主管部门、投资主管部门、国土资源主管部门、证券监督管理机构以及有关金融机构。

第五章 生产安全事故的应急救援与调查处理

第七十六条 国家加强生产安全事故应急能力建设，在重点行业、领域建立应急救援基地和应急救援队伍，鼓励生产经营单位和其他社会力量建立应急救援队伍，配备相应的应急救援装备和物资，提高应急救援的专业化水平。

国务院安全生产监督管理部门建立全国统一的生产安全事故应急救援信息系统，国务院有关部门建立健全相关行业、领域的生产安全事故应急救援信息系统。

第七十七条 县级以上地方各级人民政府应当组织有关部门制定本行政区域内生产安全事故应急救援预案，建立应急救援体系。

第七十八条 生产经营单位应当制定本单位生产安全事故应急救援预案，与所在地县级以上地方人民政府组织制定的生产安全事故应急救援预案相衔接，并定期组织演练。

第七十九条 危险物品的生产、经营、储存单位以及矿山、金属冶炼、城市轨道交通运营、建筑施工单位应当建立应急救援组织；生产经营规模较小的，可以不建立应急救援组织，但应当指定兼职的应急救援人员。

危险物品的生产、经营、储存、运输单位以及矿山、金属冶炼、城市轨道交通运营、建筑施工单位应当配备必要的应急救援器材、设备和物资，并进行经常性维护、保养，保证正常运转。

第八十条 生产经营单位发生生产安全事故后，事故现场有关人员应当立即报告本单位负责人。

单位负责人接到事故报告后，应当迅速采取有效措施，组织抢救，防止事故扩大，减少人员伤亡和财产损失，并按照国家有关规定立即如实报告当地负有安全生产监督管理职责的部门，不得隐瞒不报、谎报或者迟报，不得故意破坏事故现场、毁灭有关证据。

第八十一条 负有安全生产监督管理职责的部门接到事故报告后，应当立即按照国家有关规定上报事故情况。负有安全生产监督管理职责的部门和有关地方人民政府对事故情况不得隐瞒不报、谎报或者迟报。

第八十二条 有关地方人民政府和负有安全生产监督管理职责的部门的负责人接到生产安全事故报告后，应当按照生产安全事故应急救援预案的要求立即赶到事故现场，组织事故抢救。

参与事故抢救的部门和单位应当服从统一指挥，加强协同联动，采取有效的应急救援措施，并根据事故救援的需要采取警戒、疏散等措施，防止事故扩大和次生灾害的发生，减少人员伤亡和财产损失。

事故抢救过程中应当采取必要措施，避免或者减少对环境造成的危害。

任何单位和个人都应当支持、配合事故抢救，并提供一切便利条件。

第八十三条　事故调查处理应当按照科学严谨、依法依规、实事求是、注重实效的原则，及时、准确地查清事故原因，查明事故性质和责任，总结事故教训，提出整改措施，并对事故责任者提出处理意见。事故调查报告应当依法及时向社会公布。事故调查和处理的具体办法由国务院制定。

事故发生单位应当及时全面落实整改措施，负有安全生产监督管理职责的部门应当加强监督检查。

第八十四条　生产经营单位发生生产安全事故，经调查确定为责任事故的，除了应当查明事故单位的责任并依法予以追究外，还应当查明对安全生产的有关事项负有审查批准和监督职责的行政部门的责任，对有失职、渎职行为的，依照本法第八十七条的规定追究法律责任。

第八十五条　任何单位和个人不得阻挠和干涉对事故的依法调查处理。

第八十六条　县级以上地方各级人民政府安全生产监督管理部门应当定期统计分析本行政区域内发生生产安全事故的情况，并定期向社会公布。

第六章　法律责任

第八十七条　负有安全生产监督管理职责的部门的工作人员，有下列行为之一的，给予降级或者撤职的处分；构成犯罪的，依照刑法有关规定追究刑事责任：

（一）对不符合法定安全生产条件的涉及安全生产的事项予以批准或者验收通过的；

（二）发现未依法取得批准、验收的单位擅自从事有关活动或者接到举报后不予取缔或者不依法予以处理的；

（三）对已经依法取得批准的单位不履行监督管理职责，发现其不再具备安全生产条件而不撤销原批准或者发现安全生产违法行为不予查处的；

（四）在监督检查中发现重大事故隐患，不依法及时处理的。

负有安全生产监督管理职责的部门的工作人员有前款规定以外的滥用职权、玩忽职守、徇私舞弊行为的，依法给予处分；构成犯罪的，依照刑法有关规定追究刑事责任。

第八十八条　负有安全生产监督管理职责的部门，要求被审查、验收的单位购买其指定的安全设备、器材或者其他产品的，在对安全生产事项的审查、验收中收取费用的，由其上级机关或者监察机关责令改正，责令退还收取的费用；情节严重的，对直接负责的主管人员和其他直接责任人员依法给予处分。

第八十九条　承担安全评价、认证、检测、检验工作的机构，出具虚假证明的，没收违法所得；违法所得在十万元以上的，并处违法所得二倍以上五倍以下的罚款；没有违法所得或者违法所得不足十万元的，单处或者并处十万元以上二十万元以下的罚款；对其直接负责的主管人员和其他直接责任人员处二万元以上五万元以下的罚款；给他人造成损害的，与生产经营单位承担连带赔偿责任；构成犯罪的，依照刑法有关规定追究刑事责任。

对有前款违法行为的机构，吊销其相应资质。

第九十条　生产经营单位的决策机构、主要负责人或者个人经营的投资人不依照本法规定保证安全生产所必需的资金投入，致使生产经营单位不具备安全生产条件的，责令限期改正，提供必需的资金；逾期未改正的，责令生产经营单位停产停业整顿。

有前款违法行为，导致发生生产安全事故的，对生产经营单位的主要负责人给予撤职处分，对个人经营的投资人处二万元以上二十万元以下的罚款；构成犯罪的，依照刑法有关规定追究刑事责任。

第九十一条 生产经营单位的主要负责人未履行本法规定的安全生产管理职责的，责令限期改正；逾期未改正的，处二万元以上五万元以下的罚款，责令生产经营单位停产停业整顿。

生产经营单位的主要负责人有前款违法行为，导致发生生产安全事故的，给予撤职处分；构成犯罪的，依照刑法有关规定追究刑事责任。

生产经营单位的主要负责人依照前款规定受刑事处罚或者撤职处分的，自刑罚执行完毕或者受处分之日起，五年内不得担任任何生产经营单位的主要负责人；对重大、特别重大生产安全事故负有责任的，终身不得担任本行业生产经营单位的主要负责人。

第九十二条 生产经营单位的主要负责人未履行本法规定的安全生产管理职责，导致发生生产安全事故的，由安全生产监督管理部门依照下列规定处以罚款：

(一)发生一般事故的，处上一年年收入百分之三十的罚款；

(二)发生较大事故的，处上一年年收入百分之四十的罚款；

(三)发生重大事故的，处上一年年收入百分之六十的罚款；

(四)发生特别重大事故的，处上一年年收入百分之八十的罚款。

第九十三条 生产经营单位的安全生产管理人员未履行本法规定的安全生产管理职责的，责令限期改正；导致发生生产安全事故的，暂停或者撤销其与安全生产有关的资格；构成犯罪的，依照刑法有关规定追究刑事责任。

第九十四条 生产经营单位有下列行为之一的，责令限期改正，可以处五万元以下的罚款；逾期未改正的，责令停产停业整顿，并处五万元以上十万元以下的罚款，对其直接负责的主管人员和其他直接责任人员处一万元以上二万元以下的罚款：

(一)未按照规定设置安全生产管理机构或者配备安全生产管理人员的；

(二)危险物品的生产、经营、储存单位以及矿山、金属冶炼、建筑施工、道路运输单位的主要负责人和安全生产管理人员未按照规定经考核合格的；

(三)未按照规定对从业人员、被派遣劳动者、实习学生进行安全生产教育和培训，或者未按照规定如实告知有关的安全生产事项的；

(四)未如实记录安全生产教育和培训情况的；

(五)未将事故隐患排查治理情况如实记录或者未向从业人员通报的；

(六)未按照规定制定生产安全事故应急救援预案或者未定期组织演练的；

(七)特种作业人员未按照规定经专门的安全作业培训并取得相应资格，上岗作业的。

第九十五条 生产经营单位有下列行为之一的，责令停止建设或者停产停业整顿，限期改正；逾期未改正的，处五十万元以上一百万元以下的罚款，对其直接负责的主管人员和其他直接责任人员处二万元以上五万元以下的罚款；构成犯罪的，依照刑法有关规定追究刑事责任：

(一)未按照规定对矿山、金属冶炼建设项目或者用于生产、储存、装卸危险物品的建设项目进行安全评价的；

(二)矿山、金属冶炼建设项目或者用于生产、储存、装卸危险物品的建设项目没有安全设施设计或者安全设施设计未按照规定报经有关部门审查同意的；

(三)矿山、金属冶炼建设项目或者用于生产、储存、装卸危险物品的建设项目的施工单位未按照批准的安全设施设计施工的；

(四)矿山、金属冶炼建设项目或者用于生产、储存危险物品的建设项目竣工投入生产或者使用前，安全设施未经验收合格的。

第九十六条　生产经营单位有下列行为之一的，责令限期改正，可以处五万元以下的罚款；逾期未改正的，处五万元以上二十万元以下的罚款，对其直接负责的主管人员和其他直接责任人员处一万元以上二万元以下的罚款；情节严重的，责令停产停业整顿；构成犯罪的，依照刑法有关规定追究刑事责任：

（一）未在有较大危险因素的生产经营场所和有关设施、设备上设置明显的安全警示标志的；

（二）安全设备的安装、使用、检测、改造和报废不符合国家标准或者行业标准的；

（三）未对安全设备进行经常性维护、保养和定期检测的；

（四）未为从业人员提供符合国家标准或者行业标准的劳动防护用品的；

（五）危险物品的容器、运输工具，以及涉及人身安全、危险性较大的海洋石油开采特种设备和矿山井下特种设备未经具有专业资质的机构检测、检验合格，取得安全使用证或者安全标志，投入使用的；

（六）使用应当淘汰的危及生产安全的工艺、设备的。

第九十七条　未经依法批准，擅自生产、经营、运输、储存、使用危险物品或者处置废弃危险物品的，依照有关危险物品安全管理的法律、行政法规的规定予以处罚；构成犯罪的，依照刑法有关规定追究刑事责任。

第九十八条　生产经营单位有下列行为之一的，责令限期改正，可以处十万元以下的罚款；逾期未改正的，责令停产停业整顿，并处十万元以上二十万元以下的罚款，对其直接负责的主管人员和其他直接责任人员处二万元以上五万元以下的罚款；构成犯罪的，依照刑法有关规定追究刑事责任：

（一）生产、经营、运输、储存、使用危险物品或者处置废弃危险物品，未建立专门安全管理制度、未采取可靠的安全措施的；

（二）对重大危险源未登记建档，或者未进行评估、监控，或者未制定应急预案的；

（三）进行爆破、吊装以及国务院安全生产监督管理部门会同国务院有关部门规定的其他危险作业，未安排专门人员进行现场安全管理的；

（四）未建立事故隐患排查治理制度的。

第九十九条　生产经营单位未采取措施消除事故隐患的，责令立即消除或者限期消除；生产经营单位拒不执行的，责令停产停业整顿，并处十万元以上五十万元以下的罚款，对其直接负责的主管人员和其他直接责任人员处二万元以上五万元以下的罚款。

第一百条　生产经营单位将生产经营项目、场所、设备发包或者出租给不具备安全生产条件或者相应资质的单位或者个人的，责令限期改正，没收违法所得；违法所得十万元以上的，并处违法所得二倍以上五倍以下的罚款；没有违法所得或者违法所得不足十万元的，单处或者并处十万元以上二十万元以下的罚款；对其直接负责的主管人员和其他直接责任人员处一万元以上二万元以下的罚款；导致发生生产安全事故给他人造成损害的，与承包方、承租方承担连带赔偿责任。

生产经营单位未与承包单位、承租单位签订专门的安全生产管理协议或者未在承包合同、租赁合同中明确各自的安全生产管理职责，或者未对承包单位、承租单位的安全生产统一协调、管理的，责令限期改正，可以处五万元以下的罚款，对其直接负责的主管人员和其他直接责任任人员可以处一万元以下的罚款;逾期未改正的,责令停产停业整顿。

第一百零一条 两个以上生产经营单位在同一作业区域内进行可能危及对方安全生产的生产经营活动,未签订安全生产管理协议或者未指定专职安全生产管理人员进行安全检查与协调的,责令限期改正,可以处五万元以下的罚款,对其直接负责的主管人员和其他直接责任人员可以处一万元以下的罚款;逾期未改正的,责令停产停业。

第一百零二条 生产经营单位有下列行为之一的,责令限期改正,可以处五万元以下的罚款,对其直接负责的主管人员和其他直接责任人员可以处一万元以下的罚款;逾期未改正的,责令停产停业整顿;构成犯罪的,依照刑法有关规定追究刑事责任:

(一)生产、经营、储存、使用危险物品的车间、商店、仓库与员工宿舍在同一座建筑内,或者与员工宿舍的距离不符合安全要求的;

(二)生产经营场所和员工宿舍未设有符合紧急疏散需要、标志明显、保持畅通的出口,或者锁闭、封堵生产经营场所或者员工宿舍出口的。

第一百零三条 生产经营单位与从业人员订立协议,免除或者减轻其对从业人员因生产安全事故伤亡依法应承担的责任的,该协议无效;对生产经营单位的主要负责人、个人经营的投资人处二万元以上十万元以下的罚款。

第一百零四条 生产经营单位的从业人员不服从管理,违反安全生产规章制度或者操作规程的,由生产经营单位给予批评教育,依照有关规章制度给予处分;构成犯罪的,依照刑法有关规定追究刑事责任。

第一百零五条 违反本法规定,生产经营单位拒绝、阻碍负有安全生产监督管理职责的部门依法实施监督检查的,责令改正;拒不改正的,处二万元以上二十万元以下的罚款;对其直接负责的主管人员和其他直接责任人员处一万元以上二万元以下的罚款;构成犯罪的,依照刑法有关规定追究刑事责任。

第一百零六条 生产经营单位的主要负责人在本单位发生生产安全事故时,不立即组织抢救或者在事故调查处理期间擅离职守或者逃匿的,给予降级、撤职的处分,并由安全生产监督管理部门处上一年年收入百分之六十至百分之一百的罚款;对逃匿的处十五日以下拘留;构成犯罪的,依照刑法有关规定追究刑事责任。

生产经营单位的主要负责人对生产安全事故隐瞒不报、谎报或者迟报的,依照前款规定处罚。

第一百零七条 有关地方人民政府、负有安全生产监督管理职责的部门,对生产安全事故隐瞒不报、谎报或者迟报的,对直接负责的主管人员和其他直接责任人员依法给予处分;构成犯罪的,依照刑法有关规定追究刑事责任。

第一百零八条 生产经营单位不具备本法和其他有关法律、行政法规和国家标准或者行业标准规定的安全生产条件,经停产停业整顿仍不具备安全生产条件的,予以关闭;有关部门应当依法吊销其有关证照。

第一百零九条 发生生产安全事故,对负有责任的生产经营单位除要求其依法承担相应的赔偿等责任外,由安全生产监督管理部门依照下列规定处以罚款:

(一)发生一般事故的,处二十万元以上五十万元以下的罚款;

(二)发生较大事故的,处五十万元以上一百万元以下的罚款;

(三)发生重大事故的,处一百万元以上五百万元以下的罚款;

（四）发生特别重大事故的，处五百万元以上一千万元以下的罚款；情节特别严重的，处一千万元以上二千万元以下的罚款。

第一百一十条　本法规定的行政处罚，由安全生产监督管理部门和其他负有安全生产监督管理职责的部门按照职责分工决定。予以关闭的行政处罚由负有安全生产监督管理职责的部门报请县级以上人民政府按照国务院规定的权限决定；给予拘留的行政处罚由公安机关依照治安管理处罚法的规定决定。

第一百一十一条　生产经营单位发生生产安全事故造成人员伤亡、他人财产损失的，应当依法承担赔偿责任；拒不承担或者其负责人逃匿的，由人民法院依法强制执行。

生产安全事故的责任人未依法承担赔偿责任，经人民法院依法采取执行措施后，仍不能对受害人给予足额赔偿的，应当继续履行赔偿义务；受害人发现责任人有其他财产的，可以随时请求人民法院执行。

第七章　附　　则

第一百一十二条　本法下列用语的含义：

危险物品，是指易燃易爆物品、危险化学品、放射性物品等能够危及人身安全和财产安全的物品。

重大危险源，是指长期地或者临时地生产、搬运、使用或者储存危险物品，且危险物品的数量等于或者超过临界量的单元（包括场所和设施）。

第一百一十三条　本法规定的生产安全一般事故、较大事故、重大事故、特别重大事故的划分标准由国务院规定。

国务院安全生产监督管理部门和其他负有安全生产监督管理职责的部门应当根据各自的职责分工，制定相关行业、领域重大事故隐患的判定标准。

第一百一十四条　本法自 2002 年 11 月 1 日起施行。

附录二　铁路安全管理条例

（中华人民共和国国务院令第 639 号）

第一章　总　　则

第一条　为了加强铁路安全管理，保障铁路运输安全和畅通，保护人身安全和财产安全，制定本条例。

第二条　铁路安全管理坚持安全第一、预防为主、综合治理的方针。

第三条　国务院铁路行业监督管理部门负责全国铁路安全监督管理工作，国务院铁路行业监督管理部门设立的铁路监督管理机构负责辖区内的铁路安全监督管理工作。国务院铁路行业监督管理部门和铁路监督管理机构统称铁路监管部门。

国务院有关部门依照法律和国务院规定的职责，负责铁路安全管理的有关工作。

第四条　铁路沿线地方各级人民政府和县级以上地方人民政府有关部门应当按照各自职责，加强保障铁路安全的教育，落实护路联防责任制，防范和制止危害铁路安全的行为，协调和处理保障铁路安全的有关事项，做好保障铁路安全的有关工作。

第五条　从事铁路建设、运输、设备制造维修的单位应当加强安全管理，建立健全安全生产管理制度，落实企业安全生产主体责任，设置安全管理机构或者配备安全管理人员，执行保障生产安全和产品质量安全的国家标准、行业标准，加强对从业人员的安全教育培训，保证安全生产所必需的资金投入。

铁路建设、运输、设备制造维修单位的工作人员应当严格执行规章制度，实行标准化作业，保证铁路安全。

第六条　铁路监管部门、铁路运输企业等单位应当按照国家有关规定制定突发事件应急预案，并组织应急演练。

第七条　禁止扰乱铁路建设、运输秩序。禁止损坏或者非法占用铁路设施设备、铁路标志和铁路用地。

任何单位或者个人发现损坏或者非法占用铁路设施设备、铁路标志、铁路用地以及其他影响铁路安全的行为，有权报告铁路运输企业，或者向铁路监管部门、公安机关或者其他有关部门举报。接到报告的铁路运输企业、接到举报的部门应当根据各自职责及时处理。

对维护铁路安全作出突出贡献的单位或者个人，按照国家有关规定给予表彰奖励。

第二章　铁路建设质量安全

第八条　铁路建设工程的勘察、设计、施工、监理以及建设物资、设备的采购，应当依法进行招标。

第九条　从事铁路建设工程勘察、设计、施工、监理活动的单位应当依法取得相应资质，并在其资质等级许可的范围内从事铁路工程建设活动。

第十条　铁路建设单位应当选择具备相应资质等级的勘察、设计、施工、监理单位进行工程建设，并对建设工程的质量安全进行监督检查，制作检查记录留存备查。

第十一条　铁路建设工程的勘察、设计、施工、监理应当遵守法律、行政法规关于建设工程质量和安全管理的规定，执行国家标准、行业标准和技术规范。

铁路建设工程的勘察、设计、施工单位依法对勘察、设计、施工的质量负责，监理单位依法对施工质量承担监理责任。

高速铁路和地质构造复杂的铁路建设工程实行工程地质勘察监理制度。

第十二条　铁路建设工程的安全设施应当与主体工程同时设计、同时施工、同时投入使用。安全设施投资应当纳入建设项目概算。

第十三条　铁路建设工程使用的材料、构件、设备等产品，应当符合有关产品质量的强制性国家标准、行业标准。

第十四条　铁路建设工程的建设工期，应当根据工程地质条件、技术复杂程度等因素，按照国家标准、行业标准和技术规范合理确定、调整。

任何单位和个人不得违反前款规定要求铁路建设、设计、施工单位压缩建设工期。

第十五条　铁路建设工程竣工，应当按照国家有关规定组织验收，并由铁路运输企业进行运营安全评估。经验收、评估合格，符合运营安全要求的，方可投入运营。

第十六条　在铁路线路及其邻近区域进行铁路建设工程施工，应当执行铁路营业线施工安全管理规定。铁路建设单位应当会同相关铁路运输企业和工程设计、施工单位制定安全施工方案，按照方案进行施工。施工完毕应当及时清理现场，不得影响铁路运营安全。

第十七条　新建、改建设计开行时速120公里以上列车的铁路或者设计运输量达到国务院铁路行业监督管理部门规定的较大运输量标准的铁路，需要与道路交叉的，应当设置立体交叉设施。

新建、改建高速公路、一级公路或者城市道路中的快速路，需要与铁路交叉的，应当设置立体交叉设施，并优先选择下穿铁路的方案。

已建成的属于前两款规定情形的铁路、道路为平面交叉的，应当逐步改造为立体交叉。

新建、改建高速铁路需要与普通铁路、道路、渡槽、管线等设施交叉的，应当优先选择高速铁路上跨方案。

第十八条　设置铁路与道路立体交叉设施及其附属安全设施所需费用的承担，按照下列原则确定：

（一）新建、改建铁路与既有道路交叉的，由铁路方承担建设费用；道路方要求超过既有道路建设标准建设所增加的费用，由道路方承担；

（二）新建、改建道路与既有铁路交叉的，由道路方承担建设费用；铁路方要求超过既有铁路线路建设标准建设所增加的费用，由铁路方承担；

（三）同步建设的铁路和道路需要设置立体交叉设施以及既有铁路道口改造为立体交叉的，由铁路方和道路方按照公平合理的原则分担建设费用。

第十九条　铁路与道路立体交叉设施及其附属安全设施竣工验收合格后，应当按照国家有关规定移交有关单位管理、维护。

第二十条　专用铁路、铁路专用线需要与公用铁路网接轨的，应当符合国家有关铁路建设、运输的安全管理规定。

第三章　铁路专用设备质量安全

第二十一条　设计、制造、维修或者进口新型铁路机车车辆，应当符合国家标准、行业标准，并分别向国务院铁路行业监督管理部门申请领取型号合格证、制造许可证、维修许可证或者进口许可证，具体办法由国务院铁路行业监督管理部门制定。

铁路机车车辆的制造、维修、使用单位应当遵守有关产品质量的法律、行政法规以及国家其他有关规定，确保投入使用的机车车辆符合安全运营要求。

第二十二条　生产铁路道岔及其转辙设备、铁路信号控制软件和控制设备、铁路通信设备、铁路牵引供电设备的企业，应当符合下列条件并经国务院铁路行业监督管理部门依法审查批准：

(一)有按照国家标准、行业标准检测、检验合格的专业生产设备；

(二)有相应的专业技术人员；

(三)有完善的产品质量保证体系和安全管理制度；

(四)法律、行政法规规定的其他条件。

第二十三条　铁路机车车辆以外的直接影响铁路运输安全的铁路专用设备，依法应当进行产品认证的，经认证合格方可出厂、销售、进口、使用。

第二十四条　用于危险化学品和放射性物品运输的铁路罐车、专用车辆以及其他容器的生产和检测、检验，依照有关法律、行证法规的规定执行。

第二十五条　用于铁路运输的安全检测、监控、防护设施设备，集装箱和集装化用具等运输器具，专用装卸机械、索具、篷布、装载加固材料或者装置，以及运输包装、货物装载加固等，应当符合国家标准、行业标准和技术规范。

第二十六条　铁路机车车辆以及其他铁路专用设备存在缺陷，即由于设计、制造、标识等原因导致同一批次、型号或者类别的铁路专用设备普遍存在不符合保障人身、财产安全的国家标准、行业标准的情形或者其他危及人身、财产安全的不合理危险的，应当立即停止生产、销售、进口、使用；设备制造者应当召回缺陷产品，采取措施消除缺陷。具体办法由国务院铁路行业监督管理部门制定。

第四章　铁路线路安全

第二十七条　铁路线路两侧应当设立铁路线路安全保护区。铁路线路安全保护区的范围，从铁路线路路堤坡脚、路堑坡顶或者铁路桥梁(含铁路、道路两用桥，下同)外侧起向外的距离分别为：

(一)城市市区高速铁路为 10 米，其他铁路为 8 米；

(二)城市郊区居民居住区高速铁路为 12 米，其他铁路为 10 米；

(三)村镇居民居住区高速铁路为 15 米，其他铁路为 12 米；

(四)其他地区高速铁路为 20 米，其他铁路为 15 米。

前款规定距离不能满足铁路运输安全保护需要的，由铁路建设单位或者铁路运输企业提出方案，铁路监督管理机构或者县级以上地方人民政府依照本条第三款规定程序划定。

在铁路用地范围内划定铁路线路安全保护区的，由铁路监督管理机构组织铁路建设单位或者铁路运输企业划定并公告。在铁路用地范围外划定铁路线路安全保护区的，由县级以上地方人民政府根据保障铁路运输安全和节约用地的原则，组织有关铁路监督管理机构、县级以上地方人民政府国土资源等部门划定并公告。

铁路线路安全保护区与公路建筑控制区、河道管理范围、水利工程管理和保护范围、航道保护范围或者石油、电力以及其他重要设施保护区重叠的，由县级以上地方人民政府组织有关部门依照法律、行政法规的规定协商划定并公告。

新建、改建铁路的铁路线路安全保护区范围，应当自铁路建设工程初步设计批准之日起30日内，由县级以上地方人民政府依照本条例的规定划定并公告。铁路建设单位或者铁路运输企业应当根据工程竣工资料进行勘界，绘制铁路线路安全保护区平面图，并根据平面图设立标桩。

第二十八条　设计开行时速120公里以上列车的铁路应当实行全封闭管理。铁路建设单位或者铁路运输企业应当按照国务院铁路行业监督管理部门的规定在铁路用地范围内设置封闭设施和警示标志。

第二十九条　禁止在铁路线路安全保护区内烧荒、放养牲畜、种植影响铁路线路安全和行车瞭望的树木等植物。

禁止向铁路线路安全保护区排污、倾倒垃圾以及其他危害铁路安全的物质。

第三十条　在铁路线路安全保护区内建造建筑物、构筑物等设施，取土、挖砂、挖沟、采空作业或者堆放、悬挂物品，应当征得铁路运输企业同意并签订安全协议，遵守保证铁路安全的国家标准、行业标准和施工安全规范，采取措施防止影响铁路运输安全。铁路运输企业应当派员对施工现场实行安全监督。

第三十一条　铁路线路安全保护区内既有的建筑物、构筑物危及铁路运输安全的，应当采取必要的安全防护措施；采取安全防护措施后仍不能保证安全的，依照有关法律的规定拆除。

拆除铁路线路安全保护区内的建筑物、构筑物，清理铁路线路安全保护区内的植物，或者对他人在铁路线路安全保护区内已依法取得的采矿权等合法权利予以限制，给他人造成损失的，应当依法给予补偿或者采取必要的补救措施。但是，拆除非法建设的建筑物、构筑物的除外。

第三十二条　在铁路线路安全保护区及其邻近区域建造或者设置的建筑物、构筑物、设备等，不得进入国家规定的铁路建筑限界。

第三十三条　在铁路线路两侧建造、设立生产、加工、储存或者销售易燃、易爆或者放射性物品等危险物品的场所、仓库，应当符合国家标准、行业标准规定的安全防护距离。

第三十四条　在铁路线路两侧从事采矿、采石或者爆破作业，应当遵守有关采矿和民用爆破的法律法规，符合国家标准、行业标准和铁路安全保护要求。

在铁路线路路堤坡脚、路堑坡顶、铁路桥梁外侧起向外各1 000米范围内，以及在铁路隧道上方中心线两侧各1 000米范围内，确需从事露天采矿、采石或者爆破作业的，应当与铁路运输企业协商一致，依照有关法律法规的规定报县级以上地方人民政府有关部门批准，采取安全防护措施后方可进行。

第三十五条　高速铁路线路路堤坡脚、路堑坡顶或者铁路桥梁外侧起向外各200米范围内禁止抽取地下水。

在前款规定范围外，高速铁路线路经过的区域属于地面沉降区域，抽取地下水危及高速铁路安全的，应当设置地下水禁止开采区或者限制开采区，具体范围由铁路监督管理机构会同县级以上地方人民政府水行政主管部门提出方案，报省、自治区、直辖市人民政府批准并公告。

第三十六条 在电气化铁路附近从事排放粉尘、烟尘及腐蚀性气体的生产活动，超过国家规定的排放标准，危及铁路运输安全的，由县级以上地方人民政府有关部门依法责令整改，消除安全隐患。

第三十七条 任何单位和个人不得擅自在铁路桥梁跨越处河道上下游各1 000米范围内围垦造田、拦河筑坝、架设浮桥或者修建其他影响铁路桥梁安全的设施。

因特殊原因确需在前款规定的范围内进行围垦造田、拦河筑坝、架设浮桥等活动的，应当进行安全论证，负责审批的机关在批准前应当征求有关铁路运输企业的意见。

第三十八条 禁止在铁路桥梁跨越处河道上下游的下列范围内采砂、淘金：

(一)跨河桥长500米以上的铁路桥梁，河道上游500米，下游3 000米；

(二)跨河桥长100米以上不足500米的铁路桥梁，河道上游500米，下游2 000米；

(三)跨河桥长不足100米的铁路桥梁，河道上游500米，下游1 000米。

有关部门依法在铁路桥梁跨越处河道上下游划定的禁采范围大于前款规定的禁采范围的，按照划定的禁采范围执行。

县级以上地方人民政府水行政主管部门、国土资源主管部门应当按照各自职责划定禁采区域、设置禁采标志，制止非法采砂、淘金行为。

第三十九条 在铁路桥梁跨越处河道上下游各500米范围内进行疏浚作业，应当进行安全技术评价，有关河道、航道管理部门应当征求铁路运输企业的意见，确认安全或者采取安全技术措施后，方可批准进行疏浚作业。但是，依法进行河道、航道日常养护、疏浚作业的除外。

第四十条 铁路、道路两用桥由所在地铁路运输企业和道路管理部门或者道路经营企业定期检查、共同维护，保证桥梁处于安全的技术状态。

铁路、道路两用桥的墩、梁等共用部分的检测、维修由铁路运输企业和道路管理部门或者道路经营企业共同负责，所需费用按照公平合理的原则分担。

第四十一条 铁路的重要桥梁和隧道按照国家有关规定由中国人民武装警察部队负责守卫。

第四十二条 船舶通过铁路桥梁应当符合桥梁的通航净空高度并遵守航行规则。

桥区航标中的桥梁航标、桥柱标、桥梁水尺标由铁路运输企业负责设置、维护，水面航标由铁路运输企业负责设置，航道管理部门负责维护。

第四十三条 下穿铁路桥梁、涵洞的道路应当按照国家标准设置车辆通过限高、限宽标志和限高防护架。城市道路的限高、限宽标志由当地人民政府指定的部门设置并维护，公路的限高、限宽标志由公路管理部门设置并维护。限高防护架在铁路桥梁、涵洞、道路建设时设置，由铁路运输企业负责维护。

机动车通过下穿铁路桥梁、涵洞的道路，应当遵守限高、限宽规定。

下穿铁路涵洞的管理单位负责涵洞的日常管理、维护，防止淤塞、积水。

第四十四条 铁路线路安全保护区内的道路和铁路线路路堑上的道路、跨越铁路线路的道路桥梁，应当按照国家有关规定设置防止车辆以及其他物体进入、坠入铁路线路的安全防护设施和警示标志，并由道路管理部门或者道路经营企业维护、管理。

第四十五条 架设、铺设铁路信号和通信线路、杆塔应当符合国家标准、行业标准和铁路安全防护要求。铁路运输企业、为铁路运输提供服务的电信企业应当加强对铁路信号和通信线路、杆塔的维护和管理。

第四十六条　设置或者拓宽铁路道口、铁路人行过道，应当征得铁路运输企业的同意。

第四十七条　铁路与道路交叉的无人看守道口应当按照国家标准设置警示标志；有人看守道口应当设置移动栏杆、列车接近报警装置、警示灯、警示标志、铁路道口路段标线等安全防护设施。

道口移动栏杆、列车接近报警装置、警示灯等安全防护设施由铁路运输企业设置、维护；警示标志、铁路道口路段标线由铁路道口所在地的道路管理部门设置、维护。

第四十八条　机动车或者非机动车在铁路道口内发生故障或者装载物掉落的，应当立即将故障车辆或者掉落的装载物移至铁路道口停止线以外或者铁路线路最外侧钢轨 5 米以外的安全地点。无法立即移至安全地点的，应当立即报告铁路道口看守人员；在无人看守道口，应当立即在道口两端采取措施拦停列车，并就近通知铁路车站或者公安机关。

第四十九条　履带车辆等可能损坏铁路设施设备的车辆、物体通过铁路道口，应当提前通知铁路道口管理单位，在其协助、指导下通过，并采取相应的安全防护措施。

第五十条　在下列地点，铁路运输企业应当按照国家标准、行业标准设置易于识别的警示、保护标志：

（一）铁路桥梁、隧道的两端；

（二）铁路信号、通信光（电）缆的埋设、铺设地点；

（三）电气化铁路接触网、自动闭塞供电线路和电力贯通线路等电力设施附近易发生危险的地点。

第五十一条　禁止毁坏铁路线路、站台等设施设备和铁路路基、护坡、排水沟、防护林木、护坡草坪、铁路线路封闭网及其他铁路防护设施。

第五十二条　禁止实施下列危及铁路通信、信号设施安全的行为：

（一）在埋有地下光（电）缆设施的地面上方进行钻探，堆放重物、垃圾，焚烧物品，倾倒腐蚀性物质；

（二）在地下光（电）缆两侧各 1 米的范围内建造、搭建建筑物、构筑物等设施；

（三）在地下光（电）缆两侧各 1 米的范围内挖砂、取土；

（四）在过河光（电）缆两侧各 100 米的范围内挖砂、抛锚或者进行其他危及光（电）缆安全的作业。

第五十三条　禁止实施下列危害电气化铁路设施的行为：

（一）向电气化铁路接触网抛掷物品；

（二）在铁路电力线路导线两侧各 500 米的范围内升放风筝、气球等低空飘浮物体；

（三）攀登铁路电力线路杆塔或者在杆塔上架设、安装其他设施设备；

（四）在铁路电力线路杆塔、拉线周围 20 米范围内取土、打桩、钻探或者倾倒有害化学物品；

（五）触碰电气化铁路接触网。

第五十四条　县级以上各级人民政府及其有关部门、铁路运输企业应当依照地质灾害防治法律法规的规定，加强铁路沿线地质灾害的预防、治理和应急处理等工作。

第五十五条　铁路运输企业应当对铁路线路、铁路防护设施和警示标志进行经常性巡查和维护；对巡查中发现的安全问题应当立即处理，不能立即处理的应当及时报告铁路监督管理机构。巡查和处理情况应当记录留存。

第五章　铁路运营安全

第五十六条　铁路运输企业应当依照法律、行政法规和国务院铁路行业监督管理部门的规定,制定铁路运输安全管理制度,完善相关作业程序,保障铁路旅客和货物运输安全。

第五十七条　铁路机车车辆的驾驶人员应当参加国务院铁路行业监督管理部门组织的考试,考试合格方可上岗。具体办法由国务院铁路行业监督管理部门制定。

第五十八条　铁路运输企业应当加强铁路专业技术岗位和主要行车工种岗位从业人员的业务培训和安全培训,提高从业人员的业务技能和安全意识。

第五十九条　铁路运输企业应当加强运输过程中的安全防护,使用的运输工具、装载加固设备以及其他专用设施设备应当符合国家标准、行业标准和安全要求。

第六十条　铁路运输企业应当建立健全铁路设施设备的检查防护制度,加强对铁路设施设备的日常维护检修,确保铁路设施设备性能完好和安全运行。

铁路运输企业的从业人员应当按照操作规程使用、管理铁路设施设备。

第六十一条　在法定假日和传统节日等铁路运输高峰期或者恶劣气象条件下,铁路运输企业应当采取必要的安全应急管理措施,加强铁路运输安全检查,确保运输安全。

第六十二条　铁路运输企业应当在列车、车站等场所公告旅客、列车工作人员以及其他进站人员遵守的安全管理规定。

第六十三条　公安机关应当按照职责分工,维护车站、列车等铁路场所和铁路沿线的治安秩序。

第六十四条　铁路运输企业应当按照国务院铁路行业监督管理部门的规定实施火车票实名购买、查验制度。

实施火车票实名购买、查验制度的,旅客应当凭有效身份证件购票乘车;对车票所记载身份信息与所持身份证件或者真实身份不符的持票人,铁路运输企业有权拒绝其进站乘车。

铁路运输企业应当采取有效措施为旅客实名购票、乘车提供便利,并加强对旅客身份信息的保护。铁路运输企业工作人员不得窃取、泄露旅客身份信息。

第六十五条　铁路运输企业应当依照法律、行政法规和国务院铁路行业监督管理部门的规定,对旅客及其随身携带、托运的行李物品进行安全检查。

从事安全检查的工作人员应当佩戴安全检查标志,依法履行安全检查职责,并有权拒绝不接受安全检查的旅客进站乘车和托运行李物品。

第六十六条　旅客应当接受并配合铁路运输企业在车站、列车实施的安全检查,不得违法携带、夹带管制器具,不得违法携带、托运烟花爆竹、枪支弹药等危险物品或者其他违禁物品。

禁止或者限制携带的物品种类及其数量由国务院铁路行业监督管理部门会同公安机关规定,并在车站、列车等场所公布。

第六十七条　铁路运输托运人托运货物、行李、包裹,不得有下列行为:

(一)匿报、谎报货物品名、性质、重量;

(二)在普通货物中夹带危险货物,或者在危险货物中夹带禁止配装的货物;

(三)装车、装箱超过规定重量。

第六十八条　铁路运输企业应当对承运的货物进行安全检查,并不得有下列行为:

(一)在非危险货物办理站办理危险货物承运手续;

(二)承运未接受安全检查的货物;

(三)承运不符合安全规定、可能危害铁路运输安全的货物。

第六十九条　运输危险货物应当依照法律法规和国家其他有关规定使用专用的设施设备,托运人应当配备必要的押运人员和应急处理器材、设备以及防护用品,并使危险货物始终处于押运人员的监管之下;危险货物发生被盗、丢失、泄漏等情况,应当按照国家有关规定及时报告。

第七十条　办理危险货物运输业务的工作人员和装卸人员、押运人员,应当掌握危险货物的性质、危害特性、包装容器的使用特性和发生意外的应急措施。

第七十一条　铁路运输企业和托运人应当按照操作规程包装、装卸、运输危险货物,防止危险货物泄漏、爆炸。

第七十二条　铁路运输企业和托运人应当依照法律法规和国家其他有关规定包装、装载、押运特殊药品,防止特殊药品在运输过程中被盗、被劫或者发生丢失。

第七十三条　铁路管理信息系统及其设施的建设和使用,应当符合法律法规和国家其他有关规定的安全技术要求。

铁路运输企业应当建立网络与信息安全应急保障体系,并配备相应的专业技术人员负责网络和信息系统的安全管理工作。

第七十四条　禁止使用无线电台(站)以及其他仪器、装置干扰铁路运营指挥调度无线电频率的正常使用。

铁路运营指挥调度无线电频率受到干扰的,铁路运输企业应当立即采取排查措施并报告无线电管理机构、铁路监管部门;无线电管理机构、铁路监管部门应当依法排除干扰。

第七十五条　电力企业应当依法保障铁路运输所需电力的持续供应,并保证供电质量。

铁路运输企业应当加强用电安全管理,合理配置供电电源和应急自备电源。

遇有特殊情况影响铁路电力供应的,电力企业和铁路运输企业应当按照各自职责及时组织抢修,尽快恢复正常供电。

第七十六条　铁路运输企业应当加强铁路运营食品安全管理,遵守有关食品安全管理的法律法规和国家其他有关规定,保证食品安全。

第七十七条　禁止实施下列危害铁路安全的行为:

(一)非法拦截列车、阻断铁路运输;

(二)扰乱铁路运输指挥调度机构以及车站、列车的正常秩序;

(三)在铁路线路上放置、遗弃障碍物;

(四)击打列车;

(五)擅自移动铁路线路上的机车车辆,或者擅自开启列车车门、违规操纵列车紧急制动设备;

(六)拆盗、损毁或者擅自移动铁路设施设备、机车车辆配件、标桩、防护设施和安全标志;

(七)在铁路线路上行走、坐卧或者在未设道口、人行过道的铁路线路上通过;

(八)擅自进入铁路线路封闭区域或者在未设置行人通道的铁路桥梁、隧道通行;

(九)擅自开启、关闭列车的货车阀、盖或者破坏施封状态;

(十)擅自开启列车中的集装箱箱门、破坏箱体、阀、盖或者施封状态;

(十一)擅自松动、拆解、移动列车中的货物装载加固材料、装置和设备;

(十二)钻车、扒车、跳车;

(十三)从列车上抛扔杂物;

(十四)在动车组列车上吸烟或者在其他列车的禁烟区域吸烟;

(十五)强行登乘或者以拒绝下车等方式强占列车;

(十六)冲击、堵塞、占用进出站通道或者候车区、站台。

第六章　监督检查

第七十八条　铁路监管部门应当对从事铁路建设、运输、设备制造维修的企业执行本条例的情况实施监督检查,依法查处违反本条例规定的行为,依法组织或者参与铁路安全事故的调查处理。

铁路监管部门应当建立企业违法行为记录和公告制度,对违反本条例被依法追究法律责任的从事铁路建设、运输、设备制造维修的企业予以公布。

第七十九条　铁路监管部门应当加强对铁路运输高峰期和恶劣气象条件下运输安全的监督管理,加强对铁路运输的关键环节、重要设施设备的安全状况以及铁路运输突发事件应急预案的建立和落实情况的监督检查。

第八十条　铁路监管部门和县级以上人民政府安全生产监督管理部门应当建立信息通报制度和运输安全生产协调机制。发现重大安全隐患,铁路运输企业难以自行排除的,应当及时向铁路监管部门和有关地方人民政府报告。地方人民政府获悉铁路沿线有危及铁路运输安全的重要情况,应当及时通报有关的铁路运输企业和铁路监管部门。

第八十一条　铁路监管部门发现安全隐患,应当责令有关单位立即排除。重大安全隐患排除前或者排除过程中无法保证安全的,应当责令从危险区域内撤出人员、设备,停止作业;重大安全隐患排除后方可恢复作业。

第八十二条　实施铁路安全监督检查的人员执行监督检查任务时,应当佩戴标志或者出示证件。任何单位和个人不得阻碍、干扰安全监督检查人员依法履行安全检查职责。

第七章　法律责任

第八十三条　铁路建设单位和铁路建设的勘察、设计、施工、监理单位违反本条例关于铁路建设质量安全管理的规定的,由铁路监管部门依照有关工程建设、招标投标管理的法律、行政法规的规定处罚。

第八十四条　铁路建设单位未对高速铁路和地质构造复杂的铁路建设工程实行工程地质勘察监理,或者在铁路线路及其邻近区域进行铁路建设工程施工不执行铁路营业线施工安全管理规定,影响铁路运营安全的,由铁路监管部门责令改正,处 10 万元以上 50 万元以下的罚款。

第八十五条　依法应当进行产品认证的铁路专用设备未经认证合格,擅自出厂、销售、进口、使用的,依照《中华人民共和国认证认可条例》的规定处罚。

第八十六条　铁路机车车辆以及其他专用设备制造者未按规定召回缺陷产品,采取措施消除缺陷的,由国务院铁路行业监督管理部门责令改正;拒不改正的,处缺陷产品货值金额 1%以上 10%以下的罚款;情节严重的,由国务院铁路行业监督管理部门吊销相应的许可证件。

第八十七条　有下列情形之一的，由铁路监督管理机构责令改正，处 2 万元以上 10 万元以下的罚款：

（一）用于铁路运输的安全检测、监控、防护设施设备，集装箱和集装化用具等运输器具、专用装卸机械、索具、篷布、装载加固材料或者装置、运输包装、货物装载加固等，不符合国家标准、行业标准和技术规范；

（二）不按照国家有关规定和标准设置、维护铁路封闭设施、安全防护设施；

（三）架设、铺设铁路信号和通信线路、杆塔不符合国家标准、行业标准和铁路安全防护要求，或者未对铁路信号和通信线路、杆塔进行维护和管理；

（四）运输危险货物不依照法律法规和国家其他有关规定使用专用的设施设备。

第八十八条　在铁路线路安全保护区内烧荒、放养牲畜、种植影响铁路线路安全和行车瞭望的树木等植物，或者向铁路线路安全保护区排污、倾倒垃圾以及其他危害铁路安全的物质的，由铁路监督管理机构责令改正，对单位可以处 5 万元以下的罚款，对个人可以处 2 000 元以下的罚款。

第八十九条　未经铁路运输企业同意或者未签订安全协议，在铁路线路安全保护区内建造建筑物、构筑物等设施，取土、挖砂、挖沟、采空作业或者堆放、悬挂物品，或者违反保证铁路安全的国家标准、行业标准和施工安全规范，影响铁路运输安全的，由铁路监督管理机构责令改正，可以处 10 万元以下的罚款。

铁路运输企业未派员对铁路线路安全保护区内施工现场进行安全监督的，由铁路监督管理机构责令改正，可以处 3 万元以下的罚款。

第九十条　在铁路线路安全保护区及其邻近区域建造或者设置的建筑物、构筑物、设备等进入国家规定的铁路建筑限界，或者在铁路线路两侧建造、设立生产、加工、储存或者销售易燃、易爆或者放射性物品等危险物品的场所、仓库不符合国家标准、行业标准规定的安全防护距离的，由铁路监督管理机构责令改正，对单位处 5 万元以上 20 万元以下的罚款，对个人处 1 万元以上 5 万元以下的罚款。

第九十一条　有下列行为之一的，分别由铁路沿线所在地县级以上地方人民政府水行政主管部门、国土资源主管部门或者无线电管理机构等依照有关水资源管理、矿产资源管理、无线电管理等法律、行政法规的规定处罚：

（一）未经批准在铁路线路两侧各 1 000 米范围内从事露天采矿、采石或者爆破作业；

（二）在地下水禁止开采区或者限制开采区抽取地下水；

（三）在铁路桥梁跨越处河道上下游各 1 000 米范围内围垦造田、拦河筑坝、架设浮桥或者修建其他影响铁路桥梁安全的设施；

（四）在铁路桥梁跨越处河道上下游禁止采砂、淘金的范围内采砂、淘金；

（五）干扰铁路运营指挥调度无线电频率正常使用。

第九十二条　铁路运输企业、道路管理部门或者道路经营企业未履行铁路、道路两用桥检查、维护职责的，由铁路监督管理机构或者上级道路管理部门责令改正；拒不改正的，由铁路监督管理机构或者上级道路管理部门指定其他单位进行养护和维修，养护和维修费用由拒不履行义务的铁路运输企业、道路管理部门或者道路经营企业承担。

第九十三条　机动车通过下穿铁路桥梁、涵洞的道路未遵守限高、限宽规定的，由公安机关依照道路交通安全管理法律、行政法规的规定处罚。

第九十四条 违反本条例第四十八条、第四十九条关于铁路道口安全管理的规定的,由铁路监督管理机构责令改正,处1 000元以上5 000元以下的罚款。

第九十五条 违反本条例第五十一条、第五十二条、第五十三条、第七十七条规定的,由公安机关责令改正,对单位处1万元以上5万元以下的罚款,对个人处500元以上2 000元以下的罚款。

第九十六条 铁路运输托运人托运货物、行李、包裹时匿报、谎报货物品名、性质、重量,或者装车、装箱超过规定重量的,由铁路监督管理机构责令改正,可以处2 000元以下的罚款;情节较重的,处2 000元以上2万元以下的罚款;将危险化学品谎报或者匿报为普通货物托运的,处10万元以上20万元以下的罚款。

铁路运输托运人在普通货物中夹带危险货物,或者在危险货物中夹带禁止配装的货物的,由铁路监督管理机构责令改正,处3万元以上20万元以下的罚款。

第九十七条 铁路运输托运人运输危险货物未配备必要的应急处理器材、设备、防护用品,或者未按照操作规程包装、装卸、运输危险货物的,由铁路监督管理机构责令改正,处1万元以上5万元以下的罚款。

第九十八条 铁路运输托运人运输危险货物不按照规定配备必要的押运人员,或者发生危险货物被盗、丢失、泄漏等情况不按照规定及时报告的,由公安机关责令改正,处1万元以上5万元以下的罚款。

第九十九条 旅客违法携带、夹带管制器具或者违法携带、托运烟花爆竹、枪支弹药等危险物品或者其他违禁物品的,由公安机关依法给予治安管理处罚。

第一百条 铁路运输企业有下列情形之一的,由铁路监管部门责令改正,处2万元以上10万元以下的罚款:

(一)在非危险货物办理站办理危险货物承运手续;

(二)承运未接受安全检查的货物;

(三)承运不符合安全规定、可能危害铁路运输安全的货物;

(四)未按照操作规程包装、装卸、运输危险货物。

第一百零一条 铁路监管部门及其工作人员应当严格按照本条例规定的处罚种类和幅度,根据违法行为的性质和具体情节行使行政处罚权,具体办法由国务院铁路行业监督管理部门制定。

第一百零二条 铁路运输企业工作人员窃取、泄露旅客身份信息的,由公安机关依法处罚。

第一百零三条 从事铁路建设、运输、设备制造维修的单位违反本条例规定,对直接负责的主管人员和其他直接责任人员依法给予处分。

第一百零四条 铁路监管部门及其工作人员不依照本条例规定履行职责的,对负有责任的领导人员和直接责任人员依法给予处分。

第一百零五条 违反本条例规定,给铁路运输企业或者其他单位、个人财产造成损失的,依法承担民事责任。

违反本条例规定,构成违反治安管理行为的,由公安机关依法给予治安管理处罚;构成犯罪的，依法追究刑事责任。

第八章　附　　则

第一百零六条　专用铁路、铁路专用线的安全管理参照本条例的规定执行。

第一百零七条　本条例所称高速铁路，是指设计开行时速 250 公里以上(含预留)，并且初期运营时速 200 公里以上的客运列车专线铁路。

第一百零八条　本条例自 2014 年 1 月 1 日起施行。2004 年 12 月 27 日国务院公布的《铁路运输安全保护条例》同时废止。

附录三　铁路交通事故应急救援和调查处理条例

(国务院令第501号)

第一章　总　　则

第一条　为了加强铁路交通事故的应急救援工作,规范铁路交通事故调查处理,减少人员伤亡和财产损失,保障铁路运输安全和畅通,根据《中华人民共和国铁路法》和其他有关法律的规定,规定本条例。

第二条　铁路机车车辆在运行过程中与行人、机动车、非机动车、牲畜及其他障碍物相撞,或者铁路机车车辆发生冲突、脱轨、火灾、爆炸等影响铁路正常行车的铁路交通事故(以下简称事故)的应急救援和调查处理,适用本条例。

第三条　国务院铁路主管部门应当加强铁路运输安全监督管理,建立健全事故应急救援和调查处理的各项制度,按照国家规定的权限和程序,负责组织、指挥、协调事故的应急救援和调查处理工作。

第四条　铁路管理机构应当加强日常的铁路运输安全监督检查,指导、督促铁路运输企业落实事故应急救援的各项规定,按照规定的权限和程序,组织、参与、协调本辖区内事故的应急救援和调查处理工作。

第五条　国务院其他有关部门和有关地方人民政府应当按照各自的职责和分工,组织、参与事故的应急救援和调查处理工作。

第六条　铁路运输企业和其他有关单位、个人应当遵守铁路运输安全管理的各项规定,防止和避免事故的发生。

事故发生后,铁路运输企业和其他有关单位应当及时、准确地报告事故情况,积极开展应急救援工作,减少人员伤亡和财产损失,尽快恢复铁路正常行车。

第七条　任何单位和个人不得干扰、阻碍事故应急救援、铁路线路开通、列车运行和事故调查处理。

第二章　事故等级

第八条　根据事故造成的人员伤亡、直接经济损失、列车脱轨辆数、中断铁路行车时间等情形,事故等级分为特别重大事故、重大事故、较大事故和一般事故。

第九条　有下列情形之一的,为特别重大事故:

(一)造成30人以上死亡,或者100人以上重伤(包括急性工业中毒,下同),或者1亿元以上直接经济损失的;

(二)繁忙干线客运列车脱轨18辆以上并中断铁路行车48小时以上的;

(三)繁忙干线货运列车脱轨60辆以上并中断铁路行车48小时以上的。

第十条　有下列情形之一的,为重大事故:

(一)造成10人以上30人以下死亡,或者50人以上100人以下重伤,或者5 000万元以上

1 亿元以下直接经济损失的；

(二)客运列车脱轨 18 辆以上的；

(三)货运列车脱轨 60 辆以上的；

(四)客运列车脱轨 2 辆以上 18 辆以下，并中断繁忙干线铁路行车 24 小时以上或者中断其他线路铁路行车 48 小时以上的；

(五)货运列车脱轨 6 辆以上 60 辆以下，并中断繁忙干线铁路行车 24 小时以上或者中断其他线路铁路行车 48 小时以上的。

第十一条 有下列情形之一的，为较大事故：

(一)造成 3 人以上 10 人以下死亡，或者 10 人以上 50 人以下重伤，或者 1 000 万元以上 5 000万元以下直接经济损失的；

(二)客运列车脱轨 2 辆以上 18 辆以下的；

(三)货运列车脱轨 6 辆以上 60 辆以下的；

(四)中断繁忙干线铁路行车 6 小时以上的；

(五)中断其他线路铁路行车 10 小时以上的。

第十二条 造成 3 人以下死亡，或者 10 人以下重伤，或者1 000万元以下直接经济损失的，为一般事故。

除前款规定外，国务院铁路主管部门可以对一般事故的其他情形作出补充规定。

第十三条 本章所称的“以上”包括本数，所称的“以下”不包括本数。

第三章 事故报告

第十四条 事故发生后，事故现场的铁路运输企业工作人员或者其他人员应当立即报告邻近铁路车站、列车调度员或者公安机关。有关单位和人员接到报告后，应当立即将事故情况报告事故发生地铁路管理机构。

第十五条 铁路管理机构接到事故报告，应当尽快核实有关情况，并立即报告国务院铁路主管部门；对特别重大事故、重大事故，国务院铁路主管部门应当立即报告国务院并通报国家安全生产监督管理等有关部门。

发生特别重大事故、重大事故、较大事故或者有人员伤亡的一般事故，铁路管理机构还应当通报事故发生地县级以上地方人民政府及其安全生产监督管理部门。

第十六条 事故报告应当包括下列内容：

(一)事故发生的时间、地点、区间(线名、公里、米)、事故相关单位和人员；

(二)发生事故的列车种类、车次、部位、计长、机车型号、牵引辆数、吨数；

(三)承运旅客人数或者货物品名、装载情况；

(四)人员伤亡情况，机车车辆、线路设施、道路车辆的损坏情况，对铁路行车的影响情况；

(五)事故原因的初步判断；

(六)事故发生后采取的措施及事故控制情况；

(七)具体救援请求。

事故报告后出现新情况的，应当及时补报。

第十七条 国务院铁路主管部门、铁路管理机构和铁路运输企业应当向社会公布事故报告值班电话，受理事故报告和举报。

第四章　事故应急救援

第十八条　事故发生后，列车司机或者运转车长应当立即停车，采取紧急处置措施；对无法处置的，应当立即报告邻近铁路车站、列车调度员进行处置。

为保障铁路旅客安全或者因特殊运输需要不宜停车的，可以不停车；但是，列车司机或者运转车长应当立即将事故情况报告邻近铁路车站、列车调度员，接到报告的邻近铁路车站、列车调度员应当立即进行处置。

第十九条　事故造成中断铁路行车的，铁路运输企业应当立即组织抢修，尽快恢复铁路正常行车；必要时，铁路运输调度指挥部门应当调整运输径路，减少事故影响。

第二十条　事故发生后，国务院铁路主管部门、铁路管理机构、事故发生地县级以上地方人民政府或者铁路运输企业应当根据事故等级启动相应的应急预案；必要时，成立现场应急救援机构。

第二十一条　现场应急救援机构根据事故应急救援工作的实际需要，可以借用有关单位和个人的设施、设备和其他物资。借用单位使用完毕应当及时归还，并支付适当费用；造成损失的，应当赔偿。

有关单位和个人应当积极支持、配合救援工作。

第二十二条　事故造成重大人员伤亡或者需要紧急转移、安置铁路旅客和沿线居民的，事故发生地县级以上地方人民政府应当及时组织开展救治和转移、安置工作。

第二十三条　国务院铁路主管部门、铁路管理机构或者事故发生地县级以上地方人民政府根据事故救援的实际需要，可以请求当地驻军、武装警察部队参与事故救援。

第二十四条　有关单位和个人应当妥善保护事故现场以及相关证据，并在事故调查组成立后将相关证据移交事故调查组。因事故救援、尽快恢复铁路正常行车需要改变事故现场的，应当做出标记、绘制现场示意图、制作现场视听资料，并做出书面记录。

任何单位和个人不得破坏事故现场，不得伪造、隐匿或者毁灭相关证据。

第二十五条　事故中死亡人员的尸体经法定机构鉴定后，应当及时通知死者家属认领；无法查找死者家属的，按照国家有关规定处理。

第五章　事故调查处理

第二十六条　特别重大事故由国务院或者国务院授权的部门组织事故调查组进行调查。

重大事故由国务院铁路主管部门组织事故调查组进行调查。

较大事故和一般事故由事故发生地铁路管理机构组织事故调查组进行调查；国务院铁路主管部门认为必要时，可以组织事故调查组对较大事故和一般事故进行调查。

根据事故的具体情况，事故调查组由有关人民政府、公安机关、安全生产监督管理部门、监察机关等单位派人组成，并应当邀请人民检察院派人参加。事故调查组认为必要时，可以聘请有关专家参与事故调查。

第二十七条　事故调查组应当按照国家有关规定开展事故调查，并在下列调查期限内向组织事故调查组的机关或者铁路管理机构提交事故调查报告：

(一)特别重大事故的调查期限为 60 日；

(二)重大事故的调查期限为 30 日；

(三)较大事故的调查期限为20日；

(四)一般事故的调查期限为10日。

事故调查期限自事故发生之日起计算。

第二十八条　事故调查处理，需要委托有关机构进行技术鉴定或者对铁路设备、设施及其他财产损失状况以及中断铁路行车造成的直接经济损失进行评估的，事故调查组应当委托具有国家规定资质的机构进行技术鉴定或者评估。技术鉴定或者评估所需时间不计入事故调查期限。

第二十九条　事故调查报告形成后，报经组织事故调查组的机关或者铁路管理机构同意，事故调查组工作即告结束。组织事故调查组的机关或者铁路管理机构应当自事故调查组工作结束之日起15日内，根据事故调查报告，制作事故认定书。

事故认定书是事故赔偿、事故处理以及事故责任追究的依据。

第三十条　事故责任单位和有关人员应当认真吸取事故教训，落实防范和整改措施，防止事故再次发生。

国务院铁路主管部门、铁路管理机构以及其他有关行政机关应当对事故责任单位和有关人员落实防范和整改措施的情况进行监督检查。

第三十一条　事故的处理情况，除依法应当保密的外，应当由组织事故调查组的机关或者铁路管理机构向社会公布。

第六章　事故赔偿

第三十二条　事故造成人身伤亡的，铁路运输企业应当承担赔偿责任；但是人身伤亡是不可抗力或者受害人自身原因造成的，铁路运输企业不承担赔偿责任。

违章通过平交道口或者人行过道，或者在铁路线路上行走、坐卧造成的人身伤亡，属于受害人自身的原因造成的人身伤亡。

第三十三条　事故造成铁路旅客人身伤亡和自带行李损失的，铁路运输企业对每名铁路旅客人身伤亡的赔偿责任限额为人民币15万元，对每名铁路旅客自带行李损失的赔偿责任限额为人民币2 000元。

铁路运输企业与铁路旅客可以书面约定高于前款规定的赔偿责任限额。

第三十四条　事故造成铁路运输企业承运的货物、包裹、行李损失的，铁路运输企业应当依照《中华人民共和国铁路法》的规定承担赔偿责任。

第三十五条　除本条例第三十三条、第三十四条的规定外，事故造成其他人身伤亡或者财产损失的，依照国家有关法律、行政法规的规定赔偿。

第三十六条　事故当事人对事故损害赔偿有争议的，可以通过协商解决，或者请求组织事故调查组的机关或者铁路管理机构组织调解，也可以直接向人民法院提起民事诉讼。

第七章　法律责任

第三十七条　铁路运输企业及其职工违反法律、行政法规的规定，造成事故的，由国务院铁路主管部门或者铁路管理机构依法追究行政责任。

第三十八条　违反本条例的规定，铁路运输企业及其职工不立即组织救援，或者迟报、漏报、瞒报、谎报事故的，对单位，由国务院铁路主管部门或者铁路管理机构处10万元以上50万元以下的罚款;对个人,由国务院铁路主管部门或者铁路管理机构处 4 000 元以上 2 万元以下的罚款;属于国家工作人员的,依法给予处分;构成犯罪的,依法追究刑事责任。

第三十九条 违反本条例的规定,国务院铁路主管部门、铁路管理机构以及其他行政机关未立即启动应急预案,或者迟报、漏报、瞒报、谎报事故的,对直接负责的主管人员和其他直接责任人员依法给予处分;构成犯罪的,依法追究刑事责任。

第四十条 违反本条例的规定,干扰、阻碍事故救援、铁路线路开通、列车运行和事故调查处理的,对单位,由国务院铁路主管部门或者铁路管理机构处 4 万元以上 20 万元以下的罚款;对个人,由国务院铁路主管部门或者铁路管理机构处 2 000 元以上 1 万元以下的罚款;情节严重的,对单位,由国务院铁路主管部门或者铁路管理机构处 20 万元以上 100 万元以下的罚款;对个人,由国务院铁路主管部门或者铁路管理机构处 1 万元以上 5 万元以下的罚款;属于国家工作人员的,依法给予处分;构成违反治安管理行为的,由公安机关依法给予治安管理处罚;构成犯罪的,依法追究刑事责任。

第八章 附 则

第四十一条 本条例于 2007 年 9 月 1 日起施行。1979 年 7 月 16 日国务院批准发布的《火车与其他车辆碰撞和铁路路外人员伤亡事故处理暂行规定》和 1994 年 8 月 13 日国务院批准发布的《铁路旅客运输损害赔偿规定》同时废止。

附录四　中国铁路总公司安全管理规定

（铁总安监〔2015〕10号）

第一章　总　　则

第一条　为全面加强中国铁路总公司（以下简称总公司）安全管理工作，落实安全生产责任，保障铁路运输安全，保护人身安全和财产安全，根据《中华人民共和国安全生产法》《中华人民共和国铁路法》《铁路安全管理条例》等法律法规和《中国铁路总公司章程》《中国铁路总公司关于明确两级企业管理关系的规定》，制定本规定。

第二条　本规定适用于总公司及所属单位。国铁控股企业、受托管理的合资铁路企业、受托调度指挥的铁路企业按照本规定执行。

第三条　总公司及所属单位应遵守国家有关法律法规，以保障铁路运输安全、设备质量安全、建设工程质量安全、劳动安全、运营食品安全等生产安全为目标，坚持安全发展，坚持“安全第一、预防为主、综合治理”的方针，全面推行安全风险管理，提高安全生产管理水平。

第四条　本规定是总公司安全管理的基本规定，总公司及所属单位应依据本规定和其他安全生产规章制度，进一步细化完善具体办法措施，全面加强和规范安全管理工作。

第二章　基本原则

第五条　坚持安全第一。始终把安全作为铁路工作的生命线，始终把确保安全放在各项工作首位，对危及安全的问题要立即解决。

第六条　坚持以人为本。以保证高铁、客车和劳动安全为重点，强化源头控制，严把关键环节，落实各项保障措施。充分依靠职工，全员参与，共保安全。

第七条　坚持风险管理。准确把握铁路安全风险全系统性、全过程性和易发多变性特点，突出管理问题是主要风险源，明确管控责任，实施动态研判，强化过程控制，抓好工作落实，防范安全风险。

第八条　坚持基础取胜。把规章制度、人员素质、设备质量作为安全基础建设的主要内容，狠抓基层、基础、基本功，强化站段和车间管理，加强班组建设，严格现场控制，推进管理规范化、作业标准化和检查整治常态化。

第九条　坚持从严管理。健全安全生产责任制，完善监督考评机制，准确把握现场问题，深入分析管理原因，严格落实管理责任。

第三章　安全生产责任

第十条　总公司及所属单位要按照领导负责、分工负责、专业负责、岗位负责的要求，明确安全生产职责。

第十一条　总公司负责组织落实国家和有关行业安全生产法律法规，制定安全发展规划、安全生产管理规定等规范性文件，对所属单位安全管理工作进行督导检查和考核评价。

第十二条 总公司所属单位依法承担本单位安全生产主体责任。在总公司统一领导下，负责落实国家、有关行业及总公司安全生产管理规定，建立健全安全生产管理体系，组织进行检查考核评价，对本单位安全工作全面规划、系统研究，实施全方位、全过程的领导、部署与推进落实，及时消除安全隐患。

第十三条 总公司及所属单位应设立安全生产委员会，规范工作制度，负责统一领导、协调督办、研究部署安全工作。主任由单位主要负责人担任。安全生产委员会办公室应设在负责安全监督管理的部门。

第十四条 总公司所属单位主要负责人是本单位安全生产第一责任人，负责建立、健全本单位安全生产责任制；组织制定本单位安全生产规章制度和操作规程；组织制定并实施本单位安全生产教育和培训计划；保证本单位安全生产投入的有效实施；督促、检查本单位的安全生产工作，及时消除生产安全事故隐患；组织制定并实施本单位的生产安全事故应急救援预案；及时、如实报告生产安全事故。

各分管安全生产的负责人协助主要负责人对安全生产工作负管理责任；其他负责人按照管生产经营必须管安全的要求，对分管范围内的安全生产工作负直接领导责任。

第十五条 总公司安全监督管理局承担对总公司各部门及铁路局和专业运输公司安全管理的监督工作，组织对铁路局的安全评价，提出安全工作考核和责任追究建议。作为总公司安全生产委员会办公室，负责研究提出总公司安全工作的总体规划建议。

总公司设立的安全监督管理特派员办事处，负责辖区铁路局和专业运输公司安全管理工作的监督检查，组织对辖区铁路局安全管理工作进行评估。

铁路局和专业运输公司须设立专门的安全监督管理部门，对本单位有关部门和基层单位安全工作进行监督检查。根据工作需要，铁路局和专业运输公司可设立区域性的安全监督管理机构。

其他单位应按照《中华人民共和国安全生产法》等相关规定设立安全管理部门或配备专(兼)职安全管理人员，对本单位安全工作进行监督检查。

第十六条 专业部门负责组织制定、完善、落实有关规章、标准及安全管理制度，掌握本专业安全管理情况，定期开展专业管理评价，指导、检查、督促所属单位落实安全工作要求。负责建立健全安全风险控制措施，严格过程管控，解决影响安全的突出问题。承担本专业相应管理责任。

第十七条 其他部门根据各自职能范围，履行相应的安全管理职责。

第十八条 铁路作业人员应依法履行安全生产责任和义务，严格遵守规章制度，执行作业标准和操作规程，保证安全生产。

各级管理人员应严格落实岗位安全职责，承担安全管理责任，规范安全管理行为。

第四章 规章制度

第十九条 国家、有关行业和总公司发布的技术规章和安全生产管理制度是安全工作的基本准则，总公司及所属单位必须严格遵守，不得违背。

第二十条 总公司及所属单位应按照管理权限，分级负责规章制度的制定、补充、修改、废止、审核、发布等，并对规章制度的内容负责。

第二十一条 总公司所属单位应结合实际，及时制定、补充、细化有关技术规章，并将技术规章转化为可具体操作的作业标准、作业流程或作业指导书，做到每项工作、每个岗位都有规可依、有标可循。

第二十二条　各部门、各单位应建立健全安全生产管理制度，明确各项管理工作的内容、标准、流程、责任、考核等，规范管理行为，保证规章落实。

管理制度不得违背和替代技术规章。

第二十三条　各项技术规章和管理制度应根据生产组织、设备设施和作业条件等变化，及时修、建、补、废，保证规章制度的科学性和有效性。

第五章　职工素质

第二十四条　总公司应根据安全生产需要，编制职工队伍建设发展规划，明确职工队伍素质总体要求，制定主要岗位准入标准，指导、督促所属单位提高职工队伍素质。

第二十五条　总公司所属单位应科学合理设置安全生产管理岗位、生产岗位，根据生产组织、作业方式及工作量配备人员，满足安全生产需要。

第二十六条　总公司所属单位要按照岗位准入标准和铁路职业技能培训规范要求，落实资格性培训制度，从业人员须经培训考核合格。有关人员按规定持证上岗。

第二十七条　总公司所属单位应按规定对从业人员进行安全生产教育和职业技能培训，以规章制度、岗位职责、作业标准、应知应会、岗位风险、案例教育、应急处置等为重点进行适应性培训，并建立安全生产教育和培训档案。

新技术、新设备、新规章、新工艺应用前，以及生产组织或作业方式等变化前，应对有关人员进行必要的适应性培训和安全教育。

第二十八条　总公司所属单位要建立健全岗位技能激励考核机制。组织开展职业技能竞赛，选拔培养优秀技能人才，定期组织以学标、对标、达标为主要内容的岗位练兵活动。定期开展非正常情况应急演练，提高应急处置能力。

第二十九条　进入铁路运输生产场所的劳务派遣、路外施工及学习、实习等人员，必须经过用人、用工单位的铁路安全生产教育和培训，并记录备案。

第三十条　总公司及所属单位应分层、分类对安全生产管理人员进行安全管理培训，并定期组织对安全监督管理专职人员进行安全监督检查、事故故障调查处理，以及相应技术规章和安全管理知识等方面培训。

第六章　设备质量

第三十一条　铁路设备设施应符合国家铁路行业有关的强制性标准和有关法规、规范性文件规定采用的铁路行业推荐性标准，以及总公司的技术标准和标准性技术文件要求。

第三十二条　加强设备设施源头管理，严格对设备供应商进行审查；明确合同签订单位和部门责任，在合同条款中约定产品质量标准、产品质量责任、产品验证接收条件以及违约责任。

设备使用或采购部门、单位应依照法律规定和合同约定追究存在制造、销售及建设质量源头问题单位的相关责任。

第三十三条　引进先进技术装备时，宜同步引进关系安全及检修作业的专用设备、故障诊断、操作程序和相关技术资料。

第三十四条　总公司专业部门须遵守有关产品质量的法律、行政法规以及国家其他有关规定，建立健全设备质量管理办法，并指导、监督、检查落实情况，承担主要行车设备质量的相应管理责任。

总公司所属单位应建立健全设备设施"修、管、用"的制度和办法,严格执行设备设施检修规则,落实修程修制、检修范围、工艺标准等,细化具体的操作流程、作业指导书及质量控制措施,承担设备质量管理责任。

主要行车设备设施要实行履历管理,强化动态检测监控,建立检查、检修、保养、验收等记录,实现质量可追溯。

严禁有禁止性缺陷的设备投入运用。

第三十五条 推广应用安全检测监控装备。健全安全装备的管理、使用、维修办法,严格信息和数据管理,动态掌握运用情况,完善装备功能。新建线路、新购置设备要同时设计、安装、使用安全装备,既有线路和设备应统一规划、积极推进。

第三十六条 大力发展和应用信息技术,建立应急保障体系,明确信息设备及软件"修、管、用"职责,推进信息资源共享和综合利用。对信息系统须实施信息安全等级保护制度,保证信息系统安全。

第三十七条 加强科研试验项目安全管理,明确相关责任,细化安全保障措施。凡经总公司批准或铁路局批准并报总公司核备后的技术革新项目、科研项目在运营线上试验时,发生安全问题,按有关规定处理。

第三十八条 各部门、各单位须对设备质量问题进行统计分析,对设备设施重大质量缺陷组织专题分析,监督指导和追踪问题整改解决。

第七章　运营安全

第三十九条 运输生产必须坚持集中领导、统一指挥。各种规章制度、措施办法必须保持有序衔接、协调一致。各单位要紧密配合、协同动作。

第四十条 严格按照列车运行图组织行车,有计划地安排施工、检修作业,维护正常列车运行秩序,避免或减少非正常行车。

第四十一条 按照旅客运输安全有关规定,严格执行火车票实名购买、查验制度,公告禁止携带物品种类及数量,加强对旅客及其随身携带、托运行李物品的安全检查,强化旅客乘降组织和联合检查工作,落实站车防火防爆要求。

第四十二条 加强货物装载质量源头控制,完善货运安全检测监控技术手段,加强承运货物的安全检查,严格危险货物、超限超重货物运输管理,制定并落实防止货物超载、偏载、偏重、集重、坠落、漏泄和火灾爆炸等措施。

第四十三条 在法定假日和传统节日等旅客运输高峰期,以及新图实施、恶劣天气等条件下,有关部门和单位应采取必要的安全应急管理措施,加强对安全关键环节的检查、监督和指导。

第四十四条 加强营业线施工安全管理,突出抓好"天窗修"制度的落实。严把施工方案、施工组织、列车放行等关键,强化干部现场监控,落实施工单位安全主体责任和设备管理单位施工安全监督责任。

第四十五条 坚持全员防洪、全年防洪、科学防洪。汛前应全面排查隐患,确定防洪重点处所,制定完善防洪预案,做好汛前准备工作。汛期加强雨量监测,落实巡查看守制度,严格执行降速运行、扣停列车、封锁线路、停运列车等灾害天气下的行车安全措施。要加强风雪、雷电、地震等其他自然灾害影响铁路运输安全风险的防范。及时组织灾害复旧和病害整治。

第四十六条　总公司所属单位应制定非正常情况应急处置预案，并负责补充、修订、审核、发布、演练等工作，相关岗位人员应熟知、掌握并严格执行。非正常情况应急处置工作应纳入常态管理。加强救援基地、救援列车和救援队伍建设，配备先进、实用的救援装备，配齐、配强救援人员。

事故发生后，必须把人员救治放在第一位，科学组织救援，减少事故损失，防止次生事故。

第四十七条　加强与国家铁路接轨的专用线、专用铁路、地方铁路结合部的安全管理，规范签订安全协议，明确安全责任。不符合铁路相关技术标准和安全规定的，不得办理过轨手续；不符合铁路运用技术条件的机车车辆禁止过轨上线运行。

第四十八条　总公司所属单位签订委托管理协议时，应在协议中明确各方安全管理责任。

第四十九条　加强铁路运输安全环境保护工作。加强铁路安全环境方面的人防、物防、技防建设，严格安全防护设施、设备、警示标志的设置和日常管理，落实巡线、巡查、巡守制度，强化铁路线路安全保护范围内各类生产经营活动的安全监督，全面排查、及时发现并制止侵害铁路生产安全的行为。主动配合地方政府有关部门和铁路行业监管机构，开展综合治理和行政执法。

第五十条　加强铁路站区和沿线的治安防控。强化铁路内部各部门间的协调配合，主动联系地方政府和公安部门，落实护路联防责任制，深入排查治理铁路站区和沿线的治安隐患，建立完善反恐防暴防破坏安全防范制度，严厉打击危害铁路运输安全的违法犯罪活动。

第五十一条　加强路外安全宣传教育工作。主动配合地方政府有关部门和铁路行业监管机构，经常性开展保障铁路安全的宣传教育活动，有针对性地对铁路沿线的相关单位和个人进行铁路安全普法教育，增强沿线群众保障铁路安全的法制观念和爱路护路的自觉性。

第五十二条　加强道口安全管理。加大道口"平改立"推进力度，逐步减少平面交叉。严禁擅自设置或拓宽铁路道口和人行过道。按规定设置道口安全防护设备设施，加强日常维护管理。

第五十三条　新建铁路项目开通运营前，应对相关单位安全管理机构、规章制度、人员配备及培训、设备设施运用及养护维修、路外安全、治安防范、应急预案等运营准备工作进行安全评估。相关单位应做好运营准备工作。

第五十四条　高铁开通运营后，应确定运营过渡期，建立联系协调机制。铁路局应组织建设、施工、运营单位、设备生产厂家等相关单位负责人和技术人员进行安全包保、应急值守，及时发现和协调解决暴露出的问题。

第五十五条　高铁运营应实行相对独立的专业安全管理，实行设备周期性综合检测检修和"天窗修"制度。要健全设备维护管理办法，完善并充分运用监测监控和防灾系统，实施严密的封闭措施。

第五十六条　总公司所属单位要加强结合部管理，明确相关部门和单位的职责，确定牵头部门和单位，建立并落实联合检查、联合整治、联系协调的联动机制。

第八章　建设安全

第五十七条　铁路建设单位、勘察单位、设计单位、施工单位、监理单位必须遵守国家有关法律法规的规定，依法承担铁路建设工程质量和安全生产责任。建设单位应按规定选择具备相应资质等级的勘察、设计、施工、监理单位进行工程建设，积极推行标准化管理，并对建设工程的质量安全进行监督检查。

第五十八条 铁路建设工程的勘察、设计、施工、监理以及建设物资、设备的采购,应当依法招标。

铁路建设工程使用的材料、构件、设备等产品,应当符合有关产品质量的强制性国家标准、行业标准和总公司企业标准,满足设计要求和验收、运营标准。

铁路建设工程要按规定合理确定和调整工期。

第五十九条 建设单位应督促铁路建设工程勘察、设计、施工、监理等单位履行安全质量责任,认真整改工程安全质量问题。

第六十条 总公司所属单位应根据运营管理需要,组织设备管理和运用单位,提前介入设计、建设、施工过程,及时提出相关意见,熟悉设备功能和性能,做好运营安全管理准备工作。

第六十一条 高速铁路工程须对全线技术设备及运行系统进行联调联试和运行试验。总公司应建立完善管理办法,明确联调联试和运行试验职责、条件、程序,加强指导和监督检查。铁路局、铁路建设单位要严格执行静态验收程序和标准,确认联调联试条件。铁路局负责组织实施联调联试和运行试验工作,承担安全管理主体责任。

第六十二条 铁路建设工程项目的安全设施必须与主体工程同时设计、同时施工、同时投入生产和使用。安全设施投资应当纳入建设项目概算。安全设施初验合格后,设备设施和技术资料要一并移交铁路企业。

第六十三条 铁路建设工程竣工,应当按照国家和总公司有关规定组织工程初步验收和运营安全评估,经验收、评估合格,符合运营安全要求的,方可投入运营。

第六十四条 铁路与道路立体交叉设施竣工验收合格后,建设单位应当按照国家有关规定移交地方有关部门或单位管理、维护,安全责任同时移交。

第六十五条 建设单位应要求施工单位制定铁路建设工程事故及相关突发事件应急预案。

发生铁路建设工程事故,应要求施工单位严格按照《生产安全事故报告和调查处理条例》规定报告的同时,还应及时向建设单位报告,建设单位应及时向总公司有关部门报告。

第六十六条 工程建设中发生质量事故和生产安全事故的,对负有责任的有关勘察、设计、施工、监理单位除按国家有关规定处理外,还要按规定限制其参加总公司大中型建设项目投标,实行信用管理。

第九章 劳动、特种设备、食品及消防安全

第六十七条 各单位要开展劳动安全宣传教育,制定和完善劳动安全管理制度,保证从业人员的工作环境和条件、劳动安全装备、防护设施、劳动防护用品符合国家或行业标准。开展职业病危害检测和评价,落实职业健康体检、防暑防寒、工伤保险和女工特殊保护工作。

第六十八条 各单位必须明确机动车辆及驾驶员管理部门,加强机动车辆驾驶员和机动车辆管理,严格铁路生产经营场所机动车辆管理,严格道路交通违法违章行为考核。

第六十九条 各单位必须使用取得生产许可并经检验检测合格的特种设备,建立健全特种设备管理办法,制定检查、维护、保养制度和操作规程,并按规定进行使用登记,落实安全防护措施,设置专门的管理机构或者专兼职管理人员,明确铁路特种设备管理、使用、监督管理的部门和责任。

第七十条　从事铁路运营食品工作的有关单位应严格落实《中华人民共和国食品安全法》，承担食品安全责任。建立食品安全管理制度，采取食品安全关键点控制技术，强化食品安全准入和诚信制度管理，制定食品安全事故应急处置预案。组织从业人员卫生培训和健康体检，定期检查各项食品安全防范措施落实情况，加强食品运输污染控制，组织开展食品质量监测，有效控制食品安全风险。

第七十一条　总公司及所属单位应建立健全消防安全责任制，按规定配备消防设施、器材，设置消防安全标志，加强从业人员消防安全培训教育，完善消防应急预案并定期组织演练，组织消防安全检查和火灾隐患排查整治。加强铁路车站、客车、人员密集场所以及货场、油库、危险化学品经营储存场所等消防重点单位和部位消防安全管理，设备设施材料的防火性能必须符合国家标准或行业标准。

第十章　综合保障

第七十二条　各单位要大力推进安全文化建设，不断强化安全理念培育、制度约束、行为养成和环境营造，切实发挥安全文化的引领和推动作用，促进职工提高安全意识，自觉遵章守纪，树立良好的职业道德规范，落实安全生产责任，增强防范安全风险的内在动力。

第七十三条　各单位对安全生产所必需的资金投入应予以保证，重点保障安全技术装备、设备更新改造、防护设备设施投入。应积极采用新技术、新工艺、新设备，对不符合相关安全标准、安全性能低下、职业危害严重、危及安全生产的落后技术、工艺和设备，实行强制淘汰。

各单位要按照规定提取和使用安全生产费用，用于改善安全生产条件等，安全生产费用在成本中据实列支。

第七十四条　各综合部门要围绕安全工作重点，积极做好综合保障工作。人事部门要把业务素质、安全业绩作为有关安全管理人员考核评价、选拔任用的重要内容和参考依据。劳资和职教部门要加强生产一线人员配备和培训教育工作。计划和财务部门要保证安全生产资金投入和费用提取。物资生产、监造、采购、使用部门要落实设备源头质量控制责任。法律部门要为铁路安全生产提供法律支持。科技部门要积极为运输安全提供技术保障。形成与专业管理部门共同研究解决安全生产问题的工作机制。

第七十五条　各级组织要围绕安全生产充分发挥作用，大力培育和践行“安全优质、兴路强国”的新时期铁路精神，坚持严格管理与关爱职工相结合，加强思想政治工作，开展遵章守纪、爱岗敬业宣传教育；组织劳动竞赛、合理化建议等群众性保安全活动，实行民主管理和民主监督，维护和保障职工合法权益；发挥党团员模范带头作用，调动企业全体员工安全生产积极性和创造性；做好新闻宣传、舆论引导和信访稳定工作，形成各级组织围绕安全生产齐抓共管的整体合力。

第十一章　监督管理

第七十六条　各部门、各单位要加强对安全工作的监督检查，对存在的问题和隐患要记录在案，落实整改责任，实行闭环管理。对突出问题要开展专项整治，明确整治项目、标准、责任、完成期限和保证措施。对重大隐患实行挂牌督办。

第七十七条　强化安全风险分析研判，对安全管理薄弱的部门和单位，以及突出的安全问题和隐患，及时进行安全预警；对安全管理问题突出的部门、单位负责人，要进行诫勉谈话。必要时,相关部门要对其进行重点帮促。

第七十八条 各单位要加强事故、故障和安全信息的管理。及时组织事故、故障调查,坚持"四不放过"原则,深度分析管理原因,全面查摆教训,细化防范措施,严格责任追究。加强影响高铁、客车和人身安全等重要安全信息的追踪调查和分析,针对现场问题和管理问题明确整改要求。

第七十九条 总公司及所属单位应制定安全监督管理办法,明确监督检查人员的行为规范、工作标准。充分运用安全监察指令书或安全监察通知书等形式,督促整改安全突出问题。加强安全管理问题的检查调研,及时提出改进意见。对检查发现的安全隐患要责令整改,提出改进和加强安全工作的意见建议。

第八十条 总公司对铁路局、铁路局对运输站段的规章制度、人员素质、设备质量,以及干部作风、风险管控、应急处置等定期进行安全管理评估评价。

第十二章 考核奖惩

第八十一条 总公司及所属单位对机关部门及下级单位的考核办法中,须纳入安全业绩考核内容。

第八十二条 总公司所属单位要明确各类违章违纪行为的考核标准,严格按标准进行考核。通过现场问题分析追溯管理责任,注重对干部履职过程的考评。

第八十三条 总公司及所属单位应依法制定事故责任追究办法。按照管理权限,明确各类事故责任人员的组织处理、行政处分和党纪处分规定。

第八十四条 对防止事故和安全生产工作做出突出贡献的集体或个人,应给予表彰奖励。

第十三章 附　　则

第八十五条 根据本规定,总公司有关部门应制定安全规则,所属单位应制定实施细则。总公司其他生产安全管理工作由相关部门参照本规定执行。

第八十六条 本规定由总公司安全监督管理局负责解释。

第八十七条 本规定自2015年1月7日起施行。

附录五　铁路交通事故调查处理规则

（原铁道部令第 30 号）

第一章　总　　则

第一条　为及时准确调查处理铁路交通事故，严肃追究事故责任，防止和减少铁路交通事故的发生，根据《铁路交通事故应急救援和调查处理条例》（国务院令第 501 号，以下简称《条例》），制订本规则。

第二条　铁路机车车辆在运行过程中发生冲突、脱轨、火灾、爆炸等影响铁路正常行车的事故，包括影响铁路正常行车的相关作业过程中发生的事故；或者铁路机车车辆在运行过程中与行人、机动车、非机动车、牲畜及其他障碍物相撞的事故，均为铁路交通事故（以下简称事故）。

第三条　国家铁路、合资铁路、地方铁路以及专用铁路、铁路专用线等发生事故的调查处理，适用本规则。

第四条　铁道部、铁路安全监督管理办公室（以下简称安全监管办）要加强铁路运输安全监督管理，建立健全铁路交通事故调查处理工作制度，发生事故后应当按照法定的权限和程序，及时组织、参与事故的调查处理。

铁道部、安全监管办的安全监察部门负责铁路交通事故调查处理的日常工作。

铁道部、安全监管办派驻各地的安全监察机构，依据本规则的规定，分别承担铁道部、安全监管办指定的事故调查处理工作。

第五条　铁路运输企业及其他相关单位、个人应及时报告事故情况，如实提供相关证据，积极配合事故调查工作。

第六条　事故调查处理应坚持以事实为依据，以法律、法规、规章为准绳，认真调查分析，查明原因，认定损失，定性定责，追究责任，总结教训，提出整改措施。

第二章　事故等级

第七条　依据《条例》规定，事故分为特别重大事故、重大事故、较大事故和一般事故四个等级。

第八条　有下列情形之一的，为特别重大事故：

（一）造成 30 人以上死亡。

（二）造成 100 人以上重伤（包括急性工业中毒，下同）。

（三）造成 1 亿元以上直接经济损失。

（四）繁忙干线客运列车脱轨 18 辆以上并中断铁路行车 48 小时以上。

（五）繁忙干线货运列车脱轨 60 辆以上并中断铁路行车 48 小时以上。

第九条　有下列情形之一的，为重大事故：

（一）造成 10 人以上 30 人以下死亡。

（二）造成 50 人以上 100 人以下重伤。

(三)造成5 000万元以上1亿元以下直接经济损失。

(四)客运列车脱轨18辆以上。

(五)货运列车脱轨60辆以上。

(六)客运列车脱轨2辆以上18辆以下,并中断繁忙干线铁路行车24小时以上或者中断其他线路铁路行车48小时以上。

(七)货运列车脱轨6辆以上60辆以下,并中断繁忙干线铁路行车24小时以上或者中断其他线路铁路行车48小时以上。

第十条 有下列情形之一的,为较大事故:

(一)造成3人以上10人以下死亡。

(二)造成10人以上50人以下重伤。

(三)造成1 000万元以上5 000万元以下直接经济损失。

(四)客运列车脱轨2辆以上18辆以下。

(五)货运列车脱轨6辆以上60辆以下。

(六)中断繁忙干线铁路行车6小时以上。

(七)中断其他线路铁路行车10小时以上。

第十一条 一般事故分为:一般A类事故、一般B类事故、一般C类事故、一般D类事故。

第十二条 有下列情形之一,未构成较大以上事故的,为一般A类事故:

A1. 造成2人死亡。

A2. 造成5人以上10人以下重伤。

A3. 造成500万元以上1 000万元以下直接经济损失。

A4. 列车及调车作业中发生冲突、脱轨、火灾、爆炸、相撞,造成下列后果之一的:

A4.1 繁忙干线双线之一线或单线行车中断3小时以上6小时以下,双线行车中断2小时以上6小时以下。

A4.2 其他线路双线之一线或单线行车中断6小时以上10小时以下,双线行车中断3小时以上10小时以下。

A4.3 客运列车耽误本列4小时以上。

A4.4 客运列车脱轨1辆。

A4.5 客运列车中途摘车2辆以上。

A4.6 客车报废1辆或大破2辆以上。

A4.7 机车大破1台以上。

A4.8 动车组中破1辆以上。

A4.9 货运列车脱轨4辆以上6辆以下。

第十三条 有下列情形之一,未构成一般A类以上事故的,为一般B类事故:

B1. 造成1人死亡。

B2. 造成5人以下重伤。

B3. 造成100万元以上500万元以下直接经济损失。

B4. 列车及调车作业中发生冲突、脱轨、火灾、爆炸、相撞,造成下列后果之一的:

B4.1 繁忙干线行车中断1小时以上。

B4.2　其他线路行车中断 2 小时以上。

B4.3　客运列车耽误本列 1 小时以上。

B4.4　客运列车中途摘车 1 辆。

B4.5　客车大破 1 辆。

B4.6　机车中破 1 台。

B4.7　货运列车脱轨 2 辆以上 4 辆以下。

第十四条　有下列情形之一，未构成一般 B 类以上事故的，为一般 C 类事故：

C1. 列车冲突。

C2. 货运列车脱轨。

C3. 列车火灾。

C4. 列车爆炸。

C5. 列车相撞。

C6. 向占用区间发出列车。

C7. 向占用线接入列车。

C8. 未准备好进路接、发列车。

C9. 未办或错办闭塞发出列车。

C10. 列车冒进信号或越过警冲标。

C11. 机车车辆溜入区间或站内。

C12. 列车中机车车辆断轴，车轮崩裂，制动梁、下拉杆、交叉杆等部件脱落。

C13. 列车运行中碰撞轻型车辆、小车、施工机械、机具、防护栅栏等设备设施或路料、坍体、落石。

C14. 接触网接触线断线、倒杆或塌网。

C15. 关闭折角塞门发出列车或运行中关闭折角塞门。

C16. 列车运行中刮坏行车设备设施。

C17. 列车运行中设备设施、装载货物(包括行包、邮件)、装载加固材料(或装置)超限(含按超限货物办理超过电报批准尺寸的)或坠落。

C18. 装载超限货物的车辆按装载普通货物的车辆编入列车。

C19. 电力机车、动车组带电进入停电区。

C20. 错误向停电区段的接触网供电。

C21. 电气化区段攀爬车顶耽误列车。

C22. 客运列车分离。

C23. 发生冲突、脱轨的机车车辆未按规定检查鉴定编入列车。

C24. 无调度命令施工，超范围施工，超范围维修作业。

C25. 漏发、错发、漏传、错传调度命令导致列车超速运行。

第十五条　有下列情形之一，未构成一般 C 类以上事故的，为一般 D 类事故：

D1. 调车冲突。

D2. 调车脱轨。

D3. 挤道岔。

D4. 调车相撞。

D5. 错办或未及时办理信号致使列车停车。

D6. 错办行车凭证发车或耽误列车。

D7. 调车作业碰轧脱轨器、防护信号,或未撤防护信号动车。

D8. 货运列车分离。

D9. 施工、检修、清扫设备耽误列车。

D10. 作业人员违反劳动纪律、作业纪律耽误列车。

D11. 滥用紧急制动阀耽误列车。

D12. 擅自发车、开车、停车、错办通过或在区间乘降所错误通过。

D13. 列车拉铁鞋开车。

D14. 漏发、错发、漏传、错传调度命令耽误列车。

D15. 错误操纵、使用行车设备耽误列车。

D16. 使用轻型车辆、小车及施工机械耽误列车。

D17. 应安装列尾装置而未安装发出列车。

D18. 行包、邮件装卸作业耽误列车。

D19. 电力机车、动车组错误进入无接触网线路。

D20. 列车上工作人员往外抛掷物体造成人员伤害或设备损坏。

D21. 行车设备故障耽误本列客运列车 1 小时以上,或耽误本列货运列车 2 小时以上;固定设备故障延时影响正常行车 2 小时以上(仅指正线)。

第十六条 铁道部可对影响行车安全的其他情形,列入一般事故。

第十七条 因事故死亡、重伤人数 7 日内发生变化,导致事故等级变化的,相应改变事故等级。

第三章 事故报告

第十八条 事故发生后,事故现场的铁路运输企业工作人员或者其他人员应当立即向邻近铁路车站、列车调度员、公安机关或者相关单位负责人报告。有关单位和人员接到报告后,应立即将事故情况向企业负责人和事故发生地安全监管办安全监察值班人员报告,安全监管办安全监察值班人员按规定向安全监管办负责人报告。

第十九条 铁路运输企业列车调度员要认真填写《铁路交通事故(设备故障)概况表》(安监报 1),分别向事故发生地安全监管办安全监察值班人员、铁道部列车调度员报告。

事故发生地安全监管办安全监察值班人员接到"安监报 1"或现场事故报告后,要立即填写《铁路交通事故基本情况表》(安监报 3),并向铁道部安全监察司值班人员报告。报告后要进一步了解事故情况,及时补报"安监报 3"。

第二十条 涉及其他安全监管办辖区的事故,发生地安全监管办安全监察值班人员应及时将"安监报 3"传送至相关安全监管办的安全监察部门。

第二十一条 铁道部列车调度员接到事故报告后,应及时收取或填写"安监报 1",并立即向值班处长和安全监察司值班人员报告;值班处长、安全监察司值班人员按规定分别向本部门负责人、铁道部办公厅部长办公室报告,由部门负责人向部领导报告。事故涉及其他部门时,由办公厅部长办公室通知相关部门负责人。

第二十二条 发生特别重大事故、重大事故,由铁道部办公厅负责向国务院办公厅报告,并通报国家安全生产监督管理总局等有关部门。

发生特别重大事故、重大事故、较大事故或者有人员伤亡的一般事故，安全监管办应向事故发生地县级以上地方人民政府及其安全生产监督管理部门通报。

第二十三条　事故报告的主要内容：

(一)事故发生的时间、地点、区间(线名、公里、米)、线路条件、事故相关单位和人员。

(二)发生事故的列车种类、车次、机车型号、部位、牵引辆数、吨数、计长及运行速度。

(三)旅客人数，伤亡人数、性别、年龄以及救助情况，是否涉及境外人员伤亡。

(四)货物品名、装载情况，易燃、易爆等危险货物情况。

(五)机车车辆脱轨辆数、线路设备损坏程度等情况。

(六)对铁路行车的影响情况。

(七)事故原因的初步判断，事故发生后采取的措施及事故控制情况。

(八)应当立即报告的其他情况。

第二十四条　事故报告后，人员伤亡、脱轨辆数、设备损坏等情况发生变化时，应及时补报。

第二十五条　事故现场通话按“117”立接制应急通话级别办理。

第二十六条　铁道部、安全监管办、铁路运输企业应向社会公布事故报告值班电话，受理事故报告和举报。

第四章　事故调查

第二十七条　特别重大事故按《条例》规定由国务院或国务院授权的部门组织事故调查组进行调查。

第二十八条　重大事故由铁道部组织事故调查组进行调查。调查组组长由铁道部负责人或指定人员担任，安全监察司、运输局、公安局等部门和铁道部派出机构、相关安全监管办等部门(单位)派员参加。

第二十九条　较大事故和一般事故由事故发生地安全监管办组织事故调查组进行调查。调查组组长由安全监管办负责人或指定人员担任，安全监管办安全监察部门、有关业务处室、公安机关等部门派员参加。

铁道部认为必要时，可以参与或直接组织对较大事故和一般事故进行调查。

第三十条　根据事故的具体情况，事故调查组还可由工会、监察机关有关人员以及有关地方人民政府、公安机关、安全生产监督管理部门等单位派人组成，并应当邀请人民检察院派人参加。事故调查组认为必要时，可以聘请有关专家参与事故调查。

第三十一条　发生一般B类以上、重大以下事故(不含相撞的事故)，涉及其他安全监管办辖区时，事故发生地安全监管办应当在事故发生后12小时内发出电报通知相关安全监管办。相关安全监管办接到电报后，应当立即派员参加事故调查组。

第三十二条　自事故发生之日起7日内，因事故伤亡人数变化导致事故等级发生变化，依照《条例》规定由上级机关调查的，原事故调查组应当及时报告上级机关。

第三十三条　事故调查组履行下列职责：

(一)查明事故发生的经过、原因、人员伤亡情况及直接经济损失。

(二)认定事故的性质和事故责任。

(三)提出对事故责任者的处理建议。

(四)总结事故教训,提出防范和整改措施建议。

(五)提交事故调查报告。

第三十四条 事故调查组在事故发生后应当及时通知相关单位和人员;一般 B 类以上、重大以下的事故(不含相撞的事故)发生后,应当在 12 小时内通知相关单位,接受调查。

第三十五条 事故调查组到达现场前,组织事故调查组的机关可指定临时调查组组长、组成临时调查组,勘察现场,掌握人员伤亡、机车车辆脱轨、设备损坏等情况,保存痕迹和物证,查找事故线索及原因,做好调查记录,及时向事故调查组报告。

第三十六条 事故调查组到达后,发生事故的有关单位必须主动汇报事故现场真实情况,并为事故调查提供便利条件。事故发生单位的负责人和有关人员在事故调查期间应当随时接受事故调查组的询问,如实提供有关资料和物证。

事故调查组有权向有关单位和个人了解与事故有关的情况,并要求其提供相关文件、资料,有关单位和个人不得拒绝。

第三十七条 事故调查组根据需要,可组建若干专业小组,进行调查取证。

(一)搜集事故现场物证、痕迹,测量并按专业绘制事故现场示意图,标注现场设备、设施、遗留物的名称、尺寸、位置、特征等。

需要搬动伤亡者、移动现场物体的,应做出标记,妥善保存现场的重要痕迹、物证;暂时无法移动的,应予守护,并设明显标志。

(二)询问事故当事人及相关人员,收取口述、笔述、笔录、证照、档案,并复制、拍照。不能书写书面材料的,由事故调查组指定人员代笔记录并经本人签认。无见证人或者当事人、相关人员拒绝签字的,应当记录在案。

(三)对事故现场全貌、方位、有关建筑物、相关设备设施、配件、机动车、遗留物、致害物、痕迹、尸体、伤害部位等进行拍照、摄像。及时转储、收存安全监控、监测、录音、录像等设备的记录。

(四)收取伤亡人员伤害程度诊断报告、病理分析、病程救治记录、死亡证明、既往病历和健康档案资料等。

(五)对有涂改、灭失可能或以后难以取得的相关证据进行登记封存。

(六)查阅有关规章制度、技术文件、操作规程、调度命令、作业记录、台账、会议记录、安全教育培训记录、上岗证书、资质证书、承(发)包合同、营业执照、安全技术交底资料等,必要时将原件或复印件附在调查记录内。

(七)对有关设备、设施、配件、机动车、器具、起因物、致害物、痕迹、现场遗留物等进行技术分析、检测和试验,组织笔迹鉴定,必要时组织法医进行尸表检验或尸体解剖,并写出专题报告。

(八)脱轨事故发生后,在全面调查的基础上,必要时应对事故地点前后一定长度范围内的线路设备进行检查测量,并调阅近期内该段线路质量检测情况;对事故地点前方(列车运行相反方向)一定长度的线路范围内,有无机车车辆配件脱落、刮碰行车设备的痕迹等进行检查,对脱轨列车中有关的机车车辆进行检查测量,并调阅脱轨机车车辆近期内运行情况监测记录。

第三十八条 事故调查中需要对相关的铁路设备、设施进行技术鉴定或者对财产损失状况以及中断铁路行车造成的直接经济损失进行评估的,事故调查组应当委托具有国家规定资质的机构进行技术鉴定或者评估。技术鉴定或者评估所需时间不计入事故调查期限。

第三十九条　各专业小组应按调查组组长的要求，及时提交专业小组调查报告。调查组组长应组织审议专业小组调查报告，并研究形成《铁路交通事故调查报告》，由调查组所有成员签认。调查组成员意见不一致时，应在事故报告中分别进行表述，报组织调查的机关审议、裁定。

第四十条　事故调查中发现涉嫌犯罪的，事故调查组应当及时将有关证据、材料移交司法机关。

第四十一条　《铁路交通事故调查报告》应包括下列内容：

(一)事故概况。

(二)事故造成的人员伤亡和直接经济损失。

(三)事故发生的原因和事故性质。

(四)事故责任的认定以及对事故责任者的处理建议。

(五)事故防范和整改措施建议。

(六)与事故有关的证明材料。

第四十二条　事故调查组应在下列期限内向组织事故调查组的机关提交《铁路交通事故调查报告》：

(一)特别重大事故的调查期限为60日。

(二)重大事故的调查期限为30日。

(三)较大事故的调查期限为20日。

(四)一般事故的调查期限为10日。

事故调查期限自事故发生之日起计算。

第四十三条　事故调查组形成《铁路交通事故调查报告》，报组织事故调查的机关同意后，事故调查组的工作即告结束。铁道部、安全监管办的安全监察部门应在事故调查组工作结束后15日之内，根据事故报告，制作《铁路交通事故认定书》，经批准后，送达相关单位。

一般B类以上、重大以下事故(相撞事故为较大事故)的档案材料，应报铁道部备案(3份)。

第四十四条　铁道部发现安全监管办对事故认定不准确时，应予以纠正。必要时，可另行组织调查。

第四十五条　事故调查组成员在事故调查工作中应诚信公正、恪尽职守，遵守事故调查组的纪律，保守事故调查的秘密。未经事故调查组组长允许，调查组成员不得擅自发布有关事故的调查信息。

第四十六条　调查事故应配备必要的调查设备和装备，保证调查工作顺利进行。调查设备和装备包括通信设备、摄影摄像设备、录音设备、绘图制图设备、便携电脑以及其他必要的装备。

第四十七条　《铁路交通事故认定书》是事故赔偿、事故处理以及事故责任追究的依据。

《铁路交通事故认定书》应按照铁道部规定的统一格式制作，内容包括：

(一)事故发生的原因和事故性质。

(二)事故造成的人员伤亡和直接经济损失。

(三)事故责任的认定。

(四)对有关责任单位及人员的处理决定或建议。

第四十八条 事故责任单位接到《铁路交通事故认定书》后，于 7 日内，填写《铁路交通事故处理报告表》(安监报 2)，按规定报送《铁路交通事故认定书》制作机关，并存档。

第五章 事故责任判定和损失认定

第一节 事故责任判定

第四十九条 事故分为责任事故和非责任事故。

事故责任分为全部责任、主要责任、重要责任、次要责任和同等责任。

第五十条 铁路运输企业或相关单位发布的文电，违反法律法规、铁道部规章或铁路相关技术标准和作业标准等，直接导致事故发生的，定发文电单位责任。

第五十一条 因设备管理不善造成的事故，定设备管理单位责任。

第五十二条 因产品质量不良造成事故，属设计、制造、采购、检修等单位责任的，定相关单位责任；应采用经行政许可或强制认证的产品而采用其他产品的，追究采用单位责任；采购不合格或不达标产品的，追究采购单位责任。

第五十三条 自然灾害原因导致的事故，因防范措施不到位，定责任事故。确属不可抗力原因导致的事故，定非责任事故。

第五十四条 营业线施工中发生责任事故，属工程建设、设计、监理、施工等原因造成的，定上述相关单位责任；同时追究设备管理单位责任。

已经竣工验收的设备，因质量问题发生责任事故，确属工程建设、设计、施工、监理等单位责任的，定上述相关单位责任；属设备管理不善的，定设备管理单位责任。

第五十五条 涉嫌人为破坏造成的事故，在公安机关确认前，定发生单位责任事故；经公安机关确认属人为破坏原因造成的，定发生单位非责任事故。

第五十六条 机车车辆断轴造成事故，由于探测、监测工作人员违章违纪或设备不良、管理不善等原因造成漏报、误报或预报后未及时拦停列车的，定相关单位责任。由于货物超载、偏载造成车辆断轴事故，定装车站或作业站责任。

第五十七条 因列车折角塞门关闭造成事故，无法判明责任的定发生地铁路运输企业责任事故。

第五十八条 错误办理行车凭证发车或耽误列车事故的责任划分：司机起动列车，定车务、机务单位责任；司机发现未动车，定车务单位责任；通过列车司机未及时发现，定车务、机务单位责任；司机发现及时停车，定车务单位责任。

第五十九条 应停车的客运列车错办通过，定车站责任；在区间乘降所错误通过，定机务单位责任。

第六十条 因断钩导致列车分离事故，断口为新痕时定机务单位责任(司机未违反操作规程的除外)，断口旧痕时定机车车辆配属或定检单位责任；机车车辆车钩出现超标的砂眼、夹渣或气孔等铸造缺陷定制造单位责任。

未断钩造成的列车分离事故根据具体情况进行分析定责。

第六十一条 因货物装载加固不良造成事故，定货物承运单位责任；属托运人自装货物的，定托运人责任，货物承运单位监督检查失职的，追究货物承运单位同等责任。因调车作业超速连挂和“禁溜车”溜放等造成货物装载加固状态破坏而引发的事故，定违章作业站责任；因押运人员在运输途中随意搬动货物和降低货物装载加固质量而引发的事故，定押运人员所在单位责任，货物承运单位管理失职的，追究同等责任；货检人员未认真履行职责的，追究货检人员所在单位同等责任。因卸车质量不良造成事故，定卸车单位责任，同时追究负责检查的单位责任。

第六十二条　自轮运转设备编入列车因质量不良发生事故时，定设备配属单位责任；过轨检查失职的，定检查单位责任；违规挂运的，定编入或同意放行的单位责任。

第六十三条　因临时租(借)用其他单位的设备设施、人员，发生事故，定使用单位责任。

产权单位委托其他单位维修设备设施，因维修质量不良造成事故，定维修单位责任；产权单位管理不善的，追究其同等责任。

第六十四条　凡经铁道部批准或铁路运输企业批准并报铁道部核备后的技术革新项目、科研项目在运营线上试验时，在限定的试验期限内确因试验项目本身原因发生事故，不定责任事故；但由于违反操作规程以及其他人为因素造成的事故，定责任事故。

第六十五条　事故发生后，因发生单位未如实提供情况，导致不能查明事故原因和判定责任的，定发生单位责任。

第六十六条　事故涉及两个以上单位管理的相关设备，设备质量均未超过临修或技术限度时，按事故因果关系进行推断，确定责任单位。

第六十七条　事故调查组未及时通知有关单位接受事故调查，不得定有关单位责任。有关单位接到通知后，应派员而未派员接受事故调查的，事故调查组可以直接定责。

第六十八条　铁路作业人员在从事与行车相关的作业过程中，不论作业人员是否在其本职岗位，由于违反操作规程、作业纪律，或铁路运输生产设备设施、劳动条件、作业环境不良，或安全管理不善等造成伤亡，定责任事故。具体情形按以下规定办理。

(一)乘务人员及其他作业人员在企业内候班室、外地公寓、客车宿营车等处候班、间休期间，因违章违纪、设备设施不良等造成伤亡，定有关单位责任。

(二)作业人员在疏导道口、引导或帮助旅客上下车、维持站车秩序过程中被列车撞轧而伤亡的，定作业人员所在单位责任。

(三)事故发生过程中，作业人员在避险或进行事故抢险时因违章作业再次发生伤亡，应按同一件事故定责；事故过程已终止，在事故救援、抢修、复旧及处理中又发生事故导致伤亡的，按另一件事故定责。

(四)铁路运输企业所属临管铁路发生的责任伤亡事故，定该企业责任事故。

(五)作业人员在工作或间歇时间擅自动用铁路运输设备设施、工具等导致伤亡的，定该作业人员所在单位责任事故，同时追究设备设施配属(或管理)单位的责任。

(六)作业人员因患有职业禁忌症而导致行为失控，造成伤亡的，定该作业人员所在单位责任。

(七)两个及以上铁路运输企业在交叉作业中发生伤亡，定主要责任单位事故；若各方责任均等，定伤亡人员所在单位责任，同时追究其他相关单位责任。若各方责任均等且均有人员伤亡，分别定责任事故。

第六十九条　作业人员发生伤亡，经二级以上医院、急救中心诊断或经法医检验、解剖，证明系因脑溢血、心肌梗塞、猝死等突发性疾病所致，并按事故处理权限得到事故调查组确认的，不定责任事故。医院等级不够的，须经法医进行尸表检验或尸体解剖鉴定。法医尸检或解剖鉴定报告结论不确定的，定责任事故。

第七十条 作业人员伤亡事故原因不清，或公安机关已立案但尚无明确结论的，定责任事故。暂时不能确定事故性质、责任的，按待定办理。若跨年度仍不能确定或处理时间超过法定期限的，定伤亡人员所在单位责任。在年度统计截止前，该事故已查清并作出与原处理决定相反结论的，可向原处理部门申请更正。

第七十一条 铁路机车车辆与行人、机动车、非机动车、牲畜及其他障碍物相撞造成事故，按以下规定判定责任。

(一)事故当事人违章通过平交道口或者人行过道，或者在铁路线路上行走、坐卧造成人身伤亡，定事故当事人责任。

(二)事故当事人逃逸或者有证据证明当事人故事破坏、伪造现场、毁坏证据，定事故当事人责任。

(三)事故当事人违反国家法律法规，有明显过失的，按过错的严重程度，分别承担责任。

第七十二条 铁道部、安全监管办有关部门及其人员未能依法履行职责，发生下列情形之一的，应当追究其行政责任。涉嫌犯罪的，移送司法机关处理。

(一)违反国家公布的技术标准或铁道部颁布的规章、技术管理规程和作业标准，擅自公布部门技术标准，导致事故发生的，追究相关部门及其人员的责任。

(二)在实施行政许可、强制认证、技术审查或鉴定，以及产品设备验收等监督管理职责的过程中，违反法定权限、法定程序和有关规定，或对相关产品设备等监督检查不力，造成不合格、不达标产品设备等投入运用，导致事故发生的，追究相关部门及其人员的责任。

第二节 事故损失认定

第七十三条 事故相关单位要如实统计、申报事故直接经济损失，制作明细表，经事故调查组确认后，在《铁路交通事故认定书》中认定。

第七十四条 下列费用列入事故直接经济损失：

(一)铁路机车车辆、线路、桥隧、通信、信号、供电、信息、安全、给水等设备设施的损失费用。报废设备按报废设备账面净值计算，或按照市场重置价计算；破损设备设施按修复费用计算。

(二)铁路运输企业承运的行包、货物的损失费用。

(三)事故中死亡和受伤人员的处理、处置、医治等费用(不含人身保险赔偿费用)。

(四)被撞机动车、非机动车、牲畜等财产物资，造成的报废或修复费用。

(五)行车中断的损失费用。

(六)事故应急处置和救援费用。

(七)其他与事故直接有关的费用。

第七十五条 有作业人员伤亡的，直接经济损失统计范围、计算方法等按《企业职工伤亡事故经济损失统计标准》(GB 6721—1986)执行。

第七十六条 负有事故全部责任的，承担事故直接经济损失费用的100%；负有主要责任的，承担损失费用的50%以上；负有重要责任的，承担损失费用的30%以上、50%以下；负有次要责任的，承担损失费用的30%以下。

有同等责任、涉及多家责任单位承担损失费用时，由事故调查组根据责任程度依次确定损失承担比例。

负同等责任的单位，承担相同比例的损失费用。

第六章　事故统计、分析

第七十七条　铁道部、安全监管办、铁路运输企业及基层单位应按照本规则规定，建立事故统计分析制度，健全统计分析资料，并按规定及时报送。

各级安全监察部门负责事故统计分析报告的日常工作，并负责监督指导有关部门(单位)做好事故统计分析报告工作。

第七十八条　事故的统计报告应当坚持及时、准确、真实、完整的原则。

第七十九条　事故的统计应按照事故类别、等级、性质、原因、部门、责任等项目分别进行统计。

第八十条　每日事故的统计时间，由上一日18时至当日18时止。但填报事故发生时间时，应以实际时间为准，即以零点改变日期。

第八十一条　责任事故件数统计在负全部责任、主要责任的单位，非责任事故和待定责事故件数统计在发生单位，相撞事故统计在发生单位。

负同等责任或追究同等责任的，在总数中不重复统计件数。

第八十二条　一起事故同时符合两个以上事故等级的，以最高事故等级进行统计。

第八十三条　发生人员伤亡的事故应按以下规定统计：

(一)人员在事故中失踪，至事故结案时仍未找到的，按死亡统计。

(二)事故受伤人员因正常手术治疗而加重伤害程度的，按手术后的伤害程度统计。

(三)事故受伤人员经救治无效，在7日内死亡，按死亡统计；经医疗事故鉴定委员会确认为医疗事故的，或7日后死亡的，按原伤害程度统计。

(四)事故受伤人员在7日内由轻伤发展成重伤的，按重伤统计。

(五)未经医疗事故鉴定委员会确认为医疗事故的伤亡，按责任事故统计。

(六)相撞事故发生后，经调查确认为自杀、他杀的，不在伤亡人数中统计。

第八十四条　铁路各级安全监察部门应建立《铁路交通事故登记簿》(安监统1)、《铁路交通事故统计簿》(安监统2)、《铁路运输企业安全天数登记簿》(安监统3)、《铁路作业人员伤亡登记簿》(安监统4)和《铁路交通事故分析会记录簿》。

铁路运输企业专业部门、各基层站段应分别填记《铁路交通事故登记簿》(安监统1)，并建立《铁路交通事故分析会记录簿》。

以上台账长期保存。

第八十五条　有关部门、单位应按以下规定填写、传送、管理各种事故表报。

(一)各级安全监察部门须建立《铁路交通事故(设备故障)概况表》(安监报1)和《铁路交通事故基本情况表》(安监报3)的管理制度，规范统计、分析、总结、报送及保管工作。要及时补充填记"安监报3"各项内容，事故结案后，必须准确填写。

铁路运输企业调度部门应当及时、如实填写《铁路交通事故(设备故障)概况表》(安监报1)，建立登记簿，进行统计分析，并制定管理制度。

铁路运输企业的专业部门应当建立"安监报1"登记簿，认真统计分析。

(二)安全监管办须建立《铁路交通事故处理报告表》(安监报2)管理制度。基层单位按要求做好填记上报。"安监报2"保管3年。

(三)安全监管办于月、半年、年度后次月 5 日前填写《铁路交通事故报告表》(安监报 4),报铁道部。“安监报 4”长期保存。

(四)安全监管办于月、半年、年度后次月 5 日前填写《铁路交通事故路外伤亡统计分析表》(安监报 5),报铁道部。“安监报 5”长期保存。

(五)有从业人员伤亡的事故,事故发生单位填写《铁路作业人员伤亡概况表》(安监报 6—1),上报安全监管办;一般 B 类以上事故,安全监管办填写《铁路作业人员伤亡概况表》(安监报 6—1),报铁道部。

安全监管办于次月 5 日前(次年 1 月 10 日前),填写《铁路作业人员伤亡统计报表》(安监报 6—2),报铁道部。

第八十六条 铁道部所属铁路运输企业每月 27 日前将本月安全分析总结报铁道部安全监察司。企业内部各业务部门须按月、半年、年度,对本系统事故进行分析总结,向上级主管部门报告,并抄送安全监管办安全监察部门。

合资铁路、地方铁路、专用铁路须按月、半年、年度,对本单位事故进行分析,并报安全监管办。

第七章 罚 则

第八十七条 铁路运输企业及其职工违反法律、行政法规的规定,造成事故的,由铁道部或者安全监管办依法追究行政责任。构成犯罪的,依法追究刑事责任。

第八十八条 铁路运输企业及其职工迟报、漏报、瞒报、谎报事故的,对单位,由铁道部或安全监管办处 10 万元以上 50 万元以下的罚款;对个人,由铁道部或安全监管办处 4 000 元以上 2 万元以下的罚款;属于国家工作人员的,依法给予处分;构成犯罪的,依法追究刑事责任。

第八十九条 安全监管办迟报、漏报、瞒报、谎报事故的,由铁道部对直接负责的主管人员和其他直接责任人员依法给予处分;构成犯罪的,依法追究刑事责任。

第九十条 干扰、阻碍事故调查处理的,对单位,由铁道部或安全监管办处 4 万元以上 20 万元以下的罚款;对个人,由铁道部或安全监管办处 2 000 元以上 1 万元以下的罚款;情节严重的,对单位,由铁道部或安全监管办处 20 万元以上 100 万元以下的罚款;对个人,由铁道部或安全监管办处 1 万元以上 5 万元以下的罚款;属于国家工作人员的,依法给予处分;构成违反治安管理行为的,由公安机关依法给予治安管理处罚;构成犯罪的,依法追究刑事责任。

第九十一条 在事故调查中,调查人员索贿受贿、借机打击报复或不负责任,致使调查工作有重大疏漏的,由组成事故调查组的机关给予处分,构成犯罪的,依法追究刑事责任。

第八章 附 则

第九十二条 本规则中所称的“以上”包括本数,所称的“以下”不包括本数。

第九十三条 本规则附件与本规则具有同等效力。本规则所规定的文书格式由铁道部统一制定。

第九十四条 本规则由铁道部负责解释。

第九十五条 本规则自 2007 年 9 月 1 日起施行。《铁路行车事故处理规则》(铁道部令第 3 号)、《铁路企业伤亡事故处理规则》(铁道部令第 7 号)、铁道部《关于重新修订〈铁路路外伤亡报告、处理、统计办法〉的通知》(铁安监字[79]2056 号)同时废止。前发有关文电与本规则相抵触的一律以本规则为准。

附件 1

《铁路交通事故调查处理规则》内容解释

1. 机车车辆:包括铁路机车、客车、货车、动车、动车组及各类自轮运转特种设备等。

自轮运转特种设备:系指在铁路营业线上运行的轨道车及铁路施工、维修专用车辆(包括轨道起重机、架桥机、铺轨机、接触网架线车、放线车、检修车、大型养路机械等)。

2. 列车:系指编成的车列并挂有机车及规定的列车标志。单机、自轮运转特种设备,虽未完全具备列车条件,亦应按列车办理。

客运列车:系指旅客列车(含动车组)、按客车办理的回送空客车车底及其他列车。

货运列车:系指客运列车以外的其他列车。

军用列车除有特殊通知外,均视为货运列车。

列车与其他调车作业的机车车辆等互相冲撞而发生的事故,定列车事故。列车在站内以调车方式进行摘挂或转线而发生事故,定调车事故。

客运列车或客运列车摘下本务机车后的车列,被货运列车、机车车辆冲撞造成的事故,以及客运列车在中途站进行摘挂(包括摘挂本务机车)或转线作业发生的事故,均定客运列车事故。

区间调车作业、机车车辆溜入区间,发生冲突、脱轨事故时,定列车事故。在封锁区间内调车作业发生事故,定调车事故。

3. 运行过程中:系指铁路机车车辆运行的全过程,也包括在其运行中的停车状态。

4. 行人:系指在铁路线路上行走、停留的自然人(包括有关铁路作业人员)。

5. 其他障碍物:系指侵入铁路限界及线路,并影响铁路行车的动态及静态物体。

6. 相撞:系指铁路机车车辆在运行过程中与行人、机动车、非机动车、牲畜及其他障碍物相互碰、撞、轧,造成人员伤亡、设备设施损坏。

7. 冲突:系指列车、机车车辆互相间或与轻型车辆、设备设施(如车库、站台、车挡等)发生冲撞,致使机车车辆、轻型车辆、设备设施等破损。

在列车运行中由于人为失职或设备不良等原因,将车辆挤坏或拉坏构成中破及其以上程度,或在调车作业中由于人为失职或设备不良等原因,将车辆挤坏或拉坏构成大破以上程度时,亦按冲突论。

由于机车车辆冲撞造成货物窜动将车辆撞坏、挤坏时,定冲突事故,并根据所造成的后果,确定事故等级。

8. 脱轨:系指机车车辆的车轮落下轨面(包括脱轨后又自行复轨),或车轮轮缘顶部高于轨面(因作业需要的除外)。

每辆(台)只要脱轨 1 轮,即按 1 辆(台)计算。

9. 列车发生火灾:系指列车起火造成机车车辆破损影响行车设备设施正常使用,或发生人员伤亡、货物、行包烧毁等。

10. 列车发生爆炸:系指机车车辆在运行过程中发生爆炸,造成其设备损坏,墙板、车体变形或出现孔洞,影响正常行车。

11. 正线:系指连接车站并贯穿或直股伸入车站的线路。

12. 繁忙干线:系指京哈(不含沈山线)、京沪、京广、京九(含广州至深圳段)、陇海、沪昆

(不含株洲至昆明段)线及客运专线。

繁忙干线单线:系指连接繁忙干线的联络线。

13. 其他线路:系指繁忙干线以外的线路。

新交付使用的线路等级分类,在交付时公布。

在连接不同等级线路的车站发生事故时按繁忙干线算。

14. 中断铁路行车:系指不论事故发生在区间或站内,造成铁路单线、双线区间或双线区间之一线不能行车。中断行车的时间,由事故发生时间起(列车火灾或爆炸由停车时间算起)至恢复客货列车原牵引方式连续通行时止。

如列车能在站内其他线通行,又回到原正线上进入区间的,不按中断行车算。

施工封锁区间发生冲突或脱轨的行车中断时间,从事故发生前原计划开通的时间起计算。

15. 耽误列车:系指列车在区间内停车;通过列车在站内停车;列车在始发站或停车站晚开、在运行过程中超过图定的时间(局管内)或调度员指定的时间;列车停运、合并、保留。

16. 客运列车中途摘车:系指编挂在客运列车中的车辆发生冲突、脱轨、火灾、爆炸、相撞未达到中破及以上程度,不能运行,必须在途中摘下(不包括始发站和终到站)。

17. 占用区间:系指(1)区间内已进入列车。(2)区间已被列车取得占用的许可(包括准许时间内未收回的出站、跟踪调车凭证)。(3)封锁的区间(属于《铁路技术管理规程》第 330、第 374、第 382 条的情况下除外)。(4)区间内有停留或溜入的机车车辆、施工作业车辆。列车发出后溜入的亦算。(5)发出进入正线的列车而区间内道岔向岔线开通。(6)邻线已进入禁止在区间交会的列车。

列车前端越过出站信号机或警冲标即算。

办理越出站界调车后,没有取消手续,也没有办理列车闭塞手续,就用该调车手续将列车开出,亦按本项论。

18. 占用线:系指车站内已办理进路的线路或停有机车车辆的线路或已封锁的线路。

列车前端越过进站(进路)信号机或站界标即构成"向占用线接入列车"。按《铁路技术管理规程》第 283 条规定办理的列车除外。

19. 未准备好进路:

进路:系指(1)接入停车列车时,由进站信号机起至接车线末端计算该线有效长度的警冲标或出站信号机止的一段线路。(2)发出列车时,由列车前端起至相对进站信号机或站界标为止的一段线路。(3)通过列车时,为该列车通过线两端进站信号机或站界标间的一段线路。

未准备好进路:系指(1)进路上的道岔未扳、错扳、临时扳动或错误转动。(2)进路上有轻型车辆(包括拖车)、小车及其他能造成脱轨的障碍物(不包括其他交通车辆)。(3)邻线的机车车辆越过警冲标。(4)违反《铁路技术管理规程》第 353 条禁止办理相对方向同时接车和同方向同时发接列车的规定而办理同时接车或发接列车。(5)超限列车(包括挂有超限货物车辆的列车)、客运列车由于错误办理造成进入非固定股道。

接入停车或通过的列车,列车前端进入进站(进路)信号机或站界标以及发出的列车起动均算。

设有进路信号机的车站,分段接发列车时,按分段算。如果每段都发生,每段各定 1 件事故;如果一次准备的全通路,为一个进路,定 1 件事故。

凡由于信号联锁条件错误或有关人员违章作业,致使信号错误升级显示进行信号或强行开放进行信号，造成耽误列车或列车已按错误显示的进行信号运行，虽未造成后果，均定事故。

20. 未办或错办闭塞发出列车：系指未和邻站、线路所、车场办理闭塞手续，或办理闭塞的区间与列车运行的区间不一致而发出的列车。列车前端越过出站信号机（包括线路所通过信号机）或警冲标即构成。客运列车，错办闭塞的区间虽与列车的运行区间一致，亦按本项论。

没有调度命令，擅自改变或错办列车运行径路，亦按本项论。

未按规定办理手续而越出站界调车时，亦按本项论。

21. 列车冒进信号或越过警冲标：系指列车前端任何一部分越过地面固定信号显示的停车信号；停车列车越过到达线末端计算该线有效长度的警冲标或轧上线路脱轨器（系指用于接发列车起隔开作用的脱轨器）时计算。双线区间反方向运行，列车冒进站界标，亦按本项论。

在制动距离内，由于误碰、错办或维修设备，致使临时变更信号显示、信号关闭或临时灭灯，造成列车冒进信号时，不论联锁条件是否解锁，亦按本项论。

在制动距离内信号自动关闭或临时灭灯，在进路联锁条件不解锁的情况下，列车冒进信号时，不按本项论。

22. 机车车辆溜入区间或站内：系指以进站信号机或站界标为界，机车车辆由站内溜入区间或由区间、专用线溜入站内，在区间岔线内停留的机车车辆溜往正线越过警冲标，亦按本项论。

23. 断轴：机车车辆出段、出厂或由固定停放地点开出后，发生即算。列车中的车辆在运行、停留或始发、到达检查时发现即算。

24. 关闭折角塞门发出列车或运行中关闭折角塞门：列车前端越过出站信号机或警冲标即算。

采用双管供风的列车因错接风管发出列车，按本项论。

25. 电力机车、动车组带电进入停电区：系指电力机车、动车组未降弓断电进入已经停电的接触网区。

26. 发生冲突、脱轨的机车车辆，未经检查鉴定编入列车运行：未按规定通知检查或未按规定检查，擅自编入列车，按本项论。

27. 自轮运转设备：无需铁路货车装运，能依靠自有轮对在铁路上运行，但须按货物向铁路办理托运手续的机械和设备。包括编入列车的自轮运转特种设备、无火回送机车等。

28. 无调度命令施工，超范围施工，超范围维修作业：包括未按规定在车站登记要点进行施工、维修作业的，施工点前超范围准备的，未按规定施工维修作业内容进行作业的，均按本项论。

29. 漏发、错发、漏传、错传调度命令导致列车超速运行：列车运行监控装置未输或错输限速指令、机车出库后司机未接到线路限速命令，致使列车超过规定限速运行，按本项论。

30. 挤道岔：系指车轮挤过或挤坏道岔。

31. 错办或未及时办理信号导致列车停车：系指（1）因办理不及时或忘办、错办信号使列车在站外或站内停车；（2）禁止同时接车的车站或不准同时接入站内的列车，误使两列车均在站外停车；（3）接发列车人员未及时或错误显示手信号，使列车停车。

32. 错误办理行车凭证发车或耽误列车：系指与邻站已办妥闭塞手续，但由于未交、错交、未拿、错拿、漏填、错填行车凭证；自动闭塞、自动站间闭塞、半自动闭塞区间未开放出站（进路）信号机发车或耽误列车。

行车凭证交与司机或运转车长显示发车手信号后（车站直接发车时为发车人员显示手信

号后),发现行车凭证错误,亦为错误办理行车凭证发车。

填写的行车凭证,错填、漏填电话记录号码、车次、区间、地点时,按本项论。

自动闭塞、自动站间闭塞、半自动闭塞区间未开放出站(进路)信号机,列车起动停车未越过信号机或警冲标时,视同一般D类事故情形。越过关闭的停车信号或警冲标时,视同一般C类事故情形。

33. 调车作业碰轧脱轨器、防护信号或未撤防护信号动车:

脱轨器:系指固定脱轨器及移动脱轨器。

防护信号:系指防护施工、装卸及机车车辆检修整备作业的固定信号或移动信号。

机车车辆碰上、轧上脱轨器或防护信号即算。对插有停车信号的车辆,碰上车钩及未撤防护信号动车,按本项论。

34. 施工、检修、清扫设备耽误列车:如因特殊情况需要延长施工时间时,须提前通知车站值班员、列车调度员,经列车调度员承认后(发布调度命令)耽误列车时,不定事故。

施工、检修、清扫设备人员躲避不及时,造成列车停车,按本项论。

35. 滥用紧急制动阀耽误列车:系指违反《铁路技术管理规程》第271条第4款的规定使用紧急制动阀。

36. 擅自发车、开车、停车、错办通过或在区间乘降所错误通过:

擅自发车:系指车站发车人员未确认出站信号,运转车长未得到发车人员的发车指示信号,车站发车人员未确认运转车长发车手信号直接发车。

擅自开车:系指司机未得到车站发车人员或运转车长的发车信号而开车。

擅自停车:系指在正常情况下,不应停车而停车。

错办通过:系指应停车的客运列车而错办通过(不包括列车调度员按照列车运行情况临时调整变更通过的列车)。

37. 错误操纵、使用行车设备耽误列车:系指作业人员违反操作规程耽误列车或使用方法不当造成机车车辆等行车设备损坏耽误列车。

38. 列车运行中碰撞轻型车辆、小车、施工机械、机具、防护栅栏等设备设施或路料、坍体、落石:刮上、碰上或轧上即算。

小车:系指人工推行的作业车、检测车、梯车等。

路料:系指钢轨、道砟、轨枕、道口铺面板等。

施工机械:系指起道机、捣固机、螺栓紧固机、弯轨器、撞轨器、切轨机、轨缝调整器、拨道器等。

机具:系指施工、维修作业中使用的动力扳手、撬杠等。

列车运行中碰撞道砟未造成机车车辆损坏或人员伤亡,不按本项论。

39. 应安装列尾装置而未安装发出列车:有规定或调度命令的不按本项论。

40. 行包、邮件装卸作业耽误列车:系指在装卸作业过程中因组织不当耽误列车,包括超载偏载、侵限或机动车(包括平板车)侵限、掉进股道、抢越平过道耽误列车。

41. 作业人员伤亡:系指在铁路行车相关作业过程中发生的,与企业管理、工作环境、劳动条件、生产设备等有关的,违反劳动者意愿的人身伤害,含急性工业中毒导致的伤害。

42. 作业过程:系指作业人员在本职工作岗位上或领导临时指派的工作岗位上,在工作时间内,从事铁路企业生产经营活动的全过程。作业人员请假离开、返回工作岗位、下班离岗、退勤退乘等，尚未离开其作业场所的，均视为作业过程。

工作时间：原则上以现行各种班制、乘务交路规定的工作时间和铁路综合计算工时工作制为依据。若不在规定的工作时间内，但属于因生产经营、工作需要而临时占用的时间，也视为工作时间。

43. 事故伤害损失工作日：系指作业人员在事故中导致伤残、死亡，造成劳动能力损失的程度，以工作日为度量单位。"事故伤害损失工作日"，与实际歇工天数不同。确定某种伤害的事故伤害损失工作日数的具体数值，应以《事故伤害损失工作日标准》(GB/T 15499—1995)为依据查定。

44. 作业人员重伤：指造成作业人员肢体残缺或某些器官受到严重损伤，致使人体长期存在功能障碍或劳动能力有重大损失的伤害。按照《事故伤害损失工作日标准》(GB/T 15499—1995)查定，其伤害部位及受伤害程度对应的事故伤害损失工作日或多处负伤其损失工作日合并计算等于或超过 300 个工作日的，属于重伤。该标准未作规定的，按实际歇工天数确定，实际歇工天数超过 299 天的，按 299 天统计；各伤害部位计算数值超过6 000天的，按 6 000 天统计。作业人员死亡，其事故伤害损失工作日按 6 000 个工作日统计。

45. 急性工业中毒事故：系指生产性毒物一次或短期内，通过人的呼吸道、消化道或皮肤大量进入体内，使人体在短时间内发生病变，导致中断工作，须进行急救处理，甚至死亡的事故。中毒程度通常分为轻度、中度和重度中毒。按照有关规定，凡是住院治疗的急性工业中毒，均按重伤报告、统计和处理。

46. 伤亡人数发生变化：系指轻伤发展成重伤，重伤发展成死亡，以及伤亡人数发生变化等情况。

47. 作业人员：系指参加铁路行车相关作业的所有从业人员，含已参加铁路企业生产经营活动，与铁路用人单位形成事实劳动关系的人员。

48. 职业禁忌症：系指某个工作岗位因其特殊性而对从业人员患有的可能造成事故的疾病作出限制的范围。如视力减退对于机车乘务员；恐高症、高血压对于电力工、架子工；高血压、心脏病对于巡道工、调车人员等均属职业禁忌症。

49. 事故责任待定：系指事故原因、责任尚未查清，需待认定的情况。事故件数暂时统计在发生月，若最后认定为非责任事故，则予以变更。

50. 人员失踪：系指发生事故后找不到尸体，如在河流湖泊中沉溺、泥石流中掩埋等，与出走不归等情况不同，无需经法院认定。

51. 交叉作业：系指分别属于两个或两个以上企业的作业区域相互重叠，从业人员在同一作业场所各自作业，包括铁路作业人员在专用线内取送车等作业。

52. 因正常手术治疗而加重伤害程度：系指从业人员在事故中受伤后，为避免伤势恶化而必须实施截肢、器官摘除等手术措施，致使伤害程度加重的情况。

附件 2　机车车辆报废及大中破条件(略)

附件 3　铁路交通事故档案材料内容(略)

附件 4　铁路交通事故认定书(略)

附件 5　铁路交通事故(设备故障)概况表(略)

附件 6　铁路交通事故处理报告表(略)

附件 7　铁路交通事故基本情况表(略)

附录六　铁路交通事故应急救援规则

(原铁道部令第 32 号)

第一章　总　　则

第一条　为了规范和加强铁路交通事故(以下简称事故)的应急救援工作,最大限度地减少人员伤亡和财产损失,尽快恢复铁路运输秩序,依据《铁路交通事故应急救援和调查处理条例》(国务院令第 501 号)及国家有关规定,制订本规则。

第二条　国家铁路、合资铁路、地方铁路、专用铁路和铁路专用线发生事故,造成人员伤亡、财产损失、中断行车及其他影响铁路正常行车,需要实施应急救援的,适用本规则。

第三条　事故应急救援工作应当遵循"以人为本、逐级负责、应急有备、处置高效"的原则。

第四条　铁道部成立事故应急救援领导小组并设工作机构,建立健全工作制度,制定和完善事故应急救援预案,按照国家规定的权限和程序,组织、指挥、协调事故应急救援工作。

各铁路安全监督管理办公室(以下简称安全监管办)应当指导、督促铁路运输企业落实事故应急救援的各项规定,依法组织、指挥、协调本辖区内的事故应急救援工作。

第五条　铁路运输企业应当相应成立事故应急救援领导小组并设工作机构,建立健全工作制度,制定和完善事故应急救援预案,加强救援队、救援列车的建设,负责事故应急救援的人员培训、装备配置、物资储备、预案演练等基础工作,积极开展事故应急救援。

第六条　公安机关应当参与事故应急救援,负责保护事故现场,维护现场治安秩序,进行现场勘察和调查取证,依法查处违法犯罪嫌疑人,协助抢救遇险人员。

第七条　事故应急救援工作必要时,由铁道部、安全监管办协调请求国务院其他有关部门、有关地方人民政府、当地驻军、武装警察部队给予支持帮助。

第二章　救援报告

第八条　事故应急救援实行逐级报告制度。铁道部、安全监管办和铁路运输企业应当明确报告程序、方式和时限,公布接受报告的各级事故应急救援部门及电话。事故发生后,有关单位、部门应当按规定程序向上级单位和部门报告。

第九条　事故发生后,现场铁路工作人员或者其他有关人员应当立即向邻近铁路车站、列车调度员、公安机关或者相关单位负责人报告。接到报告的单位、部门应当根据需要立即通知救援队和救援列车。

遇有人员伤亡或者发生火灾、爆炸、危险货物泄漏等事故时,接到报告的单位、部门应当根据需要采取防护措施,并立即通知当地急救、医疗卫生部门或者公安消防、环境保护等部门。

第十条　铁路运输企业列车调度员接到事故报告后,应当立即按规定程序报告本企业负责人,并向本区域的安全监管办和铁道部列车调度员报告。

第十一条　铁道部列车调度员接到事故报告后,应当立即按规定程序上报。

发生特别重大事故时,铁道部应当立即向国务院报告。

第十二条　救援报告的主要内容：

(一)事故发生的时间、地点(站名)、区间(线名、公里、米)、线路条件、事故相关单位和人员。

(二)发生事故的列车种类、车次、机车型号、部位、牵引辆数、吨数、计长及运行速度。

(三)旅客人数,伤亡人数、性别、年龄以及救助情况,是否涉及境外人员伤亡。

(四)货物品名、装载情况,易燃、易爆等危险货物情况。

(五)机车车辆脱轨数量及型号、线路设备损坏程度等情况。

(六)对铁路行车的影响情况。

(七)事故原因的初步判断,事故发生后采取的措施及事故控制情况。

(八)需要应急救援的其他事项。

第十三条　事故应急救援过程中,人员伤亡、脱轨辆数、设备损坏等情况发生变化时,应及时补报。

第十四条　事故应急救援情况需要向社会通报时,由铁道部、安全监管办的宣传部门统一负责。

第三章　紧急处置

第十五条　事故发生后,列车司机或者运转车长等现场铁路工作人员应当立即采取停车措施,并按规定对列车进行安全防护。遇有人员伤亡时,应当向邻近车站或者列车调度员请求施救,并将伤亡人员移出线路、做好标记,有能力的应当对伤员进行紧急施救。

为保障铁路旅客安全或者因特殊运输需要不宜停车的,可以不停车。但是,列车司机或者运转车长等现场铁路工作人员应当立即将事故情况报告邻近车站、列车调度员,接到报告的邻近车站、列车调度员应当立即组织处置。

第十六条　客运列车发生事故造成车内人员伤亡或者危及人员安全时,列车长应当立即组织车上人员进行紧急施救,稳定人员情绪,维护现场秩序,并向邻近车站或者列车调度员请求施救。

第十七条　救援队接到事故救援通知后,救援队长应当召集救援队员以最快速度赶赴事故现场。到达事故现场后,应当立即组织紧急抢救伤员,利用既有设备起复脱轨的机车车辆,清除各种障碍,搭设必要的设备设施,为进一步实施救援创造条件。

第十八条　发生列车火灾、爆炸、危险货物泄漏等事故时,现场铁路工作人员应当尽快组织疏散现场人员并采取必要的防护措施。

第十九条　事故发生后影响本线或者邻线行车安全时,现场铁路工作人员应当立即按规定采取紧急防护措施。

第四章　救援响应

第二十条　接到事故救援报告后,应当根据事故严重程度和影响范围,按特别重大、重大、较大、一般四个等级由相应单位、部门作出应急救援响应,启动应急预案。

第二十一条　特别重大事故的应急救援,由铁道部报请国务院启动,或者由国务院授权的部门启动。铁道部在国务院事故应急救援领导小组的领导下开展工作,开通与国务院有关部门、事发地省级事故应急救援指挥机构以及现场事故救援指挥部的应急通信系统,征求有关专家建议以及国务院有关部门意见提出事故应急救援方案,经国务院事故应急救援领导小组确定后组织实施,并派出专家和有关人员赶赴现场参加救援。

第二十二条 重大事故的应急救援,由铁道部启动。铁道部事故应急救援工作机构应当组建现场事故应急救援指挥部(以下简称现场指挥部),并根据事故具体情况设立医疗救护、事故起复、后勤保障、应急调度、治安保卫、善后处理等工作组,开通与事发地铁路运输企业和现场指挥部的应急通信系统,咨询有关专家,确定事故应急救援具体实施方案,立即派出有关人员赶赴现场,调集各种应急救援资源,组织指挥应急救援工作。必要时,协调请求事发地人民政府、当地驻军、武装警察部队提供支援。遇有超出本级应急救援处置能力时,及时向国务院报告。

第二十三条 较大事故、一般事故的应急救援,由安全监管办启动或者督促铁路运输企业事故应急救援工作机构启动,组织成立现场指挥部,并根据事故具体情况设立医疗救护、事故起复、后勤保障、应急调度、治安保卫、善后处理等工作组,开通与现场指挥部的应急通信系统,咨询有关专家,确定事故应急救援具体实施方案。有关负责人和专业人员应当立即赶赴现场,调集各种应急救援资源,组织指挥应急救援工作。必要时,由安全监管办协调事发地人民政府、当地驻军、武装警察部队提供支援。遇有超出本级应急救援处置能力时,及时向铁道部报告。

第五章　现场救援

第二十四条 现场救援工作实行总指挥负责制,按照事故应急救援响应等级,由相应负责人担任总指挥,或者视情况由上级事故应急救援工作机构指定人员担任临时总指挥,统一指挥现场救援工作。各工作组及参加事故应急救援的单位、部门应当确定负责人。救援列车进行起复作业时,由救援列车负责人或者指定人员单一指挥。

现场总指挥以及参加事故应急救援的各工作组负责人、各单位和部门负责人、作业人员应当区别佩戴明显标志。

第二十五条 现场指挥部应当在全面了解人员伤亡以及机车车辆、线路、接触网、通信信号等行车设备损坏、地形环境等情况后,确定人员施救、现场保护、调查配合、货物处置、救援保障、起复救援、设备抢修等应急救援方案,并迅速组织实施。

在实施救援过程中,各单位、部门应当严格执行作业规范和标准,防止衍生事故。

第二十六条 事故发生后,运输调度部门应当根据需要及时发布各类救援调度命令。重点安排救援列车出动和救援物资运输。需要其他铁路运输企业出动救援列车时,由铁道部发布调度命令。

造成列车大量晚点时,应当尽快采取措施恢复行车秩序。预计不能在短时间内恢复行车时,应当尽量将客运列车安排停靠在较大车站,并组织向站车滞留旅客提供必要的食品、饮用水等服务。

第二十七条 事故造成人员伤亡时,现场指挥部应当立即组织协调对现场伤员进行救治,紧急调集有关药品器械,迅速将伤员转移至安全地带或者转移救治,采取必要的卫生防疫措施。

遇有重大人员伤亡或者需要大规模紧急转移、安置铁路旅客和沿线居民的,应当及时通知事发地人民政府组织开展救治和转移、安置工作,必要时可以由铁道部或者安全监管办进行协调。

第二十八条　现场指挥部应当根据需要迅速调集装备设施、物资材料、交通工具、食宿用品、药品器械等救援物资。铁路运输企业各单位、部门必须无条件支持配合，不得以各种理由推诿拒绝，延误救援工作。

物资调用超出铁路运输企业自身能力时，可以向有关单位、部门或者个人借用。

第二十九条　事故涉及货运列车时，货运部门应当迅速了解事故货车及相关货车的货物装载情况，组织调集装卸人员和机具清理事故货车及相关货车装载的货物，处置事故列车挂运的危险、鲜活易腐等货物，编制货运记录。

第三十条　事故应急救援需要出动救援列车时，救援列车应当在接到出动命令后30分钟内出动，到达事故现场后，救援列车负责人应当迅速确定具体的起复作业方案，经现场总指挥批准后立即开展起复作业。救援列车在桥梁或坡道等特殊地段作业时，应当连挂机车。两列及以上救援列车分头作业时的指挥，由现场总指挥协调分工后各自负责。两列及以上救援列车在同一个作业面集中作业或者联动作业时，由负责本区段救援任务的救援列车或者由现场总指挥指定人员负责指挥。救援列车在电气化区段实施救援作业时，应当在确认接触网工区接到停电命令并做好接地防护后方准进行。起复动车组、新型机车车辆等，应当使用专用吊索具。

第三十一条　事故应急救援需要通信保障时，通信部门应当在接到通知后根据需要立即启用"117"应急通信人工服务台，组织开通应急通信系统。事故发生在站内，应当在30分钟内开通电话、1小时内开通图像传输设备。事故发生在区间，应当在1小时内开通电话、2小时内开通图像传输设备。并指定专人值守，保证事故现场音频、视频和数据信息的实时传输，任何人不得干扰、阻碍事故信息采集和传输。

第三十二条　事故造成铁路设备设施损坏时，有关专业部门应当立即组织抢修，根据实际情况及时切断事故现场电源，拆除、拨移和恢复接触网，及时架设所需照明，调集足够的救援队伍、材料和机具，积极组织抢修损坏的线路、通信信号等行车设备设施，协助事故机车车辆的起复。对可以运行的受损机车车辆进行检查确认，符合挂运条件的方准移动，必要时派人护送。起复作业完毕后，应当迅速做好开通线路的各项准备。

第三十三条　事故遇有装载危险货物车辆时，现场指挥部应当在采取确保人身安全和作业安全措施后，方可开展救援。危险货物车辆需卸车、移动或者起复时，应当在专业人员指导下作业，及时清除有害残留物或者将其控制在安全范围内。必要时，由安全监管办协调环保监测部门及时检测有害物质的危害程度，采取防控措施。

第三十四条　公安机关应当组织解救和疏散遇险人员，设置现场警戒区域，阻止未经批准人员进入现场，指定专人进行现场勘查取证，必要时实施现场交通管制，负责事故现场旅客、货物及沿线滞留列车的安全保卫工作。

第三十五条　事故应急救援过程中，有关单位和个人应当妥善保护事故现场以及相关证据，并及时移交事故调查组。因应急救援需要改变事故现场时，应当做出标记、绘制现场示意图、制作现场视听资料，并做出书面记录。任何单位和个人不得破坏事故现场，不得伪造、隐匿或者毁灭相关证据。

第三十六条　事故救援完毕后，现场指挥部应当组织救援人员对现场进行全面检查清理，进一步确认无伤亡人员遗留，拆除、回收、移送救援设备设施，清除障碍物，确认具备开通条件后，立即通知有关人员按规定办理手续，由列车调度员发布调度命令开通线路，尽快恢复正常行车。

第六章 善后处理

第三十七条 事故善后处理工作组应当依法进行事故的善后处理,组织妥善做好现场遇险滞留人员食宿、转移和旅客改签、退票等服务工作,以及伤亡人员亲属的通知、接待以及抚恤丧葬、经济补偿等处置工作。负责收取伤亡人员医疗档案资料,核定救治费用。

第三十八条 对事故造成的伤亡人员,现场指挥部应当在积极组织施救的同时,负责协调落实伤亡人员的救治、丧葬等临时费用,待事故责任认定后,由事故责任方承担。

第三十九条 事故造成人员死亡的,应当由急救、医疗卫生部门或者法医出具死亡证明,尸体由其家属或者铁路运输企业存放于殡葬服务单位,或者存放于有条件的急救、医疗卫生部门。尸体检验完成后,由事故善后处理工作组通知死者家属在10日内办理丧葬事宜。对未知名尸体,由法医检验后填写《未知名尸体信息登记表》。经核查无法确认死者身份的,经事故善后处理工作组负责人批准,刊登认尸启事,刊登后10日无人认领的,由县级或者相当于县级以上的公安机关批准处理尸体。

第四十条 事故造成境外来华人员死亡的,事故善后处理工作组应当通知死者亲属或者所属国家驻华使(领)馆,尸体处置事宜按照我国有关规定办理。

第四十一条 对事故现场遗留的财物,事故善后处理工作组或者公安部门应当进行清点、登记并妥善保管。

第四十二条 对事故造成的人员伤亡、财产损失以及事故应急救援费用等应当进行统计。借用有关单位和个人的设备设施和其他物资,使用完毕后应当及时归还并适当支付费用,丢失或者损坏的应当合理赔偿。

第四十三条 对事故造成的人员伤亡和财产损失,按照国家有关法律、法规和《铁路交通事故应急救援和调查处理条例》有关规定给予赔偿。

事故当事人对损害赔偿有争议时,可以协商解决,或者请求组织事故调查组的机构进行调解,也可以直接提起民事诉讼。

第四十四条 属于肇事方责任给铁路运输企业造成损失的,应当按照事故认定书由肇事方赔偿。

第四十五条 因设备质量或者施工质量造成事故损失的,铁路运输企业有权依据事故认定书向有关责任方追偿损失。

第四十六条 事故应急救援工作结束后,现场指挥部应当对事故应急救援工作进行总结,于5日内形成书面报告,并附事故应急救援有关证据材料,按事故等级报铁道部事故应急救援领导小组或者安全监管办备案。由铁道部事故应急救援领导小组或者安全监管办组织进行全面总结分析,对事故应急救援的组织工作进行评价认定,总结经验教训,制定整改措施,修改完善应急预案及有关制度办法。

第七章 罚　则

第四十七条 铁路运输企业及其职工违反本规则规定,不立即组织事故应急救援或者迟报、漏报、瞒报、谎报事故等延误救援的,由铁道部或者安全监管办对责任单位处10万元以上50万元以下的罚款,对责任人处4 000元以上2万元以下的罚款。

第四十八条 铁道部、安全监管办等国家工作人员以及其他人员违反本规则规定,未立即启动应急预案或者迟报、漏报、瞒报、谎报事故等延误救援的，对主管负责人和其他直接责任人依法给予行政处分。涉嫌犯罪的，依照有关规定移送司法机关处理。

第四十九条　违反本规则规定，干扰、阻碍事故应急救援的，由铁道部或者安全监管办对责任单位处 4 万元以上 20 万元以下的罚款，对责任人处 2 000 元以上 1 万元以下的罚款。情节严重的，对责任单位处 20 万元以上 100 万元以下的罚款，对责任人处 1 万元以上 5 万元以下的罚款。属于国家工作人员的，依法给予行政处分。违反治安管理规定的，由公安机关依法给予治安管理处罚。涉嫌犯罪的，依照有关规定移送司法机关处理。

第八章　附　　则

第五十条　本规则由铁道部负责解释。

第五十一条　本规则自 2007 年 9 月 1 日起施行，铁道部原发《铁路行车事故救援规则》（铁运〔1999〕118 号）同时废止。

附录七　铁路救援列车管理办法

(运装机运〔2008〕82 号)

总　　则

救援列车是铁路交通事故应急救援的专业队伍,为加强救援列车的管理工作,满足铁路交通事故应急救援工作需要,实现事故现场快速处置,依据《铁路交通事故应急救援和调查处理条例》(国务院令第 501 号)、《铁路交通事故应急救援规则》(原铁道部令第 32 号)及其他有关规定,特制定《铁路救援列车管理办法》。

铁路各部门要认真贯彻、严格执行本办法的规定,强化救援队伍建设,坚持专业救援与兼职救援相结合,日常训练与专业培训相结合,做到"训练有素、快速出动、处置得当、保障救援"。

救援工作总的要求:现场信息正确、信息传递快捷、救援出动快速、救援装备精良、组织指挥严谨、救援方案有效、分工配合密切、线路开通迅速。

铁路各部门必须遵守有关规定和要求,不得干扰、阻碍事故应急救援工作,把救援工作纳入安全工作的长效管理,实行逐级负责。要结合实际,及时制定铁路救援列车管理实施细则,确保迅速、有序、有效地开展事故救援行动。

铁路各部门应结合铁路运输设备和救援机具更新,积极采用国内外先进的救援技术、救援机具、指挥设备和信息传输设备,提高事故救援能力。

救援列车设置

在铁道部规定的地点设救援列车。救援列车设置应遵循布局合理、到达事故地点快捷的原则。各铁路局所在地的救援列车设为救援列车基地(需另选址的由铁路局确定并报铁道部批准)。逐步形成以全路 18 个救援列车基地为中心,辐射各救援列车的全路救援网络。

救援列车的增设、撤除和地点迁移由铁路局提报方案,报铁道部批准。

铁路局机务处应设救援列车专职管理人员。救援列车的日常管理由机务段(合资、地方铁路公司由公司指定机构)负责,实行段长(合资、地方铁路公司分管副总经理)负责制。

配属救援列车的机务段设救援车间,管理救援列车工作。

1. 救援车间设主任(兼任本地救援列车主任)、副主任(兼任异地救援列车主任,数目按所辖异地救援列车确定),工程技术人员 2 人。

2. 救援列车设主任、管理员和工程技术人员各 1 人。各工种实行三班倒班制,定员按附表一配备。救援列车基地培训工作人员由铁路局根据实际情况自行确定。

3. 救援列车主任和专业人员应保持相对稳定。新调入人员,必须是高中(中专)文化程度及以上,年龄不得超过 40 岁(除特殊需要者),思想好、身体健康、责任心强。不适应救援列车工作岗位的职工应及时予以调整。

4. 救援列车专业人员每年必须进行 1 次体检,患高血压、心脏病、精神病、癫痫、伤残、深度近视等人员不得从事救援列车工作,如已在救援列车工作的,必须尽快调离救援列车岗位另安排工作。

5. 救援列车主任的调整,须报经铁路局主管部门批准。

无救援列车的编组站、区段站和二等以上车站,铁路局应组织有关站(段)专业人员,组成不脱产的事故救援队。日常管理、救援机具配备、培训演练由各铁路局根据实际情况确定。

救援队长应由铁路局指定与行车有关的车务段长或车站站长担任。救援队由车务、机务、工务、电务、车辆、供电等人员组成,并编制人员名册,报铁路安全监督管理办公室批准后,及时通知队员及所属单位。人员名册、联系办法及设备配置情况等资料应提交给所在区段的救援列车备案。本单位救援队人员发生变化时,所属单位应立即告知救援队长,保证救援队伍相对稳定。

救援队长会同有关单位制定日常联系、召集和出动办法,制定管理制度。救援队在事故救援中接受救援列车主任的指挥,积极主动地参加救援工作。

救援列车职责要求

发生铁路交通事故后,由铁路局列车调度员根据需要分别向救援列车、接触网工区和接触网检修作业车或接触网抢修列车发布出动命令和行车命令,向救援队发布出动命令。同时简要说明事故概况(事故车辆种类、辆数、地点、线路条件等情况)。

需救援列车跨铁路局出动时,由铁道部机车调度发布出动命令。

列车调度员下达救援出动命令后:

1. 救援队确保 20 分钟内出动。

2. 接触网工区和接触网检修作业车或接触网抢修列车接到出动命令后,确保做到白天 15 分钟、夜间 20 分钟内出动,列车调度员组织开行。

3. 救援列车接到出动命令后,确保 30 分钟内出动。

救援指挥原则

1. 迅速将受伤人员送往医院抢救,最大限度地减少人员伤亡。

2. 防止事故的蔓延和扩大。

3. 优先开通线路,后清理现场。电气化铁路遵循"先通后复"的原则。

4. 尽快组织救援队、接触网检修作业车(抢修列车)和救援列车进入事故现场进行事故救援起复工作。

5. 参加事故救援工作的有关单位和人员,按照任务要求,联劳协作、平行作业、交叉作业、争分夺秒,迅速组织起复作业。

救援队接到出动行车调度命令后,由救援队长负责迅速召集有关单位救援人员迅速赶赴事故现场,负责勘察现场并组织实施人员救助及做好救援准备工作。救援列车到达后,救援队长应向救援列车主任报告现场情况及已实施的救援工作,转由救援列车主任负责指挥救援。

救援队到达事故现场后,根据救援工作的需要,按专业完成以下工作:

1. 安装电话和信息传输设备,保证事故现场及时接通通信系统。通讯联络电话要在一个小时内完成。事故现场图像要在两个小时内向铁路局和铁道部传送。

2. 协助医护人员救护或转运伤员。

3. 根据需要接通照明、给水设备,保证事故救援作业和救援人员的饮食用水。

4. 电气化区段的接触网工区，要根据需要拆除或拨移影响救援作业的接触网，清除影响作业的障碍物。

救援列车到达事故现场后，救援列车主任应做到：

1. 勘察事故现场，迅速拟定救援起复方案。

2. 救援起复方案经现场救援总指挥批准后，立即部署事故救援工作，明确分工，并迅速组织起复作业。

3. 在电气化区段需要停电作业时，必须申请停电，接到停电命令，做好轨道起重机接地防护后，方准进行作业。

4. 对动车组及安装密接式车钩的车辆救援时，车辆的分离、连接及端头管线的处理，事故现场有车辆专业人员时，由其负责完成。

事故现场的起复工作由救援列车主任指挥。但其无权擅自更改救援方案。事故救援现场任何人不得干扰救援工作，并不准以任何借口阻碍救援方案的实施。

事故救援工作结束后，救援列车主任应立即报告现场指挥，现场指挥通知车站值班员或列车调度员，救援列车凭调度命令开往就近车站，迅速恢复行车。如线路虽已修复，而仍有破损和颠覆的机车车辆需要起复时，应由工务部门铺设临时便线，继续起复工作；此时救援列车的作业要加强防护和联系，无列车调度员的命令不得越出临时线路。

救援列车作业完毕后，铁路局调度所值班主任应及时组织恢复救援列车的原编组顺位，组织救援列车迅速回送驻地。

救援列车返回驻地后，应组织全体人员总结救援工作，并于返回驻地后三日内，将事故救援工作报告(格式由各铁路局自定)上报铁路局。

救援列车设施设备

新购置和技术改造的机车车辆和动车组，必须具备整体救援起复及使用液压起复设备的条件。在新型机车车辆和动车组交付使用的同时，应将救援吊索具的设计方案及使用方法，一并交付运用和救援部门。

各铁路局应逐步淘汰固定臂式轨道起重机，配置伸缩臂式轨道起重机。轨道起重机的购置(新线除外)、调拨和报废按铁道部相关文件办理，由铁道部运输局装备部批准后实施。

救援列车编组所属的专用车辆按附表二组成。救援列车的指挥、宿营、餐车、发电车辆应有防暑、防寒设备。救援列车的餐车，应装备冷冻冷藏和开水供应设备，并且储备满足本列车全员食用三至五天的食品，费用由救援列车所属单位纳入年度预算，在成本中列支。

各车辆应配置灭火器材。

救援列车驻地的设施按附表三规定执行。特种物品的配备按附表四执行。工具配备按附表五执行。救援列车驻地应设有救援列车停留线、轨道起重机停放库、办公、生产、生活房屋等地面建筑及必要的生活设施，救援人员演练及体能训练场地，并应具备防暑、取暖、给、排水条件。

救援列车停留线，原则上应设在两端接通，便于救援列车出动的段(站)管线上，具备轨道起重机回转条件。救援列车的停留线应设置外接电源、照明设施、轨道起重机检查坑和检查台架等。昼间气温达 30 ℃以上的地区，应设遮阳防雨棚。

汽油、氧气、乙炔等易燃、易爆物品应单独存放，油脂存放地点应有加热保暖设备，并应符合安全、防火的规定。

救援列车基地除具备救援列车驻地的设备设施外，还应配备高强度迪尼玛吊装带、挖掘机、汽车起重机、液压起复设备、液压破拆工具、小型专用复轨器、等离子切割机和气袋等。

救援列车基地应具备完善的救援演练培训功能，应有模拟教学设备、教室及学员宿舍；演练用机车车辆及场地；具备轨道起重机全回转、吊重自力走行、双吊机作业、起重机全负荷吊重演练条件的线路；具备模拟隧道、桥梁、接触网下作业条件。

救援列车运用维修

救援列车停留线上方不准挂接触网。救援列车的编组顺位，应根据出动迅速、作业方便的原则，由铁路局确定，并纳入细则。

1. 平时应编组成出动时不需要改编的完整车列（轨道起重机置于停放库的允许联挂一次）。

2. 轨道起重机应置于救援列车的一端，不得联挂于中部（特殊情况除外）。并在出动前调整好臂架平车的方向。

3. 各车辆及轨道起重机的制动软管应连结，制动机和基础制动装置应处于良好状态。

轨道起重机日常维护保养工作，由轨道起重机司机负责，铁路局机务处应结合实际制定轨道起重机日常保养办法。

轨道起重机小修和临时故障的检修，由配属段负责；中修、大修由生产工厂或铁路局指定的承修单位负责，并按铁道部颁布的段修及大修规程进行验交。机务段应储备一定数量的轨道起重机配件及易损件。

轨道起重机的主、副钩和吊索具应定期探伤，对使用频繁的轨道起重机，要适当缩短探伤周期。

轨道起重机专用臂架平车与轨道起重机为一体，其检修周期与轨道起重机同步。专用臂架平车段修、厂修由配属段或铁路局指定承修单位施修。轨道起重机回送时，按《铁路机车运用管理规程》的规定，比照铁路机车无动力回送办法办理。各铁路局调度所应积极组织放行。

救援列车应配备新造专用车辆，使用淘汰型车辆改造的，应逐步更新。选择配备的车辆技术质量状态必须良好，其速度等级应与轨道起重机回送速度等级相匹配。

救援列车专用车辆的调配，由铁路局按照《路用车管理使用办法》规定办理：检修周期依据铁道部车辆检修规程结合实际运用情况，由铁路局规定；厂、段修时，应以同类型的备用车辆替换。

发电机组、液压起复破拆等设备、工具的日常维护保养工作，由救援专业人员按规定的周期和范围进行。

救援发电机组检修由机务段负责，大修计划及施修由铁路局统一安排。发生规定范围以外的修程和无法处理的临时故障，由机务段委托的承修单位负责，按承修合同签订的质量要求和规定进行验交。

救援列车装备和使用的列车无线调度电话及其他无线通信设备、信息传输设备的日常检查维护，由救援列车负责；定期检修按轨道起重机检修周期，由铁通公司指定的部门负责。

救援列车在救援、技术演练和日常维护工作中所消耗和损坏的机具、材料、备品、配件等，应及时补充和修复。材料和物资部门根据救援列车提报的计划，优先供应。

救援队及各单位必备机具、备品、器材由铁路局负责购置;应存放在固定地点,指定专人保管,定期维护保养,除事故救援需要外,禁止动用。

救援列车人员应配备用于出动召集的通讯设备。铁道部、铁路局机务处主管救援工作人员,救援车间主任、副主任应装设住宅固定电话和配备移动通讯设备。救援列车所发生的成本费用,统一纳入预算管理。车辆、设备的小修、中修以及大修,按照检修规程,由救援列车配属单位提报支出预算建议,所属铁路局纳入年度支出预算,救援列车的正常消耗、备品补充等费用,纳入年度支出预算。属于预算外的支出内容,经过预算调整决策程序,调整相应的支出预算。

救援技术培训及技术竞赛

事故救援的各级主管部门,应根据运输生产和设备情况,以及救援工作中存在的实际问题,制定救援业务培训计划并组织实施。

1. 铁道部应根据需要不定期的组织救援列车主任和铁路局救援专职干部的技术培训及知识更新。

2. 铁路局每年应组织救援列车主任进行一次技术业务培训和研讨;每二年应对行车有关部门和基层单位的主要负责人、救援队长和救援列车的工程技术人员进行一次技术业务培训。

救援列车各级管理部门,应组织救援列车大力开展岗位练兵,应强化救援人员实作演练和体能训练,铁路局应安排实作演练专项经费。

3. 铁路局每年进行不少于一次的全局综合性救援演练;救援车间每半年进行一次担当区段主型机车车辆救援演练;救援列车每季度进行一次有针对性的救援实作演练,每月进行一次全体人员的综合体能训练,每周进行一次单项体能训练。体能训练内容及标准由铁路局制定。

轨道起重机司机提职实行统一管理,必须经铁道部授权单位培训、理论和实作考试合格后方可核发驾驶证,提升司机职务。

轨道起重机司机每年进行一次理论、实作考试和审核,考试成绩、年审结果记入驾驶证副证。

救援列车其他专业人员,须经专业培训,经职业技能鉴定和业务主管部门组织的技术考试合格,取得相应职业资格证书和岗位资格后,方可上岗。

其他管理要求

铁道部每年组织一次对铁路局救援工作和救援列车管理工作情况专项检查。铁路局每半年进行一次对管内救援车间、救援列车管理情况的全面检查,并对管内救援队进行重点抽查。每季度由救援车间对救援列车、车务站段对救援队按照工作标准进行一次自查自纠,并认真做好记录。

救援列车的轨道起重机是事故救援的专用设备,原则上不准挪用。路内、外单位因工作需要短期使用时,必须经铁路局批准,并由铁路局机车调度发布命令,救援列车必须按调度命令指定的时间出动和返回,原则上应全列车出动。(需跨局出动由铁道部机车调度发令)

遇有事故救援任务时,救援列车必须立即停止其他起重作业,按调度命令指定的时间出动救援。

轨道起重机进行救援以外的作业,一律按租赁办理,但必须取得当地物价部门的批准。租赁管理办法及租赁费用按有关规定由铁路局自定。

救援列车在事故救援中产生的一切费用，经发生事故的铁路局救援管理部门审核、行车安全监察部门签认后，由事故责任单位负担，由铁路安全监管办负责向事故责任单位追缴，事故无具体责任单位或责任单位（个人）无力负担时，由铁路局负担。

救援列车跨铁路局执行事故救援任务时，在事故救援中产生的一切费用，经双方铁路安全监管办相互确认后，由救援列车所属铁路局的财务部门予以垫付，根据事故责任进行相互间清算。

借用地方救援资源的设施、设备和其他物资应当支付适当的费用，造成损失的，应予以赔偿。费用的数额，由借用单位和被借用的单位协商解决。

救援列车轨道起重机、专用车辆，应按国家标准喷刷规定的工程抢险救援颜色和图形。救援列车专业人员的着装应统一，配发救援服，服装颜色为国际通用的救援抢险色，臂章应有明显的抢险标志，并标明职名。

各合资、地方、专用铁路公司配置救援列车的管理比照本办法。

本办法解释权属铁道部运输局。自二〇〇八年三月一日起施行。

附表一　救援列车人员配备

	救援列车	每增加一台轨道起重机增加人员
主　任	1	
管理员	1	
工程技术人员	1	
救援工长	1	
汽车司机	1	
挖掘机操作工	1	
钳　工	（每班）2	
起重机司机	（每班）1	（每班）1
熔接工	（每班）1	
发电工	（每班）1	
起复工	（每班）6	（每班）2
合　计	39	9

附表二　救援列车专用车辆配置表

顺号	名　称	数量	说明及改造要求
1	宿营车	1	应具有取暖、防暑、灭火器具
2	指挥车	1	应具有取暖、防暑、灭火器具
3	餐　车	1	应具有取暖、防暑、灭火器具
4	发电车	1	应具有取暖、防暑、灭火器具
5	工具车 1	1	应具有取暖、防暑、灭火器具
6	工具车 2	1	应具有取暖、防暑、灭火器具
7	吊臂平车	1	
8	轨道起重机	1	

附表三　救援列车驻地主要设施配置表

顺号	名　称	规　格	单位	数量	备　　注
1	列车停留线		m	250	
2	练功线		m	80	
3	检查坑		m	20	每台救援起重机
4	遮阳防雨棚		m	50	每台救援起重机
5	工作平台				每台救援起重机两侧
6	房屋		m^2	600 以上	设备、健身、钳工、办公、学习、值班、浴室、锅炉、危险品、油脂、配件、备品用
7	台式电脑		台	1	含打印机
8	砂轮机		台	1	
9	台　钻	直径 32 mm	台	1	
10	手提钻	直径 18 mm	台	1	
11	切割机		台	1	
12	电焊机	380 V	台	1	
13	充电器	380/220 V	台	2	
14	氧气乙炔切割器		套	1	
15	通用维修工具		套	2	
16	五金工具		套	2	
17	生活锅炉		台	1	
18	空压机		台	1	

附表四　救援列车特种物品配置表

顺号	名　称	规　格	单位	数量	备　　注
1	防毒呼吸器	背包式	套	5	戴面具、氧气罐
2	无线调度电话	带录音	台	1	安装在指挥车上
3	车载移动电话	带录音	台	1	安装在指挥车上
4	无线对讲机		台	8	可无线转有线
5	移动电话		只		出动召集用(自购)
6	摄像机		台	1	事故救援现场拍摄
7	照相机		台	1	事故救援现场拍照
8	投影仪		台	1	教育培训用
9	影碟机	DVD、VCD	台	1	教育培训用
10	秒　表		只	3	演练、体能测试用
11	手提式扩音器		只	2	事故救援现场指挥用
12	笔记本电脑		台	1	快速救援处置预案应用系统
13	动静态图像设备		套	1	接受事故现场图像

附表五　救援列车主要设备机具配置表

顺号	名　称	规　格	单位	数量	备　注
1	液压起复机具	100 t	套	2	含横移装置
2	液压起复机具	50 t	套	1	含横移装置
3	液压破拆设备		套	1	剪、撑
4	人字形复轨器	普通型、98 型	套	各 1	
5	海参形复轨器		套	1	
6	逼轨器		组	2	
7	千斤顶	8 t、15 t、32 t、50 t	只	各 3 以上	液压、螺旋
8	合成纤维吊带	各机车、车辆	套		
9	吊具	各机车、车辆	套		采用铝压套结构
10	索具	各机车、车辆	套		包括台车加固器
11	钢丝绳	各机车、车辆	套		采用铝压套结构
12	简易台车		组	1	
13	动力锯		台	2	
14	发电机组		台	2	
15	电焊机		台	1	
16	氧气乙炔切割器		套	2	
17	潜水泵		台	1	
18	汽油机照明灯具		台	1	
19	便携式照明灯具		套	10	
20	起重机应急配件		套	1	
21	起重机支腿垫块		套	1	
22	高强度尼龙吊带		套		
23	等离子束发生器（切割机）		套	1	
24	DFZ-6 型便携式复轨器		套	1	
25	气袋		套	1	

附录八　电气化铁路有关人员电气安全规则

(铁运〔2013〕60 号)

第一章　总　　则

第 1 条　为保证电气化铁路沿线有关人员人身安全,防止触电伤亡事故,特制订本规则。

第 2 条　新建电气化铁路在牵引供电设备送电前 15 天,建设单位应将送电日期通告铁路沿线路内外各有关单位。自通告之日起,视为牵引供电设备带电,有关人员均须遵守本规则相关规定。

第 3 条　电气化铁路沿线路内外各单位需组织学习本规则的相关内容。电气化铁路相关作业人员每年至少进行一次安全考试,考试合格后,方准参加作业。

第 4 条　牵引供电专业人员遵守本规则和牵引供电的专业规定。

第 5 条　对于违反本规则的单位和人员,按有关规定追究其责任。

第二章　一般安全规定

第 6 条　为保证人身安全,除牵引供电专业人员按规定作业外,任何人员及所携带的物件、作业工器具等须与牵引供电设备高压带电部分保持 2 m 以上的距离,与回流线、架空地线、保护线保持 1 m 以上距离,距离不足时,牵引供电设备须停电。

第 7 条　电气化铁路区段,具有升降、伸缩、移动平台等功能的机械设备进行施工、装卸等作业时,作业范围与牵引供电设备高压带电部分须保持 2 m 以上的距离,与回流线、架空地线、保护线保持 1 m 以上距离,距离不足时,牵引供电设备须停电。

第 8 条　在距牵引供电设备高压带电部分 2 m 以外,与回流线、架空地线、保护线 1 m 以外,临近铁路营业线作业时,牵引供电设备可不停电,但须按照铁路营业线施工安全管理有关规定执行。

第 9 条　机车、动车及各种车辆上方的接触网设备未停电并办理安全防护措施前,禁止任何人员攀登到车顶或车辆装载的货物上。

第 10 条　电气化区段上水、保洁、施工等作业,不得将水管向供电线路方向喷射,站车保洁不得采用向车体上部喷水方式洗刷车体。

第 11 条　牵引供电设备故障时,与牵引供电设备相连接的支柱、接地引下线、综合接地线等可能出现高电压,未采取安全措施前,禁止与其接触,并保持安全距离。

第 12 条　发现牵引供电设备断线及其部件损坏,或发现牵引供电设备上挂有线头、绳索、塑料布或脱落搭接等异物,均不得与之接触,应立即通知附近车站,在牵引供电设备检修人员到达未采取措施以前,任何人员均应距已断线索或异物处所 10 m 以外。

第 13 条　牵引供电设备支柱及各部接地线损坏,回流吸上线与钢轨或扼流变连接脱落时，禁止非专业人员与之接触。

第 14 条　距牵引供电设备支柱及牵引供电设备带电部分 5 m 范围以内具备接入综合接地条件的金属结构应纳入综合接地系统；不能接入综合接地系统的金属结构须装设接地装置，接地电阻一般不大于 10 Ω。

第 15 条　站内和行人较多的地段，牵引供电设备支柱在距轨面2.5 m高处均要设白底黑字“高压危险”并有红色闪电符号的警示标志。禁止借助接触网支柱搭脚手架，必须借助接触网支柱登高时，必须有供电专业人员现场监护。

第 16 条　天桥、跨线桥靠近或跨越牵引供电设备的地方，须设置防护栅网，栅网由所附属结构的产权或工程建设单位负责安设。防护栅网安设“高压危险”标志，警示标志由供电设备管理单位制作安装。

第 17 条　电气化铁路区段车站风雨棚、跨线桥、隧道等构建物应安装牢固，状态良好，不得脱落。距牵引供电设备 2 m 范围内不得出现漏水、悬挂冰凌等现象。附挂在跨线桥、渠上的管路，以及通信、照明等线缆，须设专门固定设施，且安装可靠，不得脱落。

第 18 条　电力线路、光电缆、管路等跨越电气化铁路施工时，须在接触网停电并做好安全防护措施后进行。

第三章　接发列车及调车作业安全规定

第 19 条　电气化铁路接触网停电检修时，禁止向停电区放行电力机车及动车组。司机发现不符合此项规定时，应立即降下受电弓并停车。

第四章　货运、装卸作业安全规定

第 20 条　装卸货物线的接触网隔离开关平时要处于合闸状态，雨、雪、雾、霾等恶劣天气下，严禁处于分闸状态。

第 21 条　接触网隔离开关操作规定：

1. 隔离开关操作人员须经过培训并取得由供电设备管理单位颁发的安全操作证后，才能担任工作。

2. 隔离开关开闭作业时，必须执行一人操作一人监护制度。

3. 隔离开关操作前，操作人必须按规定穿戴好绝缘靴和绝缘手套，确认开关及其操作机构正常，接地线良好，方准按程序操作。

4. 遇雷雨天气时，禁止操作隔离开关。严禁带负荷操作隔离开关。

5. 绝缘靴、绝缘手套等安全用品，应半年进行一次绝缘耐压试验，并存放在阴凉干燥、防尘处所，使用前用干布擦拭，并进行外观检查，发现有漏气、裂损等现象禁止使用。

第 22 条　货物装载高度须满足《铁路技术管理规程》及《铁路超限超重货物运输规则》规定的电气化区段安全距离。

第 23 条　需停电装卸作业时，必须先断开隔离开关停电后，在指定的货物线安全区域标志内进行装卸作业。装卸作业结束，确认所有人员已至安全地带后，方能合上隔离开关。

在装卸线的分段绝缘器内侧 2 m 处设安全区域标志(图 1)。

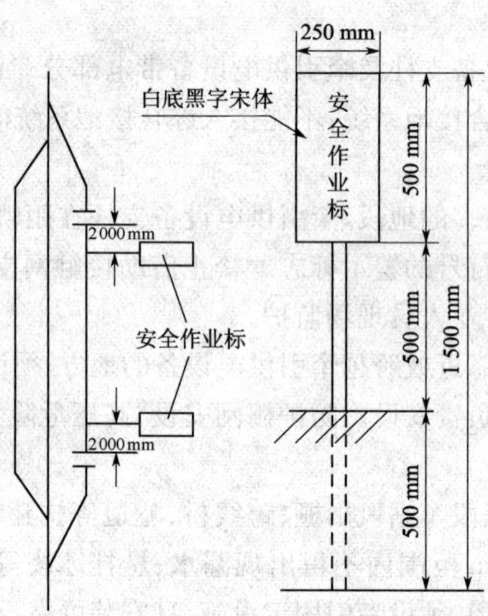

图1 安全作业标设置图

第五章 机车、动车、车辆作业安全规定

第24条 电气化铁路区段各车站给水线、电力机车整备线和动车组整备线，在分段绝缘器内侧2 m处应设安全区域标志(图1)。

第25条 接触网隔离开关操作规定同第21条。

第26条 电气化铁路区段，当列车、动车组在运行途中发生故障，机车司机、动车组司机、动车组机械师等需上车顶作业时，严格按照相关规定办理停电手续并做好安全防护措施后，方能作业。

第27条 在电气化区段运行的机车、动车、车辆及自轮运转设备可以攀登到车顶或作业平台的梯子、天窗等处所，均应有"电气化区段严禁攀登"的警告标志。

第六章 工务作业安全规定

第28条 断开、更换钢轨、拆换接头夹板或调整轨缝前应在钢轨两端轨节间纵向位置，安设一条截面不少于70 mm^2 的铜连接线，连接可靠方可开始作业(图2)。

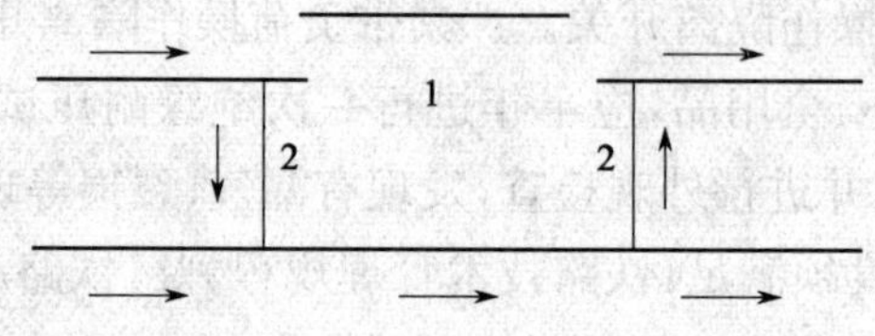

图 2

1—被更换的钢轨；2—横向连接线。

第29条 工务作业需拆开接触网接地线、吸上线，电务扼流变钢轨引线等设备时，应由专

业设备管理单位按设备分界进行作业，并及时恢复。

第 30 条　大型养路及施工机械作业，如施工机械不超出机车车辆上部限界，且作业人员及所持机具与接触网带电部分保持 2 m 以上距离时，接触网可不停电。不符合上述条件时，应按照规定办理停电手续并做好安全防护措施后，方能作业。

第 31 条　电气化铁路区段声屏障、风屏障、栅栏等金属体结构部分应可靠接地。

第七章　电务作业安全规定

第 32 条　维修或更换信号设备扼流变压器、中心连接板、轨道电路送、受电的扼流变压器引接线、站内横向连接线等器件时，应按规定采取保证牵引回流畅通措施后，方可开始作业。

第 33 条　信号设备更换轨道电路绝缘时，应确认扼流变压器连接线各部连接良好后，方可开始作业。

第 34 条　断开综合接地贯通地线前，须在贯通地线纵向位置，安设一条截面不少于 70 mm^2的铜连接线，连接可靠方可开始作业。

第 35 条　通信电缆（含光电综合缆）引入室内，应做绝缘接头，将外护套（或屏蔽层）和金属加强件可靠断开，室外电缆（含光电综合缆）的金属护套及金属加强件应可靠接地。

第 36 条　光缆引入室（箱）内，应换接室内光缆，并作绝缘接头，室内、外金属护套及金属加强件应断开彼此绝缘。室内光电缆引入柜（架）、分线盒等应可靠接地。

第八章　牵引供电、电力作业安全规定

第 37 条　从事牵引供电工作的有关人员，实行安全等级管理制度。

第 38 条　牵引供电停电作业时，专业作业人员（包括所持的机具、材料、零部件等）与周围带电设备的距离不得小于下列规定：330 kV 为 5 000 mm；220 kV 为 3 000 mm；110 kV 为 1 500 mm；25 kV和35 kV为1 000 mm；10 kV 及以下为 700 mm。

第 39 条　接触网的检修作业分为停电作业、间接带电作业、远离作业。

第 40 条　各种受力和绝缘工具应有合格证并定期进行试验。

第 41 条　利用作业车进行作业时，工作平台严禁向未封锁、有电的线路侧旋转。

第 42 条　遇有雨、雪、雾恶劣天气时，一般不进行接触网“V”形天窗作业。若必须利用“V”形天窗进行检修和事故抢修时，应增设接地线。

第 43 条　接触网“V”形天窗停电作业时：

1. 撤除相邻线供电（馈线）臂的重合闸。

2. 在牵引供电回路开口作业时，应事先采取旁路、等电位措施。

3. 吸上线与钢轨及扼流变中性点连接处一般不进行拆卸作业，确需拆卸处理时，必须采取旁路措施，按分界由专业设备管理部门配合。

第 44 条　电气化铁路区段整修电缆时，电缆铠装及电缆芯两端须装设临时接地线，作业地点铺设干燥绝缘垫或作业人员穿高压绝缘靴进行。

第 45 条　需攀登牵引供电设备支柱的电力检修，由牵引供电设备专业人员现场监控进行。

第 46 条　电气化铁路区段进行架空电力线路维修、施工作业时，在与铁路长距离平行作业区段内至少每隔 1 km 加装 1 组接地线。

第九章　电气化铁路附近消防安全规定

第 47 条　电气化铁路附近发生火灾时,须遵守下列规定:

1. 距牵引供电设备带电部分不足 4 m 的燃着物体,使用水或灭火器灭火时,牵引供电设备必须停电。

2. 距牵引供电设备带电部分超过 2 m 的燃着物体,使用沙土灭火时,牵引供电设备可不停电,但须保持灭火机具及沙土等与带电部分的距离在 2 m 以上。

第十章　车辆行人通过道口安全规定

第 48 条　各种车辆和行人通过电气化铁路平交道口必须遵守下列规定:

1. 通过道口车辆限界及货物装载高度(从地面算起)不得超过4.5 m,超过时,应绕行立交道口或进行货物倒装。

2. 通过道口车辆上部或其货物装载高度(从地面算起)超过 2 m 通过平交道口时,车辆上部及装载货物上严禁坐人。

3. 行人持有长大、飘动等物件通过道口时,不得高举挥动,应与牵引供电设备带电部分保持 2 m 以上的距离。

本条规定内容应制成揭示牌,固定在道口两面限界门右侧门框上,由供电设备管理单位负责安装及维护(图 3)。

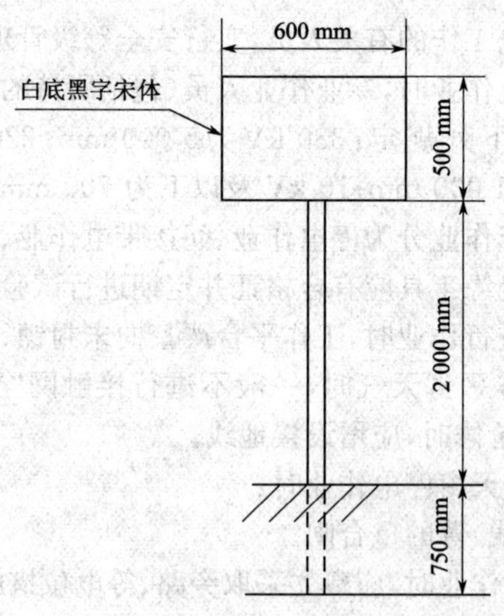

图　3

备注:1. 安全揭示牌设于限界门汽车前进方向右侧的立柱上(距路面高 2.5 m)。

2. 限界门安全揭示牌的尺寸为:厚度为 1.0～2.0 mm 钢板制成,规格 500 mm×600 mm。

第十一章　其他安全规定

第 49 条　电气化铁路区段房建、通信、信号、电力、给水、信息、照明、广播、防灾、视频、红外、安全监控等各种室外设备金属箱体、外壳等均应安装牢固,除专业特殊规定外应可靠接地。

第 50 条　电气化铁路区段电缆在切割电缆外皮或打开电缆套管之前，要将电缆(不含全塑电缆)外皮两端连通并临时接地，在作业地点铺设干燥的橡皮绝缘垫或作业人员穿高压绝缘靴进行。

第十二章　附　　则

第 51 条　本规则由铁道部运输局负责解释。

第 52 条　本规则自 2013 年 4 月 1 日起施行。铁道部前发《电气化铁路有关人员电气安全规则》[(79)铁机字 654 号]同时废止。

附录九 动车组消防安全管理暂行规定

(铁办〔2007〕83号)

第一章 总 则

第一条 为加强动车组列车消防安全管理,提高抗御火灾事故能力,保障铁路运输生产和旅客生命财产安全,根据《中华人民共和国消防法》《铁路消防管理办法》和《铁路旅客列车消防安全管理规定》制定本规定。

第二条 动车组列车(以下简称动车组)的消防安全管理贯彻“预防为主,防消结合”的方针,坚持“铁路局统一领导、业务部门加强管理、专业机关依法监督”的原则,实行岗位防火责任制和标准化管理。

第三条 本规定适用于时速200 km/h及以上动车组。

第二章 部门管理职责

第四条 动车组的消防安全管理。由铁路车辆、客运、机务部门负责。要认真贯彻执行上级有关消防工作的规定和工作部署,制定动车组消防管理规章制度及动车组火灾事故应急预案,落实消防安全责任制和岗位防火责任制,定期开展消防安全检查,及时发现和整改火灾隐患,开展消防安全教育培训,提高火灾预防和处置能力。

动车组消防安全监察工作由安全监察部门负责;消防监督工作由公安部门负责。

第五条 车辆部门职责

1. 负责车辆设备维修保养,保障动车组设备处于良好状态。
2. 组织出库联检,对设备技术状态进行检查确认。
3. 加强运行途中的安全检查,及时处置设备故障。
4. 组织动车组终到后的安全检查、交接。
5. 负责动车段、所内停留动车组车辆的看守,防止发生火灾事故。
6. 开展消防技术攻关,改进动车组车辆设备的消防安全技术条件。
7. 组织对新造、定期检修动车组的验收。
8. 负责灭火器配备和管理维护。

第六条 客运部门职责

1. 负责动车组运行中的消防安全管理。
2. 指导旅客正确使用安全设备。
3. 组织对旅客的消防安全宣传,加强动车组禁烟管理。
4. 负责组织易燃易爆危险物品查堵。
5. 组织客运人员参加联检交接。

第七条 机务部门职责

1. 负责制定动车组运行中本务司机的消防安全应急处置程序。

2. 加强对动车组驾驶室的消防安全管理。

3. 组织本务司机终到后参加安全检查并与动车组运用所地勤司机办理交接。

第八条 安全监察部门职责

1. 依照铁道部有关规定对动车组消防安全管理实施安全监督检查。

2. 组织开展安全检查，查处违章违纪行为，督促火灾隐患整改。

3. 定期开展消防安全评估、考核，督促有关部门制定并落实消防管理措施，开展安全专项整治。

4. 组织动车组行车火灾事故调查处理。

第九条 公安部门职责

1. 依照国家消防法律法规和技术标准对动车组消防工作实施监督。

2. 组织开展消防监督检查，督促有关单位整改火灾隐患和落实消防安全责任制，依法查处违反消防法律法规行为。

3. 指导有关单位加强对动车组相关工作人员的消防安全教育培训。

4. 制定乘警消防监督检查的工作内容、标准和程序，落实消防监督检查职责。

5. 加强动车段、所治安管理，维护站场治安秩序。

6. 组织客运、车辆、机务部门制定动车组火灾事故应急预案。

7. 负责动车组火灾事故调查。

第三章 消防组织和岗位职责

第十条 动车组消防工作在列车长的统一领导下实行岗位防火责任制。

第十一条 动车组应建立由列车长为组长，本务司机、随车机械师、乘警、客运乘务员、随车服务餐饮、保洁人员参加的消防安全小组，履行下列职责：

1. 认真贯彻执行上级有关消防工作的规定和工作部署，定期召开消防安全小组会议，组织安排和总结分析消防工作。

2. 组织乘务人员认真学习消防知识，人人达到“三懂、三会”(懂得本岗位火灾危险性、懂得预防火灾的措施、懂得扑救火灾的方法，会报警、会使用灭火器、会扑救初起火灾)。

3. 督促乘务人员落实岗位防火责任制。

4. 做好对旅客的防火安全宣传教育工作，落实易燃易爆危险物品查堵措施。

5. 发生火灾时，启动火灾事故应急预案，疏散旅客，扑救火灾，报告火灾情况。

6. 建立消防安全台账。

第十二条 动车组消防安全台账由列车长负责填写和管理，台账在车队存放，包括以下内容：

1. 上级有关消防安全工作的文件(复印件或摘抄件)。

2. 动车组消防安全小组名册。

3. 火灾事故应急预案及人员分工。

4. 消防安全小组会议和活动记录。

5. 乘务人员消防安全培训记录。

第十三条 列车长岗位防火职责

1. 全面负责动车组消防安全管理工作，贯彻上级有关消防工作部署，接受上级消防安全检查。

2. 检查督促乘务工作人员,落实岗位防火责任制。

3. 主持召开消防安全小组会议,总结分析、安排布置消防工作。

4. 组织乘务工作人员学习消防知识,提高防火灭火技能。

5. 按规定运行中进行防护巡查,发现和消除火灾隐患,制止违反消防管理行为,并做好巡查记录。

6. 组织乘务人员向旅客宣传防火、防爆安全知识,做好易燃易爆危险物品查堵工作。

7. 运行中发生火灾时,启动火灾事故应急预案,组织指挥乘务人员疏散旅客,扑灭火灾;及时向列车调度员及有关部门报告,协助公安、安监部门查明起火原因,组织恢复列车运行。

8. 按规定填写消防安全台账。

9. 参加联检交接,核对文件。

第十四条 本务司机岗位防火职责

1. 认真执行安全操作规程,熟练掌握动车组设备的性能和应急处置方法。

2. 出库前做好联检交接,确认 IDU 监控状态良好,发现问题及时妥善处置。

3. 运行中做好电气设备、火灾自动报警控制设备的监控,发现报警按规定程序处置。

4. 发生火灾事故时,按火灾事故应急预案,立即报告列车调度员,指挥随车机械师、列车长处理有关行车、列车防护和事故救援等工作,负责 CRH1、CRH3、CRH5 型动车组车门集控开关,负责通知 CRH2 型动车组随车机械师集控开关车门。

5. 学习消防知识,达到"三懂、三会"。

6. 做好动车组终到后退乘前对驾驶室的安全检查和交接。

第十五条 随车机械师岗位防火职责

1. 出库前,按照作业标准检查、确认电气、消防设备状态,做好联检交接。

2. 在运行中,按规定巡视、检查车辆电气、火灾自动报警控制器等设备,发现隐患故障及时妥善处理。

3. 发生火灾时,按火灾事故应急预案及时通知司机采取停车措施或使用紧急制动阀停车;在司机指挥下做好有关行车、列车防护和事故救援工作,负责 CRH2 型动车组集控开关车门操作。

4. 按规定操作动车组设备,指导客运人员正确使用设备,制止纠正违章行为。

5. 做好动车组终到后的安全检查和交接。

第十六条 客运乘务员岗位防火职责

1. 严格遵守动车组消防安全规章制度,服从命令,听从指挥,坚守岗位,落实防火措施。

2. 认真巡视车厢,及时制止旅客吸烟。

3. 加强运行中对电气设备、火灾自动报警显示屏的监视,严格执行操作规程,发现报警及故障,及时向列车长或随车机械师报告。

4. 学习消防知识,达到"三懂、三会",熟练掌握火灾应急处置预案。

5. 做好查堵易燃易爆危险物品工作,发现易燃易爆危险物品及时报告列车长妥善处理。

6. 发生火灾时,按火灾事故应急预案立即通知列车长和司机,及时疏散旅客,扑救初起火灾,维护秩序,保护旅客安全。

第十七条 乘警岗位防火职责

1. 依照有关消防法律法规的规定,负责动车组消防监督检查,查处违反消防管理行为,督促乘务人员落实岗位防火责任制。

2. 做好运行中的巡视检查，发现隐患，督促整改。

3. 发生火灾时，在列车长领导下，按照火灾事故应急预案做好火灾扑救、现场保护和调查取证。

第十八条　随车餐饮、保洁人员岗位防火职责

1. 遵守动车组消防管理规定，服从命令，听从指挥，坚守岗位，严格按操作规程使用电器设备。

2. 学习消防知识，达到"三懂、三会"，熟练掌握火灾事故应急处置预案。

3. 发生火灾时，按火灾事故应急预案立即通知列车长和司机，及时疏散旅客，扑救初起火灾。

第四章　火灾预防

第十九条　动车组的制造、维修应严格执行铁道部颁布的相关技术标准，保证质量。有关验收部门和运用单位要严格按标准进行验收，达不到标准不得出厂。

第二十条　动车组采用的非金属材料（结构材料、装饰材料、保温材料、密封材料、管材等）必须是难燃材料，其燃烧性能和产烟毒性必须符合国家和铁道部有关技术标准。

第二十一条　动车组电气设备、消防设备、非金属材料所采用的产品应是经国家有关质量监督主管部门鉴定合格的产品。

第二十二条　动车组的电气绝缘、防雷、电气接地、漏电、过流、过热、防水防潮保护及线路敷设、连接应符合相关技术标准。

第二十三条　上线运行的动车组，必须符合《铁路动车组运用维修规程（暂行）》规定的质量标准。

第二十四条　严格执行联检制度。动车组出库联检时，应对电气设备、消防设施、器材等设备及各部位的消防安全状况进行全面检查，确认状态良好，严格办理交接。终到后，进行消防安全检查，按规定办理交接。

第二十五条　运行中，动车组乘务人员应严格标准化作业，认真执行岗位防火责任制。

第二十六条　动车组各部位均不得吸烟，车厢内应设置禁止吸烟标志。

第二十七条　应通过图形标志、电子显示、广播宣传等方式，向旅客进行禁止吸烟、严禁携带易燃易爆危险物品、逃生知识、灭火器、紧急破窗锤使用方法等消防安全宣传。

第二十八条　铁路局应制定动车组消防设备、电气装置的操作规程。

第二十九条　对担当动车组乘务的工作人员进行消防安全培训，熟悉新技术、新设备的性能，掌握各岗位防火职责和消防知识技能，经考试取得合格证后，方可上岗。

第三十条　配电柜、箱体无破损，锁闭状态良好，保持清洁无杂物。电气元件安装牢固，接线及插销无松动，按钮开关、指示灯作用良好。

第三十一条　严禁乱拉电线和违章安装、更换电气装置、元件。严禁擅自使用电热器具等电器。

第三十二条　餐车配备的冰箱、电烤箱、微波炉、电磁炉等电器及各车厢的电茶炉插座，插头安装牢固，保持清洁，周围不得放置杂物。餐饮炉具使用时，操作人员不得离岗，做到人离断电。

第三十三条 火灾自动报警系统保持状态良好,并按规定进行定期检测。配置列车内部无线对讲机,保证不间断使用及状态良好。

第三十四条 乘务人员应严格遵守电气设备、消防设备操作规程,加强巡检,发现故障及时处理。

第三十五条 各车厢应配备手提式 2 kg ABC 干粉灭火器和 ZL 水型灭火器各 2 具,应设置在车厢两端适当位置,安装牢固,便于取用。驾驶室配备 5 kg 二氧化碳或 5 kg ABC 干粉灭火器 1 具,固定放置在便于取用的位置。

第三十六条 灭火器应由定期专业维修企业,按照国家有关规定进行检查维修,张贴维修标志,并在灭火器筒体上涂打到期时间(××××年××月到期)。干粉、二氧化碳灭火器维修期限为 1 年,水型灭火器维修期限为 3 年。

第三十七条 加强灭火器日常维护保养和管理,保证处于良好状态。灭火器应保持清洁,严禁搭挂物品,严禁挪作他用。

第三十八条 发现有旅客违章携带易燃易爆危险物品,要采取措施妥善处理。对判明不了性质的物品,严禁在车上进行试验。

第三十九条 严禁用水冲刷地板和电气设备;严禁用湿布擦拭电器和在电气设备上放置物品。作业人员在车上作业时严禁吸烟。

第四十条 动车组出库后停留期间,由动车组停放所在局负责安排人员在地面看守,看守人员不得上车。各铁路局要制定动车组车底看守制度,落实看守责任,防止发生火灾事故。

第四十一条 动车组运行途经的铁路沿线各车站及动车段、所应加强消防设施建设,具备扑救动车组火灾能力。

第四十二条 办理动车组旅客乘降的车站,要落实易燃易爆危险物品查堵措施,严禁旅客携带易燃易爆危险物品进站上车。

第四十三条 铁路局应加强动车组消防安全检查,及时发现和消除火灾隐患,确保动车组消防安全。

第五章 火灾应急处置

第四十四条 铁路局应制定《动车组火灾事故应急预案》《车站处置动车组火灾事故应急预案》,定期组织演练,提高处置能力。

第四十五条 动车组火灾事故应急处置,应按照"统一指挥、快速反应、正确处置、站车协同、尽快开车"的原则。

1. 统一指挥

动车组在运行中发生火灾,由列车长统一指挥,启动《动车组火灾事故应急预案》,向列车调度员或邻近车站值班员及有关部门报告,组织列车乘务人员疏散旅客,扑灭火灾;动车组在车站发生火灾或起火列车进站后,火灾扑救工作由车站站长组织指挥;公安消防队到达后,由公安消防队统一指挥。

2. 快速反应

动车组火灾报警器报警或乘务人员、旅客报警时,列车长、乘警、客运乘务员和随车机械师要立即携带灭火器赶到报警车厢,确认火情,迅速扑救。

3. 正确处置

在确认火情的情况下，立即组织旅客向邻车疏散，按下火灾报警按钮并通知司机，同时用灭火器扑救(宜先用水型灭火器)，如有旅客被火围困或受伤，应立即抢救；起火车厢旅客疏散完毕后，关闭通道阻火门。司机接到确认起火信息后，应立即将火灾情况向列车调度员和邻近车站报告。

当车内电气设备、旅客行李物品发生火情或车厢内冒烟(无明火)不危及本列车安全时，可不停车，按有关规定限速运行至就近车站处理；当车厢内旅客携带易燃易爆危险物品发生爆炸燃烧，火势迅速蔓延危及本列安全时，应立即停车。区间停车时，司机应指挥随车机械师、列车长设置列车防护。

4. 站车协同

车站接到动车组火灾报告后，立即启动《车站处置动车组火灾事故应急预案》，做好扑救准备，同时向消防队报警。车站接入起火动车组后迅速组织扑救，疏散旅客，抢救伤员；动车组在区间被迫停车时，车站应组织人员、消防器材立即赶赴现场救援。

5. 尽快开车

火灾扑灭后，列车长、随车机械师共同检查车辆状况，确认安全后，报告列车调度员尽快开车。

第四十六条　各有关部门接到事故报告后，应立即按照火灾事故应急预案响应程序，组织力量、调集救援物资装备赶赴现场，各尽其职，各负其责，保证事故救援高效、快速、有序进行。铁路公安部门要维护好现场秩序，与安监部门共同开展火灾事故调查。

第六章　附　　则

第四十七条　各铁路局根据本规定，制定具体实施细则报部备案。

第四十八条　本规定未尽事项按铁道部有关规定执行。

第四十九条　本规定由铁道部公安局负责解释。

第五十条　本规定自2007年4月18日起实行。

附录十　常用计量单位符号

km——千米(公里);
m——米;
mm——毫米;
t——吨;
kg——千克(公斤);
h——[小]时;
min——分;
s——秒;
V——伏;
kV——千伏;
Pa——帕;
kPa——千帕;
MPa——兆帕;
kN——千牛;
kg/m——千克/米(公斤/米);
km/h——千米/小时(公里/小时);
r/min——转/分;
m/min——米/分;
℃——摄氏度;
L——升。